Jules Huret   Berlin um Neunzehnhundert

Jules Huret

B e r l i n

um Neunzehnhundert

Aus dem Französischen
von Nina Knoblich

mit einer Einführung
von Ehrhardt Bödecker

Sonderdruck
zur Eröffnung der Niederlassung
am Gendarmenmarkt

Berlin im Sommer 1997
Weberbank Berliner Industriebank KGaA

Neudruck der Ausgabe von 1909
erschienen im Verlag Albert Langen München

Jules Huret
Berlin um Neunzehnhundert
aus dem Französischen von Nina Knoblich

ISBN 3-9804849-1-2

Copyright: © Antiquariat und Verlag Elvira Tasbach 1997
Gestaltung und Satz: Atelier Göbel Berlin
Druck: Ruksaldruck Berlin

Verlag Tasbach
Berlin 1997

Printed in Germany

Inhalt

Einführung

Der französische Schriftsteller Remy de Gourmont äußerte
sich um die Jahrhundertwende kritisch zu der in Frankreich
gegenüber Deutschland weitverbreiteten Revanche-Idee.
Noch immer, nachdem schon längst eine neue Generation
herangewachsen war, schmerzte der dreißig Jahre zurück-
liegende Verlust von Elsaß-Lothringen nach dem verlorenen
Krieg von 1870/71. „Sind sie denn wirklich so unglücklich
geworden, diese Lande jenseits der Vogesen? Hat man sie gezwungen, ihre Sprache, ihre Bräuche, ihre Freuden aufzu-
geben? Mir scheint, es hat nun lange genug gedauert: dieses
lächerliche Bild der kleinen versklavten, vor dem Grenz-
posten knienden Schwestern in Trauerkleidung. Verlaßt euch
darauf, sie essen ihren Braten mit Johannisbeergelee, knabbern ihre Salzbrezeln und schlürfen ihr Lagerbier genau wie
eh und je . . .“. Das war ein Vergehen gegen die in Frankreich
herrschende Meinung über die von der deutschen Obrigkeit
„versklavten“ Elsaß-Lothringer. Remy de Gourmont verlor
seine Stellung an der Bibliothèque Nationale. Die literarische
Welt Frankreichs ächtete ihn. Seine schriftstellerische Laufbahn war beendet. Es war die Zeit der Ministerpräsidenten
Georges Clemenceau und Raymond Poincaré. Außenmini-
ster Théophile Delcassé strebte die Isolierung Deutschlands
durch ein Bündnissystem mit Rußland und England an.
Nach Jahrhunderten nicht mehr die erste Macht auf dem

9

Kontinent zu sein, konnten die Eliten in Frankreich nicht verwinden. Auf dem Balkan brodelte es. Krieg lag in der Luft.

Vor diesem Hintergrund schrieb Jules Huret im Jahre 1907 sein erstaunliches Werk „En Allemagne", dessen dritter Band mit dem Titel „Berlin" in deutscher Übersetzung im Jahre 1909 im Verlag Albert Langen in München erschien. Dem Buch war ein mehrjähriger Aufenthalt des Autors in Deutschland vorangegangen.

Jules Huret (1864–1915), schon mit 25 Jahren ein bekannter Journalist in Frankreich, hatte sich mit den sozialen Spannungen in Europa befaßt. Er veröffentlichte auch Reiseberichte über Argentinien und die Vereinigten Staaten von Amerika. Nicht verbissene Voreingenommenheit und Parteilichkeit, sondern distanzierte Beobachtungsgabe und Wohlwollen mit dem Objekt, das er beschrieb, zeichnen seine Schilderungen aus. Trotz der sich zusammenballenden Wolken am politischen Himmel Europas bemerkte er mit Erstaunen, daß für die Deutschen noch immer Paris der Hauptsitz der Mode blieb und die französische Riviera während der langen Winter „zur Hälfte eine deutsche Kolonie" war. In Fragen der Mode und des guten Geschmacks betrachteten die Deutschen Paris als Maßstab.

Hurets Bewunderung gehört der Reinlichkeit der Bevölkerung und der hygienischen Einrichtungen in Berlin. Den einfachen Leuten fehle zwar das lebhafte, glänzende, schelmische Auge der Franzosen, aber auch der unzufriedene, verdrießliche und gehässige Ausdruck, den man bei seinen Landsleuten so oft antreffe. Bei den sonntäglichen Ausflüglern beobachtet er die saubergehaltene Kleidung, den reinlichen Anzug von Vater und Mutter und die sorgfältig gebürsteten, glattgestrichenen Haare der Kinder. Sofern der

Deutsche unter freiem Himmel sein könne, grünes Laub über sich sähe, zu essen und zu trinken habe, fehle ihm nichts, um glücklich zu sein.

Die Berliner Kliniken prägten in ihm ein Bild der Vollkommenheit, das seinen französischen Patriotismus tief beschämte. Er meinte, wenn sich Frankreich seinen Platz im Konzert der Zivilisation erhalten wolle, müsse es sich an den deutschen Kliniken ein Beispiel nehmen. Auch hier wieder der Hinweis: „Und diese Reinlichkeit, diese Ordnung! Nirgends ein Papier oder irgendwelche Abfälle." Mit gutem Grund hat das modernste Krankenhaus Europas, das Huret besuchte und überschwenglich lobte, den Namen „Rudolf Virchow" erhalten. Dieser seit 1856 in Berlin lehrende Medizinprofessor ebnete der öffentlichen Hygiene den Weg. Als Anerkennung für seine große Leistung wählte die Internationale Hygienegesellschaft Berlin als ihren Sitz.

Mit Sympathie lesen wir Hurets Schilderungen vom Besuch eines märkischen Rittergutes, seine Begegnung mit „dem Junker", über den Sebastian Haffner in einer ähnlich gerechten Beurteilung im Jahre 1979 schrieb: „Der preußische Adel war im Gegensatz zum französischen, österreichischen oder auch polnischen kein Stadt- oder Hofadel, sondern selbst arbeitender Landadel. Es gab in Preußen keine Magnaten. Die Symbiose zwischen den Junkern und ihren Bauern war eng." Die preußischen Adligen gehörten einer Klasse an, die Schmähungen aus allen politischen Richtungen erfahren mußte und deren ethische Lebenshaltung nur von wenigen verstanden wurde. Die entscheidenden Impulse für das Attentat auf Hitler am 20. Juli 1944 kamen aus ihren Reihen.

Mit dem Bericht von Jules Huret haben wir eine Soziologie aller Gesellschaftsschichten Deutschlands vor uns, die in ver- 11

ständlicher Sprache geschrieben ist und auf einer beein-
druckenden Beobachtungsgabe beruht. Herr Jedermann, ob
reich oder arm, ging auch in Deutschland seinen Interessen
nach, wollte leben und in seiner kleinen oder größeren Gemeinschaft anerkannt werden. Er genoß die Ordnung und
den Verdienst, wie Jacob Burckhardt mit zeitloser und welt-
weiter Gültigkeit die Wünsche des Normalbürgers beschrieb. Deutschlands Macht um die Jahrhundertwende
leitete sich von seiner herausragenden wissenschaftlichen
Stellung ab und seiner Fähigkeit, Wissenschaft, Technik und
Unternehmertum miteinander zu verbinden. Dieses Ergebnis wiederum beruhte auf der deutschen Bildungs- und
Erziehungstradition, auf Disziplin und einem weltweit bewunderten, zugleich aber auch gefürchteten Arbeitsethos,
nach dem nicht nur Beamte und Bürger, sondern auch die
Arbeiter lebten, und es machte keinen Unterschied, ob die
Arbeiter gewerkschaftlich organisiert waren oder keiner Ge-
werkschaft angehörten.

Hurets Bericht ist auch heute höchst aktuell, er öffnet uns
den Zugang zur Lebensweise unserer Großväter und kann
unser Verständnis für die Zeit des deutschen Kaiserreichs
wecken, das damals bewundert und „von allen beneidet"
(Churchill) wurde. Was das hier vorgelegte Buch über Berlin
auszeichnet, ist zum einen, daß es ein Zeitgenosse aus per-
sönlichem Erleben, nicht aus der belasteten Distanz des
Nachgeborenen geschrieben hat, und zum anderen, daß der
Autor ein Franzose war.

Ehrhardt Bödecker

Allgemeiner Eindruck

Ist Berlin das, was man eine Hauptstadt nennt? – Ansicht der Hamburger. – Alte und neue Städte. – Berlins charakteristische Merkmale. – Militärische Obsession. – Monarchische Obsession. – Museen und Paläste. – Die Friedrichstraße und Unter den Linden. – Der Pariser Platz. – Die französische Botschaft. – Der Potsdamer Platz. – Die Ordnung im Straßenverkehr. – Der Tiergarten. – Das Reichstagsgebäude. – Charlottenburg. – Alt-Berlin. – Die Arbeiterviertel. – Der Mayershof. – Wo sind die Apachen? – Der „Mouquin" Berlins. – Die Blumenliebe der Berliner. – Die Straßen sind wahre Gärten. – Melancholie eines Winterabends. – „Addio, dolce Napoli!"

In München pflegt man von einem, der in der preußischen Hauptstadt geboren ist, zu sagen: „Irgendwo muß man ja zur Welt kommen,... der ist eben von Berlin..."
Berlin wird nämlich von den Deutschen nicht als die wahre Hauptstadt Deutschlands anerkannt. Köln, Hamburg, Dresden, München, alle die alten Großstädte weigern ihm diesen Vorrang. Die konkurrierenden Magistrate machen gerne darauf aufmerksam, daß es in Berlin kaum ein altes Denkmal gebe, die Kaufleute führen die ein bis zwei Handelshäuser an, die höchstens auf hundert Jahre zurückblicken, indes Bremen, Mainz, Köln, Leipzig und zehn andere wichtige 13

Städte sich ihrer zweihundertjährigen Firmen rühmen dürften. Das ist nichts Gediegenes – heißt es. Wer weiß, ob nicht alle diese Finanzgesellschaften, diese Geschäfte, die vor zehn, vor zwanzig Jahren, oder erst gestern, gegründet wurden, schon im nächsten Jahr Bankerott gemacht haben?

Allzuviel Wert lege ich diesen Äußerungen nicht bei, denn es ist wohl ein wenig Neid mit dabei über das rasche und fast herausfordernde Emporkommen der Metropole.

Der Hamburger hält Berlin für eine langweilige provinzielle Stadt. „Was treibt man denn ganze zwei Monate dort?" wurde ich von Hamburg aus gefragt, mit einem Erstaunen, das durchaus nicht gespielt war.

Ich meinesteils habe sehr viel Interesse für die preußische Hauptstadt. Mir gefällt Berlin, ich finde es freundlich, lebhaft, gastlich, mit seinem frischen, reinlichen Aussehen, den neuen Straßen, weißen Fassaden, vergoldeten Balkonen, blumengeschmückten Häusern, wie man sie heute baut, so schmuck, so blitzblank, so voller Abwechslung, was ich ganz besonders liebe. Alte Städte haben den Reiz alter, vornehmer Damen. Man sucht sie wohl gern einmal auf, um sich auszuruhen, aber man kehrt nur dann wieder zurück, wenn sie sich mit Jugend zu umgeben verstehen.

So ist es mit Paris, der Vielgestaltigen, das seinen Besuchern außer seinen geschichtlichen und künstlerischen Genüssen den mächtigen Zauber seiner Vergnügungen und der Mode darbietet. In den Städten dagegen, die nichts weiter als ihr ehrwürdiges Alter aufzuweisen haben, macht der Fremde vielleicht für einige kurze Ferientage Rast, aber längeren Aufenthalt vermeidet er meistens, außer es seien kranke oder müde Menschen, die in den leblosen oder veralteten Dingen eine Übereinstimmung mit ihrer eigenen Erschöpfung finden.

14

Berlin sündigt eher durch ein Übermaß im entgegengesetzten Sinne. Zu jugendliche Städte gleichen jungen siebzehnjährigen Mädchen, jenen „Backfischen", wie man sie hierzulande nennt, deren noch grüner Charme keine Entschädigung für ihre Unbedeutendheit ist. Der Kunstfreund ist mit seinem Rundgang bald zu Ende. Trotzalledem haben sie, der Verheißungen voll, für alle, die das Leben lieben und an die Zukunft glauben, ihr Interesse.

Berlin ist auf einer weiten, einförmigen Sandebene inmitten der Provinz Brandenburg erbaut, von Norden, von Westen und von Osten allen Winden preisgegeben, die ihren kalten Odem ungehindert über diese karge Erde wehen lassen. Die steinernen Häuser versperren den Horizont. Kein Ausblick wie der unserer Place de la Concorde beim Stern, keine Fernsicht, wie man sie von den Hügeln genießt, die sich um Paris, um Montmartre oder Sainte-Geneviève erheben, kein Ufergelände, gleich den Kais an der Seine oder der Themse. Die Spree – so wie sie sich auf ihrer Wanderung durch Berlin zeigt, denn draußen weitet sie sich zu einem stattlichen Fluß – ist ein schmaler, schwärzlicher, träge fließender Wasserarm, dessen Ufer, nüchtern wie die eines Kanals, nichts an sich haben, woran das Auge sich laben könnte. Diejenigen Berliner, die Künstler sind – und es gibt solche – wissen wohl, was ihrer Stadt fehlt: Berlin – sagen sie – hat sich an den Füßen und an den Armen entwickelt, seine Extremitäten haben sich ausgedehnt, der Rumpf hingegen – sein Zentrum also – ist geblieben, wie es von jeher war. Man müßte ihm Luft schaffen, große Promenaden, breite Straßen geben, die von der Mitte nach allen Richtungen hin ausstrahlten. Ach, wenn man sechs oder sieben Hügel hinzuzaubern vermöchte! Ich weiß, daß dieser

Plan, von den Hügeln abgesehen, in findigen Köpfen, die von ihrer Idee nicht so leicht ablassen, bereits Wurzel gefaßt hat. Und vielleicht sehen wir, noch ehe zwanzig Jahre ins Land gegangen sind, Berlin von Grund auf umgewandelt. Denn ich halte die Berliner Stadtväter allen Wagemuts und aller Opfer fähig, wenn es gilt, das Wohl ihrer Stadt zu fördern.

Ich habe mehrere Monate in Berlin zugebracht, habe alle seine Stadtteile durchwandert, das Leben der verschiedenen sozialen Schichten mitgelebt, Hunderte von Leuten gesprochen und fange an, mit der Reichshauptstadt vertraut zu werden. Aber ich habe sehr viel Zeit damit verloren, ihre Eigenart erforschen zu wollen. Ich habe mich selber gefragt, mich bei anderen danach erkundigt und mich, immer ohne Erfolg, bemüht, herauszubekommen, wodurch Berlin sich besonders hervorhebe.

„Wodurch Berlin sich auszeichnet", gaben mir die einen zur Antwort, „ist der militärische Sinn der Bevölkerung. Der erste beste Droschkenkutscher weiß Bescheid über die nächsten Manöver und welche Generäle sich daran beteiligen werden. Hören Sie sie miteinander reden an ihren Haltestellen, um die Veränderungen in der Garnison, die Fähigkeiten ihrer Kommandeure dreht sich die Unterhaltung. Zieht ein Regiment daher, werden Sie sehen, wie selbst in den Vierteln mit durchweg sozialistischer Einwohnerschaft die Leute mit strahlenden Gesichtern herbeieilen."

„Berlin existiert überhaupt nicht", schrieb mir einer der ersten deutschen Schriftsteller, „ihm fehlt die Individualität. Das Phänomen, das mir jedoch immer ein Rätsel bleibt", fügte er hinzu, „ist, daß man dort so viel arbeitet (mehr als anderswo) und daß trotzdem die Straßen, die Restaurants, die Cabarets, die Cafés bis in den Morgen hinein überfüllt sind."

16

„Die Siegesallee charakterisiert Berlin vollständig", äußerte eine Dame der Aristokratie mir gegenüber. „Diese zweiunddreißig in Marmor gehauenen Hohenzollern sind die Verkörperung dessen, was den Fremden auf brandenburgischem Boden erwartet."

Ich fragte einige liebenswürdige Landsleute, die das Heimweh zusammengeführt hatte und die ich zu meiner Freude in Berlin traf, über ihre Eindrücke aus.

– „Das Charakteristische Berlins ist seine Einförmigkeit", sagte der eine. –

– „Nein, seine Straßenbahnen und die hübschen Straßen des Westens", behauptete der andere. –

– „Und ich meine – es liege in seiner Sauberkeit", erklärte ein Dritter. –

– „Und ich: an dem Modernismus des Magistrats", ein Vierter, der sich am längsten besonnen hatte. Es gibt nichts oder fast nichts Altes mehr in Berlin. Und das Wenige, was übrig geblieben ist, wie z. B. das Schloß, einige königliche und prinzliche Paläste, die sehr unschön, steif, plump und mit ihren düsteren Fassaden schrecklich unfreundlich aussehen, kann kein besonderes Interesse in Anspruch nehmen.

Eine Dame, deren Verstand und maßvolles Urteil ich sehr schätze, äußerte sich folgendermaßen über Berlin:

– „Zweierlei fällt mir hier auf: erstens die Mittelmäßigkeit des Straßenbildes (ich rede hier von den Straßen im Zentrum) und das spießbürgerliche, gewöhnliche Aussehen des Publikums. Anfangs amüsierte es mich. Ich hatte das Gefühl, als ginge ich unter lauter lebendigen Karikaturen der ‚Lustigen Blätter' spazieren... Daß es auch in Paris an Gegenden dieser Art, an solchem Mangel an Eleganz und Schönheit nicht fehlt, weiß ich wohl. Aber um uns davon zu erholen, um uns namentlich ein anderes Lebensempfinden

17

zu geben, haben wir die Boulevards, den Bois, die Champs-
Elyseés mit ihrem strahlenden Luxus und festlichen Ge-
pränge.

Das Zweite, was mir auffällt, ist dieses Herauskehren der militärischen Dinge, dieses Vordrängen der Hohenzollern und
der Armee, dem man auf Schritt und Tritt begegnet.

Vergleichen Sie den ersten Spaziergang eines Neuangekommenen in Paris, London und Berlin, und sehen Sie,
was der Berliner Ihnen vom kaiserlichen Palais an bis zur
Siegesallee bietet:

Auf dem Domplatz: die Reiterstatue Friedrich Wilhelm III.

Gegenüber dem Schlosse: das Standbild Wilhelm I.

Auf der Schloßbrücke: acht kriegerische Gruppen.

Am Eingang der Linden: die Statue Friedrichs des Großen.

Die Königswache.

Das Zeughaus mit seinen Trophäen und Geschützen.

Die Statuen Scharnhorsts, Bülows und dreier anderer Feld-
herren.

Am Ausgang der Linden endlich die Siegesallee hinter dem
Brandenburger Tor mit ihren zweiunddreißig geharnischten,
bis an die Zähne bewaffneten, grimmen Hohenzollern und
die Siegessäule mit ihren kriegerischen Reliefs auf dem
Sockel.

Machen Sie dann von hier aus einen kleinen Umweg und
überschreiten die Moltkebrücke, um in den Ausstellungspark zu gelangen, sehen Sie rings um die Gaskandelaber
bronzene, mit Helm, Schild, Speer und Lanze ausgerüstete
Putten, als Schmuck der Brücke gedacht. Führt man Sie in
das ganz neue Kaiser-Friedrich-Museum, werden Sie nicht
etwa von einer Nike von Samothrake oder einer Venus von
Milo empfangen, sondern Sie prallen mit einer Reihe mar-
18 morner Generäle zusammen.

Die Lehranstalten sind nach preußischen Königen und Königinnen benannt. Es gibt ein Friedrich-Gymnasium, ein Friedrich-Wilhelm-Gymnasium, eine königliche, eine Kaiser-Wilhelm-, eine Hohenzollern , eine Sophien-, eine Königin-Luisen-Schule, und wie sie alle heißen mögen. Es gibt eine Kaiser-Allee, einen Friedrichsplatz, einen Friedrichshain, einen Friedrichsberg, die Friedrichstraße, die Kaiserin-Augusta-Straße, die Königin-Augusta-Straße, eine Kaiserpassage, einen Kaiser-Wilhelm-, einen Karl-August-Platz. Es gibt eine Königstraße, eine Neue Königstraße, einen Königsplatz, eine Königsallee, ein Königstor, eine Königsbrücke, eine Königschaussee.

Die Museen, die Spitäler, die Waisenhäuser sind verhohenzollert. Von allen den Standbildern, den Denkmälern, die den preußischen Herrschern, den neuen Heerführern, einem Roon, einem Moltke gewidmet sind, gar nicht zu reden. Und dabei soll es noch heute Deutsche geben, die die Geschichte der Hohenzollern nicht kennen..."

Was mich persönlich anbetrifft, so habe ich meine Ansicht über die charakteristischen Merkmale Berlins mehrmals geändert. Und schließlich bin ich zu der Erkenntnis gekommen, daß dieses Charakteristikum, nach dem ich so lange suchte, gerade darin besteht, daß es überhaupt keines gibt.

Unter den Linden und die Friedrichstraße sind es, zu denen der Fremde immer wieder zurückkehrt. Hier ist der Brennpunkt eines Kreises, der, sich täglich vergrößernd, die einst vom Zentrum weit abliegenden Stadtviertel des Potsdamer Platzes umschließt. Die Läden, die Reiseagenturen, die Geschäftsbureaus und die Banken ziehen eine hastende Menschenmenge herbei, die benachbarten Linden, der Tiergarten führen die Spaziergänger dorthin; den Bahnhof der Stadtbahn verlassen unaufhörlich die aus den Vororten Anreisenden. Hier vereinigt Berlin die Mehrzahl seiner, überdies nicht zahlreichen, öffentlichen Bauten: die Museen, die Universität, die königliche Bibliothek, den Dom, die ziemlich mittelmäßigen fürstlichen Paläste, den banal und düster anmutenden Palast des alten Wilhelm mit seinen vielen Erinnerungen und das königliche Schloß, das einen stolzen, herben Eindruck, mit Stärke und Kühnheit gepaart, hervorruft, ganz dem Bilde entsprechend, das die Hohenzollern in der Geschichte angenommen und das die Preußen selbst sich danach geformt haben.

Ein einziger breiter Durchbruch schafft Raum in dem engen Gedränge der inneren Straßen Berlins. Das ist die Straße „Unter den Linden", die in ihrer Mitte von der Friedrichstraße durchschnitten wird.

Der Berliner ist stolz auf sie. Als kürzlich der junge Prinz Adalbert, der dritte Sohn des Kaisers, nach Paris kam, wollte er eine Ähnlichkeit zwischen ihr und den großen Boulevards herausfinden. Abgesehen von den Baumreihen haben sie jedoch wenig Gleiches aufzuweisen. Die Linden sind eine sehr kurze Straße von kaum einem Kilometer Länge, die beim Tiergarten beginnt und bei der königlichen Oper, nicht weit vom königlichen Schloß endet. Sehr breit, denn sie mißt 60 Meter, mit vier Reihen Bäumen bepflanzt, von denen viele noch klein sind. Ihre Mitte bildet eine Art Wall, den Spaziergängern vorbehalten, zu dessen beiden Seiten sich je ein Reitweg, ein Fahrdamm und den Läden entlang ein breites Trottoir hinziehen. Die Pariser Boulevards und die Hauptstraße Berlins bieten demnach einen sehr verschiedenen Anblick. In Paris eine Belebtheit ohnegleichen, hier ein ziemlich spärlicher Verkehr. In Paris eine ununterbrochene

Pariser Platz, 1901

Reihe anmutig sich hinschlängelnder Wege, fast fünf Kilometer lang, von der Madeleine bis zur Bastille gerechnet, die
sich zudem noch durch eine große Mannigfaltigkeit voneinander unterscheiden, da jeder Boulevard wieder sein eigenes
Gepräge, ja selbst sein eigenes Publikum besitzt. In Berlin
eine kurze, schnurgerade, einheitliche Promenade, von neuen
Häusern, prunkvollen Läden mit Marmor- und Stuckver-
kleidung und glänzenden Firmenschildern flankiert.
Unter den Linden befindet sich auch das von dem Architekten Messel erbaute, an der Ecke der Wilhelmstraße befind-
liche Haus, das den Kaiser bestimmte, sich dem neuen Stil,
dessen eifriger, entschlossener Gegner er war, zu fügen.
Schön ist es eben nicht, dieses Haus, und meiner Ansicht
nach nicht allzuvieler Beachtung wert; unter den Hunderten,
den Tausenden von Gebäuden, die in jüngster Zeit, aus Back-
stein oder Stuck, in Berlin errichtet wurden, gibt es mehr als
eines, das besser gelungen und weit origineller ist.
Am Ausgang der Linden, neben dem Brandenburger Tor
und am Eingang des Tiergartens, breitet sich der Pariser
Platz aus. Dort liegt, von grünem Rasen eingehegt, zwischen
einem halben Dutzend vornehmer Privatsitze, die französische Gesandtschaft, ein kleiner, aber eleganter Bau im Stil
des achtzehnten Jahrhunderts, aus einer einzigen Etage, einem Mansardenstock und einem säulengetragenen Vorbau
bestehend. Tür an Tür wohnt der reiche jüdische Finanzmann Friedländer. Auf der gegenüberliegenden Seite Gartenanlagen mit Springbrunnen, das Offizierskasino und das
neue Hotel Adlon, ein gediegener, ernster, großzügiger Bau,
an dessen Fassade der Bildhauer eine Prozession Isadora
Duncans anbrachte, in lose, zierliche Gewänder drapiert,
deren anmutige Bewegungen dem Steine Leben einhauchen.
22   Die französische Gesandtschaft befindet sich also gleichzei-

tig im Mittelpunkt und im Westen Berlins, dem vornehmen Viertel der Hauptstadt. Das Innere des Gebäudes stand lange Zeit kaum in Einklang mit dem Äußeren. Ich erinnere mich meiner Beschämung an jenem Tage, da ich im Vorzimmer vergoldete, mit rotem Damast bezogene Stühle erblickte, aus denen, gleich dem Schopf eines Clowns, das ganze Roßhaar des Sitzes hervorschaute. War das möglich? Stand es wirklich so mit uns, und hatte Frankreich kein Geld mehr, diese zerschlissenen, fadenscheinigen Stoffe, diese schmutzigen Teppiche, diese wackligen Möbel, diese elenden Tapeten zu ersetzen? Ich ärgerte mich über den damaligen Gesandten, daß er Frankreich in dieser schäbigen Weise repräsentierte. Oft genug habe ich sie gesehen, diese Rumpelkammer. Es sind erst einige Monate vergangen, seitdem sie verschwunden ist. Gleich nach seiner Ankunft ließ Herr Cambon die Tapezierer und Dekorateure Kriegers aus Paris kommen, und nun kann man die Salons, den Festsaal, das Billard- und das Rauchzimmer sowie die übrigen Räume des Hauses, das dem Vertreter Frankreichs alle Ehre macht, durchschreiten, ohne daß einem die Schamröte ins Gesicht steigt. Wenn ich an dieses Detail erinnerte, geschah es, um den auffallenden Gegensatz so recht verständlich zu machen, der zwischen der heutigen Gleichgültigkeit oder besser gesagt, Resignation der Franzosen und dem überall zutage tretenden Bestreben des Preußen, ein neues Leben zu leben, alles Alte, seine ganze ärmliche Vergangenheit durch Hypermodernes zu ersetzen, alles, was er besitzt, darauf zu verwenden, zu glänzen, sich geltend zu machen, besteht.

Gleichen wir nicht ein wenig gewissen stolzen, den Lehrern wohlbekannten Schülern, die, von einem Neuangekommenen überflügelt, es verschmähen, sich in den Wettbewerb einzulassen?

23

Die Friedrichstraße durchschneidet das Zentrum Berlins mit ihrer ganzen Länge. Sehr schmal im Vergleich zu den Linden, von kleinen, dichtgedrängten Läden eingefaßt, erweitert sie sich an den beiden Enden, auf der einen Seite gegen das Arbeiterviertel Oranienburg, auf der andern gegen den Belle-Alliance-Platz zu, die sich mit den Vororten Berlins berühren. Die Gegend rings um den Bahnhof der Stadtbahn ist die belebteste. Kleine und große Omnibusse, Autos und Droschken kreuzen sich an dieser Stelle. Einige schüchterne, ernste Mädchen, die im Halbdunkel des über die Straße führenden Viadukts auf eine Fahrgelegenheit zu warten scheinen, bieten sich dem Neuankommenden zu etwaigem Gebrauche an. Die zahlreichen Hotels und Cafés, die sich an dieser Kreuzung oder in ihrer allernächsten Umgebung angesiedelt haben, bringen es mit sich, daß dieser Teil Berlins für den Fremden immer der eigentliche Mittelpunkt bleiben wird. Ich kenne sogar Franzosen, die seit zehn Jahren hier wohnen und diese Ansicht seit dem Tage ihrer Ankunft bewahren. Sie kamen auf dem Bahnhof Friedrichstraße an, gingen seither tagtäglich hierher, sich ihre Zeitungen zu kaufen oder in ihren Zug einzusteigen, und reden sich nun aus Bequemlichkeit ein, das sei Berlin.

Trotzdem wird man, um sich einen Begriff von dem Treiben Berlins zu gewissen Stunden machen zu können, nach dem Potsdamer Platz gehen müssen. Dort hat sich ein neues Zentrum gebildet, verbunden mit dem anderen durch die Leipziger Straße, der an Geschäften reichsten Straße der Hauptstadt. Der Verkehr auf diesem Platze ist gewaltig. Ich glaube, die Hälfte der elektrischen Straßenbahnen, von vier Seiten her einmündend, kreuzen hier, binnen weniger Minuten habe ich hundert gezählt. Und was nicht vergessen werden darf, nie oder fast nie ein Zusammenstoß.

Belle-Alliance-Platz, 1894

Um diese Sicherheit zu erreichen, welche bewunderungswürdige Ordnung gehörte dazu und was für eine verständige, von allen geübte Disziplin! Ein Dutzend Schutzleute stehen fortwährend an den vier Straßenecken und in der Mitte des Platzes, zwischen den Weisern der Straßenbahnen, denen sie Halt oder langsames Fahren gebieten oder das Zeichen zur Abfahrt geben. Ruhig und kaltblütig, ohne ein lautes Wort, gewissermaßen ohne mit der Wimper zu zucken, leiten sie das ganze Getriebe. Das Auge unverwandt auf sie gerichtet, harren die Wagenführer eines Blickes, eines leisen Winkes, um zu stoppen oder die Fahrt fortzusetzen.

Als die Stadt Berlin vergangenes Jahr die englischen Journalisten als Gäste bei sich sah, wurden sie im Palasthotel am Potsdamer Platz einquartiert. Man möchte wünschen, sie hätten, außer dem Andenken etwelcher Magenverstimmungen, den Eindruck eines Berlins mit sich genommen, das nicht minder regsam und eine modernere Stadt als London ist und Englands Metropole mit ihren schmutzigen, straßenbahnlosen Straßen beschämt.

Außerhalb dieses Mittelpunktes von Berlin, der an Lebendigkeit in nichts derjenigen der größten Hauptstädte nachsteht und dessen Straßen sich wie die amerikanischen im rechten Winkel schneiden und die Häuser in eine Reihe von Quadraten teilen, breiten sich ohne Unterbrechung die neueren Viertel aus, von breiten, geraden Straßen durchzogen, die mit Passanten etwas spärlicher besetzt sind. Nach welcher Richtung man sich auch wendet, eine reiht sich an die andere, von hübschen, blumengeschmückten Häusern umsäumt.

Im Westen, am Eingang des Tiergartens, liegt das vornehme
Viertel, das Viertel der feinen Leute, das W., wie der Berliner

sagt, die privilegierte Residenz der verschiedentlichen Aristokratien. Wie ein grüner Bindestrich breitet sich von den Linden bis zur Nachbarstadt Charlottenburg der Tiergarten davor aus – ein Bois de Boulogne in kleinerem Format, der bei der Madeleine seinen Anfang nähme – mit seinen zierlichen Seen, seinen lauschigen Winkeln, seinem Buschwerk, seinen Rondellen und den zahlreichen Statuen, Goethe, Lessing, Beethoven, Wagner, die Königin Luise, die Kaiser darstellend. Keine oder beinahe keine Equipagen. Die flinken Straßenbahnen, die ihn in seiner ganzen Länge durchfahren, und etliche Droschken ersetzen die Viktorias und eleganten Coupés. Des Morgens begegnet man dort auch dann und wann einem Reiter, von etwas schwerfälligen Amazonen begleitet. Im Sommer sind alle, Männer sowohl als Frauen, in Tussor und Khaki gekleidet. Abseits der Linien, die die Straßenbahn berührt, ist er in Wahrheit eine Stätte der Ruhe und des Friedens, noch idyllischer wirkend durch den Aufmarsch der Ammen in Spreewälderkostüm, kurzem, rotem Rock und weißem Kopfputz, und dort, wo die Kinder zu ihrer Unterhaltung ihre eigenen Plätze, große, sandige Vertiefungen, von Bäumen und Bänken umgeben, vorfinden, sieht man an Sommerabenden auch verliebte, keineswegs prüde Pärchen.

Im Norden von der Spree begrenzt erstreckt sich im Süden eine breite, schattige Chaussee, an der sich, inmitten von Gärten, zwischen Efeu oder wildem Weingerank, die Villen und griechisch-italienischen Palais neugebackener, reicher Bankiers, Industrieller und Spekulanten erheben, deren Väter noch die Kartoffeln auf den Äckern des nahen Schönebergs pflanzten.

Fünfhundert Meter entfernt, auf einer großen Rotunde, wo sich die riesigen Standbilder Bismarcks und Moltkes gegenüberstehen, erhebt sich die Masse des Reichstagsgebäudes. Nicht weit davon scheint die vergoldete Gestalt einer Siegesgöttin mit entfalteten Schwingen, von der Höhe einer kannelierten Säule, die auf einer Halle aus rosa Granit ruht, ihren Flug gegen die Siegesallee nehmen zu wollen, die von ihren zweiunddreißig weißmarmornen Hohenzollern eingefaßt wird. Aber ihr versteinerter Flug und die schwerfällige Gestalt drücken viel zu sehr auf die für ihre Figur zu kleine Säule.

Der Mangel an Geschmack, an Sinn für Proportionen, die Vorliebe für das Kolossale, die dem Preußen eigen ist, trifft hier in diesem Winkel Berlins, zwischen dieser unharmonischen Siegesgöttin, diesen ungeschlachten Erobererstatuen, diesem wuchtigen Reichstagsgebäude und diesen großtuerischen Hohenzollern zusammen.

Der breite Gürtel der neuen reichen Viertel beschreibt seine Kurve jenseits des Tiergartens, im Westen gegen Charlottenburg, im Süden gegen Schöneberg hin. Hübsche, in nächster Nähe Berlins gelegene Gemeinden, die mit der Hauptstadt eins zu sein scheinen, alles neu erstanden, der behagliche Wohnsitz wohlhabender Bürger, reich gewordener Industrieller und Kaufleute. Familienpensionate gibt es dort in Fülle, von Amerikanern und Engländern gern besucht. Eine Art Passy, nur reicher an Grün und an Blumen.

Anlagen erheben sich auf allen den öffentlichen Plätzen, dem Nollendorf-, Viktoria-Luise-, Lützowplatz, von wo sich lange, mit Bäumen bestandene Straßen abzweigen, Plätze, die ringsherum von Häusern eingeschlossen sind, an deren Fassade sich Balkone hinziehen, über die wilder Wein, mit hell- und dunkelroten Geranien dazwischen, seine üppigen Ranken ergießt. Das Auge weidet sich an all dieser Frische und Farbenpracht, an der neuen Bauart der Häuser, der Sau-

28

berkeit der Straßen. Auf die Dauer jedoch wirken diese immer gleichen Perspektiven, an deren Ende stets ein neuer Platz auftaucht, der wieder seine Perspektive hat, etwas ermüdend. Wir sind in Frankreich so sehr an alten Kram gewöhnt, daß man sich glücklich schätzte, hier einen vergessenen Winkel, ein altes Kloster, irgend etwas zu entdecken, das die Phantasie beschäftigte oder das Gedächtnis zwänge, in die Vergangenheit hinabzusteigen.

Es existiert allerdings, am andern Ende der Stadt, auf einer kleinen Insel der Spree, an derselben Stelle, wo sich im zwölften Jahrhundert das kleine Fischernest, der Kern der künftigen Metropole befand, ein altes Viertel – Alt-Berlin –, das seine Mauern unweit des königlichen Schlosses und des Rathauses, einem schmucken, modernen Bau aus roten Backsteinen, erhebt. Dort findet sich auch noch eine letzte Spur aus einer ziemlich fernen Vergangenheit, die aus dem dreizehnten Jahrhundert stammende Nikolaikirche. Sonst weist Alt-Berlin nichts Malerisches auf. Einige der Straßen sind wohl enger als die in den neuen Stadtteilen; einige Häuser, ein- bis zweihundert Jahre zurückdatierend und in ihrer ursprünglichen Form neu hergestellt, besitzen ihre seltsamen Giebel, die flachen, von kleinen Fenstern durchbrochenen Fassaden, wie man sie andernorts nicht mehr sieht. Wenn man sie sich genauer betrachtet, fängt man an zu begreifen, daß der Berliner sich dieses alten, charakterlosen Gerümpels, das wenig zu der neuen, schönen Umgebung paßt, schämt.

Am Ende von zwei oder drei schmalen Gäßchen, in die man durch niedrige Torwege gelangt, steht man zu seinem Erstaunen plötzlich vor irgendeinem alten Gebäude aus dem 15. Jahrhundert, in der ein Dutzend kleiner Handwerker: Faßbinder, Stellmacher, Klempner, Flickschneider, Flickschuster, Trödler hausen. Hühner picken auf dem Boden herum, kleine schmutzige Bengels trotten hinter einem her, im gleichen Tonfall gemeinsam die Geschichte dieser Stätten, die ehemals Gefängnisse waren, herleiernd. Zwei junge Engländerinnen hinter ihren Staffeleien vervollständigen das Bild. „Am Krögel" heißt dieser Ort. Ich glaube, es würde schwer werden, einen anderen Zeugen dieses Alters in Berlin aufzutreiben.

Mit Vergnügen kehrt man von hier aus wieder zu dem neuen Berlin zurück, gibt man sich der Annehmlichkeit dieser reinen Straßen, wo die Luft so ungehindert zirkulieren kann, dem Anblick dieser hellen, geräumigen und behaglichen Wohnungen hin. Und da er nichts dazu kann, daß die Spree kein klares, freundliches Wasser ist, und daß er keine Hügel aus dem Boden zu stampfen vermag, von wo man schöne Fernsichten genießen könnte, muß man dem Berliner zugestehen, daß er aus dem platten Terrain, wie es ihm nun einmal zur Verfügung stand, das Beste gemacht hat, was sich daraus machen ließ an Ansehnlichkeit, Wohnkultur und öffentlicher Hygiene.

Das kommt einem namentlich dann zum Bewußtsein, wenn man die aristokratischen und bürgerlichen Viertel des Westens und Südwestens verläßt und die Arbeiterquartiere im Norden und Osten betritt. Gewiß, hier sehen die Gebäude weniger luxuriös aus, aber die Straßen und Häuser dieser Vorstädte, die eine Einwohnerzahl von 75 000 Menschen in sich schließen, sehen so gepflegt, die Arbeiter und die Kinder, die man in den ärmsten Gegenden trifft, so reinlich aus, daß es unmöglich ist, zu glauben, daß man sich in einer Stadt von der industriellen Bedeutung Manchesters befindet, 30 wie es für Berlin zutrifft.

Ich durchwandere ganze Straßen im Südosten Berlins, die Ackerstraße, die Köpenicker Straße, die Oranienstraße, die Andreasstraße; ich trete in Höfe ein, von drei- bis vierhundert Metern Tiefe, die eine Art Gemeinwesen für sich bilden und an die sich neue Höfe mit Eisenwerkstätten, Bronzegießereien, Papier-, Blumen- und Kleiderläden etc. sowie Arbeiterwohnungen anschließen.

Eines dieser Gemeinwesen nennt sich Meyershof. Er ist in den Händen eines einzigen Besitzers und zählte früher zwei- bis dreitausend Bewohner, heute ist diese Zahl auf sieben- bis achthundert gesunken, da die übrigen kleinen Industrien Platz gemacht haben, um in modernere Häuser zu ziehen. Die Keller sind nicht mehr bewohnt wie früher, die Polizei legt, aus sanitären Gründen, mehr und mehr ihr Veto dagegen ein. Der Meyershof setzt sich aus einer Anzahl großer, zur Hauptfassade parallel laufender und durch sechs weite Höfe voneinander getrennter Gebäude zusammen. Das ist der Typ der Berliner Arbeiterviertel, düstere Kasernen aus fahlgelben, verräucherten Backsteinen, aber alles in gutem Zustande erhalten.

Der Eigentümer, ein biederer Bürger, der in seinem eigenen Mietshaus wohnt, marschierte mit zufriedener Miene von einem Haus zum anderen. Zuvorkommend geleitete er uns in seinem Anwesen umher. Er klingelte auf mehreren Etagen, und wir durften einige der Wohnungen besichtigen. Die Sauberkeit dieser kleinen, bescheidenen Gelasse war bemerkenswert. Manche enthielten ein Sofa, eine Menge Wiener Nippsachen, eine Nähmaschine, einen Teppich. Einer der Mieter, dessen Wohnung aus drei Räumen besteht, hat das eine der beiden Zimmer zum Salon mit roten Plüschmöbeln umgewandelt, ganz wie ein besserer Beamter irgendeiner Bezirkshauptstadt; an einem niedrigen Tische sitzt ein Kind über

31

seinen Schulaufgaben; vier Kinder sind es im ganzen, ein
fünftes wird erwartet; er ist Monteur bei Siemens und verdient sieben Mark pro Tag.

Die Miete für ein Zimmer und eine Küche beträgt 240 Mark,
für ein Zimmer allein 120 und für zwei Zimmer mit Küche
360 Mark. Es kommt in Deutschland öfter vor, daß verheiratete Mieter eines der Zimmer einem ledigen Arbeiter abtreten, sie sehen darin einen schätzbaren Vorzug. Hier läßt
der Besitzer solche Aftermieter nicht zu und teilt seine Wohnungen ein, soviel er irgend kann, um selbst einen möglichst
großen Profit daraus zu ziehen.

Ich wollte die ganz elenden Winkel Berlins kennen lernen:
man konnte mir keine bezeichnen. Sogar die in letzter Zeit
entstandenen, sehr entlegenen Quartiere sind weit davon
entfernt, jenes Gepräge von Armut zu tragen, wie es in englischen oder französischen Industrieorten zutage tritt. Die
Prenzlauer Allee beispielsweise besitzt prachtvolle Arbeiterhäuser, in guter Lage und an breiten Straßen gelegen, mit hohen Fenstern, blumengeschmückten Balkonen, ganz wie in
den reichen Vierteln. Man könnte sich tatsächlich vorstellen,
in einem luftigeren, größeren Monceau zu sein, nur mit noch
mehr Grün und Blumen und vergoldeten Balkonen.

Das war es nicht, was ich suchte. Ich wollte das Whitechapel
Berlins oder gewisse Gassen des Montmartre sehen, irgendeine feuchte, schmierige Spelunke, eine Mördergrube, wie es
ihrer so manche noch in London, in Paris, in Petersburg
oder in Rom gibt. Dergleichen existiert hier nicht. Die Straßen der Vorstädte sind ebenso sauber gehalten wie die inmitten der Stadt; die Läden, ohne gleichen Luxus zu zeigen, haben einen gut bürgerlichen Anstrich. Die Häuser gleichen
sich von einem Viertel zum anderen – auch die ärmsten

Leute sind anständig gekleidet und haben nicht das Verwilderte und Verwahrloste unserer Pariser Vagabunden und Bettler.

Ich will nicht behaupten, es gebe in Berlin gar kein Elend, ich habe das Gegenteil erfahren, aber bezeichnend ist es immerhin, wie gut es sich verbirgt und daß es noch Scham zu empfinden vermag.

Da ich mich beständig wunderte, nicht irgend etwas Malerisches dieser Art zu entdecken, fragte ich einen hohen Beamten der Polizeipräfektur, der einmal mir gegenüber geäußert hatte, er sei der Berliner „Mouquin", – wo seine Apachen denn steckten. Er nannte mir schließlich ein Viertel, mit dessen Niederreißen man übrigens schon beschäftigt war: das Scheunenviertel. – „Das ist das Schlimmste, womit ich Ihnen aufwarten kann", entschuldigte er sich.

So begab ich mich denn hinter dem Alexanderplatz, in der Umgebung der Grenadierstraße, auf die Suche und fand einige schon halb zerfallene Häuser vor. Wohl sah ich da und dort einen Trupp junger Zuhälter, ziemlich verdächtige Gestalten, aber ohne jenes ostentative Herauskehren von Liederlichkeit, das die unsrigen kennzeichnet. Und ich brachte von meiner Forschungsreise nicht eine einzige in etwas kräftigerem Ton gehaltene Nuance, keinen wirklich typischen Zug von deutscher Verkommenheit mit nach Hause. Die Polizei und der Sanitätsdienst gehen den Banditen, wie den Mikroben, so energisch zu Leibe, daß ein Fremder die größte Mühe hat, etwas davon zu bemerken...

Schon einige Male erwähnte ich die Liebe der Deutschen für die Blumen. Ich will nochmals darüber sprechen. Vom Monat Mai an entfaltet sie sich in entzückender Weise von einem Ende der Stadt zum anderen, von den Villen und

33

Prachtsitzen des Tiergartens bis zu den Mietshäusern der Arbeiterquartiere. Namentlich in einem der letzteren, in Alt-Moabit, wandert der Sommer tatsächlich zwischen zwei lebenden Hecken von zwanzig Metern Länge einher. Von oben bis unten sind die Häuserfronten, die Balkone buchstäblich mit Geranien, Kapuzinern und anderen Pflanzen bedeckt, die sich emporranken und dann in wahren Kaskaden von einem Balkon zum anderen niederfallen. Manche Leute verfielen auf die Idee, sich Vorhänge aus Schlinggewächsen, mit Blumen durchflochten, herzustellen, die sie vermittelst Fäden an ihren auf diese Weise zu Lauben umgewandelten Fenstern und Loggias hochziehen, ein Bild, so bunt und farbenfroh wie eine ländliche Frühlingsidylle. Um dieser Liebhaberei des Berliners Vorschub zu leisten, veranstaltet die Stadtbehörde Wettbewerbe für Balkonschmuck, sogar ein vom Kaiser selbst gestifteter Preis, dem hübschesten Einfall bestimmt, ist vorhanden. Jedes Frühjahr verteilen Privatgesellschaften und der Magistrat Stecklinge von Geranien, Rosen, Fuchsien etc. an die Schulkinder, die sie am Ende des Schuljahres vorzeigen müssen. Die schönsten Exemplare werden prämiert*.

Die Blumen verschwinden nicht eher, als bis der Frost sie bedroht. Denn die Genüsse, die sie an den schönen Tagen boten, werden in den Wintermonaten teuer genug bezahlt. Ich hatte wenig erquickliche Viertelstunden zu überstehen,

---

* Dieses Aufmunterungssystem ist nicht nur in Berlin üblich. Während der schönen Ausstellung, die 1907 in Mannheim stattfand, erhielten sämtliche Schulkinder der Stadt und der Außenbezirke solche Stecklinge. Am 20. August kamen ganze Prozessionen von Schülern vom Lande herein, nach Dörfern und Klassen gruppiert, jeder die Pflanze im Arme tragend, die er einige Monate hindurch in Pflege gehabt hatte. Das Ausstellungskomitee verteilte eine große Anzahl von Preisen an sie, beherbergte sie auf seine Kosten zwei Tage lang und zahlte allen die Reise.

wenn es galt, auf eine der Straßenbahnen oder einen Wagen in der Kaiser-Allee zu warten. An manchen Tagen ist es unmöglich, gegen den Wind zu marschieren, der wirbelnde Schnee macht einen blind, ein wütender Sturm nimmt einem den Atem. Man muß einen Winter hierzulande erlebt haben, um Brandenburg, den alten Ruf von der Rauheit der Bewohner der Ostmarken, um Preußens Geschichte überhaupt aus der Psychologie der Preußen zu verstehen.

Eines Abends, als der Wind, ein eisiger Ost, durch die Straßen tobte, betrat ich in ein kleines Restaurant in der Dorotheenstraße, dessen Lichter mich angelockt hatten. Es war das italienische Restaurant „Zum Bersaglieri". Um ein Piano herum saßen drei oder vier braune Gesellen in rotem Wams und sangen aus voller Kehle in näselndem Ton: „Addio, Dolce Napoli!" Sie durften es wohl brüllen, ihr „Lebwohl, Neapel!" Sie waren weit genug davon entfernt, unter diesen eckigen, blonden, breiten Köpfen, unter diesen behäbigen Frauen, die, vor beladenen Tischen sitzend, vom italienischen Wein gerötet waren, ohne belebt zu sein, und die, ein jungfräuliches Lächeln auf den Lippen, truppweise, wie Schafe, beständig nach dem „Örtchen" wanderten.

Die Zukunft

Neue Viertel. – Schöneberg und Wilmersdorf. – Das Baufieber. –
Eine zwölf Kilometer lange Straße: der Kaiserdamm. – Originelle
Bauten. – Moderner Komfort. – Das außerordentliche Wachstum
Berlins. – Spekulationen. – Vorortgemeinden. – Das Budget der
Reichshauptstadt. – Berlins Zukunft. – Die Tätigkeit des Ma-
gistrats. – Berlin–Chicago.

Berlin breitet sich täglich mehr aus. Und es ist ein fesselnder
Anblick, solch ein Weichbild, das plötzlich vor den Augen
des erstaunten Wanderers entsteht.

Viele Hunderte von Wegen werden augenblicklich in Charlottenburg, in Schöneberg, in Wilmersdorf vor allem, angelegt. Weite Strecken Landes, mit Erntesegen bestanden, werden heute aufgerissen und morgen Straßen sein. In manchen
Häusern wohnt man schon, wenn nebenan noch mit der
Maurerkelle hantiert wird, so daß neben den Gerüsten die
Balkone neuer fertiger Bauten von oben bis unten in üppi-
gem Blumenflor prangen.

Um solche Wohnungen benutzbar zu machen, wird acht
Tage lang in großen Kohlenbecken eine Höllenglut ange-
facht, und die Mauern trocknen, es läßt sich ohne Gefahr
dazwischen hausen.

„Wir brauchen auf diese Weise per Haus für etwa 800 Mark
Kohlen in der Woche", sagte mir ein Berliner Architekt.

Kiefernwald Schönholz – Rodung, 1904

Nicht lange mehr, und das ungefähr zehn Kilometer ent-
fernte Spandau wird sich durch gerade Straßen mit der
Hauptstadt vereinigt sehen. Es ist bewunderungswürdig und
ungeheuerlich zugleich. Zur Zeit ist man eifrig dabei, die
Bäume des Waldes zu fällen, bei aller Liebe der Leute für sie,
Platz schaffen muß man wohl. Die Wege höhlen sich, die
Linie der Straße hebt sich bereits deutlich ab. Diese Straßen
von vierzig bis fünfzig Metern Breite haben auf den beiden
Seiten einen sieben bis acht Meter breiten Damm für Fuß-
gänger, der mit Bäumen eingefaßt ist, je einen Fahr- und einen Reitweg, während die Mitte von einer stattlichen Chaussee, Anlagen mit Rasenplätzen eingenommen wird.

Ich unternahm diesen Ausflug, eigentlich sollte ich sagen,
meine Forschungsreise, an einem glühend heißen Nachmittag. Meine Autodroschke war durch den Tiergarten, die end-
lose Charlottenburger Allee, die Bismarckstraße gefahren
und auf einer ganz neuen Straße, dem Kaiserdamm, angelangt. Die nach rechts und nach links sich öffnenden Straßen begannen, sich mit neuen Häusern zu besetzen. Da und
dort noch öde Strecken, unbebautes Land.

Bald hören die Häuser auf. Aber die Straße hat immer noch
ihr Holzpflaster, die Rinnsteine sind gelegt, man stößt auf
schon asphaltierte Stellen, auf Zierplätze mit frisch beschnit-
tenem Rasen, blühenden Pflanzen, Geranien, Petunien, Tul-
pen, Hortensien. Dann verschwinden auch die Felder zu beiden Seiten. Da der Boden sandig ist, könnte man glauben,
irgendein unternehmender Ingenieur lasse hier Dünen und
Strandgelände erstehen, um später darauf zu bauen. Es ist
die Wüste, die lautlose Stille. Noch eine Spanne weiter, und
wir sind im Grunewald. Auch hier neue Weganlagen, aber
die Bäume sind stehen geblieben, die ganze Strecke entlang!
38 In senkrechter Linie, mit diesen hier sich schneidend, harren

weitere Straßenzüge, bereits gepflastert, nicht erst angelegt, der Maurer. Nach einiger Zeit hört die Pflasterung auf. Das Auto sinkt in den Wagengeleisen zwischen den sandigen Böschungen, aufgestapelten Zement- und Eisenröhren, Ziegelhaufen, zwischen Gräben, Baracken und Schubkarren ein. Kleine Lokomotiven ziehen Wagen mit Steinen und Baumaterialien auf ihren Schienen hinter sich her. Zu beiden Seiten ragt, düster und schweigend, der Tannenwald.

Plötzlich macht der Weg vor einer dichten Wand von Bäumen Halt. Wir haben, in schnurgerader Richtung, vom Tiergarten an, zwölf Kilometer zurückgelegt. Ist das denkbar? Man meint, in Amerika zu sein, zu einer Zeit, da eben eine neue Stadt gegründet werden soll, und man muß den Wagemut, das Selbstvertrauen, die Umsicht, die solch ein Unternehmen erfordert, bewundern. Und dabei verliert man kaum ein Wort darüber, eine ganze Anzahl von Berlinern, die ich befragte, wußten entweder gar nichts davon oder fanden nichts Absonderliches dabei, ein Beweis von der staunenswerten Betriebsamkeit dieser Stadt, die sich nach allen vier Himmelsgegenden zugleich ausbreitet.

Nun heißt es, um wieder nach Berlin zu gelangen, sich nordwärts wenden, den Weg einschlagen, der über Spandau führt, dessen zahllose rauchende Fabrikschlote jenseits des Wassers auftauchen. Am Havelufer üben, halb von Baumgruppen versteckt, etwa zehn Einheiten Soldaten auf Pfeifen und Trommeln ihre Märsche ein.

Fabriken in voller Tätigkeit, preußische Soldaten ihre Pfeifen blasend, die stolzen, neuen Straßen im Bau begriffen: das richtige Bild des Deutschlands von heutzutage!

Charlottenburg, Schöneberg, Wilmersdorf, Schmargendorf, alle diese neuen Viertel sind außerordentlich hübsch. Mir sind diese Häuser, von denen kaum eines dem andern gleicht, eine wahre Freude. Manchmal wölbt sich ein Teil der Fassade erkerartig hervor, indes der andere Teil etwas von der italienischen Loggia an sich hat mit vergoldetem Gitterwerk, über die sich eine Fülle von herrlichen Blumen ergießt. Die Dächer bestehen im allgemeinen aus roten Ziegeln oder aus Schiefer, doch gibt es auch solche, die mit grün oder blau glasierten Platten bedeckt sind; kleine Kuppeln und vergoldete Glockentürme im Moskowiterstil überragen sie. Einer der Baumeister verfiel auf die Idee, seinen Balkonen eine andere Farbe als die des Hauses, das ganz aus grünen Backsteinen besteht, zu geben, die Fensterverkleidungen mit kleinen, bunten Schutzdächern zu versehen, die Rolläden violett oder hellblau oder hellgrün anzustreichen. Andere Bauten gefallen sich im ländlichen Villenstil, imitiertes, braungestrichenes Gebälk durchschneidet ihre Front. Die zierlich geformten Fensterbrüstungen sind, gleich den Balkonen, vergoldet. Und aus dieser Mannigfaltigkeit, dieser Regellosigkeit entsteht ein reizend belebtes Bild, das ich für meinen Teil dem Eintönigen, Steifen unserer Straßen und Plätze bedeutend vorziehe. Wo es nur irgendwie möglich war, sind Anlagen angebracht, prangen Blumenbeete, steigen Springbrunnen aus ihren Becken empor. Und ich behaupte, hier könnten unsere ängstlichen, handwerksmäßigen Architekten Unternehmungslust und Originalität lernen. Brauchen könnten sie es.

Die Mietshäuser haben, wie ich schon erwähnte, ein sehr luxuriöses Aussehen. Die Fassaden tragen reichen Bildhauerschmuck, vergoldete Balkone, zeigen pompöse Haustore aus Glas und schmiedeeisernen Zierat, das Treppenhaus hat weiße Marmorstufen und Wände, Messinggeländer, farbenprächtige Teppiche, herrschaftlich geradezu. Bekannte von mir wohnen in solchen Häusern. Sie gefallen sich in diesem Prunk. Das alles nimmt sich behaglich, elegant aus. Treten wir bei ihnen ein. An Platz fehlt es nicht, man hat geräumige Korridore, zahlreiche Schränke, die Einteilung ist bequem. Aber die Täfelung hat Risse, und durch die schlechtschließenden Türen dringt ungchindert Luft hinein. Die Skulpturen, die draußen unsere Bewunderung erregten, fangen bereits – nach kaum drei Jahren – an abzubröckeln, der Regen weicht diese Ornamente aus erbärmlichem Stuck auf, und das Mauerwerk darunter wird sichtbar. Indes, was schert sie das, diese Hausbesitzer und Bauunternehmer? In fünfzehn Jahren reißen sie ja all das wieder nieder, um neue, modernere und noch reichere Bauten an ihre Stelle zu setzen. Und darin verspüren wir wiederum einen verwandten Zug zwischen den heutigen amerikanischen und deutschen Sitten: eine merkwürdige Vorliebe für die Fassade, für den Schein.

Trotz dieser Unvollkommenheiten, die der fieberhaften Hast, dem Drang der Architekten, zu glänzen, Aufsehen zu erregen, zuzuschreiben sind, kann man sagen, daß mit der Zahl der Neubauten auch ihr Komfort zunimmt, Häuser mit elektrischem Aufzug, Zentralheizung, elektrischem Licht, Baderäumen für die Herrschaft und die Dienstboten, warmem Wasser bei Tag und bei Nacht, gehören nicht mehr, wie bei uns in Frankreich, zu den Ausnahmen. Ohne diese Bequemlichkeiten baut man hier kein Haus mehr.

Berlin zählt gegenwärtig über zwei Millionen Einwohner*, bei dieser Zahl sind diejenigen Charlottenburgs, Wilmersdorfs, Schönebergs, Rixdorfs, Pankows etc. nicht eingerech-

* Genau 2 110 000

net – Gemeinden, die eigentlich zu Berlin gehören, aber unter eigener Verwaltung stehen. Einst waren diese Gemeinden durch weite, freie Strecken Landes von der Hauptstadt getrennt; heute sind diese Ländereien bebaut, fahren die elektrischen Straßenbahnen von Berlin ein und aus, und da es in Deutschland kein Oktroi gibt, weiß man nicht, wo das eine aufhört und das andere anfängt.

Mit diesen Vororten hat Berlin heute also nahezu drei Millionen Einwohner.

Nachfolgend eine interessante Übersicht von der Zunahme der Bevölkerung Berlins und seiner nächsten Umgebung seit 10 Jahren:

	1895	1900	1905
Berlin	1 677 300	1 888 300	2 040 200
Charlottenburg	132 400	189 300	239 500
Wilmersdorf	14 200	30 700	63 600
Pankow	11 900	21 500	29 100
Rixdorf	59 900	90 400	153 600
Schöneberg	62 700	96 100	141 000
Weißensee	–	–	37 600

Im ganzen: 2 704 600.

Man strebt vom Zentrum fort, und da billige, gute Verkehrsgelegenheiten zur Genüge vorhanden sind, füllen sich die Vororte wie Kaninchenställe.

Mit Häusern und Grundstücken wird eifrig spekuliert, manche Bauern sind innerhalb von zehn Jahren zu Millionären geworden. Da, wo sich heute Schöneberg erhebt, bauten sie 1890 noch Kartoffeln und Runkelrüben an. An der Prenzlauer Allee, höchstens vier oder fünf Kilometer vom Mittelpunkt der Stadt entfernt, gegen Osten gelegen, verkauft man jetzt Terrains, die keine zehn Mark wert waren, mit Leichtigkeit zu 240 Mark den Meter. Eine gleiche Steigerung haben die städtischen Bodenpreise erfahren. In der Friedrichstraße, der Straße der großen Läden, inmitten der Stadt, kostet der Meter 3 000–4 000 Mark*. Diese Tendenz kann nicht von Dauer sein, doch sie beweist den Fiebertaumel des glücklichen Erfolges, den der stete Bevölkerungszuwachs für dieses Land mit sich bringt.

1868 war die Stadt mit der Königgrätzer Straße, die am Tiergarten, der nun die Mitte der Stadt bedeutet, entlang führt, zu Ende.

„Als kleiner Junge", erzählte mir ein Mann von sechsunddreißig Jahren, „ging ich, wenn ich mit meinem Papierdrachen ‚aufs Land' hinaus wollte, nach dem Nollendorfplatz, wo jetzt das dichtbesetzteste Quartier Berlins liegt."

Weshalb werden diese Gemeinden nicht alle zu einer einzigen vereinigt?

Vor achtzehn Jahren regte die preußische Regierung eine Verschmelzung sämtlicher Außengemeinden an. Der Berliner Magistrat antwortete darauf, daß er sich mit Charlottenburg, Wilmersdorf und Schöneberg – das heißt also, mit den wohlhabendsten und westlich gelegenen – einverstanden er-

---

* In Paris belaufen sich die Bodenpreise in der Rue Royale, auf dem Boulevards de la Madeleine auf 3 000–4 000 Fr. (2 400–3 200 Mark) pro Meter. Eine Versicherungsgesellschaft zahlte 5 000 Fr. (4 000 Mark) für einen Bauplatz Place de l'Opéra. Auf dem Börsenplatz gilt der Meter 3 000 Fr. (2 400 Mark). Eine andere Gesellschaft verlangt 6 000 Fr. (4 800 Mark) pro Meter für das Terrain, auf dem das Théâtre des Nouveautés, Boulevard des Italiens, erbaut ist, doch ist das ein bisher nie erzielter Preis. Auf der Avenue des Bois de Boulogne kostet der Meter nur 1 200 Fr. (960 Mark). Was die Arbeiterviertel Grenelle, Montparnasse, Montmartre, Père Lachaise anbelangt, wechselt der Preis von 100 (80 Mark) bis zu 300 (240 Mark) und 400 Fr. (320 Mark). In den entsprechenden Vierteln Berlins steigt er von 160 bis 420 M., die billigsten Gegenden liegen am Nordende der Stadt, Müllerstraße, dort steht der Preis auf 16 bis 20 M.

kläre. Rixdorf, Weißensee etc., damals noch arme Gemeinden, lehnte er ab.

„Dann werdet ihr überhaupt nichts bekommen", lautete der Bescheid der Regierung.

Heute wäre man in Berlin überaus geneigt, diese Verhandlungen wieder anzuknüpfen, doch nun wollen die anderen nicht mehr.

Ich fragte voriges Jahr den Fürsten Bülow, ob der Staat hier nicht zu vermitteln gedenke.

„Die Frage ist eine sehr schwierige", meinte der Reichskanzler. „Den Gemeinden selbst liegt nichts daran, weil in Berlin die Steuern höher sind. Und sehen Sie, wie liberal Preußen ist, wie hoch wir die Freiheit achten, wir werden nicht einmal den Versuch machen, irgendwelchen Druck auf die Gemeinden, die selbständig zu bleiben wünschen, auszuüben. Die Einverleibung mag erfolgen, sobald ein jeder sie wünscht."

Trotzdem ist man allgemein der Ansicht, daß Berlin im Laufe von zwanzig Jahren zu einer Art Grafschaft, einem Distrikt umgewandelt sein werde, der die Stadt mitsamt ihrer Umgebung in sich aufnehmen werde.

Berlins Budget beträgt 235 Millionen Mark. In den Stadtrat haben dreißig Sozialdemokraten Einzug gehalten, die den östlichen Quartieren, Rummelsburg, Lichtenberg, Friedrichsfelde, Friedrichshain etc. entstammen.

Der Erste Bürgermeister bezieht 36 000 Mark Gehalt. Es gibt 134 Stadtverordnete, die ihr Amt unentgeltlich ausüben, und 34 Magistratsmitglieder, von denen 17 besoldet und 17 unbesoldet sind und die eine Art Exekutivkorps der Behörde bilden. Sie erhalten 8 500 Mark Anfangsgehalt, das rasch auf 15 000 Mark steigt.

Wie in allen Städten Deutschlands ist auch hier die amtliche Tätigkeit überaus groß. Ich war mehrmals im Rathaus und in den Diensträumen der Bürgermeister und atmete dort eine Atmosphäre staunenswerten Fleißes. Tagtäglich werden wichtige Änderungen im Staatshaushalte vorgenommen, es gibt keine Verbesserung, die nicht angestrebt und durchgeführt würde – und zwar rasch! Um nur von den größten Projekten zu sprechen, denen man näher tritt: Binnen einiger Jahre wird ein vom Parlament schon genehmigter Kanal Berlin mit Stettin verbinden und somit Berlin noch vor Paris Seehafen werden. Zwei Häfen, einer im Norden, der andere im Osten der Stadt, mit ausgedehnten Lagerräumen, sind geplant.

Was für eine Zukunft ist Berlin vorbehalten! Die Spree stößt an die Havel, die mit der Elbe in Verbindung steht. Von zwei Seiten also, durch Stettin und durch Hamburg, wird Berlin mit dem Meere verbunden sein. Die bequemeren Lebensbedingungen werden immer mehr Leute anlocken, dann wird sich das Leben in Berlin billiger gestalten, da es kein Oktroi hat, und alle für die täglichen Bedürfnisse, für Handel und Wandel notwendigen Erzeugnisse werden statt mit der Bahn, was die Kosten beträchtlich erhöht, direkt auf dem Wasserwege ankommen.

In zwanzig Jahren wird Berlin seine vier Millionen Einwohner zählen: es wird wie Chicago sein.

Die Sonntage des Bürgers
und des Arbeiters

Sonntagsleben. – Die Vororte. – Wälder und Restaurants. – Die Physiognomie der Masse. – Reinlichkeit. – Phlegma. – Gutmütigkeit. – Die Familien und ihre Vorräte. – Die Erfrischungslokale im Sturm genommen. – Der Grunewald. – Treptow. – Wannsee. – Der Berliner Strand. – Primitive Sitten. – Nur Badehosen. – Frauen in Leibchen. – Der nackte Berliner. – Erinnerung an Hellas.

Für zwanzig Pfennige bringt einen die Bahn in einer halben Stunde aufs Land hinaus, zum selben Preis macht man mit dem Dampfer die Runde um einen großen See.

Dank dieser Vorteile verbringt der Berliner Arbeiter und Angestellte seine Sonntage auf dem Lande.

Die sogenannten „feinen" Leute gehen an diesem Tage nicht aus: die Straße, der Wald, die Seen gehören der Menge. Man sieht keine Equipagen. Aber das Volk hat seine Werkstätten, seine Bureaus, seine Läden verlassen, hat die Bahnhöfe, die Straßenbahnen überflutet und sich aufgemacht, die frische Waldluft und seine Mußestunden zu genießen.

Alle zehn Minuten ergießen sich aus den Zügen der Vorortstationen Ströme von Passagieren: Arbeiter, Soldaten, junge Beamte mit ihren Mädchen – Köchinnen, Kammerjungfern oder Ladenfräuleins –, Kleinbürger, verheiratete Unteroffi-

46

ziere, in den Waffenrock eingezwängt, ihre Kinder an der Hand haltend. Ganze Familien geben sich ein Rendezvous auf dem Bahnhof. Der Vater, die Mutter, Schwiegereltern, Großeltern, falls sie nicht zu alt sind, die Kinder, Brüder und Schwestern, alles will den Tag miteinander verleben. Nicht selten sieht man Karawanen mit fünfzehn, manchmal zwanzig Personen beisammen.

Ich suchte mir einen schönen Sommersonntag aus, um in den Grunewald zu gehen und zuzusehen, wie das Volk von Berlin Erholung sucht. – Am Fuße einer Tanne ließ ich mich nieder und beobachtete einen ganzen langen Nachmittag die Menschen, die da durch den Wald, von einem Biergarten zum anderen wanderten, denn der Grunewald ist groß.

Manche der Vorüberziehenden stimmen ein Lied an, junge Burschen marschieren im Takt, nach dem Rhythmus militärischer Weisen dahin. Sie sehen aus, als hätten sie große Eile und stünden unter Aufsicht. Doch nein, sie amüsieren sich nur. Bei einem Kreuzweg hat eine Anzahl von Mitgliedern der Heilsarmee Posto gefaßt und ruft mit der großen Trommel, mit Posaune, Piston und Schellenbaum zur Predigt im Walde. Ruhig schart sich die Menge um sie und hört ihnen zu.

Was auffällt, ist die beschauliche Fröhlichkeit, das Phlegma der Leute. Ihnen fehlt das lebhafte, glänzende, schelmische Auge, doch auch der unzufriedene, verdrießliche, gehässige Ausdruck, den man beim französischen Volke so oft antrifft. Hier ist lächelndes Gleichgewicht, Ruhe des Blutes, das sich in zahlreichen kleinen Äußerlichkeiten verrät: in der sauber gehaltenen Kleidung, dem reinlichen Anzug von Vater oder Mutter, den sorgfältig gebürsteten, glattgestrichenen Haaren der Kinder, die man gern ein wenig zerzausen möchte, dem gesetzten, gleichmäßigen Gang, der langsamen Redeweise,

47

den langen, stummen Pausen. Kein Geschrei oder Gejohle, dann und wann ein Singsang, nie aber anstößige Lieder. Man sieht die anderen nicht an, beschäftigt sich nicht mit ihnen, bringt einen der Zufall jedoch in Berührung, wechselt man einen freundlichen Gruß, erweist sich alle möglichen Gefälligkeiten, wie Verwandten oder guten Bekannten gegenüber.

Manchmal tauscht auch eine übermütige Gruppe einige Worte mit der anderen, aber es geschieht in höflicher, heiterer Weise, ohne boshafte Absicht. Kommen sie an einer Villa vorüber, wo Leute am Fenster sitzen, oder kreuzen sie einen Wagen oder gleitet ein Schiff auf dem Fluß dahin, hebt ein endloses Schwenken der Taschentücher an.

Erkennen sie in einem den Fremden, grüßen sie mit lautem Hallo, stecken die Hüte oben auf ihre Stöcke und lachend beteiligen sich alt und jung, Männlein und Weiblein, an diesem Jubel. Keine Anrempelung, keine anzüglichen Bemerkungen, keine derben Späße. Wie Prudhomme sich ausdrükken würde: Welche Verschiedenheit bei ein und demselben Volke! Hier dieser patriarchalisch gesellige Sinn, dieses einfache, herzliche Entgegenkommen, das mit der Schroffheit und Grobheit, die es zeigt, sowie es als Soldat oder als Beamter auftritt, in so großem Widerspruch steht!

Alle oder beinahe alle sind mit einem Regenschirm bewaffnet und tragen ein wohlverschnürtes, sorgsam in Wachstuch eingewickeltes Paket bei sich, in dem sich Brot, Kuchen, gemahlener Kaffee, Zucker befinden.

Die einen schlagen die Richtung nach dem offenen Walde, die andern nach einem nahen Restaurant ein. Denn, sofern die Deutschen nur unter freiem Himmel sind, grünes Laub über sich sehen, zu essen und zu trinken haben, sind sie zufrieden.

Unter den Bäumen sind Tische aufgestellt und alle, wohin man sich auch wenden mag, sind vollauf besetzt. Dicke Tassen aus weißem Steingut, höchst unbequem zum Trinken, Biergläser und Krüge aus Steingut stehen in unzähligen Mengen darauf. Ungeniert machen sich die Leute ans Kochen. Für einige Pfennige kaufen sie sich heißes Wasser, bereiten sich mit dem mitgebrachten Pulver ihren Kaffee und stellen sich so ihre billige Mahlzeit her. Von einer Bedienung ist nicht die Rede. Man sieht gutgekleidete Männer, ehrbare, bebrillte Bürger, junge Kommis mit hochmoderner Krawatte, nach der Küche wandern und mit ihrem Wassertopf zurückkehren, unbekümmert, von Zeit zu Zeit den goldenen Kneifer zurechtrückend, an den Tischen hantieren. Keinem fällt es ein, sich darum zu scheren oder darüber zu lachen. Haben sie sich erst mal ihre Plätze erobert, rühren sie sich nicht mehr vom Flecke, es sei denn, jede Stunde einmal, um sich des Bieres, das sie getrunken haben, zu entledigen. Die Kinder bleiben sitzen; zerbrechen sie ein Glas oder eine Tasse, versetzt ihnen der Vater eine tüchtige Kopfnuß und mäuschenstill, ohne zu weinen, ducken sie sich, die Augen auf den Teller gesenkt.

Ein dumpfes Gemurmel entsteigt dieser Menschenmenge, aber man hört keinen ungebührlichen Lärm, kein Geschrei oder lautes Gelächter. Doch glaube man ja nicht, daß sie sich langweile dabei, nein, sie findet mit einer selbstverständlichen, allen gemeinsamen Philosophie volles Genügen an dieser Ruhe.

Ich fragte damals verschiedene Ausflügler, worin denn ihr Vergnügen bestehe. „Unser Vergnügen", sagte der eine, „das steckt in uns selber." „Und ich", versetzte ein anderer, „freue mich des Bewußtseins, außerhalb meines Bureaus, meiner vier Wände, überhaupt aus Berlin heraus zu sein. Das genügt vollkommen, mir ein gewisses physisches wie moralisches Wohlbehagen einzuflößen."

Ich wohnte einem Gewitterausbruch im Walde bei. Die geschützten Plätze des Restaurants waren rasch gefüllt. Wer nicht mehr unterkommen konnte, blieb draußen bei den Tischen. Niemand begehrte auf, es gab kein Schelten, kein Fluchen. Die Langmut, die Friedfertigkeit dieser Menschen ist unvorstellbar. Ich dachte an den Aufruhr, den Tumult, den bei uns ein solcher Zwischenfall hervorgerufen, an die Ausgelassenheit – und wäre sie auch etwas gekünstelt gewesen – die eine unter solchen Umständen zusammengeführte Menschenmasse belebt hätte. Hier hindert nicht der Mißmut etwa am Lachen, die Fähigkeit dazu fehlt. Man merkt ganz gut, daß ein einziger Spaßvogel diese ganze ruhige Gesellschaft in Stimmung zu bringen vermöchte. Aber dieser Spaßvogel – ein Spaßvogel ist etwas sehr Seltenes – findet sich nicht sogleich, oder, wenn er da ist, bleibt er stumm, weil er sich einsam fühlt.

Einer der Orte, den die Berliner ebenfalls gerne aufsuchen, ist Halensee, an der Grenze des Grunewalds und Charlottenburgs gelegen, ein Wassertümpel, dem man den großartigen Namen „See" beigelegt hat und an dem eine riesige offene Restaurationshalle errichtet wurde, in drei Etagen eingeteilt, die sich zu einem Halbmond runden. Da sich die oberste dieser Etagen auf gleicher Höhe wie die Straße befindet, sieht der Tümpel aus, als liege er in einem Loch. Selbstverständlich ist das Restaurant in verschiedene Räume getrennt, zuunterst wird nur Bier verabreicht, in der Mitte gibt es ein Bierlokal und ganz oben eine Weinstube. Die Bedienung könnte, wie in allen diesen Riesenkästen, durch ihre Langsamkeit einen Heiligen rasend machen, und die Küche ist schlecht. Doch an heißen Tagen wird man immer noch froh genug sein, etwas dieser Art am Ende einer Straßenbahnlinie vorzufinden. An sämtlichen Balkonen der drei Etagen sind blühende Gewächse und Blattpflanzen angebracht, inmitten des Pfuhls ein Springbrunnen. Wenn abends der Mond zwischen einigen der hohen Tannen das Wasser bescheint, kommt Stimmung in das Landschaftsbild, und da man im Freien sitzt und zwei Militärkapellen abwechselnd spielen, ist der Ort immer gefüllt. Und wohlgemerkt, Halensee vermag Tausende von Gästen zu fassen.

Auch nach Treptow wird gepilgert. Dort: zahllose Bierlokale. Eines derselben kann im Innern und draußen im Garten 10 000 Personen aufnehmen. Als ich dort war, fragte ich den Oberkellner, wieviel Bier an diesem Tage ausgeschenkt worden sei. Nahezu 7 000 Liter, war die Antwort. (Andere Getränke wie z. B. Kaffee oder Wein nicht inbegriffen.) An den Sonntagen spielen Militärorchester von morgens bis abends; 25 Instrumentalmusiker, von denen jeder 10 Mark, dazu das Essen mit Bier, erhält.

In Wannsee, eine halbe Stunde von Berlin entfernt, erlebte ich eine große Überraschung. Von den Ostseebädern war ich mit der Idee zurückgekehrt, daß die deutsche Schamhaftigkeit die Grenzen der erlaubten Heuchelei übersteige. Es ist Tatsache, daß dort nicht nur Frauen und Männer getrennt baden müssen, sondern daß es den Männern außerdem verboten ist, den für die Frauen reservierten Badeplatz in einer Entfernung von weniger denn 500 Metern zu betreten. Es läßt sich denken, daß dies den Reiz der Wellenbäder, dem man sich in fröhlicher Gesellschaft viel lieber hingibt, bedeutend vermindert.

Nun, eines Tages, als ich mich über diese allzugroße und etwas alberne Scheu ausließ, versprachen mir Bekannte, meine Ansicht darüber bekehren zu wollen. Am nächsten Sonntag frühstückten wir in Kladow am Havelsee bei Herrn Marillier, dem rührigen Leiter des Crédit Lyonnais und dessen liebenswürdiger Frau mit ihrem Freunde Haguenin zusammen, dem jungen, tüchtigen Vertreter der französischen Universität an der Berliner Hochschule, wo er der französischen Literaturwissenschaft zu hoher Ehre gereicht.

Wir betrachteten den glitzernden, smaragdgrünen See, von einem Gürtel dunkler, wogender Wälder umgeben und von Hunderten weißer Segel reizvoll belebt. Am anderen Ufer des an dieser Stelle sehr breiten Sees konnte man mit Hilfe eines Opernglases ein undeutliches Gewimmel von Gestalten wahrnehmen.

„Das ist der Strand von Berlin", erklärte Herr Marillier. „Wollen Sie hinübergehen? Die Stunde ist gekommen, die Sie über deutsche Prüderie eines andern belehren soll."

„Anguis non latet in herba", sagte Haguenin, dem der Schalk manchmal im Nacken saß.

Wir bestiegen einen Kahn, und nach zwanzigminütigem Rudern, das nur Herrn Marillier ermüdete, legten wir an. Was für ein Schauspiel sich hier unseren Augen bot! Ausläufer des Kiefernwaldes erstreckten sich bis auf den schmalen Ufersaum, die Wurzeln seiner letzten Stämme reichten fast bis zum Wasser hinab. Enge Pfade schlängelten sich von der kleinen Anhöhe herunter, an deren Fuß der Strand sich anschloß. Völlig nackte Kinder, Männer, halbwüchsige Burschen, die größten nur mit einer Badehose oder einem Taschentuch angetan, Frauen mit einem Leibchen oder einem Korsettschoner und Beinkleidern bedeckt, trieben sich hier
52   herum, tauchten ins Wasser und kamen triefend wieder her-

Wannsee – Am Badestrand, 1909

aus. Einer in Badehose, mit einem runden Filzhut auf dem Kopf, rauchte badend seine Pfeife, ein anderer hatte Vorhemd und Weste dabei anbehalten.

Auf dem Sande warteten die Eltern, den Blick auf den schimmernden See gerichtet.

Die Badenden machen es durchaus nicht wie bei uns, wo man sich, kaum dem Wasser entstiegen, alsbald abtrocknet und in die Kleider schlüpft. Hier überlassen sie das Trocknen der Mutter Sonne, laufen, springen, treiben stundenlang allerlei Kurzweil. Manche vergraben sich im Sand, bis nur noch der Kopf sichtbar ist und sie aussehen wie Mumien.

Da diese Volksbäder erst seit kurzem geduldet werden, hat man gedruckte Anzeigen verteilt, in denen die Behörden zur Ordnung mahnen, die Badenden auffordern, selbst die Aufsicht zu üben, namentlich auch die Frauen während des Aus- und Ankleidens nicht zu belästigen. Vorschriften, die schwerlich notwendig sind! Von den mindestens zwei- bis dreitausend Menschen, die sich hier zusammenfinden, denkt kaum einer daran, dem Auskleiden des anderen einige Aufmerksamkeit zu widmen, mit Ausnahme von uns, die wir eigens herkamen, um zuzusehen. Sonst kein verdächtiger Blick, kein zweideutiges Lachen, nicht einmal ein Lächeln. Das ist die wahre Scham, mit einem Worte, das nennt man den Anstand der Augen.

Ich kann mich kaum erholen von meiner Verblüffung! Ich, der ich mir in Norderney um ein Haar einen Prozeß auf den Hals geladen hätte, weil ich, aus Unkenntnis der Vorschriften, der Frauenabteilung zu nahe gekommen war, ich stand heute inmitten Hunderter fast nackter Berlinerinnen, jungen Mädchen, die von ihren Müttern eben trocken gerieben werden, die vor meinen Augen ihr Hemd überwerfen, indes

Hunderte von Männern und Knaben kaum mit einem Taschentuch bekleidet, das lose mit einem Bindfaden an den Hüften befestigt ist, Seil tanzen, über Sandhaufen setzen, Ringkämpfe aufführen, Ball spielen, laufen, turnen, ihre Muskeln den Blicken des ganzen versammelten Geschlechts darbieten.

Im übrigen muß freilich hinzugefügt werden, daß das Bild nichts Prächtiges an sich hat. Haufen von Kleidern, Schuhen, Strümpfen, Röcken, Hosen, Hosenträgern, Korsetts, Hüten, Krawatten liegen umher. Von den Geschicktesten und Schamvollsten sind Hütten nach Art der Wilden aus Kiefernzweigen, Reisig und allen möglichen Abfällen errichtet worden. Andere suchen Deckung hinter ihren aufgespannten Schirmen, so gut es gehen will. Doch die Mehrzahl gibt sich nicht so viele Mühe und zieht sich kaltblütig unter dem blauen Zelt des Himmels aus. Photographen möchten den anmutigen Anblick auf ihren Platten festhalten, und schlotternd stellen sich einzelne Gruppen vor dem Objektiv auf. Ich sehe, wie ein fünfzehn- oder sechzehnjähriges Mädchen, mager, mit flacher, eingefallener Brust, eine arme, zähneklappernde Schiffbrüchige, ein Paar flehende Augen auf den Apparat richtet.

Dampfer ziehen vorbei, hochbeladene Lastkähne hinter sich herschleppend. Ihr Kielwasser treibt Wellen gegen das Ufer, und der ganze Strand hallt wider von Lachen, von fröhlichem Aufkreischen.

An einem solch herrlichen Sommertage rufen die Kiefern mit den schlanken, rotschimmernden Stämmen, die sich bis dicht an den See hinunterziehen, eine Erinnerung an griechische Gestade wach, an eine Insel der Seligen, wo die Töchter der Hellenen sich zum Bade einfinden.

Doch hier stockt die Phantasie. Die Vision weiter zu verfolgen, wäre grausam . . . denn die Anatomie dieser Arbeitsmenschen beiderlei Geschlechts würde dem Vergleich mit den griechischen Göttern und den lieblichen Schwimmerinnen von Hellas nicht standhalten*.

---

* Dieser schönen Freiheit war keine lange Dauer beschieden. Wie ich höre, sind in Wannsee Baracken errichtet worden, und das eben beschriebene Schauspiel ist verboten. Ich war noch im richtigen Moment gekommen und sagte mir auch, daß eine solche Freiheit in Preußen etwas sehr Merkwürdiges sei.

Die Typen

Lateiner und Germanen. – Entwicklung des alten Typs. – Die Toiletten. – Brillen und Monokel. – Wallende Bärte und rasierte Gesichter. – Der Ausstellungspark. – Der Berliner ist nicht höflich. – Unterschied zwischen den Rheinländern und den Brandenburgern. – Gegensätze. – Der rechthaberische, streitsüchtige Berliner. – Das Mißverständnis des Kaisers. – Der Berliner ein Frauenjäger. – Goethe Pornograph.

Außerordentlich interessant ist es, in Berlin französischen Gesichtern zu begegnen. Nirgends bietet sich eine günstigere Gelegenheit, sich selbst genau zu betrachten. Es gibt einen Schlag vollblütiger Preußen, mit frischen Farben, vierschrötig, steifnackig, mit kindlich- oder hartblickenden Augen, deren ganzes Aussehen etwas Neues, Unverbrauchtes an sich hat, neben denen die braunen, durch die Kreuzungen ausgearbeiteteren, modellierteren Köpfe der Lateiner mit dem weniger offenen Blick, dem rascher bereiten Lächeln, dem aufgeweckteren Ausdruck jenen fieberhaften Spielern gleichen, wie man sie um vier Uhr morgens einem neuen Partner gegenüber sieht, der mit rosigem Antlitz und klarem Auge sich einstellt.

Ich weiß wohl, daß dies nur auf Schein beruht und daß die Widerstandskraft der Individuen und der Grad ihrer Intelligenz nach anderen Merkmalen gemessen werden. Aber selbst

wenn er nur äußerlich ist, interessant zu beobachten bleibt
der Gegensatz vielleicht doch. Denn das Aussehen der Menschen und der Dinge wechselt hier rasch.

Solche, die vor zwanzig Jahren Deutschland besuchten, sind
heute überrascht, nicht nur über die Veränderung, die mit
der Stadt, sondern auch mit deren Bewohnern vorgegangen
ist.

Man sieht ihn wohl noch, den Deutschen von ehemals mit
dem derben Schuhwerk, dem schlechtsitzenden Rock, mit
flatterndem Mantel, langer Mähne, wehendem Bart, breit-
krempigem Hut, die Frau mit dem glattgestrichenen, mit
schwarzer Litze zusammengebundenen Haar oder dem Hut,
den ein Gummiband hinter den Ohren festhält, mit Zug-
stiefeln an den Füßen. Dieses Paar fühlt sich vollkommen zu
Hause, wird von keinem belästigt oder belächelt. Es repräsentiert die Tradition, den eisernen Bestand, den kräftigen
Heimatboden, den echten deutschen Typus, auf dem das
Reich gegründet ist. Sonntags, im Zoologischen Garten, im
Ausstellungspark, kann man diese angestammten Verfechter
der Einfachheit und unbewußten deutschen Geschmacklo-
sigkeit beobachten. Angestellte, Ladenbesitzer, Werkführer,
und mit ihnen die ganze Familie, erscheinen, um die Musik
zu hören und rings um die Rasenplätze zu spazieren. Auf die
Dauer wirkt dieses Defilee von Damenhüten komisch, nicht
ihrer Formen wegen, die einfach alte, längst nicht mehr ge-
tragene Pariser Modelle sind, sondern durch die abgrund-
tiefe Verachtung dieser Leute für die Harmonie der Farben
und der Stoffe, aus denen der Hut zusammengesetzt ist. Jeden Augenblick sieht man Blumen, Bänder, Früchte, Vögel,
Samt und Seide auf ein und demselben Stroh- oder Filzhut,
und die Zusammenstellung der Farben scheint allen Kom-
plementärgesetzen Trotz bieten zu wollen.

Aber wer beachtet diese Greuel? Die Aufmerksamkeit ist auf anderes gerichtet. Man kleidet sich, um sich zu bedecken, wie man ißt, um sich zu nähren. Die Frage ist nur, ob diese Gleichgültigkeit von der Unkenntnis des Besseren oder von der Unkultur der Sinne oder aber von einer ernsteren Auffassung des Lebens überhaupt herrührt? Der Deutsche besitzt, darüber läßt sich nicht streiten, keinen entwickelten Geschmack, doch ich frage mich, ob er selbst in der Zukunft, wenn seine Erziehung beendet ist, den Äußerlichkeiten, den Fragen der Toilette, der Form jemals so viel Wichtigkeit beilegen wird wie wir. Ich glaube es nicht.

Neben dem Deutschen alten Stils folgt nun der neue Deutsche, der Sohn oder der Enkel, der sich von Kopf bis Fuß nach englischer Mode kleidet und weder Bart noch lange Haare, noch Schlapphut, noch Brille mehr trägt. Seine Krawatten stimmen bisweilen mit dem Anzug überein, sein kurz gehaltener, dicht über der Lippe abrasierter Schnurrbart versucht nicht einmal mehr, es dem Kaiser gleichzutun. Er ist, soweit er dies vermag, sarkastisch, zwanglos, spielt Tennis und Fußball. Seine Bewunderung gilt unbeschränkt jener Karikatur der deutschen Armee, einem jungen Leutnant, dessen Gesicht kaum zwanzig Jahre verrät, rosig, beinahe rot, mit blaugrünen, kugelrunden Augen, weißblonden Haaren, Brauen und Wimpern, mit funkelnagelneuer Uniform von leuchtendem Blau und Rot, rasselndem Säbel, tadellosen Lackstiefeln, geschnürter Taille, steif wie ein Ladestock, strahlend von einer nur schlecht verhehlten, fast verwunderten Genugtuung, zufrieden mit sich und dem Leben. Man sieht ihn aus den Moderestaurants kommen, ins „Auto" springen, in den Gartenkonzerten, im Zoologischen Garten, im Ausstellungspark mit der nämlichen etwas einfältigen Miene herumspazieren.

Wurstverkäufer mit Wagen, 1906

Dieser junge Offizier, dazu verpflichtet, denke ich, einen Schnurrbart zu tragen, schneidet ihn dicht über der Oberlippe weg, was ihm zwei kleine kurze Haarbüschel von der denkbar drolligsten Wirkung übrigläßt. Vom Leutnant geht diese Mode auf den Reserveoffizier über, dann auf den Freiwilligen, schließlich auf die jungen Snobs. Unter zehn Personen gibt es heute sicherlich acht, die ihren Schnurrbart so stark gestutzt haben, daß nur noch 1–2 Zentimeter auf jeder Seite der Nase übriggeblieben sind.

Der Offizier in Zivil trägt sehr viel zur Verbreitung dieses neudeutschen Typs bei. Sehr korrekt, höflich, wortkarg, zugeknöpft nach englischer Manier, gefällt er dem Junker, der es ihm alsbald nachmacht. Und bald wird es schwierig sein, außer an gewissen physischen Kennzeichen, den Rittergutsbesitzer vom englischen oder schottischen Lord oder vom französischen Edelmann zu unterscheiden. Bereits jetzt nehmen sich bei festlichen Veranstaltungen die Deutschen alten Stils wie arme Verwandte aus neben ihren Söhnen, den künftigen Herren, die sich zum Essen umkleiden und anfangen, im Frack ins Theater zu gehen.

Inzwischen fällt bei allen Gesellschaften in Deutschland eines noch auf, nämlich das Nebeneinanderbestehen dieser beiden Elemente, die natürliche Vermischung dieser Kategorien.

Man kann nicht sagen, daß der Berliner ein höflicher Mann sei; ich finde ihn, immer mit Ausnahme aller jener Leute wohlverstanden, die ich zu meinen Bekannten zähle, eher unfreundlich und bärbeißig. Er besitzt ein Minimum von Liebenswürdigkeit und Entgegenkommen, das man von gebildeten Menschen zu erwarten berechtigt ist. Die Angestellten werden, kaum daß sie eine Tresse an ihrer Livree haben,

61

anmaßend. Der Straßenbahnschaffner, in Berlin eigentlich derjenige Beamte, mit dem das Publikum am meisten zu tun hat, ist grob wie ein Gefängniswärter. Jeden Augenblick ist man versucht, ihm im gleichen Ton wie dem seinigen zu antworten und ihn mitsamt allen seinen Kollegen nebst den Schutzleuten von Berlin einen Höflichkeitskursus in Köln z. B. durchmachen zu lassen, wo, ungeachtet ihrer Uniform, die höflichen, zuvorkommenden Rheinländer sind.

Ein Typus von Grobheit, der keine Ausnahme in seinem Lande bildet, ist mir in steter Erinnerung geblieben: das ist der Chef vom Bahnhof Zoologischer Garten, ein dicker Kerl mit Glotzaugen, im langen, kornblumenblauen Uniformrock mit Goldknöpfen und goldenen Achselstücken, auf dem Kopf eine rote, betreßte Mütze. Ist es die Suggestion ihres militärischen Anzuges, die bei diesen Subalternbeamten eine derartige ostentative Überhebung und Barschheit erzeugt? Wenn man bedenkt, daß dieser hier in seinem faschingsmäßigen Aufzug zu nichts weiter da ist, als dem Aus- und Einfahren der Züge zuzusehen, wirkt sein Dünkel, sein Gebaren als überbürdeter, gewichtiger Machthaber lächerlich. Ich habe ihn, des Amüsements halber, beobachtet. Es ist nicht möglich, einem aufgeblaseneren Menschen zu begegnen. Stellt man eine Frage an ihn, würdigt er einen kaum der Antwort und wendet den Kopf nach der anderen Seite mit einer Geringschätzung, die einem das Leben verleiden könnte, dächte man nicht daran, daß es noch höfliche, südliche Rassen, gesittet und liebenswürdig, gibt.

Niemandem hier fällt es ein, an diesen Manieren Anstoß zu nehmen oder nur darauf zu achten, so allgemein ist dieser ungeschliffene Ton.

Wie viele sich ganz einfach vor einem hinpflanzen oder in den Straßenbahnen einem die Füße zerquetschen, ohne sich

zu einer Entschuldigung herabzulassen, läßt sich nicht zählen. Man darf wohl sagen, fast jedermann tut es, und fast
überall geschieht es. Ich spreche hier selbstverständlich nicht
von den Salons, immerhin aber von den Wagen erster
Klasse, von Hotels ersten Ranges, von den Theatern.
Und da ich gerade von den preußischen Verwaltungsbeam-
ten erzähle, kann ich nicht umhin, ihrer Ehrlichkeit*, Gewissenhaftigkeit, Pünktlichkeit das wohlverdiente Lob zu spenden, doch muß ich die Bitte hinzufügen, sie möchten sich
bei der Ausübung ihrer Pflichten nicht allzusehr gebärden,
als befänden sie sich bei einer Sauhatz.

Als Reaktion allen diesen Unmanierlichkeiten gegenüber
nimmt man wiederum ein übertriebenes und unangebrach-
tes Streben nach Höflichkeit wahr, das für den Fremden eher
lästig ist. In den Korridoren der Hotels, beim Eintritt und
Durchschreiten der riesigen Restaurants, selbst bei Gartenfe-
sten, behält man den Hut in der Hand. In den Banken treten
die Kunden barhäuptig an den Schalter, um ihr Geld einzu-
zahlen, und bleiben so während der ganzen Abwicklung des
Geschäftes. Diese gleiche Übertreibung habe ich in Rußland
beobachtet, wo Leute, die gestern noch Kerzentalg verspei-
sten, einen zwingen wollen, in den Postbureaus oder in den
Wartezimmern öffentlicher oder privater Amtsräume den
Hut abzunehmen.
Berliner, mit denen ich über diese Eindrücke sprach, gaben
mir als Erklärung dafür zur Antwort:

---

* Von den Kellnern läßt sich ein Gleiches nicht behaupten, die stets versuchen,
einen bei der Abrechnung übers Ohr zu hauen, was ihnen, wenigstens in dieser
Hinsicht, Ähnlichkeit mit ihren Kollegen im Bois de Boulogne gibt. Doch
glaube ich, daß hier dieser Hang allgemeiner ist.

„Sie dürfen nicht vergessen, daß Preußen jahrhundertelang ein armes Land war und ein rauhes Klima besitzt."

Und allerdings, der Preuße hat keine reichbegüterten Generationen hinter sich, die lehren, dem Leben ein lächelndes Antlitz zu zeigen. Die Berliner entstammen hauptsächlich dem Osten, Schlesien, Pommern, Posen. Holstein, die Rheinprovinzen, Bayern siedeln nicht nach Berlin über – im Gegenteil.

„Ihm fehlt die Kinderstube!", was soviel heißen soll, daß jemand nicht aus gutem Hause, aus gediegener Familie stamme.

Und dennoch, Roheiten kommen in dem Hin- und Herwogen der Menschenmenge nicht vor. In den Straßen Berlins oder sonst einer deutschen Stadt wird man nie einen jener derben Puffe zu gewärtigen haben, wie man sie in England oder Amerika erhält und die einen empört nach dem Urheber umschauen lassen.

Auch die Geselligkeit wird auf reizende Art gepflegt. Reist jemand fort, wird ihm, auch in den einfachen Bürgerkreisen, von Freunden, die sich mit Blumen beladen, das Geleite bis zum Bahnhof gegeben.

Bei der Ankunft die gleiche Gepflogenheit, Blumen empfangen den Ankommenden. Ich sehe einen biederen Bürgersmann noch vor mir, wie er mit würdevollem, fast feierlichem Ernst den Blumenstrauß, den Bekannte ihm gewidmet haben, bis zur Abfahrt des Zuges, wohl eine halbe Stunde lang, unentwegt in der Hand behält.

In Königsberg, im tiefsten Ostpreußen, fiel mir eine noch liebenswürdigere Sitte auf. Dort werden von den Freunden die Treppen des Hauses, das den Heimkehrenden nach langer Abwesenheit empfangen soll, mit Blumen und grünen Reisern geschmückt.

Der Berliner ist streitsüchtig, spöttisch, rechthaberisch und laut. Wenn auf der Reise ein Deutscher Lärm macht, sich beschwert, die Aufmerksamkeit auf sich lenkt, heißt es: „Das ist ein Berliner!" Etwa wie bei uns: „Der ist von Paris!" oder besser noch: „Der kommt aus Marseille!"*

Er ist zudem ein Nörgler, und die Geschichten über den Kaiser werden ohne allzu große Zurückhaltung in Umlauf gesetzt. Mir sind die beiden folgenden auf dem Rathause zu Ohren gekommen:

Als man Wilhelm II. die Pläne für die Kaiser Wilhelm-Gedächtniskirche, neben dem Zoologischen Garten, vorlegte, betrachtete er sie aufmerksam und entdeckte über einem der Türme einen Stern – eine Art Merkzeichen, dessen sich die Architekten bedienen.

„Dieser Stern kommt mir sehr klein vor", sagte der Kaiser, zur nicht geringen Verlegenheit der Umstehenden.

Doch keiner wagte, ihn auf dieses Mißverständnis aufmerksam zu machen, der Architekt ging sogar so weit, ihm zu versprechen, daß er den Stern vergrößern werde.

Und so sieht man denn heute, durch einen Draht festgehalten, einen goldenen Stern über der Kirche, der sich dort ausnimmt wie ein Haar auf der Suppe.

Die zweite Anekdote bezieht sich auf den Verkehr auf dem Potsdamer Platz, der, wie gesagt, der belebteste Punkt Berlins ist. Seit langem schon sucht man nach einem Mittel, um die Wagen-, Automobil- und Straßenbahn-Unfälle zu vermindern. Nun soll der Kaiser bei einem Empfang der Stadtbehörden einem Bürgermeister gegenüber geäußert haben:

---

* „Er hat eine schnodderige Hundeschnauze", sagen die Leute aus anderen Provinzen von ihm. Wir Franzosen nennen das: Être mal embouché = ein loses Mundwerk haben.

„Weshalb machen Sie nicht das System der Stadt Glasgow
nach, wo ein Riesenkran die Fahrzeuge über einem Platze
hochhebt und sie jenseits der Straße wieder niedersetzt...
oder irgend etwas dergleichen?"
Der Bürgermeister zog Erkundigungen ein, aber weder in
Glasgow noch in irgendeiner anderen englischen Stadt
kommt dieses vom Kaiser ausgedachte Mittel oder überhaupt ein ähnliches System zur Anwendung.
Nun – und dann?
„Ja – dann?" fragen sich die Stadtbehörden Berlins, ein wenig stutzig geworden.

Die Berliner haben eine sehr hohe Meinung von sich. Wir
sind – behaupten sie – die ersten in der Literatur: Hauptmann, Sudermann gehören uns; durch Liebermann,
Slevogt, Corinth, Tuaillon, Lederer, Arthur Kampf; die ersten in den bildenden Künsten. Die Münchener Künstler
ziehen heute zu uns nach Berlin. Wir sind die ersten in der
Musik, denn für einen Musiker, mag er sein, was er wolle, ist
es zur Unmöglichkeit geworden, an seinen Ruhm zu glauben, wenn nicht Berlin ihm die Weihe gegeben hat.
„Ja, so sind wir", bestätigte mir ein Berliner, dem ich dies alles anführte. Die Berliner, Emporkömmlinge sehr kurzen
Datums, sind eingebildet, händelsüchtig, machen sich gerne
wichtig, aber sie sind ziemlich schlagfertig, verstehen witzig
zu plaudern, haben Sinn für Humor, und mit einer schnurri-
gen Bemerkung können Sie mit ihnen anfangen, was Sie
wollen. Wenn sie auch nicht die geistige Beweglichkeit und
die Lebhaftigkeit, auch nicht die Liebenswürdigkeit der
Franzosen besitzen, so sind sie doch aufgeweckter und leb-
hafter als die Engländer. Und was das Physische anbetrifft,
66   werden Sie sehen können, daß man in Berlin rascher als in

allen anderen Städten Deutschlands zu gehen pflegt und mehr an Arbeit leistet.

Von einer Düsseldorfer Dame wurde mir etwas erzählt, das ich mit Vergnügen vernahm, denn es änderte meine Meinung über einen wichtigen Punkt in der Psychologie der Deutschen, nämlich was die Zurückhaltung der Preußen, ihre Achtung vor der Frau und allem, was daraus folgt, anbetrifft.

„In Berlin", sagte sie, „ist es mir unmöglich, meine Töchter allein ausgehen zu lassen, ohne zu riskieren, daß man sie zehnmal auf der Straße anspricht. Es gibt keine zweite Stadt auf der Welt, wo die Frau weniger respektiert wird, sobald sie ohne Begleitung ist. Die Leute dort sind sehr schlecht erzogen. An öffentlichen Orten werfen sie allen Frauen Blicke zu, im Restaurant erheben sie mit einem albernen Blinzeln ihr Glas zu denen hinüber, die vor ihren Augen Gnade gefunden haben. Die Stadt ist für alleinstehende Frauen nicht bewohnbar."

„Ist das möglich?" fragte ich erstaunt. „Sind Sie sicher, daß es nicht etwa Durchreisende sind, die diesen schlechten Eindruck hervorrufen?"

„Es sind Deutsche reinsten Wassers – glauben Sie mir! Und gerne füge ich hinzu, daß in Paris dagegen weder ich noch meine Töchter uns jemals über die Passanten zu beklagen gehabt hätten."

Wieder ein Ruf, der überschätzt wurde. So wären wir denn nicht mehr die schlimmsten Libertins des ganzen Erdballs, und dieses unser Monopol wäre der Verjährung anheim gefallen?

Ich hatte Gelegenheit, die obigen Behauptungen auf ihre Richtigkeit hin zu prüfen. In der Straßenbahn sah ich, wie

ein Mann, der sich einem jungen Mädchen gegenüber nie-
derließ, diesem alsbald einige Worte zuflüsterte, die ihr das
Blut ins Gesicht trieben. Empört stand sie auf und wechselte
ihren Platz.

Und als ich meiner Verwunderung über derartige Vorkommnisse bei einem Volk, das sich auf seine strengen Grundsätze
und seine Tugend etwas zugute hält, Ausdruck geben wollte,
erzählte man mir folgendes: Professor Erich Schmidt, der
mit doppeltem Erfolg – Erfolg auf dem Katheder und Erfolg
als schöner Mann – deutsche Literatur lehrt, kündigte eines
Tages sein Kolleg über Goethe als Pornograph an – ein
Goethe als Leibniz! – und ersuchte die anständigen Frauen,
demselben fernzubleiben. Das Gerücht verbreitete sich, und
siehe da, bei der nächsten Vorlesung war der Saal zu klein,
um die Menge der Hörerinnen zu fassen.

Hotels und Restaurants

Man ißt zu jeder Tageszeit. – Aschinger. – Kaiserhof. – Bristol. –
Continental. – Adlon. – Der Zoologische Garten. – Hierarchie der
Esser. – Rheingold. – Ein Walhalla-Bau.

Zu welcher Tageszeit man auch eines der öffentlichen Lokale Berlins, sei es ein Café, sei es eine Wein- oder eine Bierstube, betreten mag, kann man sicher sein, Gäste vorzufinden.
Ich fragte, wie es denn komme, daß man in einem Lande,
wo die Familientugenden, die Liebe zur Häuslichkeit so
hoch gepriesen würden, so viele Menschen in den Restaurants sehe.
„Aus Familiensinn", lautete die paradoxe Antwort. „Wenn
Verwandte weit voneinander wohnen, gibt es keine andere
Möglichkeit, sich öfters zu sehen, als sich an solch einem
dritten Orte zu treffen. Die Männer begeben sich direkt aus
ihrer Werkstatt oder ihrem Bureau dahin, die Frauen kommen nach, und so verbringt man einen gemütlichen Abend."
In der Friedrichstraße rechnet man auf 250 Häuser mehr als
250 Trink- und Eßgelegenheiten, Gasthöfe, Restaurants,
Viktualienläden. Manche Gebäude vereinigen tatsächlich
bis zu drei Geschäfte dieser Art: ein Hotel, ein Café und ein
Bierlokal, unter ein und demselben Dache. In den anstoßenden Straßen sind ebenfalls eine Unmenge kleiner, billiger Restaurationen zu finden, wo die Angestellten ihre Mahlzeiten

Hotel Victoria: Unter den Linden/Ecke Friedrichstraße, 1909 einnehmen. Um mir die Sache anzusehen, habe ich auch einen Versuch gemacht. Von zehn Malen ist das Essen neunmal ungenießbar. Eine Serviette oder einen Teller bekommt man nicht, wer essen will, muß sich mit der länglichen Steingutplatte, die der Kellner auf das rote, fleckige Tischtuch setzt, und mit einem Wisch Seidenpapier begnügen.

Für eilige und mit Reichtum nicht gesegnete Leute existiert in Berlin eine außerordentlich bequeme Einrichtung, die Aschinger-Restaurants, mehr oder weniger große, mit weiß und blauen Fayencekacheln ausgestattete Räume, die sich in sämtlichen Stadtteilen vorfinden, und wo man für zehn bis fünfzehn Pfennige mit Schinken, geräucherten Fischen, Eiern, Fleisch, Käse usw. belegte Brote, warme Würstchen mit sauren Kartoffeln und Bier bekommen kann. Die Gäste essen stehend und holen sich ihre Portionen selbst bei den jungen Mädchen, die frisch und appetitlich wie unsere Metzger und Milchhändler neben den mit Glas gedeckten Schaukästen stehen. Der Schöpfer, der dies ins Leben gerufen hat, war der Sohn eines kleinen Gastwirts in München, heute gründet er mit einem Millionenkapital Restaurants wie das riesige „Rheingold", von dem nachher die Rede sein soll, und hypermoderne Hotels.

Aber die Moden wechseln in Berlin nicht weniger rasch als in New York. Vor fünfzehn Jahren galt es als schick, ein Sandwich oder eine Wurst bei Aschinger zu verzehren. Heute sieht man nur noch Angestellte dort oder Leute, die es zu eilig haben und vorziehen, sich nicht erst an einen Tisch setzen zu müssen.

Man findet in Berlin keine jener Zentren der Eleganz und üppiger Lebensgewohnheiten, die in Paris reichlich vorhanden sind. Der Grund hiervon ist sehr einfach. Wirkliche Eleganz oder wirklicher Luxus existiert hier nicht. Aller Prunk, 71 den man sieht, vereinigt sich in einigen Hotels, wie dem Kaiserhof, dem Bristol, Continental, Adlonhotel, in zwei oder drei Restaurants Unter den Linden und nächster Umgebung, Hiller, Borchardt, die auf der Höhe unserer guten Pariser Restaurants stehen.

Der Kaiserhof, ein imposanter Bau mit vier Straßenfronten, das erst kürzlich errichtete Hotel Adlon, hochmodern ausgestattet, dessen Einweihung die gesamte kaiserliche Familie beiwohnte, und das Hotel Bristol sind am belebtesten um die Diner- und Teestunde. Ich bin diesmal im Kaiserhof abgestiegen, der mitten in der Stadt und in direkter Nähe der Gesandtschaften und Ministerien liegt und vortrefflich eingerichtet und geleitet ist.

Man sieht viele reiche Fremde, und die Berliner, die etwas auf sich halten, geben im Winter ihre Diners und Bälle. Offiziere mit narbigen Gesichtern, jüdische Bankiers und ihre Gattinnen, durchreisende Gesandte, junge, nach reichen Erbinnen ausschauende Diplomaten treffen mit eben angelangten Yankees zusammen. Russische Damen, behängt mit kostbarem Geschmeide, elegante Amerikanerinnen mit riesengroßen Federn und wallenden Schleiern auf dem Kopfe, die Handschuhe bis zum Ellbogen zurückgestreift, lachen und unterhalten sich laut an der Seite ihrer ernsten, glattrasierten, brillentragenden Männer.

Für mich ist dieses Schauspiel, das von dem üblichen der deutschen Menge ablenkt, außerordentlich fesselnd. Eines Tages, bei Tische, inmitten dieser ultramodernen Umgebung, dieser kosmopolitischen Gespräche, des hurtigen Hin- und Herhuschens der italienischen, schwedischen und französischen Diener, der knappen Befehle der Oberkellner, des Lachens und Scherzens, erhob sich ein Gesang, ein Chor von Männerstimmen, ernst und getragen, wie ein lutherischer Kirchenchoral. Verblüfft blicken die Ausländer sich an; mir war, als müßte ich plötzlich, gleich den Tischgenossen Lucrezia Borgias, unsichtbare Wände zurückweichen sehen, hinter denen schwarzverhangene, von Kerzenlicht bestrahlte und von Kuttenmännern bewachte Särge in Reih' und Glied auftauchten.

„In einem der Nebensäle wird eine Gesellschaft von Deutschen veranstaltet", erklärte mir der Oberkellner. „Offiziere feiern die Hochzeit eines Kameraden. Bei solchen Gelegenheiten pflegen sie beim Dessert ein Lied, einen Trinkspruch zu singen".

Dieser Trauergesang endet mit drei schallenden Hochs, und nichts von dem fröhlichen Gelage der Herren Militärs wird mehr vernommen.

Neben diesen Etablissements gibt es in Berlin berühmte Restaurants zweiten Ranges, wie die im Zoologischen Garten und im Ausstellungspark, von denen ich schon gesprochen habe, ferner Trarbach, Zum Rüdesheimer, der Kaiserkeller, die leidlich sind, mehr nicht, dabei aber, das schmierige Kempinski besonders, einen solchen Zulauf haben, daß ich mich nicht getraue, meine eigene Meinung darüber zu äußern. Hier werfen einem die Kellner das Gedeck auf den Tisch, wie im Speisewagen beim Herannahen der Endstation, geben keine Antwort, lassen endlos warten. Von allen Seiten erhält man Püffe, wird noch als Sechster an einen Tisch zwischen unmanierliche Leute gezwängt.

Zum zehnten Mal entwerfe ich das Bild des Essers mit dem wulstigen Hals, der, um sich bequemer über seinen Teller bücken zu können, den Stuhl zurückgeschoben hat, mit gespreizten Armen am Tische sitzt und kein Wort mehr spricht, sobald die Schüsseln in Sicht sind: „Jetzt Schluß und ans Werk!"

Er bringt zum Essen den gleichen Eifer, die gleiche Ausdauer mit wie zu seiner Tagesarbeit. Für das, was um ihn herum vorgeht, hat er jegliches Interesse verloren, die ganze Welt ist für ihn verschwunden, er schwelgt . . . Rings um ihn her ein unaufhörliches Kommen und Gehen von Leuten, von Frauen in fußfreiem Leinenkleid, weißer Mütze, von jungen Männern in flottem Panamahut, blonden, dicken Kindern, alten, zahnlosen Großmüttern mit weißem Haar, von Provinzlern in Reisekostüm, jungen Mädchen mit sehr durchsichtigen Blusen, vom Bruder oder vom Bräutigam begleitet. Die Ungeniertheit dieser Menschen zeigt sich nicht nur in ihrem Mangel an Eleganz, sondern auch in der Nachlässigkeit ihres Benehmens. Das Getöse im Saale und die Klänge des nahen Orchesters noch übertönend, erhebt sich von Zeit zu Zeit lautes Stimmengewirr, wieherndes Gelächter. Nur der Fremde schaut sich verwundert um, woher das kommen mag. Am andern Ende des Saales gewahrt er Frauen, die sich vor Lachen winden, hochrote Gesichter mit weitaufgerissenem Munde, plumpe Gestalten, die sich bald nach rechts, bald nach links drehen; ihre Nachbarn schmunzeln bei ihrem Anblick mit einer gewissen gerührten Selbstgefälligkeit, andere begleiten die Lachsalven mit einem taktmäßigen Wackeln des runden Bäuchleins.

Es ist dies, was die Deutschen einen Bier- oder Weinabend nennen, für die sie eine große Vorliebe bekunden und zu denen ihre Gattinnen sie gerne begleiten. Sobald die langen Flaschen auf den weißten Tischtüchern aufzumarschieren beginnen, lohnen die leicht angeheiterten Frauen jede etwas drollige Bemerkung der Männer mit beifälligem Lachen. Ich habe dieses ein wenig servile Entgegenkommen der deutschen Frauen öfter beobachtet.

Einer der Orte, wo man an Sommerabenden, an denen die Konzerte von fünf Uhr nachmittags bis elf Uhr abends dauern, zusammenzukommen pflegt, ist der Zoologische Garten – oder der Zoo, wie man ihn nennen muß, will man auf der Höhe der Zeit sein – mit seinen Erfrischungslokalen. Man hat, zwischen dem Gebrüll der Löwen und dem Gekreisch der Affen, in den ungeheuren Anlagen eine große Strecke in Terrassen angelegt, die eine ungedeckte Galerie, wo gegessen wird, abschließt. Am Fuße der Terrassen, in gleicher Höhe mit dem Promenadenweg, lassen sich die nieder, die ihr Bier trinken und belegte Brote verzehren wollen. Nach den ersten Stufen folgt die Domäne derer – durchschnittlich die Mehrzahl –, die auf rot und blau gedeckten Tischen mit Bier zu Abend essen, wieder um etliche Stufen höher liegt die Terrasse mit verschiedenen Tischen, die einen sind für die Weintrinker, die einzigen, die sich weißer Tischtücher erfreuen, die anderen, weniger günstig gelegenen, für die Biertrinker bestimmt. Verirrt sich ein Gast, der Bier haben will, auf das Gebiet des Weines, wird er von dem Kellner nicht eben gnädig empfangen. Der Unterschied in der Behandlung macht sich von der einen Grenze zur anderen ziemlich fühlbar. Auf der einen Seite die übliche Bummelei der deutschen Bedienung, das Gehenlassen, wie es eben gehen mag, mit den Manieren eines schlechterzogenen Regimentaufsehers, auf der anderen ein wenig mehr Rücksichtnahme, etwas weniger Hetzerei, jeder nimmt sich Zeit. Dort speisen die Offiziere, und das genügt, um den Ton anzugeben.

Gegenwärtig übt ein Restaurant, das vor kurzem erst eingerichtet und „Rheingold" getauft wurde, eine große Anziehungskraft auf den Mittelstand aus. Es erhebt sich in der Potsdamer Straße und grenzt, einen gewaltigen Häuserblock umfassend, an die Bellevuestraße unweit des Tiergartens. 75

Man muß sich das ansehen: die Fassade mittelalterlicher Kathedralenstil, Mauern gleich heidnischen Totengrüften, Untergeschosse, Tausendundeiner Nacht entnommen, wahre indische Felsennester, die Säle reinste Thronsäle der Gotenkönige, eine Flucht riesiger Räume in Onyx, Marmor, kostbaren Holzarten, rohem Gestein, wo 4 000 Menschen zu speisen vermögen. Fast fünfzehn Millionen hat dieser Bau gekostet.

Wo wird der Größenwahn der deutschen Architekten Halt machen?

Das Gebäude besteht aus einem Unterbau, einem Erdgeschoß und einem Obergeschoß. Ich habe im ganzen elf Säle von der Größe gotischer Kirchenschiffe gezählt. Durch Tore aus getriebenem Kupfer, zwischen Marmor und Mosaikwänden, tritt man in den Tempel ein: Ein sehr niedriges Souterrain mit gewölbter Decke, die wie die Wände aus Muschelwerk und Kieselsteinen gemauert sind, durch bunte Scheiben fällt dann und wann ein spärliches Licht auf verwitterte, zerschundene Statuetten, die sich ausnehmen, als seien sie seit 5 000 Jahren allen Unbilden von Sturm und Wetter ausgesetzt gewesen.

Im Erdgeschoß liegen der Onyxsaal, der Ebenholz- und Mahagonisaal, reich an Schnitzereien und Verzierungen. Jedes dieser Zimmer kann 300–400 Personen fassen. Der Kaisersaal im ersten Stock ist für 1 200 Personen berechnet. Er ist 18 Meter breit, 36 Meter lang, 18 Meter hoch, die Wände sind mit Marmor bekleidet, die Decke aus Goldmosaik, die Türen aus massivem geschwärzten Kupfer gefertigt. Zwei kupferne Kolossalstatuen, Friedrich Barbarossa und Wilhelm I., die Hände auf den Knauf eines großen, nackten Schwertes gelegt, beschützen den Eingang. Rings um den ganzen Saal zieht sich eine breite kupferne Galerie.

Hier wiederum sind Pfeiler, die grimme Krieger darstellen, Kandelaber mit Kirchenkerzen, die man wie Orgelpfeifen aufgestellt hat und an denen die Wachstropfen nachgeahmt wurden, kupferne Kronleuchter, steif wie die Glockentürme von Kathedralen. – Wo bin ich? In welcher altdeutschen Ritterburg, in welchem Riesenkloster? In welchem buddhistischen Totengewölbe, in welchem Walhalla? Ich bin in einem Restaurant, dessen Küche schlecht ist, und wo ich zu ermäßigten Preisen essen kann. Das Unglaubliche ist in der Tat, daß man diese maßlose, aber imposante Geschichte erbaut, daß man diesen phantastischen, mit Nibelungen, Göttern, Riesen und Zwergen bevölkerten Schmuck ersonnen hat, um Leuten, die kaum einen Blick darauf werfen, Gerichte für achtzig Pfennige aufzutischen.

Es sind sehr schöne Stücke in dieser Ungeheuerlichkeit, aber das Ganze ist plump, zu massig, aufdringlich, ermüdend. Diese Kämpfer mit den schmerzdurchwühlten Zügen, diese Priesterkolosse, diese Karyatiden mit den gewundenen Gliedmaßen, den muskulösen Rücken, den aufgetriebenen Hälsen haben nichts an sich, was den Appetit zu reizen vermöchte, und diese finsterblickenden Herrscher, die zusehen, wie wir speisen, dieser Gott Wotan, dieser Riese Kuperan, dieser Zwerg Eugel sind ebensowenig dazu angetan, die Eßlust anzuregen oder eine heitere Stimmung zu erzeugen.

Und die beiden Zypressen erst, die vor dem Eingang des Restaurants Wache stehen, wie an den Pforten zu Böcklins Toteninsel!

Und dennoch läßt sich nicht abstreiten, daß hier ein starkes, Bemühen, aus dem Althergebrachten, Schwächlichen herauszukommen, vorliegt, ein Bemühen, dem ich meine Bewunderung nicht versagen konnte, sobald ich nicht daran dachte, daß sich inmitten dieser Traum- und Sagenwelt 4 000 Personen den Bauch füllen sollen. Der Künstler, der dies entworfen hat, ist jemand. Er heißt Bruno Schmitz. Der Bildhauer ist Franz Metzner.

Das Nachtleben

*Place Pigalle und Place Blanche auf Unter den Linden. – Berlin
steht Paris in nichts nach, die Fröhlichkeit ausgenommen. – Wanderung durch die Vergnügungsorte. – Wie man sich amüsiert. –
Bebels Bierlokal. – Der Ausstellungspark. – Verdächtiges Defilie-
ren. – Sittsame Jungfräulein und Dirnen. – Die Restaurationen
und Konzerte im Zoo. – Amorsäle. – Reserviert für Champagner.
– Moulin-Rouge. – Großer Schick. – Arkadia. – Der Tanz und
der Champagner. – Morgens um fünf Uhr.*

Das Nachtleben Berlins ist außergewöhnlich lebhaft. Sollte
Paris in dieser Hinsicht überholt sein? Und wird man nicht
eines Tages die Geographie Babylons und Ninives ändern
müssen?

Unter den Linden, auf der Friedrichstraße, um die Leipziger
und die Potsdamer Straße herum hört das Getriebe die ganze
Nacht nicht auf. Viele Lokale schließen überhaupt nicht.
Wenn die letzten Gäste aufbrechen, wird aufgeräumt, und
dann ist es Zeit, wieder aufzumachen . . .

Ungefähr dasselbe Bild wie auf der Place Pigalle und der
Place Blanche.

Obwohl ich den Geschmack an durchschwärmten Nächten
verloren habe, verwendete ich doch etliche Abende und
Nächte darauf, unter der Führung anerkannter, geprüfter
Autoritäten, die ich, um ihrer Bescheidenheit nicht nahezu-

79

treten, nicht mit Namen nennen werde, das Leben des vergnügungssüchtigen Berliners kennenzulernen.

Ich glaube daher, so ziemlich alles dieser Art, soweit man es sehen und eingestehen kann, gesehen zu haben und imstande zu sein, Ihnen wenigstens einen Begriff davon zu geben.

An „Vergnügungsorten" fehlt es in Berlin wahrlich nicht. Ich traf auf der Reise mit zwei jungen Elsässern im Alter von achtzehn und zwanzig Jahren zusammen, die die Technische Hochschule in Charlottenburg besuchten, und sie stellten mir eine aus dem Gedächtnis angefertigte Liste sämtlicher Cafés, Bars, Damenkneipen, Kasinos, Cabarets, Tanzsäle Berlins und seiner Vororte auf, wo man emanzipierte Frauen antrifft, von der tugendhaften, ortsansässigen Arbeiterin an, die nur das Vergnügen des Tanzes sucht, bis zu dem ruhelosen Wandervogel mit dem internationalen Herzen. Die Zahl ergab etwa dreißig solcher Orte, die meisten sind den ganzen Abend geöffnet; einige gibt es, wo das Leben erst zu später Stunde beginnt. Und reizende Namen sind darunter: Dianasäle, Amorsäle, Blumensäle. Aber die neuesten haben Pariser Benennungen angenommen, denn der wenig erfinderische Deutsche macht gerne dann und wann eine Anleihe ähnlichen Genres.

So können Sie Ihre Berliner Abende in den Variétés, dem Moulin-Rouge, den Folies-Bergères, im Ciel und im Enfer, dem Chat-Noir, dem Elysée, Café Riche etc. verbringen. Und zwar finden Sie auf ein und demselben Schild folgende drei Namen zu gleicher Zeit: Moulin-Rouge, Variétés, Folies-Bergères. Wahrscheinlich soll dadurch die sinnliche Phantasie der Brandenburger bis zur dritten Potenz angeregt werden.

Und alle diese Lokalitäten sind vollbesetzt. Ich habe ganze Familien, Vater, Mutter, vierzehnjährige Söhne und Töchter an gewöhnlichen Sommerabenden bis zwei Uhr morgens bei einer solchen „Wein- und Bierreise" in der Friedrichstraße ausharren sehen. Ich bin erstaunt über diese Vergnügungssucht, diese allgemeine Lust, sich in Gesellschaft bei festlicher Beleuchtung und Musik an Speise und Trank gütlich zu tun. Solche Schlemmereien, die in Paris zwei- bis dreimal im Jahr, zu Weihnachten, Neujahr und am Fastnachtsdienstag üblich sind, kommen hier jeden Abend vor. Man könnte wirklich glauben, in einem sehr wohlhabenden Lande zu sein, dessen Bewohner beständig Kirmes feiern.

Unsere erste Etappe bildete das Café National in der Friedrichstraße, eines der ganz unmodernen, älteren Lokale Berlins, ein einfaches Kaffeehaus nach Art der Bierkneipen des Faubourg Montmartre, wo nur die von der Polizei konzessionierten Mädchen erscheinen. Sehr einladend ist es nicht. An die Wände hat irgendein Kleckser nackte Frauen hingemalt. Um die Tische herum, auf dem roten, schäbigen Samt der Bänke, harren dicke, blonde Puppen, steif wie Stöcke, ohne eine Miene zu verziehen, der Dinge und der Kunden, die da kommen sollen. Auf einem dieser Sofas sitzt eine ihrer Kolleginnen neben einem behäbig-philiströs aussehenden Herrn mit rotem, gedunsenem Gesicht, Bart und goldener Brille, dem landläufigen Typus des Professors oder des Kommerzienrats. Sicherlich hat er sich rasch vorher, im Hotel, noch mit ein paar nassen Bürstenstrichen die Haare zurechtgemacht. An den plumpen Händen trägt er graue Handschuhe, und während er seine Zigarre raucht und sich stellt, als sei es ihm nur um eine durchaus ehrbare Unterhaltung zu tun, flackert es begehrlich in seinen Augen auf. An einem der Nebentische hat sich eine Familie, ein Elternpaar mit einer jungen Tochter, niedergelassen, offenbar aus

81

der Provinz, die dem Treiben neugierig zusehen. Nicht weit davon sitzt rauchend ein junger, untersetzter Bursche, dem Aussehen nach zu urteilen ein ländlicher Arbeiter mit schwarzen Nägeln an den derben Fingern und sehnt den Moment herbei, da er seine Schüchternheit zu überwinden vermag oder die Initiative eines anderen ihn dem Ziel, das ihn hergeführt hat, näher bringt. Ein Händler schlüpfriger Postkarten kommt von Zeit zu Zeit und bietet seine Ware gleichmütig den Dirnen und den Familien an, die sie nicht zurückweisen.

Die unter Polizeikontrolle stehenden Frauen haben die Erlaubnis, dieses Café zu besuchen, aber sie dürfen nur per Wagen kommen oder auf einem Wege, der nicht über die Friedrichstraße führt, die sie zu Fuß nicht betreten dürfen! Diejenigen, die sich auf dieser Hauptstraße des Verkehrs bewegen, sind Bevorzugte, bei denen die Polizei ein Auge zudrückt, oder sie sind gewandt genug, durch ihr Verhalten den Sittenwächtern zu entschlüpfen. Im allgemeinen jedoch werden sie mit einer Strenge behandelt, wie sie anderwärts nicht geübt wird. Im Prinzip ist es den Hausbesitzern untersagt, sie bei sich aufzunehmen. Da sie indes irgendwo unterkommen müssen, verheimlichen sie ihren Beruf nach Kräften und schmuggeln sich auf solche Weise ein. Die protestantischen Geistlichen hetzen sie von Wohnung zu Wohnung, machen die Hausmeister auf sie aufmerksam, die oft nicht wissen, wer sie sind (da sämtlichen Mietern des Hauses ein Hauptschlüssel zur Verfügung steht), drohen ihnen, sie anzuzeigen, wenn sie nicht fortgewiesen werden. Unter dem Volke treten ihnen Familienväter bisweilen ein Zimmer ab, um den eigenen Mietzins zu vermindern, bis die Pastoren und die Mitglieder des Vereins für öffentliche Gesundheitspflege sie auch da aufspüren. Sie gleichen wirklich einem verfolgten

Wilde, das man überall aufscheucht und dessen Leben man unmöglich zu machen sucht. Doch das einzige Resultat, das man erzielt, ist, daß sie haarsträubende Mieten zu zahlen haben.

Die „Rheinischen Winzerstuben" sind ein hellbeleuchtetes Weinrestaurant in der Leipziger Straße. Die Wände zeigen nackte Ziegel, von denen der Mörtel abgefallen ist, um möglichst den Eindruck einer ärmlichen, baufälligen Baracke zu erwecken. Doch um die Pfeiler schlingen sich Reben, die dann weiter an dem täuschend nachgemachten morschen Gemäuer hinaufklettern; und zwischen den Maschen ausgespannter Netze stecken, gleich Fischen, glitzernde Champagnerpfropfen. Eine fröhliche, aus Studenten, Offizieren in Zivil, Bankbeamten, Vertretern des Mittelstandes mit ihren Familien bestehende Gesellschaft sitzt an den mit Rhein- und Moselweinen beladenen Tischen.
Der Besitzer dieser Bude scheint mir ein kluger Mann zu sein. Anstatt sein Lokal im Genre anderer Weinstuben einzurichten, wo ruhiges Verhalten oder wenigstens eine gewisse Zugeknöpftheit Brauch ist, hat er ein Orchester untergebracht, das bekannte Melodien vorträgt, und läßt unter seine Kunden kleine Hefte austeilen, die den Text von etwa dreißig der volkstümlichsten Lieder enthalten, so daß der ganze Saal im Chorus mitsingt und auf diese Weise durch die Gäste selbst jene hier so seltene frohe Atmosphäre geschaffen wird, die um so angenehmer wirkt, je seltener sie ist. Studenten, wie ich vermute, absichtlich an den vordersten, dem Orchester zunächststehenden Tischen angesiedelt, geben den Ton an. Sie machen am meisten Lärm, lachen, johlen, reden die Neuankommenden an, spucken auf die Hüte, wie man es in Paris zur leichteren Verdauung der Blutwurst

und der Zwiebelsuppe tut. Sie verfügen über nicht mehr und nicht weniger Witz und Scharfsinn als unsere Hanswurste, rufen ihr „Hut!" – „Hut!" und sind vergnügt dabei wie Kinder.

Die Familienväter, ihre glühendroten, frohgestimmten, selig lächelnden Gattinnen, deren Augen zu glänzen beginnen, ihre Töchter, die neben den Vätern, Brüdern oder Verlobten Zigaretten rauchen – hier pflegen das fast alle Frauen nach Tische zu tun –, sitzen ohne Bedenken an der gleichen Tafel mit den Dirnen. Der Bräutigam streichelt hie und da ihren entblößten Arm, verliebte Paare halten sich eng umschlungen, Provinzler und Cook-Reisende haben sich neben Stammgästen niedergelassen; zwischen zwei Trinkliedern spielt das Orchester irgendeine andere flotte Weise, einen Walzer oder einen Militärmarsch. Man singt, man tobt, man vollführt einen Heidenlärm. Unser Cicerone hat den unglücklichen Einfall, dem Besitzer unsere französische Nationalität zu verraten, und als wir aufbrechen, stimmt das Orchester die Marseillaise an. Der ganze Saal klatscht jubelnd Beifall. Weshalb? – Fragen Sie mich nicht . . . doch habe ich unzählige Male beobachtet, mit welcher Leichtigkeit sich eine deutsche, selbst preußische Menge dem Franzosen unendlich sympathisch zu machen versteht.

Ich erkundige mich nach dem Quantum der an einem Abend hier genossenen Getränke. Von 10 Uhr abends an bis morgens 5 Uhr: 300 Flaschen Sekt (deutscher Champagner), 500 Flaschen weißen Rhein- und Moselwein und 200 Flaschen Rotwein.

Das Bierhaus „Altbayern" in der Potsdamer Straße ist eine der Bierfestungen Berlins. Durch zwei Höfe von großer architektonischer Wirkung, mit Kolossalstatuen und steinernen Brunnen, tritt man ein. Bebel und Singer, die beiden Führer der deutschen sozialdemokratischen Partei, erfrischen sich nach einer Reichstagssitzung oder einer öffentlichen Versammlung in diesen hohen Sälen, an deren mit Marmor und Goldmosaik bekleideten Wänden ganze Schwaden dicker, mit Rauch und Speisegerüchen erfüllter Luft entlang streichen.

In tiefen, abgesonderten Nischen sitzen die Leute und trinken. In der Mitte des Saales plaudern „Partien" von zwanzig Köpfen und trinken. Es ist beinahe Mitternacht, wohlbeleibte, langbärtige Männer, breitschultrig, mit glänzend roten Gesichtern erheben mit treuherzigem Lächeln ihr Glas vor einem der Zechgenossen, laut sprechende Frauen in auffallenden Federhüten rufen ebenfalls, den Humpen schwenkend, Prosit! – Ganze Trupps von ihnen ziehen mit heißen Wangen, schlenkernden Armen, einer gewissen herausfordernden Haltung der Toilette zu. Um halb ein Uhr noch sehe ich sechs- bis achtjährige Kinder in dieser Bierstube sitzen, während die Eltern eine Halbe um die andere leeren. Und an den Wänden steht, in Mosaik ausgeführt, geschrieben: „Wolle, was du kannst." – „Nichts halb beginnen."

Ausstellungspark. – Ein großer Garten mit schönen Rasenplätzen, hohen, schimmernden Springbrunnen, auf die opalisierende, elektrische Lampen, in gewissen Abständen aufgestellt, ihr Licht werfen. Er ist unterhalb des Geländes des Lehrter Bahnhofs, jenseits der Spree angelegt. Ein großes Gebäude nimmt eine Gemäldeausstellung auf, deren Besuch nicht notwendig ist.

Dort dient an allen Sommerabenden ein Doppelkonzert (Konzert mit zwei Orchestern) den Berlinern, die nicht in den Zoo gehen, zum Stelldichein. Der ungeheure Restaurationssaal bleibt stets leer; falls es nicht regnet, ißt man immer draußen, die nur Bier Trinkenden unten, die mit Bier ihr Abendbrot Verzehrenden oben; während die Weintrinker und die mit Wein zu Nacht Speisenden den obersten Treppenabsatz einnehmen. Weiße steinerne Balustraden trennen die einzelnen Absätze voneinander und verleihen diesem Restaurant das Gepräge einer Schloßterrasse. Auf einer der anderen Seiten des Gartens ist das Wiener Café, wo Bier, Kaffee und Gebäck zu finden sind.

In den Menschenstrom, der unaufhörlich hier auf und nieder wogt, mischt sich, kaum voneinander zu unterscheiden, eine Unmenge junger Mädchen und junger Dirnen. Indes die Eltern sich hinter ihrem Glas Pilsener, ihrer Kaffeetasse oder ihrer Portion Eis niederlassen, machen die Töchter, Blonde und Braune, Arm in Arm oder von Brüdern und Freunden eskortiert, lachend und scherzend die Runde, mustern ungeniert die Männer, die vorübergehen. Doch auch die junge Kokotte ist oft von einem jungen Manne begleitet, der ihr Bruder, ihr Vetter, ihr Bräutigam sein könnte. Und es ist sehr schwer, die beiden Elemente auseinanderzuhalten, so diskret verhält sich die junge Dirne und so keck das junge Mädchen. Diese auffallende Erscheinung trifft man überall wieder, ich habe sie oft schon beobachtet und werde sie noch oft beobachten können.

Für 40 oder, je nach den Tagen, 80 Pfennig ist man zum Eintritt berechtigt. Das Gedeck mit Wein kostet ohne Getränke 4–5 Mark, wofür man sich ein Essen, das auch verwöhnten Ansprüchen genügt, und anständige Bedienung verschaffen kann.

An anderer Stelle habe ich vom Zoologischen Garten gesprochen, der noch besuchter und als Klatschnest wohlbekannt ist, dort werden Verlobungen und oft auch weniger

86

auf die Dauer berechnete Verbindungen eingefädelt. Er ist die Börse für Flirts des jüdischen Bürgertums.

Im Tiergarten, am Ufer der Spree, gibt es einen Winkel, wo abends Tausende von elektrischen Lampen aufflammen und die Luft von Orchestermusik widerhallt: „In den Zelten". Etwa zehn offene Bierhallen, die dicht nebeneinander den schmalen Fluß einsäumen, mengen in einem wahren Jahrmarkts-Tohuwabohu das Gefiedel ihrer Militär- und Zigeunerkapellen zusammen. Im Innern erheben sich Estraden, wo Sänger und Sängerinnen ihr Repertoire absingen, was dem Ganzen den Stempel von Tingeltangels im Genre unserer sommerlichen Alcazars und Ambassadeurs aufdrückt, nur daß sie volkstümlicher sind. An die 10 000 Personen verbringen hier ihre Sommerabende. Ich habe Lieder gehört, die wie z. B. das:

„Ah! ah! Das macht stets Vergnügen .."
nach französischem Muster für deutsche Ohren zurechtgestutzt wurden. Aber das ah! ah! hat lange nicht den schelmischen, übermütigen Ton, den unsere Chanteusen ihm zu geben wissen. Im ersten Stock liegen die Ballsäle, wo manchmal den ganzen Abend getanzt wird. Die Musik spielt dreimal am Tage, von 7 Uhr morgens an. Dieses Vormittagskonzert ist für alte Rentiers bestimmt, die aus gesundheitlichen Gründen frühzeitig ausgehen und hier ihr Frühstück einnehmen.

Neben dieser Art von Kaffee- und Bierhäusern, wo das Leben gegen Mitternacht erlischt, gibt es Ball- und Kneipenlokale, die vor dieser nächtlichen Stunde kaum aufgemacht werden.

Diese Etablissements haben nicht alle das gleiche Publikum. Die Amorsäle nehmen Frauen untergeordneter Gattung auf. Auf dem gewichsten Boden eines großen, von einer vergoldeten Balustrade und einem Kranz elektrischer Lampen umgebenen Saales tanzen einige armselige Geschöpfe in kurzen flitterbesetzten Röckchen miteinander, zur Unterhaltung der vorerst wenig zahlreichen Gäste, denn es ist noch kaum Mitternacht. Längs der mit nackten Frauengestalten bemalten Wände sind kleine Tische aufgestellt, die von dem übrigen Raum durch ein Geländer aus gedrechseltem Holz geschieden sind. Wir lassen uns an einem derselben nieder. Alsbald überreicht uns ein Kellner in dunkler, waldgrüner Livree eine Weinkarte, auf der nur Champagnermarken verzeichnet sind. Da es uns noch zu früh zum Trinken ist und wir noch manche Stationen an diesem Abend zurückzulegen haben, lehnen wir sein Anerbieten ab, worauf er auf einen Zettel mit der Aufschrift: „Für Champagner reserviert" deutet. Gehorsam stehen wir auf und setzen uns in eine der nächsten Tischreihen.

Sofort kommt ein anderer Waldgrüner mit goldenen Knöpfen auf uns zu und präsentiert uns die Karte für deutsche Weine, die uns noch weniger lockt. Wir bestellen daher eine Chartreuse mit Soda. Da erfahren wir, daß diese Tische für die Weintrinker vorbehalten seien. Wenn wir „American drinks" – so nennt er die Chartreuse – wünschten, müßten wir uns zu einer entfernten Ecke, die er uns mit nicht eben verheißender, geringschätziger Miene bezeichnet, begeben.

Eitel Menschenfurcht verbietet uns, so von einem Platze auf den anderen gejagt zu werden, wir verlangen eine Flasche Rheinwein, einen kühlen Säuerling, der aufregt, ohne zu erhitzen – und den wir stehen lassen werden.

Bald gesellen sich den flitterbesetzten Tänzerinnen einige Jammergestalten in altmodischer Balltoilette, etliche in fußfreien Röcken und weißer Bluse zu, und wir reißen uns von dieser Stätte der Lust los . . .

Soll ich vom Studentenviertel und seinem nächtlichen Treiben erzählen? Es bietet nichts, was des Erwähnens wert
wäre. Die Cafés der Karlstraße und der Schumannstraße,
nicht weitab von dem Bahnhof Friedrichstraße der Stadtbahn, sind mit gewöhnlichen Dirnen besetzt und bleiben
ebenfalls sehr lange offen. Die Studenten singen ihre Kneip-
lieder, rauchen, treiben Unsinn, und darüber zu reden lohnt
sich nicht.

Eine andere Art geselliger Zusammenkünfte, wozu sich
hauptsächlich Angestellte und Studenten einfinden, ist der
Ball der kleinen Konfektioneusen, Modistinnen, Laden-
mamsells, der Arbeiterinnen reinlicher Berufszweige, unter
die sich immer auch einige „unsichere Kantonisten", zaghaf-
te Anfängerinnen mengen.

Solche Tanzgelegenheiten gibt es in Berlin täglich, im Sommer auch in den Vororten Wilmersdorf, Tegel, Treptow,
Halensee, Südende etc. – Jeder Tanz kostet 10 Pfennige, und
das Orchester macht keine Pausen. Alles geht höchst nüchtern zu. Man hopst mit Leidenschaft herum, denn der Deutsche liebt den Tanz wirklich, man betrinkt sich mit Bier und
geht ohne Lärm und Geschrei auseinander. Manchmal stellt
sich irgendein alter Sünder, meist ein Fremder oder ein nai-
ver Träumer ein, der hier die Liebe sucht wie in den persi-
schen Märchen.

Der Ruf des Moulin-Rouge ist selbst über die Grenzen des
Weltmeeres gedrungen. Ich berichtete schon von jenem Ingenieur in Colorado, mit dem ich in einem Förderkorb
4 000 Meter hoch in der Luft schwebte und der, bedauernd,
nie nach Paris gekommen zu sein, mit verschämt begehr-
licher Miene sagte: „Oh – Mowling-Ravuge!"*

---

* Siehe „In Amerika: Von San Francisco bis Kanada." Kapitel: Eine Goldmine.   89

Stereo-Genrefoto: Der Größenvergleich, 1880

In Berlin gibt es ein Moulin-Rouge ohne Mühle, das nichts ist als ein kleiner luxuriöser Saal, dessen Eichenparkett vom Glanze der elektrischen Lampen widerstrahlt, und der rings von Tischen umstellt ist, um den tanzenden Stammgästen genügend Platz zu lassen. Die Wände und die Decke, mit rohen Fresken modernen Stils bemalt, stimmen im Ton, rot mit grau auf weißem Grunde, mit dem Holzwerk und den Pfeilern überein. Dank der verschwenderischen Lichtfülle, der großen Zahl von Spiegeln, macht der Saal einen heiteren Eindruck.

Meist sehr elegante und schlanke Frauen haben sich mit Offizieren in Zivil hinter Sektflaschen – Heidsieck-Monopol, bekanntlich die Lieblingsmarke des Kaisers – niedergelassen. Ein Teil der Dirnen Monte-Carlos, in Boas, Federhüten, Pelzen, ist vertreten, braune Rumäninnen, Österreicherinnen, Ungarinnen wie Puppen frisiert, Deutsche, Holländerinnen, bleiche, sanfte Elfen und Ophelien. Eine darunter noch blasser und sanfter und schwermütiger, mit einer Kamelie geschmückt, sieht wie eine Schwindsüchtige aus. Ganz verlassen dasitzend, bietet sie einen bemitleidenswerten Eindruck. Die Kellner in roten Fräcken, schwarzseidenen Kniehosen, Schnallenschuhen, tragen eine freche, hämische Miene zur Schau.

Neben den Offizieren, die man an der weißen Stirne über den gebräunten Gesichtern erkennt, bemerkt man noch einige reiche Fabrikbesitzer aus den Rheinlanden und Schlesien, Berliner Börsianer, Hamburger Kaufleute. Eine sehr bedeutsame Erscheinung: die Offiziere in Zivil sind nicht mehr die gleichen wie in Uniform, sie stecken nicht mehr wie in einem Harnisch, ihre Steifheit hat sich verloren, sie lassen sich sogar ein wenig gehen, stecken die Hände in die Taschen. Die meisten sind im Frack oder Smoking.

Dieses Moulin-Rouge ist eigentlich nichts anderes als unseres Maxim's „National", etwas geschäftsmäßiger, etwas farbenprächtiger, etwas schlemmerhafter.

Einige Frauen tanzen unter sich. Von den ein wenig angeheiterten Offizieren geraten etliche, unfähig, mit ihrem champagnerumnebelten Gehirn die Richtung einzuhalten, mit den Tischen in Kollision.

Neben diesen „Eleganzen" dreht sich ein biederer Spießbürger mit genialem Haarschopf, gelben, nicht mehr sehr sauberen Schuhen, in gestreiftem, da und dort schmutzigem Flanellanzug im Kreise mit einer Frau, über deren glattgestrichenem Scheitel der Hut hin und herrutscht. Sie bleiben vollständig unbehelligt.

Vom Tanzen abgesehen, fehlt dem Bilde die wahre Freudigkeit, das richtige Leben, die Grazie, es fehlen die Blumen, die Atmosphäre des Behagens, es ist nicht einmal ein witziger Zechbruder da, noch Sofas oder Bänke. Steife Stühle stehen hinter weißen Gedecken und Batterien von Gläsern.

Und was für eine Ordnung hier herrscht! An vier Schaltern muß man antreten, ehe einem die Tür aufgetan wird: erstens am Billetschalter, denn der Eintritt ist nicht frei, dann am Garderoberaum, wo man seinen Hut zurückläßt, drittens beim Kontrollschalter Nr. I., wo einem ein Stück vom Billet abgerissen wird, viertens bei der Kontrolle Nr. II., wo man das, was vom Billet noch übrig bleibt, abgibt. Und diese vier Formalitäten werden in einem Raum von fünf Metern Länge durch Leute in rotem Frack und schwarzseidenen Kniehosen vorgenommen.

Arkadia ist ein zweites Moulin-Rouge. Die beiden Lokale wechseln miteinander ab. Ist das eine geöffnet, schließt das andere. Dieses hier ist kleiner als sein Gegenstück. Eine geradezu unsinnige schmerzende Helle, durch Spiegel noch vermehrt, fällt von der Decke herab. Überall ein protziger, unfeiner Luxus, wie er für solche Orte am Platze ist.

Es sind zwei Säle vorhanden, in dem einen wird getanzt, in dem anderen gegessen. Aber alles drängt sich in den Ballsaal, der zusehends kleiner wird, wenn wieder ein neuer Gast anlangt und ein neuer Tisch hereingeschoben wird. Das macht aber nichts aus, die Leute würden selbst auf einem Taschentuch tanzen, und es ist sicher, daß man nicht käme, wären die Räume zu groß; einer der Gründe ihrer Beliebtheit liegt offenbar in dieser Beschränkung. Der Restaurationssaal ist in kleine Abteile aus Mahagoni eingeteilt, deren durchsichtige Glaspfosten im Innern mit elektrischem Licht versehen sind. Die oben angebrachten Girandolen nehmen sich aus wie feurige Blumensträuße. Die grelle Beleuchtung der Decke, die schreienden Farben der Teppiche und der hölzernen Wandbekleidung, die Masse der Spiegel, alles ist dazu angetan, die Nerven zu überreizen. An jenem Abend warfen einige junge Leutnants mit Schmissen im Gesicht, dem Monokel im Auge, ziemlich betrunken, beim Tanzen etliche Tische um. Doch diese kleinen Unfälle erregten weiter keinen Anstoß, die Dämchen, deren Toiletten etwas abbekommmen hatten, gaben sich mit den 20 Mark, die die Urheber des Mißgeschicks spendeten, zufrieden, und die Sache war erledigt.

Ich beobachtete den Besitzer dieser Räumlichkeiten, einen jungen, stämmigen Burschen im Smoking, der hinter einem Tische an der Wand saß und die Champagnertrinker überwachte, denn hier wird, wie gesagt, fast ausschließlich Champagner getrunken. Ließen die Diener die Gläser einen Augenblick leer oder auch nur bis zur Hälfte ausgetrunken, schnitt er ein grimmiges Gesicht, und die Kellner stürzten hin, es wieder zu füllen. Hatte ein Gast seine bestellte Flasche geleert, flugs kam einer der Aufwärter herbei, nahm den Eiskühler weg, wischte den Tisch ab, mit einer Miene, als wolle er sagen: So, mein Herr, Sie sind fertig, und nun hoffe ich, Sie werden sich empfehlen. Derart bewacht und angefeuert legen sie einen solchen Übereifer an den Tag, daß ihre Züge etwas Lauerndes, fast Bösartiges angenommen haben, sie sehen aus wie Verbrecher.

Von Arkadia oder Moulin-Rouge, die gegen 2 Uhr schließen, geht es ins Lindenkasino oder ins Café Riche, die auf der Promenade Unter den Linden liegen.

Das Lindenkasino besteht aus einer Flucht kleiner, lichtdurchfluteter Salons, deren unsauber versilbertes Getäfel, wie die roten Vorhänge und Teppiche, von Decken- und Wandspiegeln zurückgeworfen wird; eine in modernem Stil gehaltene Bar mit milchweißen Scheiben; abwechselnd spielen zwei Streichorchester.

Als ich, zu früh wahrscheinlich, ankomme, finde ich Frauen, die verträumt an fleckenlos gedeckten Tischen sitzen; die Blumen und Federhüte, die sie tragen, geben an Buntheit denen unserer Montmartre-Dirnen nichts nach. Diese Däninnen, Ungarinnen, Tschechinnen, Deutschen, in ihrem ganzen Auftreten anständiger als die unseren, sehen aus wie Damen der guten Gesellschaft, die von ihren Kavalieren im Salon sitzen gelassen wurden und sich nun sträflich langweilen. Sie sind nicht etwa plump oder vierschrötig, oh nein, fast alle sind schlank und schmal gebaut und haben eng anliegende Kleider – richtige „robes en fourreau" – an. Später wird die Stimmung belebter, die Damen essen einem schließlich, wie überall, aus der Hand, nippen aus unserem Glase und holen einem, ohne sich in schwindelhafteren Phantasien zu ergehen als andere auch, das Droschkengeld aus der Tasche.

Das Café Riche steht auf der gleichen Rangstufe wie alle diese Lokale, von denen ich eben gesprochen habe. – Nur wird
dort nicht mehr getanzt, wie auch im Lindenkasino nicht;
wer will, kann speisen, vor allem aber trinkt man. Es sind
dieselben Frauen, die von einem Etablissement ins andere
ziehen und mit einer Engelsgeduld ihr Glück suchen. Es war
schon zu ziemlich vorgerückter Stunde, als ich mich dort
einfand, die schäbigen Reste, die ich noch antraf und die
ohne Zweifel den Getränken stark zugesprochen hatten, träl-
lerten, halb benommen, die Melodien, die das Orchester
spielte, den Mattchiche unter anderem, mit lässigen Gebärden nach. Mit ihren müden, aber keineswegs gefühllosen
Augen betrachteten sie die Männer, die mit beschmutzter
Hemdenbrust, schlaffem, stumpfsinnigem Ausdruck vor sich
hingähnten. Ein Bild von internationalem Gepräge!
Der Gesamteindruck dieser Vergnügungslokale ist infolge
des so prahlerisch zur Schau getragenen, brutal wirkenden
Luxus ihrer Einrichtung, der Ungeschliffenheit ihrer Dienerschaft, der Vermischung – hier wie überall in Deutschland –
eleganten Publikums mit einer Mehrheit gewöhnlicher Kunden, ein etwas unfeiner.
Trotz rotlivrierter Kellner, trotz Spiegeln und schwellender
Teppiche, trotz der übrigens selten gutsitzenden Fräcke,
nicht immer tadellosen Smokings sieht alles ein wenig wie
eine schlecht gelungene Nachahmung der Pariser Vorbilder
gleichen Namens aus. Die Ausstattung ist glänzender, man
merkt, daß die Besitzer zu ihren Architekten gesagt haben:
„Sparen Sie nichts, damit es recht schick wird!" Und natürlich, nun schreit, gellt es einem förmlich entgegen! Und das
Ganze bleibt etwas ordinär. Das wird sich ändern, ändert
sich jeden Tag. Und unsere einheimische Lebewelt soll sich
daran halten.

Ich übergehe die zahlreichen Bars, die Kneipen, die Chat-
noir, die Braddy, wo Leute die ganze Nacht hindurch ihre
Romanzen brüllen, das Metropol mit seiner Wandelhalle,
das, Lebendigkeit und Geschmack abgerechnet, hinter unseren Folies-Bergère nicht zurücksteht, denn im Grunde genommen kommt alles durch die Ansprüche des dort verkeh-
renden Publikums aufs gleiche heraus.

Wenn es fünf Uhr geschlagen hat und das Café Riche und
das Lindenkasino ihre Pforten hinter einem schließen, geht
man bei Tony Grünfeld, einem Gastwirt in der Nähe der
Friedrichstraße, soupieren. Das vertritt unser „Souper aux
Halles".

Ich habe mich nur im Mittelpunkt der Stadt, wo es solche
hellerleuchteten Nachtcafés in Hülle und Fülle gibt, umgesehen, doch wurde mir versichert, daß es in anderen Gegenden, in den Arbeiter- und Industrievierteln ganz gleich wie
Unter den Linden zugehe. Nehmen wir an, daß das ein wenig übertrieben ist. Bestehen bleibt doch, daß im Zentrum,
bis der Tag anbricht, regstes Treiben herrscht. Um diese
Stunde sind unsere großen Boulevards tot oder nahezu tot,
das Leben hat sich nach Montmartre verzogen, wo vier oder
fünf Lokale genügen, die närrischen Leute, die in kindlicher
Einfalt das Vergnügen suchen, zu fassen.

Hier ist das Amüsement nicht größer, eher geringer, aber es
gibt mehr denn zwanzig Orte mit fast immer schweigsamen
Männern und Frauen gefüllt, die in einem fort trinken, rauchen und sich anschauen.

Draußen fahren die ganze Nacht die Zehnpfennig-Omnibus-
se hin und her und – mein Wort darauf – noch im Morgen-
grauen sieht man Leute einsteigen.

Tagesanbruch. Die Frauen, die keine Beschäftigung haben
und sich auf der Straße verspäten, schämen sich beim Mor-

genlicht des geronnenen Puders auf ihrem Gesicht, langsam, halb zögernd noch, schleichen sie sich davon. Junge Burschen lungern an den noch strahlenden Schaufenstern, die die ganze Nacht über beleuchtet werden, umher, bleiben vor den Atlasschuhen stehen, die auf Pyramiden von Rosen in einem Schuhladen ausgestellt sind.

Dann erscheinen die Zettelankleber und die ersten Arbeiter, die an ihr Tagewerk gehen, die Straßenkehrer . . .

Die Lauben

Eine französische Idee, die in Deutschland rasche Fortschritte macht. – Bild von der Umgebung der Städte. – Berliner Kolonien. – Die Aufsicht der Arbeitergärten. – Ihre Organisation. – Das Rote Kreuz, ein Werk sozialer Verteidigung. – Die Freigebigkeit der Kaiserin. – Rückkehr zur Scholle.

Wenn man sich, von Norden, Süden, Westen oder Osten kommend, nach endloser Fahrt durch flache, einförmige, öde und unfruchtbare Landstriche, durch Tannenforste, Runkelrübenäcker und Kartoffelfelder, Berlin nähert, bietet sich dem Auge ein eigenartiges Bild, dem ich außerhalb Deutschlands noch nirgends begegnet bin. Man stelle sich weite, in lauter Rechtecke von 20 Metern Länge und 10–15 Metern Breite eingeteilte Flächen vor; Holzzäune oder auch einfache Drähte trennen die einzelnen Abteilungen voneinander, auf deren jeder sich rohgezimmerte Bretterbuden erheben, deren Dach eine Fahne überragt, was den Eindruck hervorruft, als flackerten hier, auf einer ziemlich ausgedehnten Strecke, eine Unmenge bunter, aus irgendeinem festlichen Anlasse aufgestellter Flämmchen.

Das nennen die Berliner: „Die Lauben".

Diese hübsche Einrichtung stammt aus Frankreich; Sedan gebührt das Verdienst, den ersten Anstoß dazu gegeben zu haben. Der „Verein für eigene Scholle und eigenen Herd" suchte sie weiter im Lande zu verbreiten. Ob es ihm gelungen ist? Ich möchte es wünschen, denn es liegt der Keim zu einer Wandlung in den Lebensgewohnheiten der Arbeiterbevölkerung darin, der die volle Beachtung der Sozialpolitiker verdient.

In Deutschland hat die Idee inzwischen immer größeren Anklang gefunden. In von dicht bevölkerten Zentren nicht allzuweit entfernten Vororten hat eine Gesellschaft von Grundbesitzern brachliegendes Land parzelliert und vermietet diese Parzellen für wenig Geld an alle die, die sie haben möchten. Die Arbeiter bauen sich eine Hütte darauf und verbringen die Samstagabende und die Sonntage dort. Im Sommer gehen manche sogar jeden Abend nach Arbeitsschluß hin. Rings um die Hütte herum hat der Mieter den Boden umgegraben, besät, am Zaun und an den Latten klettert Grün empor, und der Raum, den die Hütte freigelassen hat, füllt sich mit Rettichen, mit Salat, mit Blumen. Das ist die Sommerfrische des Arbeiters.

Ungeschickt ist nur, daß die Stadt selbst nach und nach vorrückt und hohe Zinshäuser die Vorposten dieser Kolonien bedrohen. – Bald genug wird man das Feld räumen müssen. So ungefähr macht man es in Amerika mit den Indianern auf den Reservatgebieten, die ihnen von den Nordstaaten angewiesen und wieder entzogen werden, sobald das Terrain im Wert steigt. Dann werden die „Lauben" den bescheidenen, rührenden Frohmut ihrer lustig flatternden Wimpel und ihrer grün umsponnenen Hütten wieder ein Ende weiter tragen müssen.

Denn manchmal, wenn diese Gärtchen in der Nähe von Parks oder von Wäldern angelegt sind, gibt es ein hübsches Bild. Ein dunkelgrüner Hintergrund, die Nähe schattiger Anlagen und einige Bäume, die man auf diesen konzessio-

Gartenlaube, 1905

nierten Ländereien stehen ließ, verleihen ihnen einen ländlichen Charakter. Von denjenigen Lauben bei Berlin, die ich mir angesehen habe, könnte ich das nun freilich nicht behaupten, viel Ländliches haftet ihnen nicht an. Es ist ein Meer niedriger, geteerter Dächer, zwischen denen Stecken und Stangen mit etwas kümmerlichem Buschwerk daran hin und her schwanken. Aber die armen Leute begnügen sich damit, sind sogar stolz darauf.

„Man nimmt, was man haben kann", meinten meine liebenswürdigen Führer.

Gleichviel – aber etliche Bäume, die etwas Schatten spendeten, würden dem Behagen dieser primitiven Villeggiaturen nichts anhaben. In der Glühhitze eines Juli- oder Augustsonntags könnte man sich solch ein Laubdach schon gefallen lassen. Besitzt die Familie der Hohenzollern nicht zahllose Forsten bei Berlin? Steht nicht die Kaiserin an der Spitze dieses Werkes von Besenstielen, das dazu dienen soll, die Sehnsucht der städtischen Arbeiter nach Wald und Feld zu stillen? Denn der Verein des „Roten Kreuzes", der unter dem Protektorat der Kaiserin steht, ist es gewesen, der auf den Gedanken kam, diesen Natursinn des deutschen Volkes zu benützen und eine Waffe gegen die liberalen und sozialistischen Einflüsse daraus zu schmieden.

„Das ist unser soziales ‚Verteidigungsdepartement' ", vertraute mir ein Mitglied des leitenden Ausschusses an, das mich zu einem Besuche eines solchen Experimentiergebietes aufgefordert hatte. Auf solche Weise nützen wir die Muße unserer Friedenszeit aus.

Die Nachfrage nach diesen Fleckchen Gartenboden ist so groß, daß man sich genötigt sieht, eine Auswahl zu treffen und in erster Linie die Familien mit der größten Kinderzahl   101

zu berücksichtigen. Diese Kolonie ist erst zwei Jahre alt. Sobald man die Parzellen verteilt hatte, berief der Ausschuß die
Mieter zu einer Versammlung und forderte sie auf, selbst einen Plan zu entwerfen, die Anlage von Straßen und dergleichen zu bestimmen.

„Diese Mitarbeiterschaft verfolgt einen erzieherischen
Zweck", erklärte man mir, „man will den Leuten auf diese
Weise die schwierige, verwickelte Kunst des Regierens vor
Augen führen. Denn Sie können sich denken, daß es langer
Verhandlungen bedarf, ehe sie einig werden. Immer wird
noch dies oder jenes vergessen, wird ein Punkt zu voreilig
entschieden; dann klärt ein Komiteemitglied sie über ihren
Irrtum, ihre Unerfahrenheit auf – das ist die beste politische
Erziehungsmethode für das Volk."

Dieses Gelände ist zur Zeit in 94 Gärtchen von 250 bis 300
Quadratmetern eingeteilt. Um Berlin herum zählt man jetzt
etwa 1 500 solcher „Kolonisten" mit – durchschnittlich vier
Kinder pro Familie gerechnet – 6 000 Kindern.

Die Pächter zahlen wöchentlich 15 Pfennig für ihr Grund-
stück während der 25 Wochen der guten Jahreszeit. Im Winter haben sie keinen Pachtzins zu entrichten und dadurch
eine gewisse Nutznießung ihres Terrains. Für weitere 15
Mark wird ihnen alles Material geliefert, dessen sie zum Bau
ihrer Hütten bedürfen. Der wirkliche Preis dieses Materials
ist höher, für den Rest des Betrags kommt das „Rote Kreuz"
auf. Seit 1902 gibt der Verein die Sämereien und Dungstoffe
nicht mehr in natura ab, sondern ersetzt sie durch eine Summe von 6 Mark, womit der Mieter die Kosten des Ankaufs
bestreiten soll. Vom zweiten Jahre des Anbaues ab sind diese
Auslagen durch Besteuerung der Mieter wieder gedeckt.

Diese Zugaben verpflichten die Pächter, für die Unterhaltung, die Einzäunung der Wege, für das Anlegen von Brun-

nen selbst zu sorgen, denn Wasser gab es auf diesen Ländereien nicht, und mit dem Wachstum war es schlecht bestellt. Nun hat man ungefähr zehn Brunnen gegraben, die Wasserbaugesellschaft legte unentgeltlich Leitungen an, und seitdem ist die Bebauung des Bodens leichter.

Ein Nachtwächter, von einem dressierten Hunde begleitet, hat die Kolonie zu bewachen. Zwei Aufseher sind mit Aufrechterhaltung der Ordnung betraut, kommen aber selten dazu, eingreifen zu müssen. Für dieses Amt werden Gärtnergehilfen aus dem königlichen Schloß in Charlottenburg und dem Park Monbijou ausgesucht, die die Arbeiter gleichzeitig in die Geheimnisse des Bodens einweihen, ihnen zeigen, wie man säubern, säen, pflanzen, versetzen muß. Um sich von den Resultaten dieser Lehrstunden zu überzeugen, vor allem aber, um den Ertrag jeden Grundstücks berechnen zu können, müssen die Pächter den Aufsehern am Schluß des Jahres jede Auskunft geben, die diese von ihnen verlangen, und man weiß nun, daß der Gewinn das Vierfache der Ausgaben beträgt.

Um sicher zu sein, daß sie aus der Sache wirklichen Nutzen ziehen, und zwar nicht nur vom moralischen und physischen, sondern auch vom pekuniären Standpunkte aus, und um das Werk noch fruchtbarer zu machen, werden den Arbeitern endlich noch die folgenden Verpflichtungen auferlegt:

Jeder Gartenanteil wird wiederum in so viele Beete eingeteilt, als der Pächter Kinder besitzt. Diese bebauen, soweit sie alt genug dazu sind, mit Hilfe der Eltern ihr Stückchen Boden selbst, und der Vater muß gewissenhaft Rechnung darüber führen, wieviel Gemüse darauf wächst. Die Differenz zwischen den Kosten des Selbstgepflanzten und den Preisen, die man auf dem Markte zahlen müßte, wird als Erwerb des

Kindes betrachtet und muß auf seine Rechnung auf der Sparkasse angelegt werden.

„Wir erhoffen viel von diesen Kolonien", sagte mir einer ihrer eifrigsten Apostel. „In erster Linie geht unser Bestreben freilich dahin, dem Arbeiter und dessen Angehörigen ein ruhiges Fleckchen zu sichern, wo er nach seinem Tagewerk oder an Feiertagen gute Luft findet, und den Schwachen oder Genesenden die Möglichkeit zu verschaffen, sich in gesunder Umgebung rascher zu erholen. – Aber unser Ehrgeiz beschränkt sich nicht auf dies allein. Wir möchten den Arbeiter der Bier- und Weinstube entwöhnen, möchten die Lust am Sparen, an eigenem Besitz in ihm wecken und durch gemeinsame Arbeit den Familiensinn pflegen. Und zudem, wäre es nicht möglich, so manche ehemaligen Bauern, die in unsere Städte verschlagen wurden, wieder zur Freude an ländlicher Tätigkeit zurückzuführen oder sie ihren Kindern einzupflanzen? Wir wollen auf diese Weise den Arbeiter unterstützen, indem wir ihm zu billigem Preise ein Terrain abtreten, das ihm viermal mehr einbringt, als was wir ihm an barem Gelde zu geben vermöchten und das, wenn er sich zur Ruhe setzt, eine Erhöhung seiner Rente für ihn bedeutet. Mit Zustimmung des Staates wird denn auch ein Teil des Pensionsfonds dem Roten Kreuz überwiesen, das dem Pensionsberechtigten ein wohlfeiles Stück Land verschafft. Mit Hilfe eines gemeinnützigen Vereins übernehmen wir es ferner, Arbeitshäuser auf den von den Arbeitern gekauften Grundstücken zu bauen. Nach den Resultaten, die wir in diesen letzten drei Jahren erzielten, scheint unser Traum keine Utopie zu sein."

Man hat diese Kolonie gewissermaßen als eine unter Aufsicht stehende Republik errichtet. Für je 12 Gärten wurde ein

104

aus zwei oder drei Damen des Roten Kreuzes gebildeter Ausschuß ernannt, denen sich zwei von den Pächtern aus ihrer eigenen Mitte gewählte Vertreter beigesellen. Diese Damen suchen ihre „Schützlinge" jede Woche auf, nehmen Anteil an den Kindern, und da sie in Verbindung mit allen anderen gemeinnützigen Vereinen Berlins stehen, wissen sie den Kranken Billets und Gratisscheine für die Kliniken und Apotheken zu erwirken, schicken die schwächlichen Kinder in die Ferienkolonien an der See oder im Gebirge, erleichtern ihnen in Fällen der Not die Aufnahme in die Spitäler, kurz, gehen auf alle Freuden und Leiden dieser von des Tages Last und Mühe mitgenommenen Naturfreunde ein. Alle acht Tage halten die einzelnen Protektorate eine Generalversammlung ab; allwöchentlich erteilt ein Lehrer den Knaben und Mädchen von 5 bis 6 Uhr abends vernünftigen Turnunterricht. Junge Mädchen, Lehrerinnen am Fröbelseminar, veranstalten Tänze, Reigen, allerhand Spiele. An diesen Spielen beteiligen sich auch die Protektorinnen eifrig, erzählen den Kindern, mitunter auch den Erwachsenen, Geschichten, Märchen und Gleichnisse.

Das Ganze hat ja selbstverständlich einen moralischen Zweck, alles ist aufs genaueste geregelt. Von Hand geschriebene, an Pfosten, die sich da und dort am Straßenrande erheben, festgenagelte Zettel zeigen die Tage und Stunden für die Gesangsübungen und die Zusammenkünfte für festliche Vorbereitungen an. Da lese ich auf dem einen von dem Erntefest, das in 14 Tagen gefeiert wird, bei dem Kinderaufführungen, Reigen stattfinden sollen und der Schriftführer des Vereins eine Rede halten wird. Am Abend wird ein Kinderfackelzug durch alle Straßen der Kolonie und zum Schluß ein Ball veranstaltet werden. Alle sollen, feiertäglich angetan, daran teilnehmen, den Erwachsenen wie den Klei-

nen ist eine Rolle bei diesen harmlosen Lustbarkeiten zuge-
dacht. Weder Wein noch Schnaps darf getrunken werden, in
den kleinen Buden, die zum Verkauf von Erfrischungen er-
mächtigt sind, sind nur Milch, Mineralwasser, Kaffee, Schokolade, Bier und Zigarren zu haben. Die Milch ist sehr gut,
von dem Gesundheitsamt geprüft und kostet 20 Pfennig der
Liter.

Ich bin lange in diesen baumlosen Gärten umhergewandert.
Niedriges Strauchwerk beginnt emporzuschießen, Schling-
gewächse sind im Überfluß da. In den Beeten, rings um die
nur aus Gitterwerk bestehenden oder geschlossenen, mit
Dachpappe gedeckten Lauben, die mit Schnitzwerk geschmückt, bemalt oder mit Emblemen und Sinnsprüchen
verziert sind, blühen Sonnenblumen, Stiefmütterchen, Jas-
min, Margeriten. Andere, praktischer Veranlagte, haben Jo-
hannisbeersträucher, alle möglichen Gemüse, Rüben, Selle-
rie, Gurken, Kohl, Bohnen, Kartoffeln gepflanzt. Die Kaiserin, die Besitzerin so vieler Bäume, hat Erdbeerstöckchen,
für die man in den kaiserlichen Treibhäusern und Gärten
keine Verwendung mehr hatte, gesandt.

Wir sind mitten in der Woche, und in den meisten Lauben
sieht man Leute, hauptsächlich Frauen und Kinder. Ich wollte die Kolonien in vollem Betriebe sehen und begab mich
eines Sonntags nach Treptow, wo sich, mit denen des Roten
Kreuzes verglichen, eine etwas anarchistischer eingerichtete
Niederlassung befindet. Hier gibt es keinen Pavillon für die
Zusammenkünfte des Komitees, keine Turnplätze, keine Lehrer, keine königlichen Gärtner. Nur kleine aus Abbruchholz
erbaute Baracken auf einer kleinen Fläche sandigen Bodens.
Die Freude dieser armen Leute an alledem ist rührend und
betrübend zugleich. Rührend, wenn man an nichts weiter als
an ihre eigene Befriedigung darüber denkt, betrübend, wenn

man sich all dessen bewußt wird, was ihnen fehlt und was sie haben könnten.

Der Mann, in Hemdsärmeln, nagelt, sägt, hobelt mit Feuereifer oder auch mit bedächtigen, von vielen Ruhepausen unterbrochenen Bewegungen, an seiner ärmlichen Behausung herum.

Er harkt, schaufelt, gießt, treibt Pflöcke ein, spannt Drähte, indes die meist blonde, behäbige Frau mit einem Kind auf dem Arm ihm zusieht und die andern Knirpse sich mit Bällen, Papierdrachen auf der Straße tummeln oder sich damit die Zeit vertreiben, um die Hütte herum zu tollen.

Ich trete in eine Hütte ein. Sie besteht aus zwei winzigen Gelassen, einem Schlafzimmer mit zwei Betten, eines für Vater und Mutter, das andere für die fünf Kinder, und aus einem Winkel für die Küche. Das Häuschen ist an einen Bleiarbeiter vermietet, der 26 Mark in der Woche verdient. Seine noch sehr junge, muntere Frau trägt ihren Jüngsten, einen dicken, fünf Monate alten Bengel, auf dem Arm, der Älteste ist siebenjährig, und die Eltern sind kaum acht Jahre verheiratet.

„Warum haben Sie so viele Kinder?" fragte ich.

„Weil der Storch den Armen mehr bringt als den Reichen", gab sie lachend zurück.

Da es heiß ist, wird im Freien gekocht, hinter der Hütte schmort auf einem kleinen gußeisernen Ofen der Nachmittagskaffee, auf einem Tisch stehen emaillierte Blechnäpfe, Schwarzbrot und Traubenmus.

Die Familie kommt jeden Samstag hierher, um den Sonntag hier draußen zu verbringen. Für eine siebenköpfige Familie würde es, obwohl die Trambahn nur 10 Pfennig kostet, zu teuer werden, wollte man jeden Tag hinausfahren, und der Arbeiter wohnt zu weit ab, um seiner kleinen Schar den Fußmarsch zumuten zu können. So läßt er eben die Seinen zuhause und macht sich allein auf den Weg, um nach getaner Arbeit noch rasch seine Blumen und Gemüse zu begießen.

Am Sonntagabend, gegen 9 Uhr, sind die zu den Haltestellen führenden Straßen von Tausenden von Frauen, die Kinderwagen vor sich herschieben, von Männern mit Kindern auf dem Arm, von kleinen Mädels und Buben, die eifrig trippelnd dem Eilschritt des Vaters folgen, besetzt.

Der Spreewald

Die Wenden, ein besiegter Volksstamm. – Sie hausen im Spree-
wald. – Lübbenau. – Keine Straßen, sondern Kanäle. – Nächtli-
che Fahrt. – Der Sonntag in Burg. – Defilee der Spreewälderin-
nen. – Die Taufe, die Messe. – Ländliches Schauspiel.

Die Wenden, ein slawischer Stamm in der Mark Brandenburg, waren grimmige Feinde der Germanen. Zehnmal soll
Berlin von ihnen eingenommen, verloren und wieder zu-
rückerobert worden sein. Von deutschen Rittern endlich be-
siegt, zu Sklaven gemacht, wurden sie jahrhundertelang von
den Eroberern unterjocht und mit Geringschätzung behandelt. Noch heute erkennt der Germane aus der derben Gestalt, der rauhen Sprechweise den wendischen Typus heraus,
der den eigentlichen Kern der ostpreußischen Bevölkerung
bildet. Die Bayern und die Bewohner anderer südlicher Provinzen, die das reine deutsche Blut für sich beanspruchen,
behaupten, Preußen sei nicht deutsch, sondern slawisch. Der
Name Berlin hat slawischen und nicht germanischen Klang,
ebenso die preußischen Städte Ruppin, Küstrin etc. Daher
auch eine gewisse Geringschätzung für alles, was preußisch
ist. Die slawische Sprache wurde einst bis nach Magdeburg
hin gesprochen, was den geschichtlichen Hochmut der Polen und die Verachtung der „Altdeutschen" für die Bastarde
des Ostens einigermaßen rechtfertigen dürfte.

109

Nun scheinen sich einige Überbleibsel des Wendenstammes mit ihren Sitten, Gebräuchen, selbst ihrer Sprache im Südosten Berlins erhalten zu haben. Der „Spreewald" wird die Gegend genannt.er bildet, kaum zwei Stunden von Berlin entfernt, eine sumpfige Ebene, wo die Spree in trägem, vielfach gewundenem Lauf sich in einzelne breite, fast zu Seen erweiterte Arme und in eine Anzahl natürlicher Kanäle teilt. Man sucht ihn von der Hauptstadt aus auf, weniger aus Interesse an den malerischen Trachten und originellen Gebräuchen, denn als Landpartie, um sich dem Genuß der schönen Erlen- und Buchenwälder hinzugeben, in denen die Wenden einst Schutz vor den Überfällen der Germanen fanden.

Zwei Tage sind zu diesem Ausflug notwendig. Fährt man an einem Samstag Nachmittag von Berlin ab, so kommt man gegen $\frac{1}{2}$ 5 Uhr in Lübbenau an. Dort besteigt man einen Kahn, der einen durch das Labyrinth der Kanäle nach Burg geleitet, wo man sonntags dem Defilee der Spreewälderinnen auf ihrem Kirchgange beiwohnen muß.

In dieser von Landwegen fast entblößten Gegend vertritt der lange, flache Kahn die Stelle des Postwagens, des Rades und des Automobils. Die Frauen wissen die zweizackige, eisenbeschlagene Ruderstange mit ebensoviel Geschicklichkeit zu führen wie die Männer. Die Vorräte werden mit dem Schiffe eingeholt, der Postbote hat seine kleine Jolle, die er selbst rudert; im Winter, wenn das Wasser gefroren ist, schnallt er sich Schlittschuhe mit langen, gebogenen Enden an, bewaffnet sich mit einem Stock mit eiserner Spitze, der so lang wie er selber ist, und eilt hurtig über die zu Eis erstarrten Gassen. Punkt für Punkt folgten wir dem klassischen Programm, bestiegen das lange, flache Fahrzeug mit den hohen, beweglichen, freistehenden Gitterbänken. Der Fährmann stand am

Heck und war für uns nicht sichtbar.

Partie im Spreewald, 1900

Nun begann eine lange Fahrt durch Wald und Moor, die bis tief in die Nacht hinein dauern sollte. Bohnen-, Kartoffel-, Rübenäcker, Gerste- und Roggenfelder dehnten sich zu beiden Seiten des hier ziemlich breiten Flusses. Die Ufer säumte Erlen- und Weidengebüsch, zwischen den Zweigen tauchte der weite Horizont der Ebene auf, manchmal nur von einer Baumgruppe unterbrochen. Sonst war nichts zu sehen, außer dann und wann eine männliche oder weibliche Gestalt, die sich über den Boden bückte. Kein anderes Lebenszeichen, auch kein Geräusch. Man hörte nur das Rascheln des Schilfs, wenn der Kahn daran streifte, und das helle Klick-Klack der Ruderstange, die in das schlummernde Wasser tauchte.

Der graue, mit perlmutterfarbigem Gewölk, das die Sonne nicht durchließ, bedeckte Himmel, die Eintönigkeit der Farben, der Mangel an Blumen, die reglose Flut, in der die Gräser sich bei unserem Vorübergleiten wie Aale schlängelten, diese tiefe Stille ließen die Einsamkeit seltsam und fast bedrückend erscheinen.

Von Zeit zu Zeit öffneten sich zur Linken und zur Rechten der Straße, durch die unser Schifflein uns führte, gleichsam vergessene Wassergassen, über und über mit Wasserrosen bedeckt, die den Weg zu versperren schienen. Den Ufern entlang sah man bisweilen hohe Bäume mit geraden Stämmen ragen, während in Meterhöhe über dem Wasser und den schneeigen Blumenkelchen ein lichtblauer Brodem sachte auf und nieder wogte, gleich einer endlosen Schärpe aus bläulicher Gaze, die eine unsichtbare Hand in Bewegung setzte. Eine Stunde lang schon glitt unser Boot durch diese Kanäle, und wir hätten uns vorstellen können, nach irgendeinem fernen Delta, in die Irrgänge seiner Rinnsale entführt
zu werden.

Die Dämmerung senkte sich langsam herab. Plötzlich tauchte am Ende unserer Perspektive ein dem unseren ähnlicher Kahn auf. Eine hohe, weiße, gespenstische Gestalt schien mit taktmäßiger Gebärde die Wasser zu mähen. Die Erscheinung kam näher, wurde deutlicher, wechselte sogar ein in tiefem Baß erklingendes „Guten Abend" mit uns. Es war der Postbote von Burg, der von seiner Runde heimkehrte und, um ungehinderter in seinen Bewegungen zu sein, sich des Rockes entledigt hatte.

Eine drückende Schwüle lag in der von Feuchtigkeit gesättigten Atmosphäre; die blauen Libellen ruhten im Schilfe, lautlos strich ein Vogel am Himmel dahin, ein plötzlicher Windstoß ließ die Gerstenhalme, die sich anmutig neigten, erschauern, und gleich darauf fielen große, schwere Tropfen auf unsere Bänke.

„Ein Gewitter", bemerkte unser Fährmann mit Seelenruhe und reichte uns dicke wollene Decken, in die wir uns unter den aufgespannten Schirmen einwickelten.

Die Wolken öffneten sich, die hohen, vom Sturm hin und her geschaukelten Pappeln bespritzten uns beim Vorüberfahren. Es galt, an einen Unterschlupf zu denken. Auf einem Seitenarm führte uns der Mann nach dem Wirtshaus des nächsten Dorfes, einem kleinen, hölzernen Bau, wo sich bereits andere Touristen niedergelassen hatten. Etwa ein Dutzend flinke Mägde brachten Bier und schaumige Milch herbei. Es waren wendische Mädchen, sie sahen frisch und aufgeweckt aus in der herkömmlichen Tracht, dem weiten, sehr kurzen Rock, dem schwarzen Samtmieder über dem ausgeschnittenen und ärmellosen Hemd, das die runden, roten Arme freiläßt, und dem fünfteiligen Kopfputz aus weißer, gestärkter Mousseline. – Lachend und leichtfüßig gingen sie aus und ein, was an sich schon genügen würde, ihre nichtdeutsche Abstammung zu verraten. Mit ihrer Munterkeit versuchten sie den Ärger der verspäteten Ausflügler, die schließlich ihr Mißgeschick mit gutem Humor hinnahmen und in der wiedergefundenen frohen Laune mit Kenner-blicken nach dem kaum verhüllten Busen und den Hüften der wendischen Heben spähten, die meiner Ansicht nach nicht auf Entartung deuteten. Diese Frauen haben nicht die gutmütige, behäbige, übrigens sympathische Gelassenheit der Deutschen, man spürt, daß sie rauher, weniger empfind-sam sind. Ihre Derbheit ist die nämliche, wie ich sie bei den Ostpreußen in allen Klassen beobachtet habe. Sollten die Bayern recht haben? Und wären die gegenwärtigen Beherr-scher Deutschlands wirklich nichts anderes als Slawen?

Das Gewitter war noch nicht zu Ende. Neue Reisende ka-men, hochgeschürzte Frauen, die Röcke über den Kopf ge-schlagen. Drei Bäuerinnen, in Sackleinwand gehüllt, große schwarze Hüte auf dem Kopf, schifften sich, wie drei Hexen, die zu ihrem Sabbat aufbrechen, unter einem wahren Platz-regen ein. Wir beschlossen, ihrem Beispiel zu folgen, um nicht allzu spät in der Nacht in Burg anzukommen.

Bald hörte es auf zu regnen. Der Abend brach herein, das Dunkel, das sich der Stille zugesellte, erneuerte den Reiz der früheren Stunden. Wir lenkten in geheimnisvolle Pfade ein und hatten nichts als eine finstere Wasserfläche, von schwar-zen Baumsilhouetten eingerahmt, vor Augen. Das war er, der stolze Wald der Kimmerier. Die Schäfte der hohen, zum Himmel strebenden Bäume schienen Säulen eines Saales der Unterwelt zu sein. Manchmal schlossen sie sich zu einem schmalen Gange – wir trieben der Toteninsel zu . . .

Man denke sich: der Himmel kilometerweit hinter den dichtgefügten Schwibbogen der Erlen, die zu beiden Ufern
des Flusses standen, verborgen, nur an den Seiten dieser dü-

steren Halle sichtbar, das Wasser unergründlicher noch, undurchdringlicher als diese Decke aus Laubwerk und all das Schweigen um uns her. Je länger wir auf dieser lichtlosen Bahn dahinglitten, um so mehr verstärkte sich die Empfindung, als ob sie niemals enden werde. Hätte man wenigstens Gesang aus einem der Uferdörfer oder den Schrei aufgescheuchter Vögel oder den Schritt eines Damhirsches auf dem dürren Gras oder nur ein Windesrauschen vernommen ... Hätte irgend etwas in dieser allgemeinen Erstarrung, unter diesen unbeweglichen Schatten sich regen wollen! Aber nicht eine Spur, nicht ein Hauch von Leben ... Der schwarze Kahn, der schwarze Fährmann, der schwarze Himmel, das schwarze Wasser und wir, in schwarze Decken eingemummt, die wir kein lautes Wort, überhaupt nicht zu sprechen wagten, um diese schaurige Stille nicht zu unterbrechen. Uns war zumute, als störten wir ein Mysterium, dessen Mitwirkende sich bei unserem Nahen versteckten und in Schweigen hüllten.

Endlich ließ die teilweise sich lichtende Wölbung des Blätterdomes einen ganz schwachen Schimmer durch. Ein Mondstrahl verwandelte die Pechschwärze der Landschaft in ein blaugetöntes Grau. Und durch graue Samtwolken, in die sich weißer Atlasglanz mischte, sickerte ein schwacher Silberschein hernieder, der durch das Gitterwerk der hohen Buchen zu uns drang und sich in dem wieder zu Leben erwachten Wasser spiegelte. Das Grauen von vorhin war verschwunden, die Stille der Nacht umfing uns, nahm uns in ihren Bann, lullte uns ein, und es blieb nichts mehr als ein ernster Eindruck dieser fremden, fernen Landschaft.

Wieder kamen wir an ein Dorf; aus den winzigen Fenstern der kleinen Häuser, von denen die meisten wie tot dalagen, blinkte ein schwaches Licht, das Echo von Männerstimmen schallte zu uns herüber – die preußische Nationalhymne sangen sie im Chor. Dann war es eine harte, unerträgliche Frauenstimme, die eine sentimentale Melodie aus dem „Zigeunerbaron" zum besten gab ... Der Zauber war gebrochen, wir waren in Burg. Es war elf Uhr geworden; wir verbrachten eine unerquickliche Nacht in einer schrecklichen Herberge ...

Am nächsten Tag warteten wir frühzeitig schon im Obstgarten auf den Kahn, der uns zur Kirche bringen sollte. Wir machten uns unverzüglich auf den Weg, um vor acht Uhr an Ort und Stelle zu sein.

Was für ein Reiz liegt darin, unter einem strahlenden Morgenhimmel das Bild wiederzusehen, das man soeben erst im Düster der Nacht vor Augen hatte! Die grüne Flut ist von glitzernden Furchen durchzogen, wirft den Bäumen ihr Spiegelbild zurück, das unser Boot auf seiner Fahrt einen kurzen Moment trübt; aus den nächtlichen Spukgestalten sind Sträucher mit zierlichen Stämmen geworden, deren Äste sich herniederneigen, in dem Laub zu unseren Häupten hüpfen zwitschernde Vögel von Zweig zu Zweig. Alles ist grün und blau und golden. Man fängt an, der Natur wie einem befreundeten Antlitz entgegenzulächeln.

Auf den Feldern schreiten behende, sonntäglich geputzte Bäuerinnen einher. Wieder fiel mir ihr leichter, von dem schwerfälligen Schritt der deutschen Frauen so verschiedener Gang auf. Mit Weg und Steg wohlvertraut, kürzten sie nach Beliebenden den Weg ab, folgten auf schmalem Fußsteig dem Lauf der Bäche, kletterten über Brücken, die aus schwanken, auf vier Pfosten liegenden Brettern bestehen und hie und da die beiden Ufer verbinden, und ihre weiten Röcke

sahen wie Klatschrosen aus, die sich am Wegrand auf und

nieder wiegen. Unter den Röcken, bei denen alle Farben, rot, violett, grün, gelb, durch einen Samtstreifen oder ein Seidenband als Schmuck vertreten sind, kommt das rundliche Bein bis zum Strumpfband zum Vorschein. Ein Samtmieder, eine seidene Schürze, der übliche Kopfputz mit den langen Flügeln vervollständigen diese feiertägliche Toilette.

Wie es scheint, muß ein Mädchen, das sich verheiratet, ein Dutzend Kleider haben. Sobald sie zu verdienen anfängt, spart die junge Spreewälderin sich ihre Aussteuer zusammen, spinnt sich den Wollstoff für ihre Röcke, die Bettlaken, die sie, bis der Gatte in Sicht ist, in großen eichenen Truhen aufbewahrt. Einige von ihnen, die Töchter der großen Gemüsegärtner, die Berlin mit Rotkohl und Rüben versorgen, sind gute Partien. Die anderen verdingen sich, sobald sie ein Kind haben, als Ammen. Das sind jene, die man im Tiergarten trifft, mit der Wartung reicher Berliner Babies betraut. Später kehren sie in die Heimat zurück und nehmen sich einen Mann, genau so, wie es unsere Bretagnerinnen machen. Ein förmlicher Erwerbszweig ist daraus entstanden. Die Mädchen, die zu Geld kommen möchten, haben in ihren Mooren keine Gelegenheit dazu. So vermögen sie den Lokkungen der nahen Hauptstadt nicht zu widerstehen, wo Spreewälder Ammen ein begehrter Artikel sind, ebensosehr um ihres Rufes als gute Milchproduzentinnen als um ihrer malerischen Tracht willen. Aber vorher muß man wohl oder übel ein Kind haben ... Und gewöhnlich sind es die Zeiten der Manöver, die sich bis in den Spreewald hineinziehen, die über den künftigen Ammenberuf entscheiden ... Die Eltern halten ihre Töchter in strenger Hut bis zu dem Tage, wo ein strammer pommerscher Grenadier seine Wünsche zu erkennen gibt. Dann werden die Zügel gelockert, und bald ist der Familienzuwachs da...

Auf dem Kirchplatze begegneten wir einem Taufzug. Die Patin im Staatsgewande, den Hals in eine 40 Zentimeter breite Spitzenkrause gesteckt, mit mächtiger Flügelhaube geschmückt, trug den Täufling unter einer Decke so schweren Kalibers, daß er sicher kaum zu atmen vermochte.

Die Messe wird in deutscher und wendischer Sprache abgehalten. Die Geschlechter sind getrennt, die Frauen unten, wie üppig erblühte, rote und weiße Blumen aussehend, die Männer oben, auf einer erhöhten, rings um die Kirche sich ziehenden Galerie. Alles singt beim Gottesdienst. Die Frauen haben entsetzlich gellende Stimmen, die man nicht, ohne daß einem die Ohren schmerzen, mit anhören kann.

Nachdem die sonntägliche Feier beendet ist und die Frauen, von Amateurphotographen verfolgt, sich auf verschiedenen Wegen zerstreut haben, streben die Touristenkähne auf die zwei oder drei an den Ufern liegenden Wirtshäuser zu. In den Baumgärten, die sie umgeben, bietet sich nun der an allen derartigen Orten in und um Berlin übliche Anblick dar: Familien, Gesellschaften, Vereine lassen sich an den kleinen, rot und weiß gedeckten Tischen nieder. Wohlgenährte Männer in Hemdsärmeln und farbiger Wäsche fächeln sich mit den Hüten, die kleine Sträuße zieren, Luft zu, würdige Mütter mit goldenen Ohrringen geschmückt, behäbige Lotten von vierzig bis fünfzig Sommern, teilen an alte Großmamas und fast noch aus der Flasche trinkende Kinder Speise und Trank aus.

Bei aller Behendigkeit wissen die wendischen Mägde kaum auf all das Geschrei Bescheid zu geben, die Frauen entschließen sich, helfend einzugreifen, und kehren mit Portionen von Gänse- und Schweinebraten aus der Küche zurück. Die Männer laufen mit dem Gezeter halbverhungerter Menschenfresser mit rollenden Augen, Messer und Gabel in der

Hand, als sollte es den Ärmsten selbst an den Kragen gehen, den Mädchen nach, begnügen sich dann aber damit, eine Bestellung, die auf sich warten läßt, zu wiederholen. Eine Anzahl Unteroffiziere in ihre blauen, mit blitzenden Goldtressen besetzten Waffenröcke eingezwängt, die – und in welchem Ton! – soeben Tisch verlangten, fangen an, eifrig den Erdbeeren zuzusprechen, die sie sich in einem Papier mitgebracht haben. Junge, in Mousseline gekleidete Mädchen sitzen an den Tischecken und verfassen Postkartengrüße. Es geht alles höchst ungeniert zu. Manche haben sich gar der Strümpfe und Schuhe entledigt, um es sich recht bequem zu machen; an den Bäumen hat man Rucksäcke, Säbelkoppeln, Joppen und Hüte, die man überflüssig fand, aufgehängt. Nach dem Essen stimmt ein Phonograph Militärmärsche und Walzermelodien an, und alle, die mit dem Essen fertig sind, trällern mit und führen rasch einige Tanzschritte aus.

Man steigt wieder ein. Der Himmel ist von idealer Klarheit, ein herrlicher Nachmittag ist in Aussicht. Ich zünde mir eine Zigarre an und nehme mir vor, bis zum Schluß des Tages Optimist zu sein. Wir sind von neuem allein in dem Walde, der an uns vorüberzieht.

Unser Kahn wird jetzt von unzähligen, lautlos schwebenden Libellen begleitet, die wie Pfeile aus bläulichem Stahl an uns vorüberschießen und sich in merkwürdiger Weise, den Kopf an den Leib gedrückt, paaren, ohne im Fluge innezuhalten. Auf einer Erdscholle am Uferrand läßt sich ein Frosch, der seine Siesta abhält, von der Sonne bescheinen, ein anderer kommt an die Oberfläche des Wassers, um Luft zu schöpfen, taucht aber bei unserem Anblick sofort wieder unter, um alsbald, ich weiß nicht, was für ein Ventil, mit einem Gurgeln in Bewegung zu setzen, das Blasen wirft, die mit einem knallenden Ton zerplatzen.

Jedesmal, wenn die Zeit einem lang zu werden droht, sieht man zu seiner Freude die strohgedeckten Holzhäuschen, an deren Front sich weißblühende Rosen emporranken, von irgendeinem kleinen Weiler erscheinen, wo flachsköpfige, barfüßige Kinder, nur mit Röckchen oder Hose bekleidet, zwischen Gockeln und Hennen, in ihrer seltsam beschaulich stillen Art ihre Spiele treiben; am Ufer teert ein alter Biedermann seinen umgekippten Kahn, ein gesunder Stallgeruch dringt zu uns herüber und vermischt sich mit dem Duft der Heuschober, kleine Mädchen schleudern uns ihre Feldblumensträußchen zu, für die man ihnen etwas Nickelgeld zuwirft.

Die leisesten Geräusche vom Walde her sind Ereignisse, jeder Vogelflug nimmt eine Bedeutung an. Ein rotschnabliger Storch hat sich auf einem Haufen Heu niedergelassen, eine fette Elster mit schwarz-weißem Gefieder hüpft in dem abgemähten Schilf umher.

Eine junge und obendrein hübsche Frau steht in ihrem Kahn und senkt ihre zweizackige Stange mit schönen, ungezwungen Bewegungen ins Wasser, man sieht ihre in Lederstiefeln steckenden Beine, die großen Flügel ihrer Haube wippen auf und nieder, mit einem musternden Blick fährt sie an uns vorbei. An manchen Stellen muß gelandet werden, um allzuweite Umwege zu vermeiden, dann wird das Boot auf hölzernen Rollen von einem Kanal zu dem anderen befördert. Manchmal machen wir auch an den Schleusen ländlicher Mühlen Halt, deren Dachfirste ein zerzaustes, stachliges Storchennest krönt.

Am Uferrand ragen mächtige Stümpfe sehr alter Bäume empor, die man vor kurzem erst gefällt hat und deren gespaltener, noch mit seiner Rinde bedeckter Stamm daneben liegt. Die von Regengüssen und den sie bespülenden Wellen bloßgelegten Wurzeln sind in einem unentwirrbaren Netzwerk, wie dicke Knäuel ineinander verwickelter Nattern, zusammengeflochten. Sengend heiße Sonne liegt über den Baumwipfeln, aber auf unserer breiten Wasserstraße, auf der wir seit drei Stunden dahinziehen, ist es kühl wie in einer Kirche, denn das dichtbelaubte Geäst schließt sich zeltförmig über uns zusammen. Oben auf einer Buche singt ein Pirol, eine Amsel gibt ihm – wenn ich nicht irre – Anwort, und ihr Zwiegespräch tönt lieblich und sanft. In der Ferne unterhält sich ein Kuckuck mit sich selbst. Ein berauschender Duft feuchter Blätter, demselben, von dem wir einst nach einem Erntetag in dem Haselnußgehölz La Capelles ganz erfüllt heimkehrten, steigt einem in die Nase.

Doch bald – es ist Sonntag – kreuzen wir Kähne mit Ausflüglern aus der Umgegend. In einigen herrscht, wohl unter dem Banne dieser heiligen Ruhe, Schweigen, aus anderen, deren Insassen weniger zartbesaitet sind, schallen Trinklieder, zu denen der Dickste von ihnen, der seinen Rock abgelegt und in der Mitte des Bootes Posto gefaßt hat, den Takt schlägt. Ein alter Bettler mit langem Bart – wie alle alten Bettler – sitzt in einem am Ufer festgemachten Nachen und orgelt auf seinem etwas zittrig klingenden Leierkasten abgedroschenes Zeug herunter. Ist eine Melodie zu Ende, setzt er sich den durchlöcherten Schalltrichter seiner Maschine auf, um die Touristen zum Lachen zu reizen.

Immer neue ziehen vorbei. Engumschlungene Paare, der Bursche mit treuherzig verklärtem Ausdruck, das Mädchen gleichmütiger, den Kopf träumerisch an die Schulter des Verlobten gelehnt. Manche der jungen Leute pfeifen im Chorus ein Lied aus den „Meistersingern".

Vereine haben sich Doppelkirschen als Ohrgehänge umgelegt und schmausen gierig Erdbeeren dabei; Backfische, kleine Jungen in blauen Matrosenanzügen, junge Herrchen mit
kurz gestutztem Schnurrbart, Mütter in einem gewissen Alter, vom reichlichen Frühstücken das Gesicht etwas erhitzt,
haben sich mit Kornblumen und weiß und gelben Wasserrosen bekränzt und sehen zum Erbarmen aus.

Hier kommt ein Kahn mit lauter jungen Mädchen, es sind
ihrer acht und alle in Weiß mit blauen Bändern – ein reizen-
der Anblick. Anmutig lächelnd ziehen sie vorüber.

Dieses Bild steht mit dem Geheimnisvollen, Poetischen der
uns umgebenden Atmosphäre in Einklang, wenn wir der
neuen Blüten, dieser frischen Mädchenlippen gedenken.
Doch traurig wird es, wenn man das Alter des Waldes, die
unzähligen Zeichen des Verfalls, die unsere langsame, aber
unaufhaltsame Fahrt auf diesem Strome begleiten, wenn
man sich dieses mit soviel Lieblichkeit beladene Boot, das
auf Nimmerwiedersehen dem unsrigen entflieht, vergegen-
wärtigt, wenn man sich der gefällten Baumriesen, der alten
Blätter, die von jungen Trieben verdrängt von ihren Zweigen
in das Wasser herabfallen, erinnert, kurz, wenn man tausend
Lappalien dieser Art erwägt, die einem fast wider Willen in
dieser Landschaft der Metaphysik durch den Sinn fahren.

Die Gesellschaft und die Snobs

Kein wahrer Luxus, keine wahre Eleganz. – Keine öffentlichen Veranstaltungen der guten Gesellschaft. – Chronologie der Hoffeste. – Das Ordensfest. – Die Defiliercour. – Die Kaiserin liebt Festlichkeiten nicht. – Vorstellung bei Hofe. – Der Cercle. – Der alte Adel dem Kaiserpalaste entfremdet. – Der neue Adel. – Zunahme des Luxus. – Die verheirateten Frauen tanzen nicht mehr. – Die Schuld liegt bei der Kaiserin, ihrer Mutterschaft und Frömmigkeit wegen. – Sittenstrenge im Kaiserpalast. – Der W. – Privatsalons. – Gesellschaftliche Gebräuche. – Man plaudert nicht mehr. – Worin besteht der Berliner Snobismus? – Schlecht erzogene Amerikaner. – Die französische Mode triumphiert. – Der Ruhm Madame Paquins. – Reisen und Sommerfrischen. – Rügen. – Heringsdorf. – Norderney. – Was an einem Badeorte alles verboten ist. – Wie gebadet wird.

In Berlin gibt es kein Rendezvous der Eleganz, wie in Paris die Allée des Acacias, Ermenonville, oder Zeremonien wie unsere Teegesellschaften, Premieren, unser „Concours hippique", wie die Rennen in Auteuil, Longchamp oder Chantilly. Somit hat man keine Gelegenheit, sich ein Gesamtbild der eleganten Gesellschaft Berlins zu machen.

Der Kaiser unternimmt allerdings jeden Morgen, ehe er den Fürsten Bülow aufsucht, seinen Ritt im Tiergarten, aber sein Beispiel findet, von einigen Offizieren und nicht ganz unta-

123

deligen Amazonen abgesehen, keine Nachahmung. Vor etlichen Jahren hätte er gerne etwas wie einen offiziellen Korso geschaffen, eine kleine Zahl von Equipagen und Droschken erschienen auf diese kaiserliche Anregung hin. Nein, für öffentliche Schaustellungen dieser Art sind die notwendigen Elemente nicht vorhanden, ich glaube, auch der Sinn dafür nicht.

Sogar im Theater hindert die Gewohnheit, den Saal während des Spiels zu verdunkeln und sich in den Zwischenakten ans Büffet zu begeben und mit Handschuhen einen eiligen Imbiß zu sich zu nehmen, etwas mehr Luxus zu entfalten. So geht man in Wollkleidern, in Seiden- und Flanellblusen ins Theater, in die Konzerte, ebenso in die königliche Oper. Das spricht mehr als deutlich von der langen Armut dieses Landes und von der Einfachheit seiner Sitten, deren Überlieferung sich bis zum heutigen Tage erhalten hat.

Auch die erstmalige Aufführung eines Schauspiels z. B. ist kein gesellschaftliches Ereignis, in manchen Wintermonaten kann auf jeden Abend eine gerechnet werden, die Mode kümmert sich nicht darum. Vielleicht, daß mit Premieren Hauptmanns oder Fuldas eine Ausnahme gemacht werden kann, da sie die Neugier mehr reizen, und so sind die Säle denn auch bei Premieren von dem gewohnten Publikum und von der Presse besetzt. Aber die Presse spielt sich nicht auf den großen Herrn hinaus, und diese ihre Bescheidenheit gereicht ihrem Charakter nur zur Ehre. Die Kritiker ziehen ihren besten Rock an, ohne sich für verpflichtet zu halten, ein Auftreten nachzuäffen, das mit ihrer Vermögenslage nicht im Einklang steht und auf die Dauer doch nicht durchgeführt werden könnte.

Vom 10. Dezember bis zum 15. März ist ein Berliner, der sich einigermaßen gut einzuführen wußte, ein Gardeoffizier, ein gewandter Cotillon-Vortänzer, ein Gesandtschaftssekretär, fast jeden Abend eingeladen. Die reichen Leute empfangen nach Rangklassen, denn die Etikette ist sehr streng, und die Hierarchie weiß sich in diesem ehrerbietigen Lande zu behaupten.

Die erste große Feierlichkeit ist das „Ordensfest", das am 18. Januar stattfindet. An diesem Tage nehmen die Neudekorierten, vom höchsten Offizier bis zum bescheidensten Beamten, der sich sein Kreuz erdient hat, an der kaiserlichen Tafel das Frühstück ein. Frauen mit Orden und Ehrenzeichen sind selten, immerhin kann man einigen begegnen, Krankenschwestern zum Beispiel oder solchen, die sich durch philantropische Leistungen besonders hervorgetan haben.

Am Abend nach dieser demokratischen Versammlung hält das Kaiserpaar seinen ersten Empfang ab. Im Februar oder März finden noch drei oder vier große Bälle und eine Galavorstellung im Opernhause statt, und das ist alles, die Saison ist zu Ende, die offiziellen Festlichkeiten sind erschöpft.

Bisher wurden Bälle und Staatsessen nur bis zur Fastenzeit gegeben, aber die Neigung, Empfänge größeren Stils bis zum Palmsonntag auszudehnen, macht sich immer bemerklicher, und selbst wer in der Karwoche noch Gesellschaften gibt, wird nicht gerade in Acht und Bann getan. Man geht sogar schon so weit, von Bällen, die man nach Ostern abhalten könnte, zu sprechen; weshalb auch soll Berlin nicht ebensogut seine „Saison" haben wie Paris, London und Madrid? Leider liebt die Kaiserin Festlichkeiten oder Empfänge nicht sonderlich. Sich mit fremden Menschen unterhalten zu müssen, ist ihr eine Qual. Sie weiß nicht, was sie sprechen soll, sie leidet geradezu darunter, wenn es nicht zu umgehen ist, und überträgt dadurch auch auf ihre Umgebung eine Befangenheit, einen unnatürlichen, unerträglichen Zwang. Das mag einer der Gründe sein, daß die Zahl der Hoffeste so gering ist, denn der Kaiser wiederum hat eine große Vorliebe für eine glänzende, rauschende Hofhaltung.

Nach dem Ordensfest ist es die „Defiliercour", wie die Berliner, oder die „Schleppencour", wie die Diplomaten sie nennen, weil die Damen in Schleppkleidern erscheinen müssen, auf die sich das große Interesse konzentriert. Um zu dieser zugelassen zu werden, muß man vorgestellt sein. Nur solche, die das „von" besitzen, und die Minister und die hohen Beamten von der „Exzellenz" an und deren Frauen und Töchter werden dieser Ehre teilhaftig.

In Berlin sind außerdem sämtliche Gardeoffiziere „hoffähig". Wenn ein junges Mädchen aus Adels- oder vornehmem Beamtenkreise das Alter erreicht, das sie für den Zutritt bei Hofe befähigt, muß sie zuerst bei der Oberhofmeisterin, der Gräfin Brockdorff, einen Besuch abstatten und dieser durch eine Dame, die bereits bei Hofe empfangen wurde und als Patin dient, zugeführt werden.

Diese Formalität ist durch ihre Steifheit und Geschraubtheit die langweiligste von allen.

Nach erfolgtem Besuche erhält man eine Karte zugeschickt mit der Aufforderung, sich beim nächsten kaiserlichen Empfange, dem Range und Stande der Familie entsprechend, vorzustellen.

Vor 20 Jahren wurden nur 20–25 Frauen und Mädchen jeden Winter vorgestellt. Jetzt ist die Zahl auf 70 gestiegen, obwohl noch immer eine sorgfältige Sichtung vorgenommen wird.

Am Tage dieses Defilees ziehen die Katechumenen in Schleier und Schleppe, eine nach der anderen, an dem Kaiserpaar, das auf den Thronsesseln sitzt, vorüber, die Ober-

126

hofmeisterin nennt ihre Namen, sie machen ihren Knicks, und damit ist's abgetan. Nun gilt es nur noch, mit Anstand an der Hecke der jungen Pagen im Kostüm aus der Zeit Ludwig XIV., jungen, frischen Kerlchen – es sind Kadetten der obersten Klasse, 16–17 Jahre alt, zum Teil den ersten Adelsfamilien angehörend – und an allen den Prinzen, Prinzessinnen und hohen Würdenträgern vorbeizukommen.

„Es ist eine höchst aufregende Sache", erklärte mir die liebenswürdige alte Dame aus Potsdam, die mich mit diesen Mitteilungen beehrte. „Alle diese Blicke, die sich auf einen richten, namentlich das scharfe Auge des Kaisers, und dann die Angst, irgendeinen Formfehler, eine Ungeschicklichkeit zu begehen, wirken lähmend auf die Anfängerinnen. Zu meiner Zeit wurde nach der Vorstellung Cercle abgehalten, das soll heißen, daß sämtliche Damen sich in den Salons versammelten, wo die Kaiserin an jede ein freundliches Wort richtete. Eine schwierige Aufgabe, die sehr viel Geistesgegenwart, Schlagfertigkeit und natürliches Wohlwollen erforderte; man hat es aus Rücksicht auf unsere Herrscherin fallenlassen. – Im allgemeinen muß zugegeben werden, daß der gegenwärtige Hof ein weniger aristokratisches Gepräge hat als der frühere.

Lesen Sie die Memoiren des Ministers Delbrück, und Sie werden sehen, daß zu seiner Zeit – und sie liegt gar nicht so sehr weit zurück – die Frau oder die Tochter eines bürgerlichen Ministers nie bei Hofe erschien. Jetzt gehen alle hin. Andererseits hat Wilhelm II. die Oberhäupter der alten vornehmen Familien so wenig gut behandelt, daß sie dem Schloß so viel wie möglich fernbleiben. Der alte Kaiser dagegen umgab sie mit aller nur denkbaren Rücksicht, dessen eingedenk, daß man, um einen glänzenden Hof, schöne Equipagen, historischen Schmuck bei den Galafesten zu haben, die reichen Fürstlichkeiten, die alten Familien heranziehen müsse. Wilhelm II., der ein Sonnenkönig ohne dessen Mittel und ein Napoleon ohne dessen Ruhm ist, hat mit seinen allmächtigen Händen eine Menge neuer Fürsten geschaffen, die er lieber um sich sieht als die alten, weniger geschmeidigen und anspruchsvolleren Adelsgeschlechter. Das ist eine Tatsache. Mediatisierte Prinzen, wie die Carolath, die Reuß, die Pleß und ihresgleichen, die regierende Herren waren und mit so manchem Königshaus verwandt, stehen nicht sehr in seiner Gunst. Unter diesen in Ungnade Gefallenen gibt es solche, die von älterem Adel sind und sogar aus älterem preußischen Hause stammen, die beim König von Preußen nicht alles für erlaubt halten und ihm dies gelegentlich auch zeigen.

Das konnte man sehen, als es sich um die Schenkung des armen Lucanus, des Chefs seines Zivilkabinetts, handelte, die vom Herrenhaus abgelehnt wurde.

Daher haben viele von ihnen, in der Meinung, daß man ihnen in einem monarchischen und hierarchischen Lande, wie Preußen es ist, nicht genügend die ihrem Range gebührenden Rücksichten entgegenbringe, ihr Berliner Palais verlassen und erscheinen nur bei Hofe, wenn die Vorstellung ihrer bald heiratsfähigen Töchter sie dazu zwingt."

„Aber was verlangen sie eigentlich?"

„Die ihnen zukommende Stellung und die Privilegien ihres Standes. Alles, was der Kaiser für sie getan hat, war, ihnen den Vortritt vor den Exzellenzen zu geben. Nun gibt es aber bekanntlich Exzellenzen wie Sand am Meer. Was ihre jüngeren Söhne anbelangt, von denen mehrere Frauen königlichen Geblüts geheiratet haben, nehmen sie bei Hofe keine andere Stellung ein als die jungen Herren von der Garde. Das ist nicht in der Ordnung, ich versichere Sie."

„Man sagte mir aber auch, daß alle diese Prinzen nicht reich seien und daß der Verkehr bei Hofe hohe Ausgaben mit sich bringe. Da nun, wie Sie vorhin bemerkten, der Kaiser nicht über die Schatulle eines Ludwig XIV. verfügt"...

„Das stimmt auch. Solch ein Winteraufenthalt in Berlin ist eine kostspielige Geschichte. Ist nicht der Magistrat auf die Idee verfallen, diejenigen, die sich drei Monate lang in der Hauptstadt niederlassen, nach dem gleichen Satze zu besteuern, als wenn sie das ganze Jahr hier wohnten? Und die Steuern steigen rasch in unserer Metropole. Nun bleiben die hohen Herrschaften, die bereits die Provinzialsteuern zu zahlen haben, nur zwei Monate und drei Wochen in Berlin und wohnen die meiste Zeit im Hotel."

„Das allerdings muß man gestehen, daß, wenn die ganz alten Häuser mit dem Königsschloß schmollen, der übrige Adel sich darauf losstürzt und daß, wenn der historische Schmuck selten wird, der Luxus bei Hofe zunimmt. Früher gab es eine Saison in Breslau, in Münster, in Dresden, in allen bedeutenden Städten. Heute geht das Gesellschaftsleben des Provinzadels zurück, von überall her, von Sachsen, Westfalen, sogar aus Königsberg und Posen kommt man lieber nach Berlin.

Der Kaiser hat durch seine Freude an Prunk und Glanz der Kostüme, aus der er durchaus keinen Hehl macht, viel zu diesem luxuriöseren Leben beigetragen. Er hat eine neue Garde für die Kaiserin, neue Uniformen geschaffen, alles das etwas theatralisch vielleicht, aber von prächtiger Wirkung. Die Frauen reicher, vor kurzem erst Geadelter tragen viel Geschmeide, zum Teil auch pompöse Toiletten, von der Paquin geliefert. Doch sind die meisten Frauen noch recht bescheiden, einige sogar herzlich schlecht angezogen. Das hindert aber nicht, daß dank der Uniformen der Berliner

Hof der glänzendste in Europa ist. – Geben wir unserem Kaiser, was ihm gebührt."

„Worin bestehen denn noch die anderen Unterschiede zwischen dem heutigen Hofe und dem des alten Kaisers?"

„Erstens darin, daß für die Verheirateten sozusagen kein Platz mehr bei den Tanzfesten ist, die sich an die Defiliercour anschließen. Die jungen Mädchen sind hier die Alleinherrscherinnen geworden, gerade so wie die eben aus ihren Kadettenanstalten entlassenen jungen Leutnants. Die anderen Damen dekorieren die Wände, oder sie ziehen sich zurück. Die Ausnahmen von dieser Regel könnte man wirklich an den Fingern herzählen. Und das ist schade, denn im allgemeinen sind es doch die verheirateten Frauen, die im Salon den Ton angeben. Da sie keine Gelegenheit haben, eine Rolle zu spielen, ist die Atmosphäre unserer Ballsäle kleinstädtisch und langweilig. Diese Gavotten, diese Menuette, zu denen man erst nach langem Einstudieren zugelassen wird, sehen infolgedessen wie Tanzstundenbälle aus, es ist kein rechtes Leben darin."

„Weshalb tanzen denn die Verheirateten nicht mehr?"

„Weil es nicht mehr zum guten Ton gehört. Nun haben auch die Ehemänner, denen nicht viel daran liegt, sich mit 16- oder 17jährigen Kindern im Kreise zu drehen, das Tanzen aufgesteckt."

„Aber wie kommt es, daß etwas, was bei dem Großvater guter Ton war, es unter dem Enkel nicht mehr ist?"

„Die philiströsen Ansichten der Kaiserin sind schuld daran. Da sie ihr Leben, seitdem sie verheiratet ist, mit Mutterschaften zubrachte, hat sie seither nicht mehr getanzt, liebt ohnedies den Tanz nicht. Zudem ist sie, wie Ihnen bekannt sein wird, außerordentlich fromm und prüde. Man hat Ihnen gewiß schon erzählt, daß sie griechische Statuen und Akt-

studien anstößig findet . . . Ihre Tugend hält es auch für angebracht, daß verheiratete Frauen nicht tanzen. Ja, ja – man
ist sehr tugendhaft heutzutage! Auch nicht eine der bei Hofe
empfangenen Frauen würde sich kleine Abstecher vom Pfade der ehelichen Treue gestatten . . . Nein, keine – wirklich
nicht", fuhr die alte Dame fort, die eine Weile mit einem un-
nachahmlichen Lächeln zur Decke emporgeblickt hatte, als
suche sie dort oben etwas. „Denn wehe der Unvorsichtigen,
die es zur Scheidung, zu einem Skandal kommen ließe,
die Pforte des königlichen Schlosses bliebe ihr fortan verschlossen . . ."
Im W muß man zugelassen sein, will man zu der Berliner
Gesellschaft zählen. Das W oder das Westendviertel Berlins
ist nicht sehr ausgedehnt, und man sagte mir, daß sein geistvoller Monographist, der Maler Edel, sich etwas zu rasch
bereit finden ließ, seine Grenzen weit nach Charlottenburg
hin, fast bis Schöneberg zu verlegen. Das eigentliche West-
end beginnt mit der Voßstraße, die an Glanz eingebüßt hat,
seitdem Wertheims Warenhaus einen Teil davon in Anspruch nimmt, zieht sich an dem Tiergarten, dann noch eine
Strecke weit an der Spree entlang. Der vornehmste Winkel
geht vom Brandenburger Tor und dem Pariser Platz bis in die
Nähe von Kroll, der Neuen Königlichen Oper. – Die offizielle Welt zieht in der Tat diese ein wenig altmodischen Häuser den neuen, mit fabelhaftem Luxus ausgestatteten Pracht-
bauten am Kurfürstendamm vor, wo manche Etagen für
16 000 Mark vermietet werden. Es wohnen viele reiche Leute
dort, dagegen ist der alte Adel nur äußerst schwach vertreten.
Aber ich bürge nicht dafür, ob nicht binnen fünf Jahren die
Forderungen der Eleganz sich geändert haben werden und
ob man nicht, um einer Einladung zum Diner zu folgen, bis
zu den Kartoffeläckern von Wilmersdorf gehen muß.   131

Neben allen den offiziellen Festlichkeiten – den Hof-, den Minister-, den Prinzenbällen – spielen die Empfänge der reichen Kreise eine immer größere Rolle. Auch in dieser Gesellschaft gibt es eine Stufenleiter. Nicht etwa die Häuser der Millionäre sind die begehrtesten. Wie in jedem Lande, das seine Aristokratie besitzt, gibt es Salons, die sich nur einer kleinen Zahl von Auserwählten öffnen und an deren Tür die Reichen von gestern vergeblich pochen, andere wieder verlangen nichts Besseres, als sich weit aufzutun, werden aber in erster Linie von solchen gerne beehrt, die öfter und ohne großen Kosten gut speisen möchten.

Gastgeber dieser Art können sich somit der angenehmen Illusion hingeben, daß „ganz Berlin" bei ihnen verkehre. In Wirklichkeit geben sie den Leuten zu essen und sind nichts weiter als wohlwollende Hoteliers, denen es schmeichelt, daß man ihrer Küche Ehre widerfahren läßt, und die mit ihrer Dienerschaft vor einigen Universitätsprofessoren, einigen jungen Herren in Uniform und ihren Kollegen, den Bankiers, dann Kaufleuten, Ärzten und Advokaten paradieren wollen.

Die Einladungen läßt man drei Wochen vorher auf einer großen Karte an alle ergehen, denen man ein Diner schuldig ist. Von diesem Augenblicke an ist man seiner Verpflichtung ledig. Ob die Leute zusagen oder ablehnen, schuldig ist man ihnen nichts mehr.

Man fragt auch nicht: „War das Essen gut?" sondern: „Wer war da?" – Ebensowenig interessiert man sich dafür, ob eine Frau oder ein Mädchen der Gesellschaft klug, gebildet, künstlerisch veranlagt ist, ob sie sich durch irgendeine geistige oder moralische Eigenschaft auszeichnet. Man erkundigt sich nach der Stellung des Gatten, des Vaters, was ihre Brüder, was ihre Verwandten sind.

Nach einem Diner bei Kommerzienrat X. Gauhe

Geselligkeit nach dem Diner, 1910

Was Besuche anbelangt, so machen die Männer keine oder nur wenige, die Vielbeschäftigten fast nie. Wie in Amerika würde auch hier ein Industrieller oder ein Finanzmann, der an einem Werktage Besuche machte, beinahe lächerlich erscheinen. Der Offizier, der Diplomat, der höhere Beamte, die man als Dilettanten, jedenfalls aber als Menschen ansieht, die frei über ihre Zeit verfügen, fassen Besuche als eine Pflicht auf, die gewissermaßen einen Teil ihrer Obliegenheiten ausmacht. Die anderen benutzen den Sonntag zu dieser ihnen selten genehmen Aufgabe. In den bürgerlichen und den Universitätskreisen, bei den freien Berufen machen die Damen zwischen 12 und 2 Uhr mittags Visite.

Die Vielgereisten versuchen, andere Gebräuche einzuführen, und fangen an, gegen 4 oder 5 Uhr bei einer Tasse Tee zu empfangen. Aber in Berlin wird es schwer werden, die Sitten zu ändern, denn jeder hat seine Gewohnheiten und behält sie. Die Professoren essen um zwei oder halb drei, die Geschäftsleute um drei, die Offiziere um 1 Uhr. Die Geselligkeit leidet unter dieser Anarchie.

Ist dies der Grund, daß in Berlin kein Salon existiert, in dem man sich unterhält? Man versichert mir, daß er sogar in der Tradition verschwunden wäre, wenn nicht die alte Fürstin Radziwill mit einer Hartnäckigkeit, die gleichfalls dem vergangenen Jahrhundert angehört, sich bestrebte, den ihrigen aufrechtzuerhalten. Sie allein versteht sich noch darauf, zu empfangen wie in früherer Zeit. Man stellt sich gegen 9 Uhr bei ihr ein, die Männer im Frack, die Frauen in Gesellschaftstoilette. Gleichviel, was für ein Tag es auch sei, man darf stets sicher sein, angenommen zu werden. Man plaudert eine halbe, eine ganze Stunde, trinkt eine Tasse Tee, nichts weiter, und entfernt sich wieder. Wer sie in aller Ruhe sehen will, geht an einem Abend hin, an dem Hofball angesagt ist, und darf sicher sein, ungestört zu bleiben. Und das ist dann ein köstlicher Abend, von einem ganz seltenen Reiz. Sie plaudert entzückend, weiß vom alten Hofe, vom alten Kaiser, über das, was Brauch ist, über historische Ereignisse zu erzählen. Was läßt sich nicht alles in einer Unterhaltung von einstündiger Dauer bei ihr lernen!

Doch eine andere Frau hat in Berlin noch ein buen retiro für geistige Anregung geschaffen, und es wäre ungerecht, sie zu vergessen. Es ist die Gräfin Wolkenstein, die Gattin des österreichischen Botschafters in Paris, eine Berlinerin von Geburt, die sechs Monate des Jahres in der preußischen Hauptstadt verbringt. Sie wohnt im Palasthotel am Leipziger Platz, und ihr Salon ist ein Stelldichein all dessen, was Berlin an vornehmen und hochgebildeten Leuten aufzuweisen hat. Sehr persona grata beim Kaiser, der ihren klugen, sicheren Takt außerordentlich schätzt, kann man wohl sagen, daß sie zur Zeit eine der angesehensten Persönlichkeiten der Berliner Wintersaison ist.

Die Frauen gewisser Finanzmänner geben sich alle erdenkliche Mühe, einen eigenen Salon oder wenigstens eine eigene Tafelrunde oder einen Ballsaal zu gründen. Die einen haben es erreicht, andere noch nicht.

Frau von R... – heißt es – müht sich Tag und Nacht, die Prinzen und Prinzessinnen, Grafen und Barone anzulocken. Sie hat ihre Tochter bei Hof vorgestellt, gibt zweimal wöchentlich Diners mit 35 oder 40 Gedecken, was keine Übertreibung ist, denn die Zahl ihrer Gäste beträgt durchschnittlich fünfzig oder sogar sechzig.

Frau von F..., Frau H... und Frau F..., der israelitischen Kolonie angehörig, halten den ganzen Winter über offene Tafel. Dagegen gibt die Tochter des Herzogs von Ratibor etwa 10 Diners während der ganzen Saison, was hier so viel wie nichts heißen will. Ebenso sieht die Gräfin Harrach, eine bedeutende Frau, im Laufe des Winters nicht mehr als 60 Personen im ganzen bei sich. Andererseits wollen fürstliche Damen, deren Ruf etwas gelitten hat, um jeden Preis, daß man sich in ihren Räumen im Gewühl der Gäste blaue Flecken holt ...

Die sehr ehrgeizige Frau von S..., von ausländischer Herkunft, weinte blutige Tränen, wenn sie an den Januar- und Februarabenden, an denen die Hofempfänge stattfanden, die Galawagen vorüberfahren hörte. Kürzlich in den Adelsstand erhoben, ist ihr Leben ein Feenmärchen geworden, nun will sie, daß ihr Salon der erste in Berlin werde. Keine leichte Aufgabe, denn mit ihrem Mann ist nicht sonderlich gut Kirschen essen, und er hat nicht lauter Freunde.

Man darf ruhig behaupten, daß man vor zehn Jahren in Berlin noch nichts von Snobismus wußte. Daß es schon damals an einer gewissen Pose, an dem Drang, es den Großen gleichzutun, nicht fehlte, was von einem manchmal lobenswerten Ehrgeiz zeugt, ist ebensowenig zu bestreiten. Aber der englische, schlimmer noch, der amerikanische Snobismus, das Bedürfnis, seinen Reichtum prahlerisch zur Schau zu stellen, waren unbekannte Dinge dort.

In jenem Milieu der Finanzwelt ist er gezüchtet worden. Die Damen von R..., von F... und einige andere noch haben den Anstoß gegeben. Und jetzt ist zwischen ihnen ein Wettbewerb mit äußerem Prunk, ein Jagen nach vornehmen Beziehungen entstanden, das krankhaft genannt werden muß.

Worin besteht nun dieser Snobismus?

Darin: in einen vornehmeren Kreis, als es der eigene ist, aufgenommen zu werden;

menschenfreundliche Gesinnungen hervorzukehren;

bei den Wohltätigkeitsfesten, an denen die Kaiserin sich beteiligt oder die unter ihrem Protektorate stehen, mitzuwirken, vor allem bei solchen, denen die Oberhofmeisterin, die Gräfin Brockdorff, beiwohnt;

die anderen über die Achsel anzusehen.

„Was uns bis jetzt vor diesem abscheulichen amerikanischen Snobismus bewahrt hatte", erklärt mir meine freundliche Berichterstatterin, „und unseren Sitten ihre angenehme Einfachheit ließ, war gerade das Fehlen einer amerikanischen Kolonie. Die Invasion machte in Dresden Halt... Doch diese ‚Republikanerinnen' sind mehr erpicht auf Ehren und Adelstitel als unsere besten monarchisch Gesinnten. Und obwohl deutlich genug durch die etwas hochmütige Zurückhaltung unserer nordischen Aristokratie abgeschreckt, zog sie die Nähe des kaiserlichen Hofes unwiderstehlich an. Herr Vanderbilt war der erste, dessen Fuß das fremde Gebiet betrat. Er wurde vom Kaiser empfangen, gefiel nicht übel in dessen Umgebung, paßte sich rasch der Berliner Atmosphäre an und beging keine Verstöße. Der Botschafter der Vereinigten Staaten vermochte dem Ansturm seiner Landsleute nicht mehr standzuhalten und stellte in der letzten Saison so etwa sechs Amerikaner vor. Wenn sich der Vertreter einer großen Macht die Gunst erbittet, einige angesehene Bürger seines Staates im Königsschlosse einzuführen, ist es ein Gebot der Höflichkeit, ihm diese Gunst schleunigst zu gewähren. Seine sechs Snobs, Männlein und Weiblein, machten unglücklicherweise einen ziemlich gewöhnlichen Eindruck, ihre auffallenden Toiletten erregten Kopfschütteln, dieses Aufgebot von Schmuck, das sie wie ein wandelnder Juwelierladen aussehen ließ, verstimmte, kurz, sie gefielen nicht, und man ließ sie links liegen. Der Kaiser indessen empfing sie äußerst huldvoll. Aber sie reisten augenscheinlich nicht sehr befriedigt von Berlin ab, und die Presse ging nicht eben sanft mit ihnen um. Man fand – und gewiß mit Recht –, sechs auf einmal seien zu viel, denn im allgemeinen haben wenige Ausländer Zutritt an unserem Hofe. Und warum dann – fragte man sich –, Töchter und Frauen amerikanischer Kaufleute zulassen, die keine Manieren haben, wenn deutsche Kaufleute gleichen Ranges, die doch zum mindesten dasselbe Anrecht hätten, ausgeschlossen sind?"

„Nun, ich glaube, man gab – natürlich auf die denkbar schonendste Weise – dem Botschafter der Vereinigten Staaten zu verstehen, er sei ein wenig zu weit gegangen und möge solchen Überfällen künftig eine Schranke setzen."

„Sie sollen doch nach Dresden gehen!"

Gibt es in Berlin Herrscher der Mode, irgendeinen Fürsten von Sagan, der für die Berliner Gesellschaft in allen Fragen der Mode maßgebend ist?

„Nein", erhalte ich aus sicherer Quelle zur Antwort, „das gibt es nicht. Den Offizieren in Zivil fehlt der Sinn für Eleganz, und die wirklich hervorragenden Männer kümmern sich nicht um dergleichen. Der Kaiser ist, sobald er keine Uniform trägt, sehr schlecht angezogen, einzig der Kronprinz hat Schick. Es gab einen Stutzer bei Hofe, den Prinzen Leopold, der nur an seine Kleidung dachte, aber man hat ihn zu schlecht gemacht, als daß jemand Lust hätte, in seine Fußstapfen zu treten."

Mit den Frauen ist's eine andere Sache.

In Hamburg hatte mich, am Tage des Kaiserbesuches, die unanfechtbare Eleganz einiger bekannter Sportsdamen in helles Entzücken versetzt. In Berlin fielen mir eines Abends in einem sehr schön eingerichteten Lokal Unter den Linden einige Erscheinungen auf – oh, nicht eben zahlreich wie die Sterne –, die nach den letzten Vorschriften der Mode angezogen waren. Schlank und schmalhüftig, wie sich's heute gehört, und die ganze graziöse Figur, von dem blonden Nacken an bis hinunter zur Schleppe, tadellos wie die einer Pariserin. Ich ließ mich auch vollständig täuschen. Es bedurfte nicht mehr und nicht weniger als einer offenen Anfrage bei ihnen, die mir gleichzeitig sagte, daß die Damen aus Magdeburg, Dresden, Posen, ihre Toiletten indes aus Berliner Ateliers stammten. Vor fünfzehn, vor zehn Jahren noch wäre es dem Beobachter schwer genug gemacht worden, in ganz Deutschland eine einzige Toilette von diesem Werte und dieser Vollkommenheit zu entdecken.

„In fünf Jahren", sagte mir eine Dame, „ändert sich vieles, wenn nicht alles bei uns. Fünf Jahre sind der Termin aller unserer Entwicklungsphasen. Kommen Sie in fünf Jahren wieder her, und Sie werden manches erleben. Unterdessen aber gehen Sie zu Gerson, zur Pechstein, und man wird Ihnen die Originale dieser Kopien zeigen."

In Westfalen und in den Rheinlanden war ich Zeuge von dem wunderbaren Aufschwung der deutschen Industrie gewesen, in Berlin stellte ich eine Art architektonischer, äußerst reizvoller, lebendiger Renaissance fest, und nun fragte ich mich, nicht ohne ein bängliches Gefühl, ob uns nicht auch auf dem Gebiet der Mode durch den Unternehmungsgeist und die Gabe, es den anderen abzusehen, die dem preußischen Kaufmann eigen ist, eine Konkurrenz zu erwachsen drohe.

Gerade einige Tage nach dieser flüchtigen Vision und den Betrachtungen, die ich damit verknüpfte, begegnete ich einem der Matadoren der hiesigen Schneiderzunft und bat ihn, mich über den gegenwärtigen Stand der französischen Mode in Deutschland zu unterrichten:

„Wo nehmen Sie Ihre Modelle her?" fragte ich.

Die Ehefrau des Bankiers Ledermann in einem Kleid des Modehauses Gerson

„Aber – aus Paris selbstverständlich", sagte er, fast erstaunt über eine solche Frage.

„Das vermute ich, aber mir wurde gesagt, Wien mache Paris bis nach Deutschland hinein Konkurrenz."

„Wien?" platzte er mit einer jener verletzenden Lachsalven heraus, die sich der waschechte Berliner nur zu gerne leistet, „aber Wien holt sich doch nicht minder alle seine Modelle in Paris! Wien reißt die österreichische, die russische und polnische Kundschaft, der Paris zu weit abliegt, an sich, aber die reichen Leute, die viel reisen, bekommt es nicht. Und die deutschen Kunden, die brauchen Wien nicht, die haben Berlin, haben Hamburg, Düsseldorf, Dresden usw., die es ebensogut, wenn nicht besser verstehen als Wien."

Ein Punkt wäre demnach gewonnen: Für die Deutschen bleibt Paris der Hauptsitz der Moden. Wien kopiert Paris, ohne es zu gestehen, Berlin und die großen preußischen und sächsischen Städte arbeiten nach Pariser Modellen und geben es offen zu.

„Aber welches sind in den Augen unserer Herren Nachbarn, die es doch sonst in jedem Sinne den anderen zuvortun wollen, die Eigenschaften, vor denen sie sich beugen, und wie finden sie sich damit ab?"

„Die Eigenschaften der französischen Mode? – Der Geschmack, mein Herr, ein Geschmack, der auf der ganzen Welt nicht seinesgleichen hat! Das kann einem nicht gegeben werden. – Weder unter unseren Arbeiterinnen noch unter unseren Arbeitern haben wir irgend jemand, der auch nur annähernd etwas dergleichen fertig brächte, was aus Ateliers, wie das der Paquin z. B., hervorgeht, sei es, was die Feinheit des Erfundenen oder die Mannigfaltigkeit der neuen Ideen, die in einer einzigen Toilette liegen, oder den Reiz der Zusammenstellungen anbelangt."

141

„Und was noch?" fragte ich, um ihn aufzustacheln.

„Alles – ganz einfach alles!" erwiderte er. „Die tadellosen Details, die peinlich genaue Ausführung der kleinsten Kleinigkeiten. Dieses Weib – er sprach von Madame Paquin – hat, sehen Sie, die ganze Kunst, das ganze Genie ihrer Toilette in ihren Fingerspitzen, in ihren Augen! Ich kenne sie gut, denn ich fahre zweimal im Jahre nach Paris zu ihr und zu einem bis zwei ihrer Konkurrenten, um mir die Modelle, die ich mitnehmen will, auszusuchen. Es ist unglaublich, was sie mit einem Stück Stoff, ein paar Stecknadeln fertig bringt! Sie kommt einem vor wie ein Chemiker, der nur einige Prisen Staub in einen Schmelztiegel zu werfen braucht, um die schönsten Gebilde daraus hervorzuholen. Mich verblüfft diese Geschicklichkeit, verbunden mit einer unfehlbaren Sicherheit, immer von neuem wieder, es ist so ganz das Gegenteil der Fähigkeiten, die unsere Rasse besitzt."

Dieses Kompliment sei im Vorübergehen meiner berühmten Landsmännin zugesandt, ich freue mich, der Übermittler einer solch unverfälschten und, wie ich sagen möchte, für den Ruf unseres geliebten Paris so überaus schmeichelhaften Bewunderung zu sein. Und eine andere Äußerung noch teile ich ihr gleichzeitig mit, die ich neulich bei Tisch zu hören bekam und die bezeichnend für das Ansehen ist, das sie in Deutschland genießt:

„Madame Paquin?" sagte eine Dame mit verzücktem Augenaufschlag und einem Ausdruck sehnsüchtigen Verlangens, der sich nicht wiedergeben läßt: „O Gott! –"

„So haben Sie demnach Kunden, die diese Preise zahlen können? Und dabei klagen die Deutschen beständig über ihre Mittellosigkeit..."

„Urteilen Sie selbst: Vor zehn Jahren kaufte ich in Paris kaum drei bis vier Modelle, heute bringe ich zwanzig mit heim. Mit der Toilette der Damen geht ganz die gleiche Wandlung vor, die Sie in allem anderen des deutschen Lebens beobachten konnten. Man gibt für Reisen, für Komfort, für Vergnügungen, für Kleidung dreimal mehr aus als vor 15 oder 20 Jahren.

Wissen Sie, daß Frau von Schwabach über ein Toilettenbudget von 70 000 Mark verfügt? Und muß ich Ihnen erst versichern, daß sie es manchmal noch für unzureichend hält? Frau Friedländer, Frau von Wesendonk, die Schwiegertochter von Wagners Freundin, Frau von Siemens, die Tochter des berühmten Helmholtz, die Gräfin Giersdorff, die Gräfin Wedell und zehn andere noch, die tonangebend sind, beziehen ihren Bedarf teils aus Paris, teils – natürlich nach französischen Modellen – aus Berlin."

„Und Sie ordnen sich dem französischen Geschmack unter und glauben, daß das immer so bleiben wird?"

„Ach", sagte er hart und streckte dabei mit einer Gebärde ohnmächtigen Zorns beide Arme von sich, „glauben Sie doch nur nicht, daß wir bei diesem Handel nicht auch auf unsere Rechnung kommen! Sind die Pariser Modelle einmal gut eingeführt, vereinfachen wir sie, passen sie den Anforderungen des Exports an und lassen sie zu Tausenden für England, für Nord- und Südamerika anfertigen . . .

Dieser Zwischenhandel wird fast ausschließlich von Berlin besorgt. Berlin und Breslau teilen sich darin. Weshalb haben Sie nicht die Hand darauf gelegt? – Das weiß ich nicht, das müssen Sie Ihre Schneider fragen!" –

„Ach ja, ich frage sie . . ."

Eine der Eigentümlichkeiten der Berliner Welt besteht darin, daß die reichen Leute mehrmals im Jahre reisen, jene paar Monate abgerechnet, wo die Hoffeste und die großen Gesellschaften die Gegenwart derjenigen, die mitzählen wollen, erfordern.

Aber man richtet sich so ein, daß der lange Winter durch einen Aufenthalt an der französischen oder italienischen Riviera, in Nizza oder San Remo, das zur Hälfte eine deutsche Kolonie ist, oder in Ägypten unterbrochen wird. Seitdem sich in diesen letzten vier oder fünf Jahren der Wintersport immer mehr eingebürgert hat, reisen manche Familien, solange Schnee liegt, auch nach Thüringen, nach dem Schwarzwald, nach dem Harz, der deutschen Schweiz. Von Berlin aus geht man für vierzehn Tage ins bayrische Tirol, wo die Bahnhöfe an den Samstagen und Sonntagen des Januar und Februar von Touristen überfüllt sind wie in den Monaten Juli und August.

Gegen Ostern fährt man nach Italien, Frankreich oder Spanien. Dann kehrt man nach Berlin zurück, das Ende des Frühlings dort oder in den Villen am Wannsee oder im Grunewald zu verleben. Wie in Ostpreußen, so ist auch rings um Berlin der Boden wie ein Schaumlöffel von Seen jeder Größe, dem Wannsee, dem Nikolassee, dem Schlachtensee, durchlöchert. Landhäuser erheben sich an ihren Ufern, manchmal von kleinen Türmen flankiert. Es sind sehr stattliche darunter, die Großindustrielle, Börsenmänner, auch Künstler zu Eigentümern haben. An Aristokratie ist nicht viel zu finden, da sie ihre Besitzungen und ihre Jagden in der Provinz haben und Berlin nach beendeter Saison verlassen. – Einige der Villen werden für den Sommer vermietet, von Berlin aus sind sie leicht erreichbar, zahlreiche Züge befahren diese Strecken, und der Verkehr von einem Ufer zum anderen und die Seen entlang wird durch Dampfer vermittelt.

Im Juli, mit dem Schluß des Schuljahres, beginnt der große Auszug, dann nehmen die Leute vom Gericht, die Angehörigen der Universität ihren Urlaub, und Mitte August ist Berlin nur noch von Provinzlern und Fremden, die ihre Ferienreisen machen, bewohnt.

Die reichen Bürgerfamilien gehen mit Vorliebe in die Schweiz, nach St. Moritz, oder auch nach Baden-Baden und Homburg, die Orte, wo zuzeiten der Hof einkehrt, der König von England alljährlichen Aufenthalt nimmt, und wo sich die internationalen Tennisturniere abspielen. Auch die belgische und holländische Küste, Ostende, Scheveningen sind bei ihnen beliebt, denn die deutschen, nicht sehr zahlreichen, meist ungünstig gelegenen Seebäder sind von der großen Menge überflutet. Ein deutscher Badeort indes war vor einigen Jahren von der Mode bevorzugt und wird heute noch von Reichen, deren zu kleine Kinder die Mütter an langen Reisen hindern, besucht: Heringsdorf an der Ostsee, in vier Stunden von Berlin aus zu erreichen. Da es junge Frauen sind, die sich aus den eben erwähnten Gründen dort niederlassen, bildet ihre Gegenwart die Anziehungskraft. Man geht hin, um zu flirten. Aber es gibt nur wenige wirkliche Sommertage dort, und seine besten Zeiten sind vorüber. Von Juden vielbesucht, sieht sich Heringsdorf von der Aristokratie im Stiche gelassen.

Auch nach Rügen, wo die Hotelzimmer schon zwei bis drei Monate vorausbestellt werden, geht man gern. Aber wirklich elegant ist keines dieser Seebäder, so wenig wie die kleinen Sommerfrischen an der pommerschen Küste, obwohl sich dort eine ganze Anzahl adliger Familien und Koterien einfindet.

Doch seitdem der Reichskanzler Fürst Bülow Noderney zu seinem Sommeraufenthalt gewählt hat, wird dieser Insel das Glück noch lange hold bleiben, trotz ihrer Entfernung und der ziemlich umständlichen Reise. Erst muß man mit der

Bahn über Bremen und Emden bis Norddeich an der äußersten Spitze des Festlandes an der Nordsee fahren und von dort sich in einem kleinen Dampfer, der einen in drei Viertelstunden ans Ziel bringt, übersetzen lassen. Das dauert ebensolange wie eine Fahrt von Paris nach England.

Da ich mich mehrere Tage in Norderney aufhielt, hatte ich Muße genug, mich umzusehen und zu orientieren, und kann Ihnen daher einen Begriff davon geben, wie sich das Leben in einem deutschen Seebade ausnimmt. Die vielen Villen, Hotels und Pensionen liegen sämtlich an der Straße, die sich den ganzen Strand entlang zieht, die meisten sind aus weißgestrichenem Holz mit korinthischen, aus der Fabrik bezogenen Säulen, offenen, nach der See gelegenen Galerien und kleinen Vorgärten. Der schöne, gleichmäßige Strand zieht sich um die ganze Insel herum und sieht aus wie unsere normannische Küste, nur daß die Klippen fehlen. Ein mit Backsteinen gepflasterter Damm folgt den Windungen der Buchten. Riesige, von den fleißigen Händen arbeitsgewohnter Leute errichtete Sandhaufen wecken die Illusion langgestreckter, natürlicher Dünen. Denn – eine beachtenswerte Tatsache – nicht nur die Kinder graben im Sande und bauen Festungen, auch die Männer beteiligen sich mit dem Ernst von Erd- oder Barrikadenarbeitern daran. Und in den tiefen Löchern siedeln sich ganze Familien an, bringen ihre Gerätschaften unter, machen sich Lagerstätten, geschützte Ruhesitze zurecht, die sie täglich wieder befestigen und während ihres ganzen Aufenthaltes benutzen. Hunderte von Fahnen und Wimpeln sind auf den oft drei Meter hohen, mit Weidenkörben und Kleidungsstücken gekrönten Festungen aufgepflanzt oder wehen von Leinwandzelten herab.

Diese aus doch ziemlich verschiedenen Elementen, aus
wohlhabenden Bürgerfamilien, Staatsbeamten, kaufmänni-

schen Angestellten zusammengesetzte Menge gleicht sich im wesentlichen derart, daß es nicht möglich wäre, die trennenden Unterschiede herauszufinden. Der Gesamteindruck jedoch ist unstreitig ein gewohnlicher, gleicht dem des Publikums unserer kleinen Küstenorte im Norden, nur daß es weniger laut hergeht. Denn um Eleganz ist's den Deutschen bekanntlich nicht zu tun, und in den Ferien lassen sie sich noch mehr gehen. Eine weiße Waschmütze im Wert von 50 Pfennig oder ihre ältesten Stroh- und Filzhüte, ihre abgetragenen Kleider erscheinen ihnen als vollkommen genügend für das Seebad, und das erinnert wiederum an die kleinbürgerlichen Gewohnheiten, die in unseren nördlichen Departements gang und gäbe sind.

In Norderney geht, den Fürsten Bülow ausgenommen, niemand spazieren. Es gibt Leute, die sich zwischen den Mahlzeiten stundenlang, das Gesicht der Sonne zugekehrt oder die Nase im Sande vergraben, auf dem Boden ausstrecken und schnarchen. Manche spielen Karten oder gehen an die Mole, wo einige Vergnügungsjachten mit gerefften Segeln vor Anker liegen.

Ein Kasino, wenigstens was man bei uns unter einem solchen versteht, gibt es nicht. Hingegen ein Konversationshaus, ein sterbenslangweiliger Ort, und eine Strandhalle, ein großes, verräuchertes, geräuschvolles Bierlokal, wohin die Badegäste sich abends oder bei schlechtem Wetter flüchten, um der Blechmusik eines Orchesters zuzuhören und Wein oder Bier zu trinken.

Die einzige Zerstreuung bildet die Ankunft der Dampfer, die der Insel neue Gäste zuführen. Die Freunde und Verwandten gehen ihnen entgegen, Rosensträuße in der Hand, die sie unter Umarmungen und Küssen überreichen. – Man könnte

allerdings auf dem 175 Meter langen Damm spazieren gehen, dessen Geländer mit Netzen versehen sind, um die Kinder vor einem unfreiwilligen Bade zu bewahren, aber am
Eingang steht zu lesen: „Luftbad", und ein Angestellter
nimmt einem zehn Pfennige pro Person ab. Den deutschen,
aus fünf bis sechs Gliedern bestehenden Familien liegt nicht
eben viel daran, diesen willkürlichen Zoll zwei- bis dreimal
am Tag zu entrichten. Abends wird dieser Damm durch eine
Schranke abgeschlossen, weil der Angestellte nicht mehr an-
wesend ist, um das Eintrittsgeld zu erheben. Das Deich-
restaurant, die Verkaufsbuden mit Backwerk, Wurstwaren
und Milch sollen zum weiteren Schmuck des Strandes von
Norderney beitragen.

Die interessanteste Stunde des Tages ist für den mit sämtlichen Vorschriften der Inselpolizei bereits vertrauten Beobachter die Badezeit. Die harmlosen Leute, die während der
Ferien auf etwas mehr Freiheit hofften, haben kein Glück in
Norderney. Man urteile selbst:

In erster Linie hat keiner das Recht, zu anderen Stunden zu
baden als um 7 Uhr morgens und um 2 Uhr mittags.

„Weshalb dieses Verbot?" fragte ich.

„Weil es", gibt man mir zur Antwort, „solche geben könnte,
denen es gefallen würde, mehrmals am Tage zu baden,
und weil die Badeärzte ein Bad für vollkommen genügend
halten."

„Aber wäre es nicht besser, die Badenden über diese Gründe
aufzuklären und es ihnen zu überlassen, wann sie baden
wollen?"

„Das ist verboten."

„Wenn es mir nun aber beliebt, um halb sieben morgens
bei steigender Flut oder nachmittags um vier oder fünf zu
148   baden?"

„Das ist verboten."

Ich sah ganze Familien, Männer, Frauen, Kinder jeden Alters auf dem Deich daherkommen und sich dann trennen ... Die Frauen schwenkten nach Norden, die Männer nach Osten ab. Die Mädchen gingen mit der Mutter, die Knaben folgten dem Papa.

Es ist den Ehepaaren untersagt, gemeinsam zu baden. Die Knaben dürfen nur bis zu dem Alter von zehn Jahren ihre Mütter begleiten, ist diese Grenze überschritten, wird der Sohn einer Witwe z. B. auf das Baden verzichten müssen oder die Mutter sich genötigt sehen, ihn einem männlichen Badegast, den sie oft kaum kennen mag, anzuvertrauen.*

Ferner ist nicht gestattet, sich unter einem Zelte auszuziehen oder im Bademantel seine Villa oder sein Hotel zu verlassen; es wird strikt verlangt, daß man sich nur in den Badekabinen oder in einer durch Schranken und Tücher abgeschlossenen Einfriedigung, die allein diesem Zwecke dient, auskleidet.

Die Badewäsche holt man sich an einem Schalter, zu dem eine gedeckte, mit Bänken versehene Halle führt. An der Wand steht geschrieben: „Herren ist es verboten, sich hier aufzuhalten."

Dem Ehemann also, der hier seine Frau erwarten möchte, starrt dieses „Verboten" entgegen.

Mitten auf dem Strande trägt ein Plakat in fettgedruckter Schrift die Warnung: „Verbotener Weg für Herren". Sie haben somit nicht das Recht, sich mehr als bis zu 500 Metern

---

* An anderen, dem Staate nicht unterstellten Badeorten ist seit zwei Jahren das gemeinschaftliche Familienbad gestattet. Aber da die Bäder hier dem preußischen Staate gehören, hat der Kultusminister die Polizeigewalt, und er legt dieses unglaubliche Verbot auf.

der Stelle zu nähern, wo die Frauen baden. Aber den Frauen steht es frei zu gehen, wo es ihnen beliebt, für sie ist kein Verbot da, auf der Männerseite spazieren zu gehen.

Noch mehr: Es sind erst zwei Jahre her, da durften um die Badezeit männliche Spaziergänger nicht auf dem dem Frauenbade gegenüberliegenden Deiche gehen. Wollten sie ihren Spaziergang fortsetzen, mußten sie einen langen Umweg machen und durften erst nach einer ziemlichen Entfernung jene Straße wieder betreten.

Und dabei ist im Vergleich zu dem, wie es vor zwanzig Jahren hier zuging, geradezu das goldene Zeitalter angebrochen. Damals war es den Grundbesitzern nicht möglich, auf dem Platze, wo sich heute die Hauptstraße der Insel, die Friedrichstraße, befindet, zu bauen, und sogar im Orte selbst waren nur einstöckige Häuser erlaubt, denn man hätte ja, mit Lorgnetten bewaffnet, den Frauen beim Baden zusehen können! Man fragt sich mit Schrecken, welche Scheußlichkeiten und Entstellungen die deutschen Frauen mit so viel Sorgfalt zu verbergen trachteten. Wenn jemand auf diesem wie eine kaledonische Strafkolonie bewachten Strand lacht oder sich lebhaft bewegt, dreht sich ein jeder nach ihm um, als habe er sich irgend eine Ungebührlichkeit zuschulden kommen lassen.

Eines Tages machte sich ein junger Mann, der eben erst in Norderney angelangt und noch wenig mit den herrschenden Gebräuchen bekannt war, den Spaß, sich auf ein Pferd, das die Badekarren zu ziehen hatte, zu schwingen. Selbstverständlich befand er sich auf dem den Männern reservierten Platz, so daß sein nackter Torso kein Ärgernis erregte. Die anderen Badenden lachten über diese noch nie erlebte Kühnheit, und der junge Reitersmann, entzückt über sein harmloses Spiel und den Erfolg, den es ihm eintrug, setzte

150

seine kavalleristischen Übungen fort. Der Aufseher erschien, hieß ihn absteigen, hielt ihm eine tüchtige Strafpredigt und wollte ihm das Baden verbieten. Der Missetäter mußte sich entschuldigen und heilig versprechen, es nie wieder zu tun.

Ein anderes Mal kam ein Theaterkomiker, gleichfalls zum erstenmal auf der Insel und in der Meinung, hier in seinen eigenen vier Wänden zu sein, auf den Einfall, sich auf seinen Balkon zu setzen und die Beine über das Geländer herabbaumeln zu lassen. Die Vorübergehenden ergötzten sich an diesem Schauspiel, lachten und blieben stehen. Bald nachher erschien die Polizei und veranlaßte den Komiker, seine Beine in das Zimmer zurückzuziehen.

Ich erwähne diese an sich geringfügigen Vorkommnisse, um einen Begriff von dem Mißbrauch der preußischen Disziplin und der Prüderie der Sitten zu geben und auch, um darzutun, was den unglücklichen Badegästen dieses Eilandes an Ferienfreiheit übrig bleibt: Sie haben das Recht, zu schnarchen und Karten zu spielen.

Der Insulaner, der mir diese Dinge erzählte, zeigte durchaus keine Entrüstung. Vielmehr verdroß ihn ein Erlaß, der anordnet, daß bei Vollmond, auch in Nächten, wo der Himmel bedeckt ist, keine fiskalischen Gaslaternen angezündet werden dürfen, und ferner die Vorschrift, die Wagen nach 7 Uhr abends und vor 7 Uhr morgens nicht anders als im Schritt durch die Straßen fahren zu lassen, damit die Ruhe der Badegäste nicht gestört werde.

„Im Grunde ist es nur darauf abgesehen", meinte er, „die Fuhrleute zu ärgern, denn daß die Leute, die hierherkommen, an ganz anderen Lärm gewöhnt sind, können Sie sich denken! Und noch dazu von 7 Uhr abends ab! Als ob man um 7 Uhr schon zu Bett ginge!"

151

In dem Hotel, in dem sich mein Absteigequartier befand, hatten die Kellner eben mit einem ihrer Genossen, den der Hotelbesitzer entlassen wollte, gemeinschaftliche Sache gemacht und drohten zu streiken.

„Da sehen Sie, wie weit es mit uns gekommen ist", sagte der Wirt zu mir. „Man ist nicht mehr Herr im eigenen Hause – und was kann ich machen? Wir sind mitten in der Hauptsaison, und ich bin auf einer Insel . . . Ja, wenn sie nicht zu allem anderen noch einer Genossenschaft angehörten!" setzte er naiv hinzu. „Und an allem ist die Regierung schuld! Sie unterstützt die Arbeiter viel zu offenkundig, die gerichtlichen Urteile lauten immer zu ihren Gunsten, und das ermutigt sie, die Rebellen zu spielen . . ."

„Worüber beklagen Sie sich denn?" erwiderte ich. „In Ihrem Lande hindert, verbietet und unterdrückt jedermann irgend jemand oder irgend etwas. Ihr eigenes Haus ist von oben bis unten mit von Ihnen unterzeichneten Verordnungen angefüllt, Verordnungen, die die Reisenden, und Verordnungen, die das Dienstpersonal betreffen. Ich verlange zu meinem Mittagessen Bier, Sie verweigern es mir: Bier werde nur abends ausgeschenkt. Ich erkundige mich nach dem Grunde dieser unsinnigen und empörenden Maßregel. ‚So ist es eben‘, gibt mir Ihr Oberkellner zur Antwort. Also nicht einmal diesen Trost, die Sache zu erörtern, hat man, was eine weitere Beschwernis zu allem anderen Entbehrten bedeutet!" „Nun, ich will es Ihnen sagen, weshalb Sie beim Mittagessen kein Bier erhalten. Würde ich einem Gaste welches geben, so wollten alle es haben, denn Bier ist billiger als Wein. Und damit würde ich den Hauptgewinn, der für mich im Weinverkauf liegt, verlieren."

„Warum belegen Sie das Bier nicht mit einer Gebühr, die Ihren Einnahmen am Wein gleichkäme? Auf diese Weise würden Sie meinen freien Willen nicht beschränken, und ich hätte Ihnen keinen Vorwurf zu machen."

„Die Deutschen würden sich niemals dazu verstehen, für Bier den Preis zu bezahlen, den ich unter diesen Umständen verlangen müßte. Und um meine Kundschaft wäre es geschehen. Schreibe ich aber auf die Plakate hin: ‚Mittags wird kein Bier ausgeschenkt‘, so wird das zu einem Gesetz, zu einer Verfügung, der sich jeder unterwirft. Ach", setzte er hinzu, „bei sich zu Hause gibt der Deutsche nicht gerne viel aus.* Ich habe, wie Sie sehen können, eine gute Kundschaft. Aber glauben Sie wohl, daß fast niemals eine Flasche Champagner verlangt wird?"

In Norderney, und ich glaube, dieser Brauch herrscht überall, wird Monopol nur beim Klange der Musik getrunken. Ohne Orchester kein Champagner. Diese beiden Genüsse gehen Hand in Hand.

„Nun, so lassen Sie eben ein Orchester kommen", meinte ich.

Es war die Stunde, wo gebadet wurde.

Mit vorsichtigen Schritten kamen die Badenden heran. Kaum näherten sie sich, bespritzte der Badewärter sie mit kaltem Wasser, bedachte auch solche, die eben aus dem Wasser stiegen. Solange die Wellen den Badenden nicht höher als bis zu den Waden reichten, sagten die Wärter nichts, waren die Leute aber so unvorsichtig, sie bis über die Knie reichen zu lassen, ging ein Tuten, ein Fahnenschwenken, ein Winken, umzukehren, ein Geschrei im barschesten Befehlshaber-

---

* Hier urteilt mein Hotelier zu sehr vom kaufmännischen Standpunkte aus. Ich meinerseits habe oft feststellen können, daß der Deutsche gerne Geld ausgibt, wenn er welches hat. Richtiger ist zu sagen, daß er sich einzuteilen versteht.

153

ton an, um die Unglücklichen, deren Schenkel zu ertrinken
drohten, zurückzurufen. Und dabei ist der Strand tadellos,
ohne Felsen und ohne Löcher. Gefahr besteht also keine, namentlich nicht bei der angeborenen Bedächtigkeit der Deutschen. Aber die Luft hallte beständig wider von diesen
Hornsignalen, diesem wütenden Korporalsgezeter. Die Leute
müssen sich die Aufsicht dieser Kerle, die sie zur folgsamen
Herde macht, dieses lächerliche Inswassertunken gefallen
lassen. Deshalb schwimmt auch niemand hinaus; um sich
von der kosenden Flut umspülen zu lassen, bleibt einem
nichts anderes übrig als sich niederzuducken.

Ich wohnte dieser Komödie mehrere Tage bei, gegen die hier
kein Mensch Einspruch erhebt und die in Frankreich genügen würde, um sämtliche Badebaracken in Brand zu setzen.
30 000 Badegäste unterwerfen sich alljährlich diesem Zwang.
Das gibt zu denken.

Der Gänsemarkt.
Eine Totenausstellung

Die Gans ein Nationalgericht. – Friedrichsfelde. – Die Ankunft von 25 000 verdrießlichen Gänsen. – Woher sie kommen und wohin sie gehen. – Das Mästen. – Die Unterbringung. – Der Markt. – Das Bad. – Fünf Millionen blauäugige russische Gänse. – Eine Berliner Ausstellung für Totenbestattung. – Königssärge. – Armensärge. – Krematorien. – Die Asche eines jungen Mädchens. – Was in den Särgen zu sehen ist. – Die Toilette der Toten. – Der Katafalk. – Pietätlose Gebräuche.

Neben dem Schwein ist die Gans eines der häufigsten oder sagen wir beliebtesten Gerichte des deutschen Volkes. Ein Deutscher, der sich in einigermaßen günstigen Vermögensverhältnissen befindet, ißt sonntags seinen Gänsebraten. In den Bierlokalen ist die Gans in jeder Form, als Ragout, als Gänseleberwurst usw. eine sehr begehrte Speise, zumal sie sehr ausgiebig ist. Da Berlin der Hauptmarkt dieses vielverwendeten Federviehs ist (behauptet doch Mirbeau in seiner Eigenschaft als Chauffeur, daß sie sich unterwegs auf die vernünftigste Weise von der Welt zu betragen pflegten), war ich neugierig, sie in ihrer Gesamtheit auf ihrem Reservatgebiet Friedrichsfelde, einem Dorfe, das 14 Kilometer von Berlin entfernt liegt, zu betrachten. Dort werden sie täglich in Waggons, in denen 1 000–1 200 Stück Platz haben, in Empfang genommen. In diesen großen vergitterten Käfigen sitzen sie nun Tage und Nächte hindurch, fast erstickend, schnatternd, wenn sie an einer Station haltmachen, die übrige Zeit träumend – wovon?

An jenem Morgen waren in zwölf Wagen eben 25 000 Stück angekommen, und ich will gar nicht erst versuchen, diese ohrenzerreißende, nicht endenwollende Sinfonie zu schildern, die das Aussteigen der Damen begleitete. – Weshalb dieser Lärm?

„Sie sind verdrießlich", erklärte mir der Vertreter des Syndikats, der die Freundlichkeit hatte, mich hierher zu begleiten. „ Bedenken Sie, daß sie von der russischen Grenze ab weder gegessen noch getrunken haben und daß es nun zweimal vierundzwanzig Stunden her sind, seit ihre Fahrt in einem gewöhnlichen Güterzug ihren Anfang nahm. Ihre Gesundheit erfordert vollständige Diät während der Reise.

Deutschland ist nicht im Stande, eine für den Verbrauch genügende Zahl von Gänsen großzuziehen. Im Dezember, Januar, Februar und März kommen sie von Holland, dessen Klima ihnen zu jener Jahreszeit am zuträglichsten ist; im April, Mai und Juni vermag Deutschland den Bedarf selbst zu decken, von Juli ab bezieht man sie aus Rußland. Alle diese, die in Polen oder an Preußens Ostgrenze zur Welt gekommen sind, wurden zu Fuß von Dorf zu Dorf getrieben, wo die Händler sie aufkauften, so daß ihre Zahl sich stetig vermehrte.

So mußten sie vier bis fünf Tage bis an die Grenze marschieren, dort brachte man sie nach einer Quarantäne in ihren vierstöckigen Waggons unter, und nun sind sie hier, 25 000 im ganzen, und schnattern nach ihrem verlorenen Vaterland."

Man hat die Wagentüren geöffnet, und sie steigen, mit den Flügeln schlagend, den Hals reckend und sich dehnend wie

Personen, deren Glieder durch lange Untätigkeit steif geworden sind, die schrägen Holzstiegen herab. Auf dem Bahnsteig stehen große wassergefüllte Gefäße für sie bereit, und unverzüglich stürzen sie darauf los, patschen unter lautem Geschrei darin herum. Nachdem sie ihr Bad genommen haben, schließt man sie in Gehege ein, wo die Händler sich aussuchen, was ihnen gefällt. Die Ausgewählten schieben sie mit langen, wie ein Bischofsstab gekrümmten Stöcken beiseite. Lassen diese das nicht gutwillig zu, so werden sie alsbald mit dem krummen Griff am Halse gepackt und unsanft weggeschafft. Einige hinken, andere, die trübselig und teilnahmslos herumhocken, scheinen krank zu sein. Man bringt sie weg, um sie später von einem bei dem Syndikat angestellten Tierarzt untersuchen zu lassen. Die Verdächtigen bleiben sechs Wochen in Quarantäne. Die nur Verkrüppelten werden etwa zehn Tage lang gemästet, dann getötet, und ihr Fleisch wird, ehe es zum Verkaufe ausgeliefert wird, von Sachverständigen einer Prüfung unterworfen.

Mit sechs oder sieben Monaten haben sie ein Gewicht von drei bis vier Pfund und, mager wie sie sind, einen Wert von drei oder vier Mark. Aber sie sollen noch sechs Wochen, manchmal zwei Monate lang gemästet werden, wenn es sich darum handelt, ihre Leber zu vergrößern, wodurch sie im Werte steigen. Sie bekommen ein vorzügliches Futter, dürfen sich nach Herzenslust an frischem Grase gütlich tun, die beste Gerste wird ihnen aufgetischt. So werden sie mit der Zeit ihre zwölf Pfund wiegen. Wenn ihr Appetit den Mästern jedoch noch nicht genügend erscheint, müssen sie sich der Tortur des Stopfens unterwerfen. Vermittelst eines Stäbchens steckt man ihnen Kugeln aus Gerstenmehl möglichst tief in den Schlund, und kundige Hände massieren ihnen den Magen, um die Verdauung zu erleichtern. Nun hat sich ihr Preis um das Doppelte erhöht, sie werden etwa acht Mark wert sein, ohne die Federn, die für sich berechnet werden.

Der Markt ist zu Ende. Die großen Händler haben ihre Käufe abgeschlossen. Nun gilt es, die Tiere von neuem zu verladen und nach allen vier Enden des Reiches zu dirigieren. Aber sie sträuben sich, und ihr Geschnatter ist sehr beredt. Es soll ohne Zweifel bedeuten: Was ist das für ein elendes Handwerk! Mit der Eisenbahn wären wir doch wohl lange genug gefahren! Kann man uns nicht endlich in Ruhe fett werden lassen? Der Ton dieser Proteste ist immer gleich eindringlich, oft hitzig. Es ist unmöglich, sich verständlich zu machen inmitten dieser 25 000 entrüsteten Manifestantinnen, man zieht den kürzeren ihnen gegenüber. Die Tiere ahnen nicht, welche Macht sie besitzen . . . Warum lassen sie sich derart tyrannisieren? – fragte ich mich. Mit diesen paar rohen Wärtern, die sicher dümmer sind als 25 000 Gänse, sollte man doch fertig werden können . . .

Doch sie weichen unter den Stockschlägen zurück, und wenn eine mit verstockterem Gemüt Miene macht auszureißen, flugs hat der flinke und erbarmungslose Hirtenstab sie beim Kragen gefaßt und wirft sie mit hohem Schwung in das weiße Federgewimmel, das sich die vier Etagen des Waggons hinaufwälzt. Die Wärter schieben sie unter Geschrei und Pfeifen, um sie zur Eile anzutreiben, hinein, lärmen noch lauter als sie und wissen noch weniger, warum.

Die meisten wackeln ergeben die Rampe hinauf, die zu den Abteilungen führt, bücken sich beim Eingang, und wenn sie sich gedreht und wieder gedreht und das Gefieder mit dem Schnabel geglättet haben, setzen sie sich hin und machen sich's wie verschrobene alte Jungfern, so gut es gehen will, für die Reise bequem. Die, die so glücklich oder so schlau waren, einen Platz an der Tür zu erobern, stecken den Kopf durch das Gitter, raisonnieren der Form halber noch eine Weile, wobei sie den gelbroten Schnabel weit aufreißen, dann ziehen sie resigniert den Hals zurück, nach und nach verstummt das Konzert in einem Decrescendo; der Aufruhr ist gebändigt, Ordnung ist wieder eingekehrt bei den Gänsen der Polackei.

Ich sehe sie mir an, diese Herde, dieses Heer, dieses ganze Volk russischer Gänse, die sich darauf beschränken, mit eitel Geschrei sich gegen die schlechte Behandlung durch ihre Hirten zu wehren. Sie haben die flachsblauen Augen ihrer Muschiks, und ich höre, wie mein Begleiter zu mir sagt: „So fahren nun jährlich fünf Millionen aus und ein."

Öfter schon habe ich feststellen können, daß die Deutschen und die Preußen insbesondere die Gabe der methodischen Anordnung besitzen. Diese Eigenschaft macht sich unter anderem auch bei ihren Ausstellungen, in ihren Museen bemerkbar. In Herrn Willner besitzt Berlin einen Mann von großem praktischen Geschick, der jenes Talent in seiner ganzen Vollkommenheit zur Geltung zu bringen weiß. Er ist es auch, der im Zoologischen Garten den großen Bau geschaffen hat, wo die periodischen Ausstellungen stattfinden, die bald lokaler, bald nationaler Natur sind oder auch das Charakteristische eines bestimmten Gebietes zur Anschauung bringen wollen. Anstatt fortwährend die Stadt oder den Staat um einen Platz anzugehen, gründete er eine Privatgesellschaft, die diese Hallen errichtete und mit großem Verständnis zu benutzen versteht. Er war es ferner, der die Anregung zu der höchst interessanten Marine-Ausstellung gab, einem Meisterwerk von demonstrativem und instruktivem Wert, das seinen Zweck vortrefflich erfüllte. Vorher hatte er eine elektrotechnische Ausstellung veranstaltet, und er plant noch immer mehr derartige Schöpfungen, denkt an den Sport, an Hygiene, an Ausstattungen für Frauen und Bräute. Solche Bezeichnungen besagen an sich nicht viel, denn ausgestellt wird überall.

Paris wird in regelmäßigen Zeitabschnitten von solchen Veranstaltungen heimgesucht, aber man geht nicht hin, das Publikum verliert die Lust daran und die Aussteller nicht minder. Denn ihren Wert erhalten sie erst durch den Mann, der sie zur Ausführung bringt. Da muß man nun sehen, wie Willner das angreift, wie tausend Ideen seinem tätigen Gehirn entspringen, wie er sie alle auszunutzen und wiederzugeben weiß. So sind seine Ausstellungen nicht nur der Industrie, dem Handel und Wandel seines Landes von Nutzen, sie bereichern gleichzeitig die Organisatoren; die Einheimischen besuchen sie ebenso eifrig wie die Fremden, von einer wirkungsvollen, in die Augen fallenden Reklame angelockt. Nebenbei sei bemerkt, daß man eines schönen Erfolges sicher sein dürfte, wenn dieser Mann sich dazu verstehen würde, einer französisch-deutschen Ausstellung, an die die Berliner französische Kolonie schon gedacht hat, seine Dienste zu leihen.

Aber heute handelt es sich um anderes. Die Deutschen haben nicht nur praktische und sinnreiche Einfälle. Und wenn jemand von einer abgeschmackten, falschen Idee ausgeht, sucht er sie mit dem gleichen Eifer, der gleichen Zuversichtlichkeit und Methode zu verwirklichen. Das ist der Fall bei jenem, der eine Ausstellung für Leichenbestattungen ins Werk setzte.

Ja, Särge zu Hunderten, aus allen Himmelsgegenden Deutschlands hergesandt, in allen Holzarten, allen Metallen, in Tanne, Eiche, Nußbaum, in Ebenholz, Mahagoni, in Kupfer, Zinn, in Blei ausgeführt, für Arme und Reiche, für sehr Reiche und für Könige und Fürsten. Polierte, gebeizte, gewichste und fast wie Büffets ausgearbeitete, andere mit silbernen oder goldenen Griffen und Füßen, Kreuzen, muhsamen symbolischen Applikationen, einem Gewirr von Ziselierungen, wie die Truhen der Renaissancezeit. Einer von 1 Meter 20 Zentimeter Höhe ist weiß lackiert und vergoldet im Genre eines Rokokoklaviers, der nebenan ist mit schwarzem Krepp, mit Spitzen, Rüschen, Plissees, Jaisbesatz bedeckt; auf einem der Sockel ist der Vermerk angebracht: „Das Eichenholz dieses Sarges ist 600 Jahre alt". Gotische Chorstühle können nicht reicher geschnitzt sein.

Wer braucht Kindersärge? – Es sind alle Arten vorrätig, wie für die Erwachsenen, mit noch sinnigeren Dekorationen. Hier ist einer mit Muschelwerk verziert, das Holz, soviel davon zu sehen ist, grün marmoriert, man könnte meinen, er habe ein Jahrhundert lang auf dem Meeresgrund gelegen und zahllose Muscheltiere, perlmutterfarbene, gelbe, schwarze, weiße, runde und spitzige, seien gekommen, den armen kleinen Kasten auszuschmücken. Eine große Meeresmuschel krönt den Deckel, an den Seiten sind Herzen aus Schneckenmuscheln zusammengestellt, Kammuscheln wurde für die Füße verwendet.

Die Phantasie des Organisators beschränkte sich indes nicht nur auf Särge. Er sagte sich, daß nicht alle sich begraben lassen, daß es auch Krematorien gibt. Die Frage ist die, wie man es anstellen soll, um nach dem Tode möglichst wenig Platz einzunehmen. Man hat eine besondere Art Ofenröhren aus galvanisiertem Blech erfunden, in denen, eines über das andere gelegt, kleine Fläschchen mit der Asche einer ganzen Familie stecken. Für eine zahlreiche Familie genügen dreißig Quadratzentimeter. Um die Lust am Verbranntwerden zu

wecken, zeigt man einem, zu was für einer säuberlichen kleinen Masse man nach dem Verlassen des Ofens geworden ist.
Auf einer Truhe von 20 Zentimetern Höhe kann man lesen: „Asche eines achtzehnjährigen Mädchens, das in Gotha verbrannt wurde". Ein paar kleine Stückchen blendend weißen Bimssteins sind alles, was von dem Jungfräulein übriggeblieben ist.
Jedes Land hat seine eigene Mode: Der Italiener bevorzugt Alabasterurnen, der Däne rechtwinklige Kästen aus Ton.
Man muß auch wissen, auf welche Weise man verbrannt wird, und bekommt die Modelle fertiger Verbrennungsapparate vorgezeigt: den Katafalk, Gaserzeugungs- und Gasmischungsraum, den Wärmeakkumulator, den Einäscherungs- und endlich den Aschesammelraum.
Wir kommen jetzt zu der amüsantesten Abteilung. Bisher konnten wir nur die Außenseite der Särge bewundern, was uns nicht darüber belehrte, wie wir in diesen so reich geschmückten Kästen liegen werden. In diesem hier, mit goldenen und silbernen Zieraten, einem Engel an jeder Ecke, mit Löwenrachen, silbernen Fransen, goldenen Klauen statt der Füße, Griffen mit Silberquasten versehen, ruht ein junges Mädchen, aus Wachs geformt, festlich wie zu einer Hochzeit angetan, die Augen sind offen, die Stirne ist von einer goldenen Spange umspannt, die einen Tüllschleier zurückhält; um den nackten Hals ist eine Perlenschnur gelegt, die Hände halten einen Strauß Orangenblüten, die schwarzen Haare fallen zu beiden Seiten auf das Kissen herab.
Hier ein anderer Mädchensarg: ganz weiß; weiß lackiert, mit weißen Stickereien, duftig drapiertem Tüll, weißen Seidenquasten, ein Gewinde weißer Blumen ringsherum, ein Kranz weißer Rosen auf dem Deckel. Lohnt es sich nicht, mit achtzehn Jahren der schnöden Welt Valet zu sagen, um in einer

solchen Bonbonniere zur ewigen Ruhe bestattet zu werden? Daneben, als Gegensatz, ein ganz schwarzer Sarg, schwarze Draperien, schwarze Blüten, schwarzes Laub, Mispelzweige, Stechpalmen, Palmwedel aus geschwärztem Stahl.

Mit dem Sterben und mit dem Totenschrein ist's nicht getan. Man muß auch wissen, wie wir uns für den letzten Schlummer schmücken sollen. Sie sehen, wie streng logisch die Ideenfolge dieses Jüngers der Libitina ist! Und so haben Sie denn die Wahl unter etwa fünfzig Leichentoiletten für Sie selbst, für Ihre Frau, Ihre Kinder. Nichts ist vergessen, weder die Grabtücher noch die Hemden aus Mousseline, die zierlich gefälteten Häubchen, die Kränze, die Strümpfe, nicht einmal die Pantoffeln. Die jungen Mädchen werden himmelblaue Bänder und Schleifen, die Kinder niedliche weiße Tarlatankleidchen mit rosafarbenem Ausputz erhalten. Außerdem ist das alles gar nicht teuer. Die Preise sind angegeben: Kinderkleidchen bekommt man schon ab 1,75 Mark. Es gibt auch gestickte Atlasdecken mit allen möglichen Arabesken und Schnörkeln geziert, über denen man die Hände der kleinen Toten wie der großen falten soll.

Bis jetzt haben wir nur das alltägliche Schauspiel des Todes gesehen. Nun nahen wir uns dem Reich des großen Prunks und der liebenswürdigen Phantasie . . .

Erst die Katafalke in Schwarz und Weiß. Auf jeder Seite ein hohes silbernes Kreuz, das sich von schwarzem Grunde abhebt. Große brennende Kandelaber nebst dunklen Tannen, deren Kübel von schwarzem Samt umhüllt sind, umgeben das Paradebett. Ein üppiges Lager mit Atlasdecken, seidenen Laken, Kopfkissen mit Spitzenvollants wartet nur noch auf Sie . . . Die vollständige Toilette, bis auf das Hemd, das eine Efeugirlande ziert, ist auf dem Bette ausgebreitet. Es ist sehr einladend!

163

Doch auch das will alles noch nichts heißen neben dem, was der praktische fürsorgliche Geist des Arrangeurs für Sie in Bereitschaft hält:

Ein auf einem Gestelle ruhender Sarg unterscheidet sich äußerlich in nichts von den drei- bis vierhundert anderen, die Sie eben gesehen haben. Aber der Diener ruft Sie mit einem freundlichen Lächeln an seine Seite. Er läßt ein bewegliches, am Kopfende des Sarges eingelassenes Brettchen zurückgleiten, unter dem eine kleine Glasscheibe sichtbar wird, deren Platz genau der Stelle entspricht, wo sich das Gesicht des Toten befindet. Er drückt auf einen Knopf, und im gleichen Augenblick entzündet sich eine winzige elektrische Lampe im Inneren der Lade. Der Akkumulator ist auf der Außenseite angebracht.

Ein anderer Sarg mit Glasscheibe ist weniger bequem. Der Holzdeckel muß abgehoben werden, damit er das Innere sehen läßt, dann aber erscheint der ganze Körper unter der geschliffenen Glasplatte, die den Sarg der Länge nach bedeckt.

Endlich gibt es noch den Paradesarg, dessen eine Seitenwand aus Glas besteht, hinter welchem der Leichnam auf blauem Seidenpolster sichtbar wird.

Zum Schluß schreitet man durch eine Reihe von Sälen, die mit den Requisiten des Todes angefüllt sind; da gibt es versilberte, vergoldete, stählerne, bronzierte, goldkäferfarbige, oxydierte Chimärenklauen, die als Sargfüße zu verwenden sind, Metallschmuck, Engel, Buketts, verschlungene Hände, Herzen, Rosetten, Schleifen, Nägel, Griffe. Auch verschiedene Muster für Traueranzeigen, Abbildungen von Leichenwaggons mit dem Abteil für die Leidtragenden daneben, Bahren, Riemen, Stricke für die Totengräber, an denen Sie sich in das Grab gleiten lassen können. Leichenwagen, ganze

Bäume, Haufen von unbehauenen Brettern, aus denen Ihr
Sarg hergestellt werden soll, denn die praktische Pädagogik
der Deutschen verlangt, daß alles dies gleichzeitig als An-
schauungsunterricht dienen soll. Und mitten darunter, an
den Wänden verteilt, Schilder des Cafés im Erdgeschoß, wo
man „treffliches Bier zu 10 Pf. das Glas" bekommen kann.
An dem Tage, da ich diese Vergnügungspartie unternahm,
stritten die Aufseher, die sich nicht mit Philosophie befaßten,
miteinander herum, schrieen sich wütend an und gaben dadurch diesem den Toten geweihten Schmuck einen Schein
von Leben. Wilhelm II., in Gipshelm und fahl wie eine Lei-
che, blickte mit seinem strengen Antlitz auf sie herab.

Eine Ausstellung dieser Art ist meiner Ansicht nach nur in
Deutschland möglich. Der Deutsche, der nicht sehr intuitiv
ist und keine sehr lebhafte Phantasie besitzt, kommt hierher,
um seine Wißbegier und seinen Drang, mit eigenen Augen
sehen, sich über alles befragen und unterrichten zu können,
zu befriedigen, Eigenschaften, auf denen zum Teil der Erfolg
von Ausstellungen hierzulande beruht. Aber mehr als der
konsequente, praktische Sinn der Organisatoren, mehr als
die Wißbegier und der aufs Reale gerichtete Verstand der
Besucher beweist diese Ausstellung von neuem, wie gering
die Erregbarkeit der Deutschen ist. Ein derartiges Schauspiel
greift ihre robusten Nerven in keiner Weise an, ihre Sensibi-
lität scheint von dieser Mahnung an vergangenes und an
künftiges Leid nicht berührt zu werden.
Würde jemand bei uns auf die Idee einer Schaustellung dieser düsteren Dinge kommen, die, anstatt den Gedanken an
den Tod zu verklären und das Gemüt dem heiligenden Frieden der Erinnerung zu überlassen, nur das Brutale und die
Materialität des letzten Tages ins Gedächtnis ruft?

Die Passivität der Deutschen erträgt dies alles. Erträgt es so gut, daß man in gewissen Städten, wie München zum Beispiel, die Leichen in einer großen Glashalle am Eingang der Kirchhöfe auszustellen pflegt. Zwischen Blumen, Palmen, duftigen Stoffen und Spitzen aufgebahrt, lassen die geöffneten Särge die Verstorbenen sehen, in jene Totengewänder gekleidet, von denen ich oben sprach. Totgeborene Kinder, die verblichenen aus Wachs geformten Weihnachtsengeln gleichen, junge Mädchen, Bräute dem Anschein nach, mit Myrten bekränzt, Frauen in Blumenkapotten, Greise in weißer Weste, mit fahlen, wächsernen Gesichtern, scheinen hier zu schlafen. Und hierher kommen Leute, in diese grünlich schimmernde, wie ein Aquarium anmutende Leichenkammer.

Kinder deuten mit dem Finger auf diese oder jene Gestalt und machen ganz laut ihre Bemerkungen darüber.

Man könnte sich zur Not die Idee einer Ausstellung, wie ich sie eben beschrieben habe, aus kaufmännischen Gründen erklären. Aber den Blicken und Betrachtungen eines gleichgültigen oder einfach schaulustigen Publikums diejenigen aussetzen, die vielleicht euer ganzes Glück oder euren ganzen Lebensinhalt ausmachten, sie wie eine Sache, neben soundso viel anderen, der Obhut bezahlter Angestellter überlassen, solche Gebräuche beleuchten und präzisieren unzählige Verschiedenheiten des Gefühlslebens mit allen seinen fein abgetönten Nuancierungen und wirken auf die Dauer verletzend und störend, da sie immer wieder daran erinnern, daß man unter Fremden ist .

Zwiegespräche

Ansicht eines großen Finanzmannes über Paris. – Die Banken. –
Die ungastlichen Pariser. – Gespräch über Elsaß und Lothringen.
– Bismarcks Bluff. – Die machiavellistische Politik Eduard VII. –
Die Möglichkeiten eines Krieges. – Was dieses Unglück voraus-
sichtlich alles nach sich ziehen würde. – Dreißig Milliarden Ent-
schädigung. – Kritik über das französische Finanzwesen. – Ein
Scheck von 5 Metern Länge. – 40 Millionen in Fünffrancsstücken.
– Zählt sie.

Ich möchte denjenigen, der dieses interessante Gespräch mit
mir führte, nicht verraten. Er bat mich zwar nicht, seinen
Namen zu verschweigen, aber er ermächtigte mich auch
nicht, ihn zu nennen. Die Freiheit, mit der er die verschiedenen Themen erörterte und die den großen Reiz dieser Unterhaltung ausmacht, läßt mich vorziehen, den Schleier nicht
zu lüften. Es genüge zu wissen, daß er einer der bedeutend-
sten – und, was ziemlich selten ist, nichtisraelitischen – Finanzmänner Berlins ist, und daß seine hohe Stellung ihn
in sehr nahe Berührung mit der deutschen Staatswirtschaft
bringt. Oft an hoher Stelle befragt, ist er, der Beschaffenheit
seines Umgangs entsprechend, über die Denkweise der leitenden Kreise seines Landes gut unterrichtet.
Ich fragte ihn zuerst, welcher Unterschied seiner Ansicht
nach zwischen dem Finanzwesen bei uns und bei den Deut-

schen bestehe, denn, wie wir sehen werden, ist ihm Paris wohlbekannt. Seine Antwort war schroff genug. Ich gebe sie unverstellt wieder, da sie zeigt, welchen Begriff man in Deutschland von Paris und den Parisern hat, und weil sie, bei manchen Übertreibungen, vielleicht einige gerechte Kritik enthält. Und dem, der vorwärts kommen will, kann Kritik nie schaden.

„In Paris arbeitet man nicht", sagte er, „man amüsiert sich. Damit ist die ganze Frage erledigt. Sehen Sie sich die drei größten Geldinstitute in Paris an, von wem werden sie geleitet? Von Männern ausländischer Abkunft, einem Schweizer, einem Holländer, einem Deutschen ... Fällt Ihnen das nicht auf, daß es Fremde und zwar Nordländer, Germanen, sind, die die Führung Ihrer Geldaristokratie in Händen haben?

Und was für eine Verschiedenheit zwischen Ihren Geldinstituten und den unsrigen! Die Deutsche Bank und die Dresdner Bank, um nur diese beiden zu nennen, wiegen jede für sich schon die Crédit Lyonnais und die Pariser Bank zusammengenommen auf. Natürlich nicht, was die Höhe der Kapitalien, sondern was die Geschäfte anbetrifft, die dort abgewickelt werden. Die Crédit Lyonnais läßt die riesigen Kapitalien ihrer Deponenten sozusagen brachliegen, während wir es als eine patriotische Pflicht ansehen, die unsrigen in Handel und Industrie nutzbar zu machen. Und das mag Ihnen zum Teil den ökonomischen Aufschwung des Deutschen Reiches in diesen letzten fünfunddreißig Jahren erklären."

Er sah auf seine Uhr:

„Es bleibt uns gerade noch eine Stunde vor dem Frühstück", sagte er. „Wollen Sie mir nachher das Vergnügen machen und im Klub mein Gast sein?"

Da ich über meinen Vormittag nicht mehr frei verfügen konnte, lehnte ich dankend ab.

„Das tut mir leid", entgegnete er artig, „aber wollen Sie, bitte, eines beachten: Ich sehe Sie heute zum erstenmal, und allein schon Ihre Eigenschaft als Abgesandter einer großen Pariser Zeitung veranlaßt mich, Sie in meinen Klub einzuladen. Und bei mir sind es nun zwanzig Jahre, daß ich nach Paris komme – ich habe die Reise nach Frankreich wohl an die vierhundert Male gemacht –, und keiner Ihrer Herren Kollegen, Leute, mit denen ich über sehr wichtige Angelegenheiten verhandle, hat mich auch nur ein einziges Mal, sei es in seinen Klub oder in sein Haus, eingeladen. Kaum bin ich angekommen, bombardiert man mich allerdings mit Theaterbilletten, manchmal besitze ich drei für ein und denselben Abend und weiß nicht, was ich damit anfangen soll, als sie weiterzugeben. Aber das ist auch alles. Und dabei stehe ich mit diesen sämtlichen Herren auf dem besten Fuß und will auch keinen Mangel an Höflichkeit meiner Person gegenüber darin sehen. Durchaus nicht. Ich bin fest überzeugt, daß diese Zurückhaltung dem Deutschen in mir gilt. Und doch heißt es, Ihre Finanzpolitik sei international ... wie würde es erst sein, wenn sie patriotisch wäre? Und das alles, weil wir 1870 Krieg miteinander geführt haben und wir vom Glück begünstigt waren!"

„Und vielleicht auch, weil Sie zwei französische Provinzen weggenommen haben ...

„Zwei Provinzen, die jahrhundertelang deutsch gewesen sind! Elsaß war dermaßen deutsch, daß unser Goethe nach Straßburg studieren ging. Metz ... Lothringen, da will ich zugeben, daß es unrecht war, es Ihnen zu nehmen – da sitzt ja auch der Stachel. Aber Sie begreifen wohl, daß es für die Regierung unmöglich ist, es Ihnen zurückzuerstatten. An unserer Stelle würden Sie das ebensowenig tun. Der König von Preußen ginge seines Thrones verlustig, wollte er etwas dergleichen versuchen ... Wenn unsere beiden Staaten sich eines Tages in republikanischer Verfassung befinden sollten, ja, dann ließe sich daran denken. Es fragt sich nur, ob Sie sie noch haben werden, wenn wir im Sinne haben, sie bei uns einzuführen", fügte er lachend hinzu. Inzwischen sind wir aber noch Monarchie. Das ist nun einmal Tatsache, nicht wahr? Werden wir uns nun in alle Ewigkeit in dieser Weise befehden, uns in unnötigen Rüstungen zugrunde richten oder wenigstens jeder seine 500 Millionen jährlich verlieren, die wir beiseite legen oder für schöne humanitäre oder künstlerische Zwecke verwenden könnten – somit die soziale Entwicklung, man darf sogar sagen, den Lauf der Zivilisation hemmen, weil Sie das Unglück hatten, Schlachten, die nun bald vierzig Jahre zurückliegen, zu verlieren?"

„Liegt die Schuld wirklich auf unserer Seite? Nach 1870 hat Ihr Bismarck selbst uns mehrmals mit Krieg gedroht. Hat ferner nicht Ihr Kaiser vor zwei Jahren in Tanger den Sturm entfesselt, während alle sonst im Frieden schwelgten?"

„Glauben Sie mir, Bismarck hat nach 1870 nie die Absicht gehabt, wieder Krieg mit Frankreich anzufangen ..."

„Aber ich bitte Sie", sage ich, „das ist historisch beglaubigt. Die Verhandlungen der Botschafter und die Monarchenbegegnungen sind überall veröffentlicht worden ... "

„Ich weiß, ich weiß ... Bismarck wollte auch an den Krieg glauben machen, auf die Gefahr Ihrer Revanchegelüste hin, er hat sogar seinen Herrn, den Kaiser Wilhelm, zu der Überzeugung bringen wollen ... Aber glauben Sie mir, ich weiß, was ich sage, seine damalige Politik ging darauf hinaus, mit dieser Angst und dieser Drohung die deutschen Parteien in der Hand zu halten. Für ihn waren die Menschen nur

Schachfiguren, ihn kümmerten weder die einzelnen Persönlichkeiten noch die Völker, weder Frankreich noch Deutschland, alles mußte dazu dienen, seine Absichten triumphieren zu lassen, ihnen opferte er alles. – Was den Kaiser anbelangt, ist er oft zu rasch in seinen Entschlüssen, das stimmt. Aber nach Marokko ist er gegangen, eine Beleidigung zu parieren, die man Deutschland antun wollte: England, das sich anmaßte, hinter unserem Rücken mit Ihnen zu verhandeln, dieser Dummkopf von Delcassé, der sich stellte, als seien wir Luft für ihn – lag nicht eine Unvorsichtigkeit, wenigstens eine immerhin etwas weitgehende Nichtbeachtung darin? – England hat Ihnen die Stange gehalten in Algeciras, weil Sie ihm Ägypten gegeben haben . . . Und Suez, das man Ihnen weggefischt hat? O, sie ist sein, diese Idee König Eduards, uns aufeinander zu hetzen und gleichzeitig unserer Marine den Garaus machen zu wollen! Aber seine Rechnung geht von einer falschen Voraussetzung aus . . . Gibt es Krieg, wird er nicht zur See ausgefochten . . . Wie ist es möglich, daß man in Frankreich dieses so deutliche Spiel nicht durchschaut? – Die Engländer – das ist eine alte Sache – haben von jeher nur einen Beweggrund gehabt: ihr persönliches Interesse, sei es ein gegenwärtiges oder ein zukünftiges. Augenblicklich sondieren sie das Terrain, um zu erkunden, wie weit sie mit Ihnen gehen dürfen, wie weit Sie sich ins Schlepptau nehmen lassen. Denn was riskieren sie eigentlich mit ihren kriegerischen Gelüsten? Wehrpflicht haben sie nicht, und ihre Marine ist die stärkste. Frankreich dagegen setzt alles aufs Spiel. Wir sind der Meinung, daß wir weniger Gefahr laufen. Deutschland hat ein lächelndes Vertrauen in seine Armee. Es ist seines Sieges sicher. Und wir sind 62 Millionen Menschen. Wenn wir also den Frieden wünschen, geschieht es nicht aus Angst, sondern weil wir unsere friedliche

171

Tätigkeit in Handel und Industrie fortsetzen möchten. Was wäre das für eine Katastrophe, wenn der Krieg ausbräche! Auch wenn man nicht daran denkt, wer siegen würde. 50 Milliarden Unkosten, Hunderttausende von Menschen auf beiden Seiten getötet und, wie es auch gehen möge, der Staatsbankrott. Millionenfache Arbeit von neuem zu beginnen, gerade wie wenn ein Pferd im Vorübergehen mit seinem einfältigen Huf einen Ameisenhaufen zertreten hätte, der seit fünfzig Jahren bestand.

Wenn ihr Franzosen dagegen wahre und vernünftige Realisten sein wolltet, wie es euer angeborener gesunder Menschenverstand zuläßt, wenn ihr günstigere Zeiten abwarten wolltet, um Lothringen zurückzufordern, wenn ihr, gleich den tapferen Rittern des Mittelalters nach ihren Turnieren, vergessen wolltet, daß wir uns bekämpft haben, wenn ihr mit uns arbeiten wolltet! Wir könnten so manches voneinander lernen. Ihr würdet uns Geschmack, Kunst, auch Lebenslust beibringen, und wir würden euch zeigen, was Arbeit und Unternehmungsgeist ist. Wir sind noch in sehr vielen Punkten rückständig. Unser unglückliches Land war während dreier Jahrhunderte das Schlachtfeld Europas. Erinnern Sie sich daran: Wenn die Engländer an eine Erbfolge Österreichs dachten, wenn Gustav Adolf das Oberhaupt der protestantischen Partei werden wollte, wenn Ludwig XIV. in Schwierigkeiten mit dem Kaiser geriet, bei uns kam es zum Kampf. Unser Boden wurde immer wieder zur Wüstenei gemacht. Wir waren arm. Ihr hattet unterdessen Zeit, zu gedeihen.

Was für ein Interesse hätte also Deutschland an einem Krieg? Nicht das geringste, sage ich Ihnen, sonst, glauben Sie mir, wäre er längst zum Ausbruch gekommen ..."

172   Dieser offene Freimut gefiel mir:

„Was würde im Falle eines Krieges und einer erneuten Niederlage Frankreichs geschehen? Unter uns gesagt, bin ich
keineswegs der Ansicht, daß wir die Unterliegenden sein
würden", wendete ich ein. „Sie sind in der Überzahl, gewiß,
dafür haben wir die besseren Soldaten, wir sind flinker, wi-
derstandsfähiger, feuriger. Ihre Soldaten sind schlaff, sie haben keine Initiative, und unsere Ausrüstung ist zum mindesten gleich gut, wenn nicht besser wie die Ihrige."
„Da täuschen Sie sich", versetzte Herr H..., „denn wir sind
Ihnen nicht nur an Zahl und zwar um ein Bedeutendes überlegen, sondern auch unsere Organisation taugt zehnmal
mehr als die Ihrige. Bei uns herrscht eine Ordnung, eine Einteilung, die man bei Ihnen nicht kennt, von der Sie vielleicht
keine Ahnung haben. Es ist alles vorgesehen, und alles wird
auf die Stunde und die Minute mit mathematischer Sicherheit ausgeführt werden. Unsere Mobilmachung wird beendet, und unsere Truppen werden schon an der Grenze sein,
ehe Ihre Armee sich nur in Bewegung gesetzt hat. – Wir sind
demnach im Falle eines Krieges des Sieges sicher. Und diesmal werden wir nicht den Fehler begehen, Ihnen irgendein
Gebiet, eine Champagne oder Dauphiné zu nehmen. Wir
haben schon genug der aufsässigen Provinzen mit Elsaß im
Westen, Polen im Osten und Holstein im Norden. Und vor
allem mehr als genug Katholiken!"
„Nun, was also werden Sie tun?"
„Da Sie 1870 die fünf Milliarden so leicht herbeizuschaffen
vermochten, werden wir Ihnen diesmal dreißig abverlangen,
was Sie vielleicht auf etliche Jahre hinaus ärmer machen
wird. Denn trotz Ihrer zweiundzwanzig Milliarden Jahres-
einkünfte bedeutet das immerhin einen tüchtigen Aderlaß.
Und, wie man in Frankreich zu sagen pflegt, unserm Kohl
kann etwas Fett nicht schaden."   173

„Eine reizende Aussicht das! Wir kehrten also wieder in die Zeiten der Nomadenkämpfe zurück, man würde sich schlagen, um sein Auskommen zu haben und weil die Hungersnot einen aus dem Lande treibt. Zum Glück brauchen wir keine Angst zu haben . . . "

„Ich sagte Ihnen doch, daß Sie es sein werden, die Streit mit uns anfangen . . . Und dann", fuhr er fort, „werden wir Ihnen einige feindliche Bewerber, einen im Norden, einen im Süden, ins Land setzen, was in Frankreich einen frischen, fröhlichen Bürgerkrieg unterhalten wird. Und das übrige Europa hat seine Ruhe . . . Aber das sind Schreckgespenster. Das alles braucht gar nicht zu geschehen. Frankreich und Deutschland zusammen könnten die Welt regieren. Wir sind die Unternehmungslustigen, Sie die Sparsamen. Bei uns hat sich die Industrie so rasch entwickelt, daß sie nicht genügend Kapital zum Leben hat, von ihrem Kredit lebt. Bei Ihnen muß sie sich einschränken, sobald die Kapitalien erschöpft sind, weil sie keinen Kredit hat und das Geld im Kasten liegen bleibt."

„Ist das richtig, daß Ihre finanzielle Lage sich nur verschlechtern kann? Die Nationalökonomen, auch die Ihrigen, behaupten, der einzige Reichtum der Nationen, der Bestand habe, liege in ihrem Grund und Boden. Und Deutschlands Boden ist arm. Wenn Sie nun dazu vorausbestimmt wurden, von den anderen mehr zu holen, als Sie ihnen geben könnten, müssen Sie da nicht notwendigerweise der Verarmung anheimfallen?"

„Dann setzen Sie lieber gleich noch hinzu, daß England dicht vor dem Bankrott stehe. England ist, gleich uns, nur durch seine Industrie und seine Bodenschätze reich. Deutschland hat es allerdings erlebt, daß sein Import den

Export um 1 Milliarde 666 Millionen überstiegen hat, aber

die Türken sind uns viel Geld schuldig. Ebenso haben wir in Rußland, Argentinien, Chile, Peru, Mexiko, Japan, China viele Gelder stehen, und die Zinsen gehen jedes Jahr ein. Wir haben in diesen zehn Jahren vom Ausland 1,764 Millionen in Gold an Saldobeträgen erhalten.

Auch sind wir entschlossen, unseren jährlichen Export möglichst in die Höhe zu treiben. Inzwischen sind wir ungefähr in der Lage eines Fabrikanten, der seine Geschäfte im Gleichgewicht hält und von seinem Privatvermögen lebt."

Ein großer Bankier aus Frankfurt, der mit dem Berliner Finanzier eng befreundet war, erschien in dem Bureau, in dem dieses Gespräch stattfand.

„Da, nun fragen Sie ihn mal, wie er denkt", sagte Herr H...

„Ich verstehe den Geschäftsbetrieb von euch Franzosen nicht", erklärte der Neuangekommene, nachdem er erfahren hatte, worüber wir sprachen. – „Ihr habt zwei Milliarden Gold in Umlauf und seid stolz darauf und rühmt euch dessen. Zu sechs Prozent an Amerika oder Deutschland ausgeliehen, würde euch das Geld jährlich 120 Millionen Zinsen eintragen. Warum diese 120 Millionen laufen lassen? Das ist eine unglaubliche Verschwendung. Ihr habt so viel Gold, das ihr zirkulieren laßt, daß ihr all euer Silber ins Meer werfen könntet und trotzdem immer noch so viel Bargeld besäßet wie Deutschland. Ich bin sicher, daß man in hundert Jahren unser heutiges System des Geldverkehrs barbarisch finden wird."

Herr H... wurde ans Telephon gerufen und ließ mich mit seinem Frankfurter Freunde allein. Es stellte sich heraus, daß er der Chef des großen Bankhauses war, das 1871 die Auszahlung eines Teils der Kriegsentschädigung zu vermitteln hatte.

„Mir war", erzählte er, „ein Scheck über 40 Millionen von der französischen Regierung zugestellt worden. Ein Papier von diesem Werte sieht man nicht alle Tage, und wir bewahren es denn auch in unserer Bank als historisches Dokument auf. – Es mußte mit so vielen, so massenhaften Stempeln versehen werden, daß der Scheck infolge aller der Ansätze schließlich eine Länge von fünf bis sechs Metern erhielt. Sie können ihn zu sehen bekommen. Die Bank verfügte nicht über eine genügende Menge gemünzten Geldes, eine solche Summe auszuzahlen, und ich schickte einige Wagen zu der Frankfurter Bank, um noch welches holen zu lassen. Dann ging ich zu der preußischen Post und sagte dem Beamten, daß ich ihm 40 Millionen bringe.

,Gut, geben Sie her', sagte er, ,ich muß sie nachzählen.'

,Zählen sie doch nur die Säcke', riet ich ihm.

,O nein, ich muß den Inhalt jeden Sackes nachrechnen.'

,Na, meinetwegen – ich werde darauf warten.'

Nun waren es aber im ganzen zehn Wagen, und als der Beamte die ersten Säcke erledigt hatte, mußte er einsehen, daß er auf diese Weise mehrere Tage und Nächte brauchen würde, um fertig zu werden.

,Ich glaube doch, ich muß mich darauf beschränken, nur die Säcke zu zählen', sagte er. ,Was meinen Sie?'

Ich lachte und er desgleichen."

Als Herr H... wieder zurückkehrte, bat ich ihn, ob er mir nicht mit einigen wenigen Worten Auskunft über die Vermögenslage Deutschlands erteilen würde.

„Ich werde Sie an jemand weisen, der sich hierzu besser eignet als ich", erwiderte er.

Die Vermögenslage Deutschlands

Nach Jena. – Eiserne Trauringe. – Frankreich und seine fünf-
hundert Jahre wollener Strümpfe. – Der Deutsche gibt aus. – Der
Franzose legt zurück. – Warum es in den deutschen Sparkassen
mehr Geld als in den französischen gibt. – Wachstumskrisen. –
Pläne über Sparkassenreform. – Industrielle und staatliche Wert-
papiere. – Weshalb Deutschland nicht reicher ist. – Es hat große,
kostspielige soziale Reformen durchgeführt. – Zunahme des tägli-
chen Verbrauchs. – Die Steuerpläne. – Ihre Berechtigung.

Deutschland hat eine Krisis durchgemacht, die ihr Ende vor
kurzem erst erreichte. Bei dem Aufschwung seiner Industrie
trat ein Stillstand ein, der Umsatz des Handels nahm ab, bei
den Banken stieg der Zinsfuß auf 7,5 Prozent, sie suchen
Geld, zahlen noch 4 Prozent und darüber. Das Bauhand-
werk spürte die Rückwirkung dieser Schwierigkeiten, die
Unternehmer nutzen sie aus, um nun ihrerseits den Arbeiter-
syndikaten Bedingungen zu stellen, auf den Bauplätzen
herrscht eine lange nicht mehr gesehene Zucht, die Meister
könnten glauben, das goldene Zeitalter sei eingekehrt.
Und das alles, weil im vorigen Jahre in Amerika eine Geldkrise stattfand.
Wie ist es nun eigentlich mit der Vermögenslage Deutschlands bestellt, daß sich eine Solidarität dieser Art fühlbar
machen konnte?

Villa Parey – Salon, Berlin 1903

Es vergeht kaum ein Tag, ohne daß ich nicht jemand sagen höre: „O, ihr in Frankreich, ihr seid reich! Deutschland ist arm . . . “.

Und stets tauchen jene zwei so lebendig gebliebenen Erinnerungen wieder auf. Der schreckensvolle Dreißigjährige Krieg, der die Bevölkerungszahl um die Hälfte verringerte, fast alle Dörfer vernichtete, und die napoleonischen Feldzüge, die die Städte auf ein Jahrhundert hinaus in Schulden stürzten, Tausende von reichen, vornehmen Familien zu Grunde richteten. Ich höre noch, wie mir Fürst Bülow erzählte:

„Nach Jena trugen die Verlobten keine goldenen Trauringe mehr, sondern solche aus Eisen, in die die Worte: ‚Gold gab ich für Eisen‘ eingraviert waren.“

„Frankreich hingegen hat seine 500 Jahre wollener Strümpfe hinter sich“, äußerte Dr. Rathenau mir gegenüber. „Deutschland braucht noch 50 gute Jahre, um ins richtige Gleichgewicht zu kommen.

Ja, Frankreich ist reich, aber man sieht seinen Reichtum nicht. Das Geld liegt in den eisernen Kassenschränken der Banken. Man rückt weder damit heraus, um behaglich zu wohnen, noch um sich neue Kleider anzuschaffen, noch um sich dann und wann einen guten Trunk zu gönnen, noch um eine richtige Verwaltung, schöne, saubere Städte, schattige, blumengeschmückte Promenaden, bequeme Badeeinrichtungen zu haben, noch um für Altersrente oder für die Hebung der Landwirtschaft zu sorgen, noch . . . noch . . . “

„Man bewahrt es auf, um fünf Prozent Zinsen zu haben und sich dem Nichtstun hinzugeben.

Der Deutsche dagegen genießt sein Dasein, ißt reichlich, wohnt sehr gut, der Arbeiter zieht sich besser an als ein französischer Rentier, badet mindestens einmal in der Woche,

die Städte geben ihren Magistratsbeamten wahre Minister-
gehälter, und überall sind Kranken-, Invaliden-, Alterskassen, Rekonvaleszentenheime und ähnliche Institute tätig.
Es gibt keine Bettler auf den Straßen, die Armen werden in
Spitälern aufgenommen oder beschäftigt oder finden sonst
irgendeine Unterkunft."

„Das alles ist wahr, wahr ist aber auch, daß die Leute sehr
viel auf Kredit kaufen, daß gar manche Haushaltung hübsche Möbel besitzt, die nicht bezahlt sind, daß die Städte
Millionen borgen, um sich prächtige Theater zu bauen. Ich
habe in Leipzig zwei kleine sehr bezeichnende Beispiele erlebt. Es wird dort ein riesiges Denkmal zur Erinnerung an
die Völkerschlacht und die Niederlage Napoleons errichtet.
Aber man hat kein Geld mehr, es fertigzustellen, so groß hat
man es gewollt. Und um die fehlenden Summen zusammen-
zubekommen, werden Lotterien arrangiert. Dann hat das
Museum derselben Stadt eine herrliche Beethovenstatue von
Klinger, in verschiedenfarbigem Marmor ausgeführt, mit
vergoldeten Erzornamenten und Mosaiken verziert – eine
etwas barbarische Pracht – angekauft. Sie soll 100 000 Mark
gekostet haben. Deshalb zahlt das Publikum außer dem
üblichen Eintrittsgeld noch einen weiteren Beitrag, um
das kostbare Werk, das, als handle es sich um etwas Anstö-
ßiges, hinter einem Vorhang verborgen ist, bewundern zu
können".

Das sind bedeutsame Tatsachen – ich sage nicht für die
schlechte Führung der Städte, denn sie werden vorzüglich
verwaltet, aber für die Eile der Deutschen, genießen, für ihren Drang, imponieren und großtun zu wollen . . .

Ich erinnere mich der Entrüstung eines jungen, strebsamen
Landsmannes aus Bordeaux, der als Kaufmann in Hamburg
lebte: „Ich finde diese Art zu leben, die alles, was man ver-

dient, alsbald wieder verjubelt, ohne an die Zukunft zu denken, widerwärtig und unmoralisch", erklärte er in ehrlichem Zorn.

Und er erzählte mir, daß er sehe, wie an Sonntagen die Angestellten in Fressereien und Saufereien, in Eisenbahn und Schiffahrten, in Vergnügungen aller Art für sich und ihren Schatz den Verdienst einer ganzen Woche ausgäben. Seine Empörung war groß.

Ich habe mich seither öfter gefragt, ob bei diesem Ärger nicht ein wenig Neid mitgespielt habe. Vielleicht lockte es ihn insgeheim, an diesen Lustbarkeiten teilzunehmen, während eine andere stärkere Leidenschaft ihn hinderte, das Geld aus der Tasche zu holen? Wer hat recht, die Sparsamen oder die Verschwender? Die einen weiten ihr Leben durch Genießen, durch das Befriedigen ihrer Launen, die anderen engen es ein durch Entbehren und stetes Rechnen. Aber die ersten genießen oft unrichtig und wahllos und büßen später diesen Unbedacht, die zweiten versagen sich alle Freuden, in dem Gedanken, in späteren Zeiten der Sorgen enthoben zu sein, und sterben, ohne etwas von den Annehmlichkeiten, die die Gegenwart ihnen bieten konnte, gekostet zu haben.

Mag es sich mit dieser schwierigen Frage verhalten, wie es wolle, mir, der ich wußte, daß die deutschen Sparkassen gut gefüllt waren, lag daran zu erfahren, ob der Deutsche zu sparen verstehe oder nicht und wie der Inhalt seiner Brieftasche beschaffen sei. Ich wendete mich an zwei der größten Bankhäuser Berlins, an die Deutsche Bank und an die Dresdener Bank.

Die erste, die ich um Aufschluß bat, hatte eine Antwort bereit, auf die ich nicht gefaßt gewesen war:

181

„Es ist richtig, daß der Deutsche sein Geld leicht ausgibt. Aber wofür gibt der gemeine Mann es hauptsächlich aus? Für Bier. Nun gut. Diese 1,6 Milliarden Mark, die er dazu verbraucht, bleiben in Deutschland. Der Trinker wird freilich fett, aber er bereichert auch eine große Anzahl von Zwischenhändlern und von Produzenten. Verlorenes Geld ist das nicht ... Und mag auch das deutsche Volk weniger sparsam als das französische sein, zu sparen versteht es doch; sehen Sie sich diese Zahlen an: In Bayern haben die Einlagen in auffallender Weise zugenommen. 1901 besaßen die Sparkassen 430 Millionen Francs an Saldobeträgen der Deponenten, 1905 592 Millionen Francs, also im Laufe von fünf Jahren 166 Millionen Francs mehr. Ungefähr das gleiche Verhältnis besteht in Elsaß-Lothringen: dort betrugen 1900 die Einlagen etwa 146 Millionen Francs. 1905 187 Millionen, also in fünf Jahren ein Plus von 41 Millionen.

In Preußen waren 1874 Depots von 1,25 Milliarde Francs vorhanden, 1898 stieg diese Summe auf 6 Milliarden Francs, Ende 1906 auf beinahe 11,25 Milliarden, also auf das Neunfache innerhalb von 32 Jahren. Und 1905 befanden sich in sämtlichen Sparkassen – die braunschweigische ausgenommen – nach einer amtlichen Statistik gegenüber den 10 Milliarden vom Jahre 1900 16 Milliarden Francs.

In den französischen Sparkassen sind aber derzeitig nicht mehr als fünf Milliarden zu finden.“

In mir regte sich der Stolz des wollenen Nationalstrumpfes.

„Wieso?“ fuhr ich auf.

„Diese Summe ist dem ‚Economiste Européen‘, der zuverlässigsten französischen Quelle, entnommen.“

„Wenn man sich die Sache näher ansieht, ist sie auch begründet, denn in Frankreich kaufen die kleinen Kapitalisten Staatspapiere, dreiprozentige Renten.“

„Das ist richtig", stimmte er mir bei, „und das ist es, was die französischen Staatspapiere, ebenso wie die englischen, in die Höhe treibt, während die unsrigen stationär bleiben. Bei uns machen die Industriepapiere den Staatspapieren eine enorme Konkurrenz. Unsere Sparkassen zahlen 3,5 Prozent, die Renten tragen vier Prozent, demnach mehr als die Ihrigen, aber das in Industriewerten angelegte Geld wirft noch mehr, fünf bis sechs, nicht selten sieben Prozent ab. Von Geschäften außergewöhnlicher Art, wie ich sie anführen könnte und die diese Beträge übersteigen, oft bei weitem übersteigen, gar nicht zu reden. Aber man kann sagen, daß sich die Papiere durchschnittlich zu fünf bis sieben Prozent verzinsen.

Trotz der gewaltigen Summen, die ich Ihnen nannte, legen die Deutschen somit verhältnismäßig wenig Geld in den Sparkassen an und kaufen wenig Staatspapiere. Ende letzten Jahres, mitten in voller Krisis, als das Geld sehr rar war, stand der Bankzins so hoch – man zahlte 4,5 Prozent – und diskontierte die Handelspapiere auf 7,5 Prozent, so daß die Leute ihr Geld aus der Sparkasse wegnahmen, um es den Banken zu leihen."

„Woher kam diese Geldkrise?"

„Sie rührte von der amerikanischen Krise her, die die deutschen Inhaber amerikanischer Werte – deren es viele gibt – mißtrauisch machte. Sie rührte ferner daher, daß wir im Oktober und November 150 Millionen Gold nach Amerika schickten; aber der Hauptgrund ist, wie ich Ihnen sagte, darin zu suchen, daß die Kapitalien, anstatt wie bei Ihnen in den Banken und Kassenschränken zu liegen, in Industrie und Handel untergebracht sind. Dieses Geld, das man zu Bauten, zu Produktenankäufen, zu Darlehen aller Art verwendet und das später den Reichtum abgeben soll, ist vorläufig auf diese Weise festgelegt. Und dazu kommt noch, daß alles oder fast alles Geld, das bei solchen geschäftlichen Unternehmungen verdient wird, nicht herausgezogen wird, sondern liegenbleibt, um sich weiter zu verzinsen. Bei Ihnen ist das gewöhnlich nicht der Fall, sondern der Gewinn wird herausgeholt und stets, wie Sie das nennen, in Renten ‚zurückgelegt‘. Angenommen nun, es komme zu einer Krise bei uns: Was an zirkulierendem Bargeld noch vorhanden ist, versteckt sich, und es entsteht eine Stockung. Deutschlands produktive Tätigkeit ist derart, daß das gewonnene Geld jeden Monat wieder von neuen Spekulationen in Anspruch genommen wird. Unser Land läßt sich momentan mit einer Familie vergleichen, in der mehrere Kinder zugleich in starkem Wachsen begriffen sind und immer wieder neue Kleider brauchen. Das kommt die Eltern teuer zu stehen, und es gibt – bei Gott – Augenblicke, wo die Kleider auf sich warten lassen! – Das ist die Geschichte unserer gegenwärtigen Krise, war die der vergangenen und wird die der künftigen sein. Aber es wird eine Zeit kommen – und sie ist nicht mehr sehr fern –, wo Deutschland zu wachsen aufgehört hat und zu der wir reich sein werden, wie England und Frankreich es sind.“

„Welche Hilfsmittel ließen sich einstweilen anwenden, und wodurch hoffen Sie den Kurs Ihrer Staatspapiere zu erhöhen?“

„Man müßte dahin gelangen, die Einrichtung unserer Sparkassen abzuändern. Wenn bei Ihnen die Sparkassenverwaltung zu viel Geld hat und nicht weiß, was damit anfangen, kauft sie Staatspapiere; ich glaube sogar, sie ist dazu verpflichtet. Ihre Depositenkasse verfährt auf die nämliche Weise. Insofern ließe sich sagen, daß das französische Staatsvermögen, im Verein mit Publikum und Staat, durch die Rente geschaffen wird.

Reichsbank Berlin, um 1895

Bei uns ist es anders.* Die deutschen Sparkassen haben keine Verpflichtung, Staatspapiere zu erstehen, und wenn sie es tun, verwenden sie nur einen geringen Teil der Gesamtsumme ihrer Finanzoperationen dazu.**

Deshalb denkt der preußische Finanzminister seit langem daran, ein Gesetz einzubringen, das, ebenso wie bei Ihnen, die Sparkassen zwingen soll, ihre Gelder in Staatswerten anzulegen. Aber die Sache ist äußerst schwierig. Sie wird auf Widerstand bei den Gemeinden stoßen.

Es steckt jedoch nicht alles deutsche Geld in Industriewerten. Man muß auch mit der Konkurrenz rechnen, die den Staatspapieren durch die Hypothekenbanken ersteht, die nach einem Reichsgesetz unter der Aufsicht der Regierung stehen – was die Sicherheit dieser Institute erhöht –, und die ebenfalls einen höheren Zinsfuß als unsere staatlichen Obligationen haben.

Dazu tritt noch die Konkurrenz städtischer Anleihen, die auf die Bankwerte drücken, den Markt überfüllen und den Geldkurs steigen lassen, weil diese Emissionen gleichzeitig mit der großen Menge der Industriepapiere zu erfolgen pflegen. Innerhalb von drei Jahren, von 1904 bis 1906, haben dreiundzwanzig große Städte Deutschlands allein 580 Millionen Mark für soziale, gewerbliche und gemeinnützige Zwecke

---

* 1905 beliefen sich die Summen der in den preußischen Sparkassen deponierten und angelegten Beträge auf 10 Milliarden 867 Millionen Francs, und die Anlagen waren folgende:

6 Milliarden 375 Millionen (= 58,66 %) in Hypotheken.
2 Milliarden 855 Millionen (= 26,27 %) in Inhaberpapieren.
1 Milliarde 115 Millionen (= 10,26 %) in Gemeindedarlehen.
1 Milliarde   60 Millionen (= 0,97 %) in Wechselpapieren.

** Von den oben erwähnten 2 Milliarden 855 Millionen, die in Inhaberpapieren angelegt sind, fallen nur 1 Milliarde 64 Millionen, somit 10 %, von dem Gesamtvermögen der Sparkassen, auf Darlehen an das Reich und an Preußen.

entlehnt: für Schaffung von Straßenbahnen, Elektrizitäts-
und Gaswerken, hydraulischen Anlagen, für Gründung von
Spitälern, Sanatorien, Volksbädern etc.

Alle diese Zahlen beweisen Ihnen, wie es kommt, daß wir,
ohne arm zu sein, manchmal etwas knapp an Mitteln sind.
Wir geben auch mehr Geld aus als Sie. Bedenken Sie, daß
unsere Gesetze für die Arbeiter-, Kranken- und Invaliditätsversicherung bereits seit 1885 angenommen und durchgeführt worden sind.

Die Unfallversicherung ist 1886, die Altersversicherung
1891 dazugekommen. Wissen Sie, daß dies pro Jahr eine
durchschnittliche Summe von etwa 461 Millionen Francs,
also bis 1906 eine Mehrausgabe von fast 10 Milliarden
Francs bedeutet? – Und eine Auslage, die sich mit dieser vergleichen ließe, hat Frankreich nicht an die Seite zu stellen.
Wenn das Kapital also einesteils im Handel, anderenteils für
soziale Zwecke angelegt und verausgabt wird, bleibt wenig
Möglichkeit, Ersparnisse zu machen. – Und trotzdem geschieht es! Der beste Beweis hierfür ist, daß im Laufe des ersten Halbjahres von 1908 Anleihen des Reichs und deutscher Staaten im Betrage von 1,5 Milliarden Francs mit
Leichtigkeit gedeckt wurden. Und das war mitten in der
Krise!

Rechnen Sie 975 Millionen Francs an städtischen Obligationen, Hypothekarobjekten, Industriepapieren hinzu, so haben Sie fast 2,5 Milliarden neuer, an der Berliner Börse eingeführter Werte beisammen, die hauptsächlich in Deutschland im ersten Semester dieses schrecklichen Krisenjahres
gedeckt worden sind.

Denken Sie ferner an die Zunahme der Depots in den Banken, die über ein Aktienkapital von mindestens einer Million
Mark verfügen. Diese Depots stiegen 1883 auf 284 Millionen

187

Mark und erreichten 1907 über zwei Milliarden. Die Konto-korrente in allen Banken, von denen ich sprach, betrugen 1883 etwa 529 Millionen Mark und 1907 gegen viereinhalb Milliarden.

Man könnte sagen, bei diesen Kontokorrenten stünden Sum-men, deren Gläubiger das Ausland ist, aber bei den Depots ist diese Annahme ausgeschlossen.

Vergessen Sie weiter bei der Berechnung unserer Ersparnisse die Summen nicht, die wir den nach dem System Schultze-Delitzsch gegründeten Genossenschaften, die Vorschüsse gewähren, anvertrauten. 1896 belief sich die Höhe der De-pots auf über 520 Millionen Mark, 1906 auf nahezu eine Milliarde.

Außerdem sind bei den landwirtschaftlichen Genossen-schaftskassen, die im Sinne Raiffeisens errichtet worden sind, fast 1,2 Milliarden Mark deponiert.

Diese Zahlen werden Ihnen einen Begriff davon geben, wie unser Sparsystem beschaffen ist, und damit haben Sie die Lösung des Rätsels, warum unsere Staatspapiere weniger hoch stehen als die Ihrigen."

Geblendet von diesem Defilee von Milliarden konnte ich nicht umhin zu sagen:

„Aber was schwatzt man denn? Sie sind ja reich!"

„Ich wendete vorhin Ihnen gegenüber den Vergleich an, daß sich Deutschland in der Lage einer stark heranwachsenden Familie befindet. Unsere Bevölkerungszahl nimmt tatsäch-lich alle Tage zu und mit ihr zugleich der Wunsch nach bes-serer Lebenshaltung. Seit einer Generation hat sich in allen Gesellschaftsklassen der Wohlstand vermehrt. Der Ver-brauch sämtlicher Lebensbedürfnisse ist im Steigen begriffen und hat sich in diesen letzten 20 oder 30 Jahren ganz außer-

ordentlich vergrößert:

So ist der Verbrauch an Weizen von 60 auf 96 Kilo, also um
60 % pro Kopf gestiegen.

Der Verbrauch an Fleisch von 35 auf 46 Kilo, um 32 %.

Der Verbrauch an Zucker von 6,3 Kilo auf etwa 15 Kilo,
um 146 %.

Der Verbrauch an Tabak von 1,2 Kilo auf 1,6 Kilo, um 30 %.

Der Verbrauch an Kaffee von 2,3 Kilo auf 3 Kilo, um 30 %.

Der Verbrauch an Südfrüchten von 0,6 Kilo auf 2,7 Kilo,
um 344 %.

Der Verbrauch an Baumwolle von 2,38 Kilo auf 5,9 Kilo,
um 148 %".

„Und nun sagen Sie mir, weshalb die Regierung Ihnen 400
Millionen Mark neue Steuern auferlegen will?"

„Da die Einfuhr in Deutschland nicht gleichen Schritt mit
dem Zuwachs der Bevölkerung gehalten hat, sind die Zoll-
einnahmen im Rückstand geblieben. Man fertigt heute bei
uns tausenderlei Dinge, die wir früher vom Ausland beziehen mußten. Daraus folgt, daß das Reich gezwungen ist, diesen Ausfall zu ergänzen, indem es Produkte, die übrigens in
anderen Ländern viel höher besteuert sind, belastet. In England zum Beispiel sind die Getränke mit 17,75 Mark, in
Frankreich mit 9,58 Mark, in Deutschland nur mit 4,48
Mark pro Kopf belegt. Der Tabak, der gleichfalls besteuert
werden soll, bringt in England 6,32 Mark ein, in Frankreich
7,75 Mark und hier 1,43 Mark! Vergleichen Sie diese Zahlen
mit denen, die ich Ihnen soeben über die Sparfähigkeit unserer Volksschichten nannte, und Sie werden sich sagen, daß
sie imstande sind, neue Lasten zu tragen, ohne daß dadurch
unsere wirtschaftliche Kraft allzusehr geschwächt wird."

Die Junker.
Besuch eines Rittergutes

Eine landwirtschaftliche Liga. – Schutzzölle und Freihandel. –
Zwei Tage auf einem schlesischen Schlosse. – Ein intelligenter
Landedelmann. – Sein Bureau, seine Bibliothek. – 4 000 Hektar
Land. – Landwirtschaftliche und industrielle Tätigkeit. –
Die Lage der Bauern. – Eine Adelsfamilie. – Das Majorat. –
Die Kühe und die Milch. – Wie der Getreidekurs geregelt wird. –
Gutserzeugnisse. – Kartoffeln, Runkelrüben, Stärke, Schnaps. –
Inspektoren, die inspizieren. – Torfmoore zu Rübenäckern
umgewandelt. – Methode und Fortschritt. – Die Macht der
Solidarität.

Unter den „Junkern" versteht man die Landedelleute Nord-
deutschlands, eine mächtige Partei, eine geschlossene, hochmütige Kaste, die sich mit Stolz rühmt, Preußen gegründet
zu haben, und die im König wohl das Oberhaupt, das sie
gewählt und dem sie Treue gelobt hat, nicht aber den unbe-
schränkten Herrscher sieht, der nach Gutdünken regieren
kann. Das preußische Herrenhaus hat es ihn zuweilen fühlen
lassen.

Doch haftet dem Ausdruck „Junker" ein gewisser verächtli-
cher Beigeschmack an, so daß, wer nicht absichtlich lästern
will, ihn höflicherweise nicht in den Mund nimmt. Im Grunde genommen bezeichnet er den Landadel, im Gegensatz
zum Stadt- und Hofadel.

Ich stellte mir nach alten Kupferstichen und der etwas gehässigen Tradition diese freiherrlichen Großgrundbesitzer als ungeschlachte, derbe Ritter vor: große Jäger, tüchtige Trinker, ganz ohne Bildung und Schliff, eine Art Bismarck ohne Kultur, die ihre Güter von halb sklavischen Verwaltern und ganz geknechteten Arbeitern bebauen ließen.

Nun traf ich eines Abends in einer großen Stadt des Ostens, bei Gelegenheit der Geburtstagsfeier eines hohen Beamten, zu der ich geladen war, mit etwa einem Dutzend Grundherren aus Posen, Schlesien, Brandenburg und Mecklenburg zusammen; alle in Frack oder Smoking, lauter liebenswürdige, gebildete, zuvorkommende Menschen, die des Französischen mächtig waren, mit großer Sachkenntnis allerdings dem Heidsieck-Monopole zusprachen und sich lebhaft mit allem Ernst und der Routine westfälischer Fabrikbesitzer über Geschäfte unterhielten.

Bei Tisch äußerte ich den Wunsch, ein Rittergut besichtigen und einen Blick in das Leben eines adligen Gutsherrn tun zu dürfen. Sofort schlug mir einer von ihnen mit großer Liebenswürdigkeit eine Zusammenkunft für den nächstfolgenden Tag vor und lud mich ein, auf seinem Schlosse Quartier zu nehmen, solange ich es zu meiner Belehrung für nötig erachte.

Die agrarische Frage hat seit vier Jahren, seitdem das Gesetz über die landwirtschaftlichen Schutzzölle angenommen wurde, in Deutschland einstweilen ihre Lösung gefunden. Fünfundzwanzig Jahre lang führte die konservative Partei, die sich hauptsächlich aus großen Landwirten rekrutiert, Krieg, um diesen Schutz zu erlangen. Die Industrie, die dank der Caprivischen Handelsverträge einen großartigen Aufschwung nahm und eine wirkliche Macht im Lande wurde, kämpfte in den Reihen der nationalliberalen Partei gegen

Ausfahrt mit dem Landauer – Rittergutsgebäude von Schoen-Romotten, 1890

den Einfluß der ausschließlich konservativen Junker. Diese, die sich der Politik bisher ferngehalten hatten und sich auf dem Punkte sahen, ihr Hab und Gut verkaufen zu müssen, erkannten, daß das Heil in der Vereinigung liege, und schlossen sich zu einer Liga, dem Bund der Landwirte, zusammen, der rasch politische Bedeutung gewann und sich ein eigenes Blatt gründete.

Da die Industriellen unter dem Regime der Handelsverträge schließlich vollauf Zeit gehabt hatten, sich zu entwickeln und gegen die ausländischen Konkurrenten zu wappnen, erhielten nun auch die Agrarier durch ein Schaukelspiel, wie es die kluge und weise Politik der Hohenzollern übt, ihre Genugtuung. Auf 10 Jahre hinaus sind sie nunmehr gesichert.

Ein netter Sieg! grollen die Industriellen. Man nennt Deutschland einen agrarischen Staat, und das ist nicht richtig, er war es freilich einstmals, aber er ist es nicht mehr. Heute ist die Industrie der Quell des Reichtums und der gedeihlichen Entwicklung unseres Landes. Das jedenfalls ist eine unanfechtbare Tatsache, daß Deutschland, solange es Ackerbau trieb, arm war. Sehen Sie sich heute nur allein die Textilindustrie an, die drei Milliarden unserer Jahresproduktion ausmacht.

Was nützt es – sagen die Freihändler –, etliche Großgrundbesitzer unseres Nordens und Ostens Geld verdienen zu lassen und so eine erkünstelte Wohlfahrt zu schaffen, die nur einen kleinen Kreis Bevorzugter bereichert. In Frankreich läßt sich eine solche Politik noch verstehen, weil viele Bauern über eigenen Besitz verfügen. Nur ein Drittel der französischen Bevölkerung ist in den Städten mit über 4 000 Einwohnern seßhaft, die zwei anderen Drittel leben auf dem Lande. In Deutschland wohnen drei Viertel der Bevölkerung in der

Stadt, nur ein Viertel auf dem Lande. Bei uns ist der Bauer, vor allem der Bauer in Norddeutschland, wo es große Güter in Menge gibt, meist nicht Eigentümer. Die Feldarbeit hat also keine Anziehungskraft für die arbeitende Klasse, die das Leben in den Städten mit ihren vielen Menschen mit Recht bequemer und angenehmer findet. Und hat der Bauer einmal das städtische Dasein gekostet, will er nicht mehr zu seinem Pflug zurück. Eher wird er – na, gleichviel, was er tun würde . . . Und dabei fehlt es immer noch an Arbeitskräften bei der Industrie; die Schiffswerften von Blohm und Voß in Hamburg suchen 3 000 Arbeiter, Thyssen braucht 2 000 für seine westfälischen Bergwerke.

Ich war pünktlich an dem mit Baron von H... vereinbarten Orte zur Stelle. Ein Diener wartete mit einem englischen Zweiräder am Bahnhof auf mich. Durch Felder und Wiesen gelangte ich zum Schlosse, einem halb altertümlichen, halb modernen Wohnsitze. Ein weißer, viereckiger Turm, von dem spitzen, roten Ziegeldach überragt und von vier Türmchen flankiert, nimmt dessen Mitte ein. Zu beiden Seiten dehnt sich ein zweistöckiger, regelmäßig von Fenstern durchbrochener Flügel, mit einer Terrasse im Erdgeschoß, die auf einen See hinausgeht, der sich eine Strecke weit dem Park entlang zieht und zum Gute gehört.
Mächtige Bäume breiten schützend ihre schattigen Kronen über die Schloßtürmchen aus. Im Inneren: zwei oder drei Salons, mit einfachem, modernem Komfort ausgestattet, dann ein hellgetäfeltes Speisezimmer; Korridore und Treppenhaus sind mit zahlreichen Hirsch- und Rehgeweihen geschmückt.
Hier das Bureau des Landedelmanns mit seiner Schreibmaschine, seinen Briefordnern, seinen Aktenschränken, seinen

Fernsprechern, die ihn direkt mit jedem der einzelnen Güter verbinden, mit seinen Mappen für Quittungen, Korrespondenzen, Statistiken.

Hier seine Bibliothek: „Die Fruchtfolge", „Neue Bodenbestellung", „Viehernährung", „Düngerstoffe" etc. Er hat seine „Register"-Tafeln mit Kolonnen drucken lassen, um die Ernten, ihre Termine, die Beschaffenheit und den Anbau der Äcker, deren Ertrag, den Gewinn jeden Frucht- und Viehverkaufes aufzeichnen zu können.

Er braucht nur ein solches Register aufzuschlagen, um bis auf Heller und Pfennig zu wissen, was er an Sämereien, an Dünger verbraucht hat, was die Löhne für das Bestellen, Einernten, Dreschen, Einscheunen jedes Grundstückes ausmachten, kurz, wieviel der Reingewinn betrug. Hier ist eine Waage, um das spezifische Gewicht von Korn und Roggen zu wiegen, die ein gewisses Maß von Schwere haben, das heißt, trocken sein müssen, ehe sie gemahlen werden dürfen. Nebenan ein Instrument, um die Gerstenkörner zu zerschneiden und auf ihre Qualität hin zu prüfen, ein anderes Instrument, das wie eine Retorte aussieht und untersuchen soll, ob der Boden genügend Kalk besitzt. In einem der Höfe befindet sich ein Regenmesser und ein Barometer, dazu bestimmt, das Wetter und die durchschnittliche Regenmenge mit den entsprechenden Aufzeichnungen anderer Gegenden zu vergleichen, um zu erfahren, ob diese Naturerscheinungen in Beziehung mit dem Ernteertrag stehen. Tabellen zeigen Tag für Tag den Wetterstand des Ortes seit Jahren an. Da man sehr weit entfernt von der Stadt ist, muß man sich sein Gas selbst herstellen. Daher hat Baron von H... in einem Schuppen in der Nähe des Wohnhauses einen kleinen Gasometer anbringen lassen, der nun das Ganze mit Azetylengas versorgt.

Die freiherrlichen Besitzungen umfassen 2 000 Hektar Ak-
kerland: Korn, Hafer, Roggen, Gerste, Weizen und Runkelrüben, 800 Hektar Wald, 500 Hektar Wiesen, 500 Hektar
Seegelände und 500 Hektar Brachfelder, somit mehr als
4 000 Hektar im ganzen. Ein hübsches Ende für eine Wagen-
fahrt.

Nach dem Frühstück und einer raschen Wanderung durch
die schattigen Alleen des Parks führt meinen Gastgeber und
mich eine Pause in das Feld hinaus.

„Sie werden sehen", sagte er lachend, „daß wir uns keineswegs dem Laster des Müßiggangs hingeben. Meine Obliegenheiten sind nicht weniger zahlreich als die eines Staatsmi-
nisters. Ohne von den Neuerungen, die ich auf gut Glück
vornehme, zu reden, erfordert die Verwaltung des Gutes eine
fortgesetzte Tätigkeit. Jede Woche erhalte ich die Berichte
der verschiedenen Höfe: soundso viele Kartoffeln dieser
oder jener Sorte wurden in die Stärkefabrik geliefert, soundso viel Rüben mit soundso viel Zuckergehalt gehen morgen nach der Zuckersiederei ab, auf jenem Gut hat man eine
neue landwirtschaftliche Maschine probiert, nun teilt man
mir die Resultate mit. Ich muß die Rechnungen des Wirt-
schaftsbetriebes prüfen, den Kurs studieren und alles dergleichen, kurz, ich muß ebensogut Kaufmann wie Landwirt
und Industrieller sein, denn ich verwerte manches von meinen Ernten, wie zum Beispiel von der Kartoffelernte,
selbst . . ."

„Aber in allem können sie schließlich nicht beschlagen
sein!"

„Gewiß nicht. Deshalb haben wir auch unsere Inspektoren,
Leute, die für die einzelnen Zweige der Landwirtschaft kom-
petent sind. Einige sind vom Staat, von der Provinz ernannt,
einige von den landwirtschaftlichen Syndikaten angestellt,

wieder andere stehen im Solde des Gutes. Meine Schafe z. B. werden von einem Inspektor untersucht, der die Aufsicht über sämtliche Herden des Reiches hat und der den Besitzern gleichzeitig die Böcke verschafft, die nötig sind und die je nach der Rasse der Schafe verschieden sein müssen. Ich habe einen Inspektor für meine Waldungen, der dem landwirtschaftlichen Ausschuß unserer Provinz angehört, einen anderen für die Molkereien, der von der Milch aller meiner Ställe und Kühe vorwegnimmt und sie auf ihren Fettgehalt hin prüft. Diese Untersuchung hat ihre großen Vorteile. Denn wenn die Milch einer Kuh nicht genügend Butter gibt, wird das Tier gemästet und weggeschafft. Der Wasser-Inspektor sieht nach, ob die Röhren, die Gräben sich in Ordnung befinden, ob die Futtergräser gut sind und das Unkraut sie nicht überwuchert.

Ferner haben wir eine Prüfungskommission für die Zuchtstiere und die Zuchtkühe, die den Zweck hat, die Züchtungsresultate zu kontrollieren, Kreuzungen zu verhindern und die Rassen rein zu erhalten. Es wird eine Stammrolle, das sogenannte ‚Herdbuch‘ geführt, wie für die Rassepferde.“

Wir kamen an riesigen, mit mächtigen Granitsplittern und erratischen Blöcken besäten Feldern vorbei.

„Hier genügt es nicht“, wurde mir erklärt, „den Boden zu ritzen, man muß mit einem starken Dampfpflug tief in die Erde graben, der alle diese Steine an die Oberfläche befördert. Man pflastert die Straßen damit, laut Vorschrift muß ein Pflasterstein 18 Zentimeter groß sein. Sie sehen, daß man dieses Maß herausbekommen kann.“

Die Straße war in der Tat stellenweise von Haufen roten Granits eingefaßt, dessen Glimmerteilchen in der Sonne glitzerten.

„Was die Düngung anbetrifft, so wird sie jedes Jahre erneuert, außer der Pottasche, die zwei bis drei Jahre anhält. Ich gebe jährlich 40 000 bis 50 000 Mark für chemischen Dünger aus. Der kalkhaltige Dünger kostet 40 Pfennige pro Zentner und 25 Pfennige Fracht, also 65 Pfennige, und ich brauche 4 000 Zentner pro Hektar. Rechnen Sie nach. Das Ammoniak, das wir sehr viel anwenden, ist noch teurer."

Zu beiden Seiten des Weges zogen sich lange Strecken mit Lupinen, Buchweizen, Senfpflanzen und Färberscharte mit ihren kleinen, weißen, Waldmeister gleichenden Blüten bestandene Felder hin. Hier wie in Mecklenburg dehnen sich die Ländereien in endloser Weite.

„Sehen Sie", sagte mein Führer und wies auf ein entferntes Anwesen, „da haben Sie den Typus des normalen Rittergutes: 150 Hektar guten Boden rings um den Hof herum, alles angebaut, einen kleinen Wald auf dem Hügel, unten einige Bauernhäuser, Getreide-, Kartoffel- und Rübenäcker."

In der Nachbarschaft eines großen Gutes, wie das des Barons von H..., leben, gleich Champignons im Schatten einer Eiche, freie Bauern, zum Teil auf eigenem Grund und Boden. Diejenigen, die über 10–20 Hektar verfügen, arbeiten, von ihrer Familie unterstützt, auf ihre Rechnung, die anderen, die nur ihre 1–2 Hektar besitzen, verdingen sich als Tagelöhner beim Gutsherrn.

Es gibt auch arme Rittergutsbesitzer. Manche Jahre waren schlimm für die Landwirtschaft, so daß viele Güter höher belastet sind, als sie eintragen. Aber die Junker hängen mit leidenschaftlicher Liebe an ihrer Scholle. Mir sind solche bekannt, die ihr Vermögen leicht zu sechs bis sieben Prozent in der Industrie und im Handel anlegen und auf diese Weise ein ungebundenes, sorgenfreies Dasein in der Stadt führen könnten, die aber vorziehen, ihre Güter selbst zu bewirtschaften, wobei sie mit Mühe und Not zweieinhalb Prozent herausbekommen.

Haben sie ihr Erbe angetreten, besuchen sie noch, wie fleißige Studenten, etwa zwei Jahre hindurch eine landwirtschaftliche Schule und widmen sich dann dem Ackerbau und der Viehzucht. Wenn der Vater das Zeitliche segnet, erbt der älteste Sohn das Gut.

Im allgemeinen wird es nicht geteilt, denn es besteht aus seinem Herrenhaus, seinen Ställen, Scheunen, Schuppen, die nicht zu trennen sind. Der Älteste muß den Anteil der Brüder und Schwestern somit in Geld ausbezahlen. Hat er dieses Geld nicht, nimmt er Hypotheken auf, und sind solche nicht zu finden, muß er verkaufen, außer es bestehe ein Majorat, eine Einrichtung, die bei vielen Familien mit großem Landbesitz noch üblich ist. In diesem Falle gehört das ganze Gut dem Ältesten der Familie, und wenn der Vater bei seinen Lebzeiten nichts zurückzulegen vermochte, stehen die anderen Kinder völlig mittellos da. Die meisten Majorate sind reich, denn nur große Güter mit guten Einkünften haben das Recht zu einer derartigen Verfügung, infolgedessen erhalten die jüngeren Geschwister nach dem Tode des Vaters eine gewisse Summe, die jedoch nicht immer zu ihrem Lebensunterhalt ausreicht. Daher in Deutschland die vielen wohltätigen Stiftungen, dafür bestimmt, unverheiratete Töchter adliger Herkunft, die auf diese Weise enterbt wurden und nach einem Leben im Überfluß sich manchmal von einem Tage zum anderen der Armut preisgegeben sehen, aufzunehmen und zu versorgen.

Es ist augenblicklich von Reformen die Rede, die Änderungen in diesem unzulässigen System herbeiführen sollen. Das Fideikommiß, mit andern Worten der Majoratserbe, soll gesetzlich dazu verpflichtet werden, alljährlich von den Einnahmen seines Gutes eine für den Unterhalt seiner Geschwister dienende Summe zurückzulegen.

Auf einem Stoppelfeld, an dem wir vorüberfuhren, irrte eine Herde Schafe umher. Der Schäfer ließ in der Zerstreutheit seinen Hund nach Herzenslust den Hasen nachjagen. Wütend fuhr der Baron, plötzlich die Unterhaltung abbrechend, auf, ließ den Wagen halten und gab, dunkelrot im Gesicht, beide Hände an den Mund legend, um die Stimme vernehmlicher zu machen, dreimal einen brüllenden Laut von sich, der bis an das Ohr des Schäfers drang. Dieser wußte, was die Glocke geschlagen hatte, und humpelte, das eine hinkende Bein über die harten Erdschollen nachschleifend, eiligst herbei, um atemlos, die Mütze in der Hand, mit zerknirschter Miene seine Entschuldigungen zu stottern ... In welcher mittelalterlichen Periode leben wir hier noch?

Die Pferde kehrten wieder zu ihrem Trab zurück, und mein Gastgeber beruhigte sich wieder.

„O, an Hasen ist sonst kein Mangel", bemerkte er lachend. „Während der Jagd werden täglich an die fünfhundert geschossen."

Im weiteren Verlauf unserer Fahrt begegneten wir kleinen Mädchen, blond wie die Strohstoppeln, Gänse oder Vieh hütend, die ihre Knickse vor uns machten, kleinen Jungen, die auf Erdhaufen geklettert waren, Männern, die unterwürfig grüßten. Wenn wir haltmachten, kamen die polnischen Arbeiter herbei, um dem Herrn die Hand zu küssen.

„Die Schafe vermindern sich", wendete dieser sich an mich, „es wird zu teuer. Auf den Feldern läßt sich nichts mehr machen, nachdem sie abgeweidet sind. Sowie das Getreide geschnitten ist, muß möglichst bald umgeackert werden, damit die Feuchtigkeit den Boden besser durchdringt. Lasse ich die

Schafe auf ein Stück Land, kann ich nicht graben, und die nächste Ernte fällt schlechter aus. Außerdem trägt das Schaf- oder Hammelfleisch kaum etwas ein. Die Zölle, mit denen man es in Frankreich lange schon belegt hat, drückten bei uns die Preise des zu alltäglich gewordenen Fleisches herunter, weil eine Ausfuhr nicht mehr möglich ist. Und zudem findet der Deutsche keinen großen Geschmack daran, während es für die armen Leute kein vorteilhaftes Nahrungsmittel sein soll. Was die Wolle anbetrifft, so kommt eine solche Masse zollfrei aus Australien zu uns herüber, daß gar nicht daran zu denken ist, sich in eine Konkurrenz einzulassen.

Deshalb ziehe ich die Kühe, die Schweizer und die Oldenburger Rasse, die Pferde, die Rinder und die zur Arbeit wie zur Mästung vorzüglich geeigneten Ochsen vor."

„Und was machen Sie mit all der Milch?"

„Die schicke ich nach Lissa, denn unsere Bauern haben die Kunst, Butter und Käse zu bereiten, verlernt. Vor einigen Jahren gründeten sämtliche Gutsbesitzer der Gegend eine Gesellschaft für den Vertrieb der Milch und ihrer Umwandlung in Butter, Käse und Ölkuchen. Seitdem sind die Butterfässer von unsern Höfen verschwunden. – Ich selbst kaufe meine Butter in der Stadt.

Alle die Tiere, die Sie hier sehen, werden jedes Jahr geimpft. Bei den Kälbern habe ich vor zwei Jahren das Behringsche Rinderserum gegen Tuberkulose versucht, alle sind gesund geblieben. – Seit fünf Jahren lasse ich die Schweine impfen und habe keine Epidemie mehr gehabt, während meine Arbeiter, die sich dieser Neuerung widersetzten, ihre Schweine wie früher verlieren."

Die Scheunen, wo die Roggen-, Weizen- und Gerstenernte trocknete, mußten in Augenschein genommen werden.

201

„Hier ist der für den Verkauf bestimmte Vorrat und hier die Reserve für die Aussaat. Jetzt werde ich von meiner Gerste und meinem Korn Proben an eine Anzahl Händler schicken und mich für den entscheiden, der am besten zahlt. Von der Gerste hoffe ich mindestens 16 Mark und vom Korn etwa 14 Mark pro Doppelzentner zu erlösen."

„Und wer bestimmt die Kurse?"

„Es existiert eine von den Landwirten ernannte und vom Staat genehmigte Prüfungskommission, die darauf achtet, ob die in den Zeitungen ausgeschriebenen Preise stimmen. Der Bund der Landwirte hat die Regierung von der Notwendigkeit dieser Maßregel überzeugt. Anfangs sträubte sie sich dagegen, um dem Handel seine Freiheit zu belassen, dann gab sie nach.

Nun ernennt die Regierung freiwillige Kontrolleure unter den Gutsbesitzern und Händlern, die den Markt zu überwachen haben. Auf allen Getreidemärkten, in Lissa, in Posen, in Breslau sind welche zu finden."

Unsere Fahrt führte uns an endlosen Kartoffeläckern vorüber.

„Im Herbst", sagte mein Gastgeber „zahle ich wöchentlich während der Kartoffelernte, bei einem Tagelohn von 80 Pfennigen, etwa 2 400 Mark für Extralöhne. Meine Ernte beträgt gegen fünf Millionen Kilo."

„Was fangen Sie damit an?"

„Drei Millionen Kilo ungefähr werden zur Stärkefabrikation verwendet, das übrige wird für die Küche, für Viehfutter und zur Aussaat benützt. Meine Rübenernte ergibt zwei Millionen Kilo. Durchschnittlich kann ich auf 700 000 Kilo Roggen und 300 000 Kilo Korn, Hafer und Gerste rechnen. Das alles wird verkauft."

„Weshalb machen Sie nicht lieber Schnaps anstatt Stärke aus Ihren Kartoffeln?"

„Ja, sehen Sie, wenn man außer den Kartoffeläckern sehr viele Wiesen besitzt, ist es vorteilhafter, Stärke zu fabrizieren als Schnaps zu brennen, weil die Rückstände der Stärke sehr reich an Düngstoffen sind, während das Wasser, das beim Schnaps übrig bleibt, kaum mehr zu verwerten ist.

Und dann bringt den Großgrundbesitzern die Schnapsfabrikation keinen sonderlichen Gewinn, man hat enorme Abgaben zu zahlen, die im Verhältnis zu der Produktion steigen, wahrscheinlich, um sie einzuschränken. Ich ziehe jedenfalls die Stärke vor. Sie sollen nachher die Stärkefabrik, die ich auf einem meiner Güter eingerichtet habe, zu sehen bekommen."

„Und was geschieht mit den Runkelrüben?"

„Mit ihnen habe ich mich nicht weiter zu befassen. Ein Syndikat von Rübenproduzenten hierzulande, dem ich beigetreten bin, hat eine Zuckersiederei gegründet, wohl eine der größten Deutschlands. Wenn meine Ernte bereit ist, schicke ich einige Proben an diese Fabrik. Anderen Tages meldet mir ein Schreiben, daß die Rüben des einen Grundstückes soundso viel Prozent, die jenes Ackers dieses Quantum an Zuckergehalt besitzen. Bei der Gesamteinschätzung der Waggons, die ich abzuschicken beabsichtige, weiß ich nun sofort Bescheid, wieviel mir meine Ernte eintragen wird. Außerdem läßt mich die Analyse erkennen, ob meine Äcker genügend gedüngt sind, um den Höchstbetrag an Zucker zu erzielen. Das ist ein wertvoller Aufschluß für die nächste Ernte."

Am Ende eines großen Weihers erhebt sich die Stärkefabrik.

„Hier also geht die Verwandlung meiner Kartoffeln vor sich", erklärte Baron von H... . „Eine höchst einfache Einrichtung, wie Sie sehen werden.

Solange die Fabrik in Tätigkeit ist, langen täglich 25 000 Kilo Kartoffeln an, denn der Raum ist beschränkt. Die Wagen werden abgeladen und die Kartoffeln durch eine Rinne in einen weiten Seiher befördert, wo sie auf mechanischem Wege gereinigt, dann, gleichfalls durch eine Maschine, in einen Reiber und von dort in eine Anzahl großer Bottiche gebracht werden, in welchen sich ein Mühlstein befindet, der sie nun vollends zu Brei zerquetscht. Die Stärke setzt sich zu Boden, wird gereinigt und getrocknet. Alles, was nicht Stärke ist, steigt an die Oberfläche und wird vom Wasser fortgeschwemmt, und diese Rückstände werden zur Viehfütterung aufbewahrt. Die Stärke jedoch schickt der Landwirt, gerade wie seine Rüben, an einen Verein, der sie verkauft mit der von soundso viel anderen Fabriken zusammen. Die beste geht nach England."

Unser Weg führte uns am See mit seinen flachen, schilfbewachsenen Ufern entlang.

„Dieses Wasser treibt die Fabrik", setzte mir der Baron auseinander. „Aber da wir nichts umkommen lassen, schickt man die Fische der drei Seen nach Lissa oder Breslau."

Ganz nahe bei der Stärkefabrik befanden sich neue und noch unbewohnte Arbeiterhäuschen, aus Backsteinen erbaut, im Erdgeschoß zwei kleine Räume und einen Milch- und Gemüsekeller enthaltend, im oberen Stockwerk ein Zimmer und eine Bodenkammer zum gemeinsamen Gebrauch für mehrere Familien, die jede über eine Abteilung verfügt, um Wäsche zu trocken. Gegenüber liegt der Stall für die Ziege und das Schwein."

Fast die ganze Kolonie ist polnisch, nur der Hufschmied und einige Beamte sind Deutsche.

„Das ist sehr gut eingerichtet, nicht wahr?" meinte mein Begleiter. „Aber ich weiß wohl, in zehn Jahren werden die

Leute mehr haben wollen ... Für den Augenblick sind sie höchlich befriedigt und verlangen nichts Besseres. Doch die Regierung verwöhnt sie. Sehen Sie sich die Ausstellungen für Arbeiterwohnungen und Möbel an ... Das ist von einem Luxus!"

Und dennoch, wie waren sie trübselig, diese armen kleinen Häuschen, ganz verloren in dieser weiten Ebene, an diesem einsamen Teich, ... ohne Grün, ohne Horizont ...

Nach einer Weile trafen wir andere, in weiteren Abständen auseinanderliegende Arbeitersiedelungen an: einige elende, halbverfallene Hütten, die eine Gruppe bildeten, nur aus aufgetürmten Bruchsteinen hergestellt, das Dach mit Flechten und Moos bedeckt, der Boden aus gestampftem Lehm. Auf der Schwelle schwangere Weiber, ein Kleines auf dem Arm. Neben ihnen zerlumpte oder in viel zu großen Kleidern steckende Kinder, die sich zwischen Hühnern, die ungehindert vom Hof ins Haus und vom Haus in den Hof marschierten, und Schweinen herumtrieben.

Das ständige Wirtschaftspersonal auf den verschiedenen Gütern des Barons setzt sich aus 200–300 Personen, die sich auf ungefähr 125 Familien verteilen, zusammen. Zur Erntezeit wird eine große Zahl Hilfstruppen aufgeboten. Wovon leben diese Leute? Wie werden sie bezahlt? Wir befinden uns mitten auf Feudalgebiet des agrarischen Preußens, am richtigen Orte also, um sich über die durchschnittlichen Lebensbedingungen des ostelbischen Bauern zu unterrichten.

An Geld erhalten die Landarbeiter 100 Mark im Jahr, in vierteljährlichen Raten ausbezahlt. Sie müssen verheiratet sein, und die Frau hat im Sommer bei der Getreide-, im Herbst bei der Kartoffelernte, im Winter beim Dreschen mitzuhelfen. Besitzt der Arbeiter keine Frau, muß er ein Kind, einen Sohn oder Neffen, die alt genug sind, um ihm an die Hand zu gehen, bei sich haben. Wenn die Frau arbeitet, bekommt sie im Winter 60 Pfennig, im Sommer 1 Mark Tagelohn, da die Tage dann länger sind. Außerdem stehen ihnen für ihren Lebensbedarf jährlich 1 250 Kilo gemischtes Getreide, Gerste, Korn, Roggen, 3 000 Kilo Kartoffeln und Holz und Kohlen im Werte von 60 Mark zu. Sie haben ferner die Nutznießung von 1 250 Quadratmetern Land, um ihr Gemüse, Kohl, Rüben, und das Futter für ihr Vieh, meistens eine Ziege und eine Kuh, zu pflanzen. Manchmal hält ihnen der Gutsherr zwei Ziegen neben der einen Kuh, oder er liefert ihnen wohl auch ein gleiches Quantum Milch, das eine Kuh oder zwei Ziegen täglich geben würden. Dann füttern sie zwei Schweine auf, wovon sie das eine meistens verkaufen und das Fleisch des anderen zur eigenen Verwendung einpökeln.

Sie haben überdies das Recht, sich Hühner zu halten, die sie in der Stube unterbringen, weil die Hühner der Wärme bedürfen, wenn sie legen sollen.

In Krankheitsfällen stehen ihnen Arzt und Medikamente unentgeltlich zur Verfügung.

„Wenn der Arbeiter oder einer seiner Angehörigen stirbt, zimmert ihnen der Dorfschreiner den Sarg meistens aus unseren Brettern zurecht", erzählte mir der Gutsherr, „und wir lassen es geschehen. Die Familie hat also nur den Geistlichen zu zahlen."

„Und diese Bedingungen genügen ihnen?"

„Aber gewiß! – Bedenken Sie doch, daß sie den täglichen Bedarf an Lebensmitteln in ausreichender Menge geliefert bekommen. Sie nähren sich vor allem von Kartoffeln und von Speck. Aus reiner Vorliebe. Die polnischen Arbeiter essen daheim nie Fleisch, nehmen wir sie aber in Dienst, verlangen sie welches, vor allem, wenn sie beim Militär waren, wo sie sich an reichlichere Kost gewöhnt haben. Ich glaube jedoch, daß die Arbeitslöhne etwas erhoht werden, wenn die Getreidekurse fernerhin gut bleiben. Denn viele gehen nach Westfalen oder in die schlesischen Hüttenwerke, um drei bis vier Mark täglich zu verdienen, was sie ein Vermögen dünkt. Aber sie werden schon wiederkommen ... Ich habe ihrer bereits drei oder vier, die nicht da unten bleiben wollten. Sie wußten nicht, daß die Arbeit in den Eisenhämmern und auf den Zechen so beschwerlich ist. Vier Mark möchten sie wohl verdienen, aber dafür arbeiten wie hier ...

Schließlich ziehen sie doch die sichere Landarbeit vor, die sie der Sorge entlebt. Wenn in den Hüttenwerken nicht mehr so viele beschäftigt werden können, sind sie binnen 15 Tagen entlassen und müssen sich immer nach neuem Verdienst umschauen. Hier engagiere ich sie am 1. Oktober mit einem Jahreskontrakt vom 1. Januar ab. Sie suchen den Verwalter auf und verlangen die Wohnung, die sie beziehen sollen, zu sehen. Ist der Kontrakt unterschrieben, holt man sie, ihre Frau, ihre Kinder, ihre Ziege, ihr Hausgerät, ihren Ofen auf der nächsten Bahnstation ab. Sind sie zufrieden, so bleiben sie; drei Prozent gehen, wenn der Kontrakt abgelaufen ist. Werden sie alt und gebrechlich, behalten wir sie und sorgen für Kost und Unterkunft.

Ich muß für jeden Arbeiter, den ich einstelle, 10 Pfennig pro Woche an die Pensionskasse zahlen, den gleichen Betrag hat er selbst zu entrichten, also fünf Mark im Jahr. Am Schluß des Jahres erhält er diese fünf Mark insofern zurück, als ich sie auf seinen Namen bei der Sparkasse anlege."

„Und worin bestehen Ihre weiteren Verpflichtungen?"

„O, ich habe deren noch genug, glauben Sie mir! Erst die 207

Einkommensteuer, dann die Distrikts- und Gemeindeumlagen, die Schul- und Kirchenabgaben, wovon ein Drittel auf meine Leute, zwei Drittel auf mich fallen.

Wir sind einer beständigen Aufsicht und Kritik durch die Arbeiter-Inspektoren ausgesetzt. Um Unfälle in der Fabrik, auf den Gutshöfen, sogar auf dem Felde zu verhüten, müssen wir die Leitern an der Wand befestigen, müssen wir Leitern mit zugespitzten Füßen haben, müssen wir die Heufuder auf eine bestimmte Art und Weise laden und was weiß ich, was alles noch!"

„Empfinden Sie das nicht als unnütze Schererei?"

„Nein", entgegnete er lächelnd. „Es ist etwas lästig, das will ich zugeben, aber wir sehen ein, daß das Prinzip gut ist. Gesetz ist nun mal Gesetz, und wir haben ihm zu gehorchen."

Wir verließen die Stärkefabrik, um ein anderes, in der Nähe gelegenes, vor etwa zwölf Jahren angekauftes und von Torfmooren umgebenes Besitztum in Augenschein zu nehmen. Eben aufgeblühte Sonnenblumen reckten ihre hohen, steifen Stengel in die Höhe und zeichneten lange gelbe Streifen in die kahlen Felder.

„Ein kleiner Luxus, den ich mir der Jagd wegen gestatte", belehrte man mich. „Im Winter suchen die Fasanen unter diesen Stauden Schutz und tun sich an den Kernen gütlich. Ist die Jagdzeit da, wird ihr Zufluchtsort glattgemäht, und die Stengel werden als Viehfutter verbraucht."

Bald waren wir inmitten des Moores angelangt.

„Als ich dieses Land ankaufte", fuhr mein Gastgeber fort, „war der größte Teil noch unangebaut. Heute liefert es mir meine besten Ernten. Die Verbesserung des Bodens hat mich freilich mehr gekostet als der Kauf, aber das Ergebnis war wohl des Opfers wert. Um diese Grundstücke ertragfähig zu machen, müssen sie nur vor den Unbilden der Witterung geschützt werden, denn das Moor selbst ist sehr reich an nahrhaften Stoffen. Wenn Frost eintritt, wirkt der Boden wie ein Schwamm, quillt auf, und die Wurzeln der Pflanzen werden losgerissen.

Im Sommer wieder erhitzt er sich zu stark unter den Sonnenstrahlen. Bewirft man ihn jedoch mit Sand, so verschwinden alle diese Nachteile. Sehen Sie diese Anhöhe dort? Die habe ich einem Bauern abgekauft. Von da und aus jenem nahen Walde wurde der Sand hergeholt, der notwendig war, diese weite Fläche zu bedecken, die vor einigen Jahren nichts als ein Torfmoor gewesen ist. Kleine Wagen führten auf eigens dafür gelegten Schienen den Sand nach allen vier Enden. Eine 15 Zentimeter hohe Schicht genügt, das Moor zu sichern, tiefer greift der Pflug beim Umackern nicht."

Wir schritten über neu angesäte Rapsfelder:

„Da sehen Sie her", sagte der Baron und begann, mit dem Peitschenstiel den Boden aufzukratzen: 15 Zentimeter unter dem Sand kam das Moor zum Vorschein.

„Dieses Feld umfaßt 25 Hektar, hier habe ich voriges Jahr meine schönsten Rüben geerntet und dort in jenem Acker von 100 Hektar an einem Stück prachtvollen Weizen."

„Und wie kamen Sie auf die Idee dieser Verbesserung?"

„O, die ist nicht neu. In Sachsen ist man vor 40 Jahren darauf gekommen. Seitdem haben sich viele Länder diese Methode angeeignet. Vergangenes Jahr besuchte mich ein holländischer Gutsbesitzer, um sich meine Moorkulturen anzusehen und die Sache auf seinen sumpfigen Ländereien zu probieren."

Ich gelangte allmählich zu der Erkenntnis, daß der deutsche Landwirt weder der bäurische Gutsbesitzer noch der müßige

Aristokrat sei, als den ich mir ihn vorgestellt hatte. Ich sah ihn jetzt vor mir, auf steten Fortschritt bedacht, als rührigen Viehzüchter, als gebildeten Landwirt, als Meteorologen, Geologen, Fischzüchter, Jäger, Fabrikanten und gewiegten Kaufmann. Ich wurde mir der Liebe des Preußen für seinen Boden bewußt, aber nicht minder der staunenswerten, manchmal heldenhaften Bemühungen, die die Sandflächen Pommerns und die Moore Brandenburgs in prächtige Wälder und fruchtbares Erdreich gewandelt haben. Ich würdigte jetzt das Verständige dieses Verfahrens, diesen fortschrittlichen Sinn, diese Freude an den Neuerungen, diesen Geist der Solidarität, die den Sieg über gefährliche Krisen davontrugen, und vor allem diese unermüdliche Energie und Ausdauer, die eine karge Natur zwingt, alle die Elemente zum Reichtum, die sie in ihrem Schoße birgt, herauszugeben.

Ich konnte meine lebhafte Bewunderung meinem Gastgeber gegenüber nicht zurückhalten.

„Ja", sagte er bescheiden, „ich habe viel zu tun und noch so manches Neue zu schaffen. Jedes Jahr bringt eine andere Beschäftigung. So muß ich morgen wieder in diese Wälder gehen, die wir jetzt durchfahren werden, in Begleitung eines Forstinspektors, um zu erfahren, welcher Schlag gefällt werden darf, und um mich zu überzeugen, ob die Bewirtschaftung gut ist. Unser Verwaltungsausschuß stellt den Gutsbesitzern Sachverständige zur Verfügung, die unsere Waldungen beaufsichtigen und über die rationelle Ausnutzung Rat erteilen. Oder die Gutsbesitzer stellen, nach gegenseitigem Übereinkommen, einen selbstgewählten, nicht amtlichen Verwalter an, der die Aufsicht über die Forste der verschiedenen Güter übernimmt. Ich besitze 750 Hektar Nutzholz. Nun werde ich durch ihn in Kenntnis gesetzt, wo zuallernächst Holz geschlagen werden muß. Wenn die Kaninchen

allzuviel von den jungen Bäumchen abgefressen haben,
müssen diese durch neue ersetzt werden. Letztes Jahr ließ ich
550 000 pflanzen. Überall da, wo sich der Boden nicht zum
Feldbau eignet, wird Wald angelegt. Ich habe einem polnischen Gutsbesitzer, der alles mit Stumpf und Stiel ausrotten
ließ, eine Sandfläche abgekauft und sie aufgeforstet. Die wird
meinem Sohn einst zu Nutzen kommen.

Alle Straßen lasse ich mit Bäumen bepflanzen. Ich versuche,
eine kanadische Art hier einzuführen, die ein leichtes, in der
Tischlerei für das Innere der Schränke verwendbares Holz
gibt. Dort unten, wo der Boden ärmer ist, pflanze ich Aka-
zien, die sich einer leichteren Erde anpassen, während die
Pappel von sandigem Grund nichts wissen will. Aber die
Bauern stehlen mir, unter dem Vorwand, sich Holz für ihren
Wintervorrat holen zu wollen, die Baumpfähle weg, und oft
sind meine Bemühungen vergeblich."

Der Abend brach an. Zwischen den Tannen hüpften Hasen
und Kaninchen munter hin und her. Etliche kecke Hirsch-
kühe, die bis an den Waldsaum gekommen waren, wagten
ein paar Sätze in das anstoßende Feld und verschwanden
schleunigst bei unserem Nahen. Wieder breitete sich die
weite Ebene, einsam und schweigend, vor uns aus. Sechs
volle Stunden befanden wir uns nun auf der Fahrt und hatten nur einen Teil der Besitzung zu Gesicht bekommen. Es
war allmählich fast dunkel geworden, ein leichter Dunst ent-
stieg dem Boden. Zwischen den Bäumen mit den schon ver-
schwimmenden Formen tauchte, ein imposantes, ernstes
Bild, der Schloßbau mit seinen weißen Mauern auf. Die
glatte Flut des Weihers glänzte noch in dem rosigen Wider-
schein der Lämmerwolken am Abendhimmel, und die fin-
steren Pappeln, von schwarzem Gewölk umwallt, bildeten
eine düstere Wand an seinen Ufern. Wir lenkten in den stillen, 211

nächtlichen Park ein, dessen Ruhe einen Augenblick von dem Kreischen des Tores, das hinter uns zufiel, und von dem Knirschen der Räder auf den kiesbestreuten Wegen unterbrochen wurde.

Der Abend verging unter politischen Gesprächen. Im Laufe der Unterhaltung fühlte ich mich zu der Frage veranlaßt:

„Wie rechtfertigen Sie in Ihren eigenen Augen, daß Ihre Landsleute teurer leben, daß sie für Brot, für Fleisch, für Gemüse, für Zucker mehr zahlen müssen, weil Ihre Partei, als die stärkere, sie zwingt, diese unentbehrlichen Dinge bei Ihnen zu kaufen, wo sie doch billiger wegkämen, wenn sie Fleisch und Getreide aus anderen Ländern beziehen könnten?"

„Die Regierung hat einsehen müssen", gab er zur Antwort, „daß es in geradezu unsinniger Weise eine der Hauptquellen, wenn nicht die wichtigste, verstopfen hieße, wenn man fortfahren wollte, die Landwirtschaft den Interessen der Industrie aufzuopfern. Zuerst muß eine Nation sich vom eigenen Boden nähren, wenn sie es kann. Was sollte werden, wenn eines Tages die Landwirtschaft, die man im Stich gelassen und preisgegeben hätte, dem Lande nichts mehr zu liefern vermöchte? Oder wenn ein Krieg ausbräche oder eine Koalition ihm die Zentren der ausländischen Verproviantierung verschlösse? Oder auch, was am meisten zu befürchten ist, wenn das Ausland, selbst unter einer Krise leidend, für seine Produkte unerschwingliche Preise forderte? Kann man sich vorstellen, daß ein Land seinen Boden unbestellt läßt? Wir sind zum Glück von einem solchen Wahnwitz weit entfernt."

„Und unterdessen werden alle zum Leben notwendigen Bedürfnisse teurer."

„Trotzdem verhält es sich in Wirklichkeit so, daß die Bevölkerung durchschnittlich mehr Fleisch ißt als vor zehn Jahren noch. Die Statistiken beweisen es. Und dabei nimmt diese Bevölkerung jährlich um 900 000 Menschen zu. Nun ist wohl die Nachfrage nach Fleisch größer geworden, aber der Viehbestand vermehrt sich nicht im gleichen Maße. Daher der Mangel und daher die Teuerung. Wir Landwirte verdienen indessen nicht mehr als im letzten Jahre, sondern die Fleischer sind es, die von dieser Krisis profitieren. Und weil es in Deutschland zu viel Fleischer gibt, kann nicht ein jeder genügend Fleisch verkaufen, um bei normalen Preisen etwas zu verdienen, und so schlägt er auf und hält sich an den einzelnen Kunden schadlos. Dazu kommen noch die sehr hohen Gebühren, die die Verwaltung den Schlachthäusern auferlegt hat.

Was den Roggen anbetrifft, den man bei uns zum Brotbakken verwendet, verkaufen wir ihn nicht teurer als in den vergangenen Jahren.

Lange ehe das Gesetz über die Schutzzölle angenommen wurde, hatten die Spekulanten die Preise zum Steigen gebracht. Wir sind also nicht verantwortlich für diese Wendung der Dinge. Die, die eine Verantwortung dafür trifft, sind anderswo zu suchen."

Ich verbrachte die Nacht im Schlosse, von neuem auf das angenehmste berührt von der großzügigen Art, wie in Preußen die Gastlichkeit ausgeübt wird, die viel herzlicher und namentlich viel natürlicher ist als in irgendeinem anderen Lande Europas, Rußland ausgenommen.

Arbeitgeber und Arbeiter

Der Klassenkampf ist kein leeres Wort. – Fabrikhygiene. – Eine Fabrik. – Wie man Streiks verhütet. – Autorität der Arbeitsinspektoren. – Bezahlt die Arbeiter besser. – Kranken- und Alterskassen. – Ihre Wirksamkeit. – Einige Arbeiterbudgets. – Die Kost. – Lauter Sozialisten. – Die Arbeiterinnenbälle. – Hartes Urteil über die Junker. – Charakter der politischen Opposition. – Der Dachdecker und seine Frau. – Das Programm der Sozialdemokratie. – Republikaner und Internationalisten. – Ansichten über die Ideen von Karl Marx. – Der Kaiser ist überflüssig. – Genossenschaftsbeiträge. – Disziplin der Gewerkschaften.

Als ich nach Deutschland kam, hatte ich die Absicht, den Marxistischen Sozialismus, seine Organisation, seine Gewohnheiten, seine Menschen, seine Fortschritte und seine Zukunft zu studieren. Nachdem ich mich ein wenig orientiert hatte, mußte ich, für den Augenblick wenigstens, diesen Plan aufgeben, da ich einsah, daß ein volles Jahr kaum genügen würde, um zu einem annehmbaren Resultat zu gelangen, wenn man mit einiger Gründlichkeit vorgehen wollte. Die Frage ist vielseitig und verwickelt.* Und die Schwierigkeit wird hier noch durch eine lokale, ziemlich sonderbare

---

* Edgar Milhaud hat in seinem hochinteressanten Buche über „die deutsche Demokratie" (bei Alcan erschienen) vor einigen Jahren ein geschichtliches Resümee über die Machtverhältnisse, die Taktik etc. gegeben.

Erscheinung erhöht: durch die offene, unverhohlene Feindseligkeit der leitenden Persönlichkeiten der Sozialdemokratie gegen alle, die nicht als anerkannte Anhänger auf sie schwören. Ein sozusagen polizeimäßiges Mißtrauen empfängt den Fremden in den sozialdemokratischen Genossenschaften: scheele Blicke, Getuschel, Unhöflichkeit, das ist das Schicksal, das den unparteiischen Kundschafter in den Kreisen deutscher Arbeitersyndikate erwartet. Ich habe eines Tages versucht, einem der Häuptlinge der Berliner Kartelle auseinanderzusetzen, daß man nicht nur die Arbeiter, die sich willig genug überzeugen lassen, bekehren müsse, sondern auch die Bürger und die verleumdete Klasse der Intellektuellen.

„Der Erfolg der Revolution von 1789", sagte ich zu ihm, „war erst an dem Tage gesichert, als Adel und Bürgerstand sich anschlossen."

Aber ich erhielt zur Antwort, daß sämtliche Bürger Heimtücker seien und daß die einzige wirksame Taktik im Klassenkampf bestehe etc. Kurz: absolute Verständnislosigkeit.

Die großen Führer der Partei – das muß ich hinzufügen – sind nicht von dieser Beschränktheit, die ihre Untergebenen auszeichnet. Aber was mich mehr interessiert als der ohnedies sattsam bekannte Standpunkt und die Geistesverfassung der Chefs, das ist die Meinung und die Mentalität der Soldaten und Unteroffiziere der sozialistischen Armee. – Wie gesagt, hätte es zu diesem Studium eines vollen Jahres bedurft, und ich wollte das Reiseprogramm, das ich mir vorgezeichnet hatte, einhalten.

Ich begnügte mich also damit, einen Einblick in das Tun und Treiben einer Fabrik, von sozialen Gesichtspunkten aus, zu gewinnen und mich mit den Arbeitern zu unterhalten.

U-Bahn-Bau Taubenstraße/Hausvogteiplatz, 1907

Ein Kartonagenfabrikant mitten im Zentrum Berlins öffnete mir die Tore seiner Fabrik, führte mich in dem ganzen Gebäude umher, ließ mich seine Bücher sehen, rief die Arbeiter, Arbeiterinnen und Meister herbei, mit denen ich zu sprechen wünschte, und gab mir selbst alle Erklärungen, die Wert für mich besaßen.

Mehr noch als wir in Frankreich hat Deutschland seine Gesetze über Hygiene in industriellen Betrieben. Werden sie durchgeführt? In welchem Umfange? Welcher Art sind die Beziehungen zwischen Arbeitgebern und Arbeitern? – Was tun erstere, um den Leuten, die in ihrem Solde stehen, die Arbeit zu erleichtern?

„Von Streiks ist bei mir nie die Rede", setzte mir der Fabrikant auseinander. „Da die Arbeiter hier keine zu ihrem bloßen Vergnügen bewerkstelligen, geben sie sich alle Mühe, sie zu vermeiden. Ich wiederum kann kein Interesse daran haben, meinen Betrieb ins Stocken zu bringen, und tue mein Möglichstes, um vorzubeugen. Zu diesem Zwecke haben wir einen Brauch eingeführt, den ich stets empfehle. So ziemlich jeden Monat kommen die Arbeiter in dem großen Saale eines benachbarten Restaurants zusammen, um bei einem Glase Bier ihre Angelegenheiten zu besprechen. Es sind nicht etwa politische Versammlungen, sozialistische Reden werden nicht gehalten, weder Haß noch Empörung wird gepredigt.

Aber Sozialisten sind sie alle. Sie besprechen indessen ihre Interessen ohne Gehässigkeit, ohne die Absicht, mir Scherereien oder auch nur Verdruß bereiten zu wollen. So habe ich letzthin die Verfügung getroffen, daß jeder Arbeiter, ehe abends Schluß gemacht wird, seinen Platz zu kehren habe, um nach ihrem Weggehen noch ein gründliches Reinemachen zu ermöglichen. Anfangs ging alles gut, dann, mit einem Male, wollten sie nicht mehr. Sie beriefen eine Versammlung ein, um sich miteinander zu verständigen, aber sie gaben die Parole aus, nichts zu entscheiden, ohne nicht auch meine Meinung darüber zu hören. Sie ließen mich rufen; ich ging mit ihnen in das Bierlokal und brachte sie ohne große Überredungskunst wieder auf ihren anfänglichen Standpunkt zurück. Andere Male diskutieren sie über die Geldstrafen, wehren sich, wenn sie meinen, man habe ihnen unrecht getan. Im allgemeinen lassen sie sich die Strafen im Bewußtsein, daß sie schuldig sind, ruhig gefallen, denn sie wissen, daß sie nicht in meine Tasche wandern, weil der Ertrag zu gemeinsamen Landpartien und zu neuen Buchankäufen für die Bibliothek verwendet wird. So ist der Verkehr zwischen uns beschaffen.

Ich muß übrigens gestehen, daß sie meistens recht haben, wenn sie irgend etwas verlangen, und deshalb höre ich sie gerne an, auch einigen wir uns fast immer.

Um nun diesen Verkehr zwischen uns bequemer zu gestalten, haben die Leute einen kleinen Aufsichtsrat unter sich geschaffen, der aus vier Männern und aus vier Frauen zusammengesetzt ist, die sich ein- oder zweimal monatlich, glaube ich, in einem der Speisesäle der Fabrik versammeln und beim Kaffee Beratung halten. Gestern wurde beschlossen, die Dimensionen der Kaffeenäpfe, die, ich weiß nicht warum, zu klein geworden sind, zu ändern. Neulich handelte es sich um neue Ventilatoren, die angebracht werden sollten.

Wie Sie sehen, sind wir weit von Terrorismus und Klassenkampf entfernt. Man sollte diese ‚Fabrikräte‘, die bis jetzt dem eigenen Belieben überlassen sind und die von der Regierung nur anempfohlen werden, obligatorisch machen. Sie würden vielen Konflikten die Spitze abbrechen und manche Streitigkeiten verhüten.

Diese Ratsversammlungen sind nicht allein wohltätige Puffer, sie vermitteln auch zugleich die Geselligkeit. Von ihnen geht die Anregung zu den Landpartien, zu Bällen, Konzerten aus ..."

„Werden die gesetzlichen Vorschriften über Hygiene in den Fabriken denn auch wirklich befolgt?" fragte ich.

„Die Vorschriften in dieser Beziehung sind sogar außerordentlich streng", erwiderte mein Gewährsmann. „Früher benutzte ich z. B. meine drei Meter hohen, sehr reinlichen, luftigen und durchaus gesunden Souterrains zu Arbeitszwecken.

Eines schönen Tages erscheint ein Arbeitsinspektor, der mir eine achttägige Frist für das Räumen dieser Gelasse stellt. Nicht anders erging es mir mit meinem fünften Stock, wo die Arbeitslokale in bester Ordnung waren: gestrichen, gleich den anderen. Und ein Parlamentieren gibt's da nicht. Der Herr kommt an, in seiner Uniform, sehr korrekt, von einem Polizeibeamten begleitet, nie an einem bestimmten Tage, aber einmal etwa in jedem Monat. Zuerst zeigt man ihm die Bescheinigungshefte der Arbeiterversicherung. Auf gut Glück nimmt er sich so ungefähr zehn Stück vor, sieht nach, ob alles stimmt, ob sie auf den laufenden Tag eingetragen sind, ob keine Unterschrift, kein Datum fehlt. Dann macht er die Runde in der Fabrik, nichts entgeht ihm, die kleinsten Nachlässigkeiten werden bemerkt, notiert, und wenn die von ihm bezeichneten Abänderungen bis zu seinem nächsten Besuche nicht vorgenommen wurden, nimmt man es zu Protokoll, dann heißt es Strafe zahlen und dergleichen mehr.

Heute gilt es, einen Ventilator anzubringen, eine Tür zuzumauern, wo Zugluft entsteht, gestern war es ein Schutzgitter, das fehlte, oder ein Ofen, der zu nahe an der Wand stand, morgen wird er entdecken, daß die Reinlichkeit einiges zu wünschen übrig läßt, daß eine Scheibe oder eine Fliese beim Waschen vergessen wurde, und ganz unverfroren wird alsdann beordert: ,Das alles muß gesäubert werden.' Ferner steht ihm das Recht zu, meine Bücher durchzusehen. Fällt ihm auf, daß eine Anfängerin nur etwa 8 Mark in der Woche verdient, kann ich gewärtigen, daß er zu mir sagt: ,Sie könnten sie eigentlich besser bezahlen.'

Nun könnte ich meinerseits vielleicht erwidern, daß ihn das nichts angehe, aber dann mache ich ihn mir zum Feinde, der mir tausenderlei Widerwärtigkeiten einbrocken kann. So bin ich gezwungen, allen seinen Aussetzungen Rechnung zu tragen, selbst wenn in den Vorschriften nichts davon steht. Auch muß ich nachweisen, was mit den Geldbußen, die den Arbeitern auferlegt werden, geschieht. Oder kommt ein heißer Sommertag, an dem das Thermometer auf 27 Grad steht, kann es ihm einfallen, sich zu vergewissern, ob die Fabrik um 5 Uhr, wie das Gesetz befiehlt, Schluß machte. Ist 5 Minuten nach fünf nicht geschlossen gewesen, sofort heißt es: Zahlen! – In den Speisesälen, die ich zur Bequemlichkeit der Arbeiter eingerichtet habe, muß ich darüber wachen, daß Frauen und Männer ihre Mahlzeiten gesondert einnehmen."

Er schlug mir sein großes Löhnungsbuch auf. Mit einem einzigen Blick übersieht man die Stundenzahl, die ein Arbeiter während des Jahres absolviert hat, und wieviel Lohn er dafür eingenommen hat. – Dieses Verzeichnis bietet der Finanzverwaltung die nötigen Anhaltspunkte für die Einkommensteuer und für die Unterstützung, auf die ein Arbeiter bei Unglücksfällen Anspruch hat. – „Wissen Sie, daß ich für meine 300 Arbeiter jährlich über 7 200 Mark an die Invaliditatskasse zahle? Zwei meiner Angestellten sind jahraus, jahrein mit dem Eintragen der Versicherungen und dem Einkleben der Wochenmarken beschäftigt.

Sie in Frankreich klagen über die Ansprüche der Arbeiter? Sie wissen gar nicht, wie gut Sie es haben.

Ich bin überzeugt, daß heute ein Zehntel unserer Handelshäuser und Industriebetriebe den Arbeitern außer zu Ostern, Pfingsten und Weihnachten auch noch den Lohn für die nichtgesetzlichen Feiertage zahlt. Und ich garantiere Ihnen, daß diese vorerst gewissermaßen fakultativen Maßnahmen binnen kurzem obligatorisch werden. Wir sind bereits verpflichtet, unsere Arbeiter auch für solche Stunden zu entlohnen, die sie bei Amts- oder Gerichtsverhandlungen, bei der Aushebung oder bei Verhören zubringen. Sämtliche großen Firmen haben besondere Kassen gegründet, die einzig durch Zuschüsse aus dem Geschäftskapital gespeist werden, um die gesetzliche Invaliditätsversicherung für ihre Arbeiter zu erhöhen.

Auch die Ferien sind obligatorisch. Unsere Angestellten oder die Meister erhalten einen vierzehntägigen, manchmal auch dreiwöchentlichen Urlaub oder wenigstens außer dem Sonntag allwöchentlich einen halben freien Tag. Wird ein Angestellter krank, so haben wir ihm sechs Wochen lang sein Gehalt weiterzuzahlen.

Bei alledem sind die gesetzlichen Alters- und Krankenversicherungen vorzüglich organisiert. Für Krankheitsfälle zahlt der Arbeiter oder die Arbeiterin 30 Pfennig wöchentlich ein, wenn ihr Lohn zwischen 11 und 16 Mark schwankt. Von 17 bis 20 Mark zahlt er 35 Pfennig, bei einem Lohn, der

20 Mark übersteigt, 65 Pfennig. Erkrankt er, so bekommt er 13 Wochen hindurch je nach seiner Lohnklasse 4 Mark 50 Pfennig, 7 Mark oder 12 Mark von der Kasse. Sobald er krank geworden ist, läßt er sich vom Arbeitgeber eine Bescheinigung ausstellen, die ihn als in dessen Diensten stehend legitimieren soll, dann begibt er sich zu einem der Kassenärzte, deren Namensverzeichnis er besitzt. Dieser untersucht ihn, gibt ihm ein Krankheitsattest und behandelt ihn zu Hause, solange es notwendig ist. Die ärztliche Behandlung und die Apotheke sind gratis. Verschreibt ihm der Arzt eine besondere Diät, Eier, Milch oder dergleichen, so liefert ihm die Kasse diese Nährmittel unentgeltlich. Ist es den Patienten nicht möglich, mit ihren 4 Mark 50 Pfennig oder 7 Mark 20 Pfennig wöchentlich auszukommen, so schickt sie der Arzt ins Krankenhaus, und die Spitalkosten hat wiederum die Krankenkasse zu bestreiten.

Glaubt ein Arbeiter, sich über seinen Arbeitgeber beklagen zu müssen, ist er, wenn ich nicht irre, bei Ihnen in Frankreich genötigt, sich von diesem schriftlich beglaubigen zu lassen, ob seine Beschwerde auf Richtigkeit beruht. Dann sind noch allerlei Formalitäten beim Handelsgericht und eine ganze Reihe oft entmutigender Umständlichkeiten zu erledigen.

Hier bei uns wird der Arbeitgeber binnen 48 Stunden mit dem Arbeiter vorgeladen, dessen Sache ein von Amts wegen bestellter Advokat führt, der den Fall gründlich studiert hat. Und immer, verstehen Sie wohl, immer fällt das Urteil zugunsten des Arbeiters aus. Übrigens neigt auch die Regierung – ich spreche von der preußischen – zu dieser Bevorzugung.

Bei allen großen Streitfragen der Industrie oder des Handels senkt sich die Waagschale der Gesetzesgewalt stets auf die

Arbeiterseite ... O, sie haben wirklich keinen Grund, sich zu beklagen ..."

Nachdem mir der Fabrikant seine Lokalitäten insgesamt vorgeführt, mir Gelegenheit gegeben hatte, die peinliche Sauberkeit der Fabrik – jeder Arbeiter hat sein eigenes Handtuch, das jede Woche gewechselt wird, Seife nach Belieben, einen Besen, um seinen Platz zu kehren –, den Ankleideraum mit seinen Abteilungen, die Ambulanz mit Feldbett und Apotheke – es darf nicht vergessen werden, daß es sich um eine kleine Kartonagenfabrik mit 300 Arbeitern handelt – zu bewundern, nachdem ich mich mit eigenen Augen von der praktischen Einrichtung, der tadellosen Organisation in allen Dingen – 18 Kilometer telephonische Drähte verbinden die Arbeitssäle miteinander – überzeugen konnte, kehrten wir in sein Bureau zurück.

Nun ließ der Fabrikant verschiedene Männer und Frauen, wie der Zufall es mit sich brachte, herbeirufen, und ich begann eine Unterhaltung mit ihnen. Zuerst erkundigte ich mich nach ihrem Budget. Ich meinte, die einfachen Leute durch dieses Aufzählen ihrer Ausgaben leben zu sehen.

Der erste, ein Mann von 35 Jahren, verdiente 37 Mark 50 Pfennig pro Woche, also beinahe 6 Mark 50 Pfennig am Tag, 156 Mark im Monat. Seine Wohnung, bestehend aus drei Zimmern, einer Küche und einem Vorraum, kostet ihn 38 Mark 40 Pfennig im Monat, doch vermietet er das kleine Zimmer für 16 Mark an einen unverheirateten Angestellten, was seinen eigenen Mietzins auf 22 Mark 40 Pfennig monatlich, wöchentlich auf 5 Mark 60 Pfennig herabsetzt.

Er hat demnach mit seiner Frau und seinen drei Kindern von zehn, acht und sechs Jahren 30 Mark 40 Pfennig wöchentlich, etwa 4 Mark 30 Pfennig täglich zum Leben.

Seiner Frau gibt er für das Essen 18 Mark pro Woche,
5 Mark 60 Pfennig legt er jedesmal für die Miete zurück.
40 Pfennig wöchentlich zahlt er dem Staat für Kranken- und
Invaliditätsversicherung, dazu kommen 60 Pfennig für die
Kasse der Buchbindergenossenschaft, die ihm während eines
Streiks 3 Mark für ihn persönlich und 1 Mark täglich für jedes Kind während der ganzen Dauer des Ausstandes sichert
und ihm außerdem für den Fall seines Todes eine unentgelt-
liche Bestattung und seiner Witwe wöchentlich 13 Mark für
die ersten drei Monate einträgt.

Seine wöchentlichen Auslagen belaufen sich somit auf:

Miete	5,60	Mark
Essen (5 Personen)	18,–	
Versicherung	–,40	
Genossenschaftsbeitrag	–,60	
	24,60	
Verdienst	37,52	Mark
verbleiben	12,92	Mark

„Wie verwenden Sie diesen Betrag?" fragte ich.

„Fünf Personen wollen gekleidet sein."

„Das stimmt."

„Und am Sonntag spazieren gehen."

„Natürlich! Kennen Sie jemand in Berlin, der sonntags nicht
spazieren geht?"

„Nein, niemand", meinte er lächelnd nach einigem Besinnen.

„Was essen Sie und Ihre Kinder für diese 2 Mark 60 Pfennig
am Tage?"

„Nun, morgens um halb sieben Uhr, nachdem man aufge-
standen ist, wird eine große Tasse Milchkaffee getrunken und
ein Butterbrot dazu gegessen. Zur Arbeit nehme ich mir zwei

große, mit etwas Fleisch, Wurst oder Käse belegte Brote mit, die ich um Neun zu einer Flasche Bier für 8 Pfennig esse. Mittags gehe ich heim: da gibt es Erbsen, Kraut, Linsen und Schweinefleisch, dann Kaffee. Sonntags einen Braten, machmal einen Gänsebraten, der für zwei Tage reichen muß.

Ein viertel nach fünf ist Feierabend, dann gehe ich wieder nach Hause, lese meine Zeitung, esse etwas Suppe und Butterbrot mit Fleisch oder Käse, nachher gibts wieder Kaffee. Später gehe ich ins Wirtshaus und trinke mit Bekannten ein bis zwei Gläser Bier. Oder ich bleibe auch daheim, und wenn die Kinder zu Bett sind, lese ich noch ein wenig."

„Was lesen Sie?"

„Das hängt davon ab, wozu ich gerade Lust habe, oder von der Gelegenheit. Ich habe die Werke Goethes, Schillers, die drei Musketiere und Monte Christo von Alexander Dumas und einiges von Maxim Gorki gelesen."

(Man bedenke, daß wir es mit einem Buchbinder zu tun haben. Bekanntlich sind es die Buchbinder, die Buchdrucker, die Kunsttischler und die Mechaniker aller Länder, die am meisten Bildung besitzen.)

„Worüber sprechen Sie in Ihrem Bierlokal?"

„Über Politik und hauptsächlich über genossenschaftliche Angelegenheiten, über die Einnahmen, über das, was noch aussteht, über die Statuten. Unsere Kasse hat ein Vermögen von 500 000 Mark. Augenblicklich beschäftigen uns unsere Altersversicherungen stark. Sie wissen wohl, daß die alten Leute vom siebzigsten Lebensjahre ab monatlich 15 Mark erhalten. Wir finden, das ist zu wenig. Und deshalb arbeiten gegenwärtig alle Gewerkschaften daran, einen neuen Plan für Altersversicherungen aufzustellen, der eine Ergänzung der staatlichen Pension bilden soll. Die Buchdrucker, die in Deutschland an der Spitze der berufsgenossenschaftlichen

Bewegung stehen und deren ganze Organisation mustergültig ist, was Zusammenhalt, Verständnis und Vorsorge anbetrifft, haben eine Alterskasse gegründet, die allen ihren Mitgliedern, die während ihrer Arbeitszeit wöchentlich 1 Mark
50 Pfennig einzahlten, 1 Mark 20 Pfennig pro Tag sichert.
Wir wollen auch so weit kommen."

„1 Mark 50 Pfennig in der Woche", wendete ich ein, „können
sich nicht alle Arbeiter leisten. Ihnen, der Sie täglich 6 Mark
50 Pfennig verdienen, mag das möglich sein, aber wie sollen
Ihre Genossen, die nur 3 oder 4 Mark einnehmen, das fertig
bringen?"

„Je nun, da müssen eben die Arbeitgeber zusetzen, oder wir
streiken."

Ich vergaß zu bemerken, daß der Fabrikherr bei dieser Unterhaltung zugegen war.

„Aha", meinte dieser lachend, „das also ist die liebliche Aussicht, die unser wartet!"

Der Arbeiter lachte mit.

Ich fragte ihn nach seinen Vergnügungen:

Am Sonntag geht er mit seiner ganzen Familie, winters und
sommers, hinaus in den Wald. Hie und da schließen sich Bekannte an, so daß eine ganze Gesellschaft beisammen ist.
Man nimmt gemahlenen Kaffee, Kuchen, Butterbrote mit,
jeder hat sein Paket. Die Erwachsenen sammeln Pilze, wenn
gerade Erntezeit ist. Dann setzt man sich unter einen Baum
und spielt Karten, oder man legt sich hin und macht ein
Schläfchen. Die Kinder spielen Ball, haschen sich, laufen um
die Wette. Ein solcher Tag kostet ihn nicht viel. Die Hin- und
Rückfahrt für fünf Personen beträgt 1 Mark.

Ich habe bereits einmal erwähnt, was für ein Skandal es ist,
daß man bei uns, um mit der Straßenbahn von Paris nach
Asnières zu gelangen, 55 Centimes, für Hin- und Rückfahrt

1 Franc 10 Centimes zahlen muß, was bei fünf Personen
5 Francs 50 Centimes ausmacht. Und Asnière ist noch nicht
auf dem Lande, während meine Leutchen mitten im Walde
sind. Für Kuchen und Kaffee, einen Liter Milch, das Recht,
Kaffee zu kochen und Tassen und Töpfe zu benutzen, gibt er
ungefähr 1 Mark aus. Dann leert er einige Gläser vorzügliches Bier zu 10 oder 15 Pfennig, die Kinder gehen zum Ka-
russell, knabbern Bonbons oder Schokolade. Spät am
Abend erst kehrt man hochbefriedigt von den Genüssen des
Tages heim.

„Und wie steht es mit Kleidung?"

„Für die Kinder macht meine Frau die Kleider auf ihrer
Nähmaschine, manchmal auch eine Bluse für sich selbst. –
Aber sie und ich pflegen unsere Sachen fix und fertig zu kau-
fen. Ich verbrauche durchschnittlich drei Anzüge zu 30
Mark innerhalb von drei Jahren und jährlich zwei Paar
Schuhe zu 10 Mark.

Manche kaufen auch Kleider aus zweiter Hand, die nicht
sehr getragen sind und die sie zum halben Preis bekommen."

Ich lenkte das Gespräch auf die Politik und fragte, welcher
Richtung er angehöre.

„Ich bin Sozialist. Das sind wir alle!" sagte er in dem natür-
lichsten Ton von der Welt und ohne sich damit groß tun
oder den Fabrikherrn herausfordern zu wollen. „Unsere Zeitung ist der ‚Vorwärts'."

„Den ich, nebenbei bemerkt, auch lese", fiel der Fabrikant
ein, „so daß ich über die Wünsche meiner Arbeiter immer
genau unterrichtet bin."

Der Arbeiter fuhr mit seinen Erklärungen fort und setzte mir
auseinander, daß hinsichtlich der Altersversicherungen zwei
Meinungen sich gegenüberstünden. Einige, die Mehrzahl,   227

drängen mit aller Macht, daß sie erhöht werden müßten, in der Annahme, daß der Arbeiter die Kraft, sich freizumachen, aus einem behaglichen Leben schöpfe. Andere wieder behaupten, daß Wohlleben die Energie schwäche und bald keiner mehr da wäre, den Kampf zu führen. Ein sorgenfreies Dasein werde man zu sehr genießen und sich fürchten, es wieder aufs Spiel zu setzen. – Und der Gegner, der Arbeitgeber, der diese Schwäche erkenne, werde die Offensive ergreifen und die Gelegenheit ausnutzen. – Er selbst ist für größtmögliches Behagen.

Dann erschien eine Arbeiterin, eine sehr stattliche Person von etwa 40 Jahren, die mir als eine der tüchtigsten in der Fabrik bezeichnet wurde. Sie verdient 4 Mark 50 Pfennig pro Tag, also 27 Mark in der Woche, ist Witwe und hat ihre beiden Kinder, einen jetzt siebzehnjährigen Sohn und eine achtzehnjährige Tochter, allein großgezogen. Solange sie klein waren, nahm sie wöchentlich etwa 7 Mark auf Vorschuß, um sie in Obhut zu geben. Jetzt fangen sie an, selbst ihr Brot zu verdienen. Die Tochter hat 13 Mark 60 Pfennig und der Sohn als Sattlerlehrling 10 Mark pro Woche, was zusammen ein Wochenbudget von 50 Mark ausmacht, denn die Kinder bringen ihren ganzen Verdienst der Mutter heim*, die ihnen am Sonntag 1 Mark herausgibt, damit sie sich ein Vergnügen machen können. Für Essen gibt man 18 Mark aus. Der wöchentliche Überschuß, von dem noch 5 Mark für Miete und Kleiderausgaben abzurechnen sind, wird auf die Sparkasse gebracht.

---

* Das ist eine Ausnahme, im allgemeinen zahlen Kinder, die daheim wohnen, den Eltern einen wöchentlichen Zuschuß von 8 Mark für Kost und Logis, das übrige behalten sie für Kleider und Vergnügungen.

„In Deutschland kümmern sich die Frauen noch nicht um Politik, nicht wahr?" fragte ich.

„Nein, noch nicht, wie Sie ganz richtig sagen – weil sie das Recht dazu noch nicht haben. Sie wissen, daß es uns verboten ist, in öffentlichen Versammlungen zu reden und sogar verboten, der sozialdemokratischen Partei beizutreten. Aber das wird nicht immer so bleiben, hoffe ich. Wir fordern das Recht, uns organisieren zu dürfen wie die Männer. Ich bin Mitglied eines ‚Bildungsvereins für Frauen und Mädchen‘, wo alle vierzehn Tage Schriftsteller, Ärzte, Juristen Vorträge halten, um uns zu unterrichten. Sie haben sehr viel Erfolg, und es ist wenigstens ein Anfang . . ."

Die fremden Mädchen, die in Berlin angestellt sind, oder die, die das elterliche Dach verlassen haben – und es sind ihrer viele –, führen so ziemlich das gleiche Leben wie die unverheirateten Männer: sie verdienen 16 Mark wöchentlich; wohnen oft zu zweit, wenn nicht zu dritt, in einem kleinen Zimmer, das sie 2 Mark 40 Pfennig in der Woche kostet und das sie einer Arbeiterfamilie abgemietet haben, die ihnen zugleich den Morgenkaffee und ein Brötchen dazu liefert. Um neun Uhr kaufen sie sich für 20 Pfennig Milchkaffee mit Brot und Wurst, mittags wiederum Kaffee (immer Kaffee!) und Wurst oder ein Stück Ochsenfleisch mit Gemüse für 40 Pfennig. Um fünf Uhr nehmen manche ihre Abendmahlzeit im Speisesaal der Fabrik ein, die aus zwei bis drei Würsten, einem Stück Brot und einer Tasse Kaffee besteht, oder sie gehen nach Hause, um sich ihr Stückchen Fleisch zu 30 oder 40 Pfennig selbst zuzubereiten und eine Tasse Kaffee oder ein Glas Bier dazu zu trinken. Nachher ziehen sie sich um und gehen zum Tanz. Denn getanzt wird in Berlin alle Tage. Die Donnerstage sind den großen Bällen vorbehalten, das ist der „Elitetag". Deshalb regnet es am Freitag Geldstrafen, weil die Arbeiterinnen, die bis spät in die Nacht hinein aufgeblieben sind, meist nicht zur Zeit auf ihrem Platze erscheinen.

Ihre Wäsche waschen sie sich selbst und bügeln sie am Sonntagvormittag. Das erklärt es auch, weshalb man sommers in Berlin, trotz der hohen Waschpreise, so viele weiße Blusen und Unterröcke sieht.

Die Mädchen geben also für Nahrung täglich 1 Mark 20 Pfennig, 7 Mark 20 Pfennig wöchentlich aus, für Wohnung 2 Mark 40 Pfennig, macht zusammen 9 Mark 60 Pfennig. Rechnet man noch etliche Pfennige für Seife und einige Straßenbahnfahrten hinzu, kommen wir auf einen Gesamtbetrag von etwas mehr als 10 Mark. So bleiben ihnen ungefähr 8 Mark wöchentlich für Toilette. Für den Sonntag rechne ich überhaupt nichts, an diesem Tage ist es der Liebhaber, der alles, Straßenbahn, Schiff, Essen, Trinken, Näschereien, Unterhaltung bezahlt. Das ist eine unumstößliche Sitte, ein Brauch, nicht minder geheiligt als die Gebräuche der edlen Ritterschaft.

Nun kam ein unverheirateter Arbeiter an die Reihe. Ein sechsundzwanzigjähriger Mann, der seine Militärzeit hinter sich hat und 25–32 Mark in der Woche verdient. Er zahlt 12–16 Mark für Zimmer und Frühstück monatlich, für den Imbiß um neun Uhr bringt er sich zwei Brotschnitten mit, zu denen er für 15 oder 20 Pfennig Wurst oder Käse ißt. Sein Mittagessen kommt ihn auf 60 Pfennig zu stehen, ein Glas Bier mit inbegriffen. Ein Eierkuchen zu 20 Pfennig, eine Tasse Kaffee zu 8 Pfennig und ein Stück Brot machen meist sein Abendessen aus. Dann spielt er noch eine Weile Karten mit Freunden und geht zu Bett.

Aber die Arbeiter heiraten sehr jung. Diese gesetzten, soliden Burschen haben das Junggesellenleben bald satt und nehmen sich durchschnittlich zwischen dem 22. und 26. Lebensjahre, sobald sie über ein wöchentliches Einkommen von ungefahr 24 Mark verfügen, eine Frau, die noch mit in die Fabrik geht. Sowie sie 32 oder 40 Mark verdienen, arbeitet die Frau nicht mehr mit.

„Ich werde mich bald verheiraten", sagte er zu mir. „Ich muß Kinder haben."

„Warum?"

Er lächelte mich etwas unbeholfen an und schien einen Augenblick zu überlegen, was er auf diese Frage antworten solle, die ihm vielleicht noch nie so direkt gestellt worden war. Schließlich sagte er:

„Das ist doch Pflicht, nicht wahr?"

Wieder einmal überraschte mich dieses Wort: „Pflicht" aus dem Munde eines einfachen Mannes. So oft hört man es hier! Bei uns vernimmt man es von den Lippen der Moralprediger, Politiker und ähnlicher Deklamatoren, alles mehr oder weniger überzeugten Leuten, und meistens ist es die Pflicht der anderen, von der sie sprechen.

Der Direktor einer der ersten Handels- und Gewerbebanken in Berlin, der gleichzeitig eine Menge industrieller Betriebe unter sich hat und zu den bekanntesten Männern der deutschen Geschäftswelt gehört, äußerte, als ich mich mit ihm über den Sozialismus unterhielt:

„Ich fürchte die sozialistische Bewegung nicht im geringsten und leugne ihre Gefahr durchaus. Bei uns beschränkt sich die soziale Frage auf die Diskussion der alltäglichsten materiellen Interessen. Arbeitgeber und Arbeiter streiten sich wegen der Löhne miteinander herum. Es sind Sorgen nüchternster Art, ohne irgendwelche höheren Gesichtspunkte. Was die Führer auch darüber sagen mögen, ein tieferes Solidaritätsgefühl ist es nicht, was die Arbeiter treibt, sich miteinander zu verbinden, sie tun sich zusammen, weil ihr gesunder Menschenverstand ihnen sagt, daß sie auf diese Weise mehr ausrichten. Das ist alles. – Auch in den höheren Volksschichten haben die Differenzen diesen gierigen Charakter: Sehen Sie sich nur die Agrarier und die Industriellen an!"

„Gibt es in Frankreich oder in England etwas Ähnliches?"

„In England sind sich die Parteien über die wesentlichen Punkte einig, sie gehen nur in Fragen allgemeinerer Natur, wie z. B. dem Imperialismus, auseinander. In Frankreich gilt der Kampf eher der politischen Oberherrschaft als dem Groschen. Wie rege ist außerdem bei Ihnen das politische Leben! Der Deutsche indessen interessiert sich nicht für Politik. Sehen Sie nur unsere Vertreter im Landtag an: Ungebildete Bauern"...

„Das ist ein hartes Urteil über die Junker, ich habe welche kennen gelernt, die hohe Bildung besitzen"...

„Ungebildete Bauern", wiederholte er, „oder Spezialisten der Landwirtschaft, unfähig, über wichtige nationale oder internationale Fragen zu sprechen. Neben diesen Bauern einige sozialistische Journalisten ohne Einfluß. Die Männer, die etwas zu leisten vermöchten, bleiben in ihren Geschäften oder bei ihrer Wissenschaft. Wir haben nicht wie Sie eine ganze Gesellschaft von Juristen, Ärzten, Professoren, die aus Lust zur Sache in die Politik eingreifen. Und daher gibt es in Deutschland kein parlamentarisches Leben. Der Landtag hat keine Bedeutung, keine Autorität."

„Sollte das nicht damit zusammenhängen, daß es bei Ihnen am echten Oppositionsgeist fehlt? Da Sie keine Lust haben, sich selbst zu regieren, lassen Sie sich regieren. Warum sollten Sie nun denen, die Sie regieren, Opposition machen? Deshalb gewöhnen Sie sich auch das Geknechtetwerden nicht ab ..."

„Sklaven sind wir nun gerade nicht", protestierte er. „Wir wissen schon, was wir wollen, und machen, wenn's not tut, auch kein Hehl daraus. Aber wir verstehen in der Tat das nicht, was Sie Oppositionsgeist nennen. Was für ein Verdienst haben Sie in Frankreich dabei, Opposition zu machen? Die Fronde wurde von jeher gern bei Ihnen gesehen, sie gehört wohl zum Wesen des französischen Geistes, oder sagen wir, Temperaments. In Deutschland aber war der Opponent stets das räudige Schaf, dem jeder aus dem Wege ging und das man buchstäblich in Acht und Bann erklärte. So lassen sich die paar Beherzten, die sich nicht scheuen, gegen die Majorität aufzutreten, rasch entmutigen und finden keine, die es ihnen gleich tun möchten. Der Deutsche kann sehr wohl eine eigene Meinung haben, aber er legt sie nicht an den Tag, wenn sie allzusehr im Gegensatz zu der allgemeinen Ansicht steht. Man soll seinen Nächsten nicht offen vor den Kopf stoßen. Diesen tief eingewurzelten Hang sehen Sie sogar in Bebels Verhalten hinsichtlich des Antimilitarismus: Obwohl er im Grunde genommen die nämliche Überzeugung wie seine französischen Genossen hat, wagt er sie seinen Wählern gegenüber nicht laut zum Ausdruck zu bringen. Auch ihn läßt die Tapferkeit im Stich, wenn er fühlt, daß keiner hinter ihm steht. Er nennt sich zwar einen Internationalisten, aber dem Begriffe nach sind auch die Kapitalisten aller Länder, ich selber, Internationalisten. Das verpflichtet zu nichts. Was die Wähler, die Soldaten der Sozialdemokratie anbetrifft, sind sie ebensosehr Patrioten wie die anderen. Man braucht nur in einem der Arbeiterviertel ein Regiment vorbeimarschieren zu sehen" ...

Ich wollte wissen, wieweit die Anschauungen des gewichtigen Geschäftsmannes mit der Wirklichkeit übereinstimmten, und versuchen, ein vertrauliches Gespräch mit einem preußischen Arbeiter, den mir ein Zufall in den Weg führte, anzuknüpfen. Und der Zufall kam mir denn auch, wie immer, zu Hilfe.

Einer meiner Berliner Bekannten hat eine Hausmeisterin, deren Mann seines Zeichens Dachdecker ist. Eines Abends, als ich ihm meinen Wunsch mitteilte, ließ er ihn zu sich in sein Arbeitszimmer bitten.

Da sein Tagewerk beendet war, kam er in einen sehr anständigen grauen Vestonanzug gekleidet und sah ganz herrenmäßig aus in seinem hohen, tadellos weißen Kragen und der roten Seidenkrawatte. Ein junges Gesicht mit starken Bakkenknochen, energischem Kinn, das ein gut gepflegter Spitzbart länger erscheinen ließ; der Blick offen, das Auftreten reserviert. Man hätte eher einen Ingenieur oder Architekten hinter ihm gesucht, wenn nicht die schwieligen Hände die tägliche Beschäftigung verraten hätten.

Er erzählte uns, er entstamme einer Familie von Kleinbauern in der Nähe Posens, aus einem Marktflecken, dessen Einwohnerschaft zur Hälfte aus sozialistischen Maurern bestand, die im Sommer in die Großstadt ziehen und im Winter daheim die frohe Botschaft der neuen Lehre verkünden. Im Alter von achtzehn Jahren kam er als Dachdecker nach Berlin. Dort lernte er sozialistische Arbeiter kennen, die ihm den „Vorwärts" zu lesen gaben und ihn zum Abonnement aufforderten. Er selbst fragte sie während der Arbeit auf den Dächern noch weiter aus, wohnte den sozialdemokratischen Versammlungen bei und las Blätter der verschiedensten Färbung.

Ich gebe unsere Unterhaltung wörtlich wieder und behalte das Gereimte und Ungereimte seines Ideenganges bei:

„Schon in der Schule", gestand er mir, „hatte ich gar ‚kein Ohr' für die Religion, und meine Bekehrung nahm nicht viel Zeit in Anspruch. Ich wurde Sozialist und entschloß mich, in Berlin zu bleiben, wo ich jetzt schon dreizehn Jahre lebe. Ich bin zweiunddreißig Jahre alt, verheiratet, kinderlos und verdiene bei neunstündiger Arbeitszeit 6 Mark 80 Pfennig am Tag."

„Demnach haben Sie nicht allzuviel Grund zu klagen?"

„O nein", entgegnete er. „Ich bin mit meinem Los recht zufrieden, aber es gibt Genossen, die nur 3–4 Mark verdienen und sechs oder acht Kinder haben. Für die heißt es namentlich handeln."

„Aus welchen Gründen sind Sie Sozialist?"

„Das gehört zu der Pflicht des Arbeitenden. Bei dem gegenwärtigen Zustand der Dinge muß der Arbeiter gegen die Regierung kämpfen. Diese nimmt dem Arbeiter enorme Steuern ab, die dazu dienen, das Heer zu unterhalten. Das wollen wir nicht mehr."

„Aber wenn nun die Steuern morgen herabgesetzt würden?"

„Gleichviel, gekämpft müßte dennoch werden. Bis die Religion abgeschafft ist. Wir haben in unserem Programm sechs Hauptreformen, die verwirklicht werden müssen:

1. Verweltlichung der Schule. Die Religion muß reine Privatsache sein.
2. Abschaffen der Armee.
3. Vollkommene Wahlfreiheit.
4. Achstündiger Arbeitstag.
5. Erhöhung der Löhne und Verbesserung der Arbeiterwohnungen.
6. Abschaffung von Steuern, die den Arbeiter belasten, denn wenn die Einkommensteuer in Preußen existiert, existiert sie nicht in ganz Deutschland.

235

Ferner wollen wir die Abschaffung aller indirekten Besteuerungen von Fleisch, von Brot, Salz usw. und vollständigen Freihandel."

„Warum wollen Sie die Armee abschaffen?"

„Weil wir keinen Krieg mehr wollen."

„Und wenn Ihr morgen angegriffen werdet?"

„Mir ist es vollkommen gleichgültig, ob ich Franzose, Österreicher oder Italiener bin – nur Russen wollen wir nicht sein! Wir, die Genossen und ich, sagen schon lange, Preußen hätte gut getan, Elsaß-Lothringen denen zu lassen, die es gehabt haben."

„Haben Sie Hoffnung, Ihr Programm zu verwirklichen?"

„Das kann noch zehn, noch fünfzehn, zwanzig Jahre dauern. Aber länger nicht. In zwei oder drei Jahren haben wir wieder neue Reichstagswahlen. Die Partei wird mehr Abgeordnete bekommen als das Zentrum, und dann werden wir die Rolle spielen, die dieses jetzt spielt."

„Ob aber der Kaiser das zuläßt?"

„Da lassen Sie uns nur sorgen."

„Was gedenken Sie denn zu tun?"

„Wenn der Kaiser nicht in die Reformen willigt, werden wir Kaiser sein – wir, und werden zu den Waffen greifen!"

„Daran wird die Armee, die unter dem Befehl des Kaisers steht, Sie hindern."

„Bis dahin ist sie unser. Alle Soldaten, die aus Fabrikstädten kommen, sind Sozialisten. Sogar bei der Garde gibt es eine ganze Menge, die Regimenter ausgenommen, die aus Ostpreußen und Polen zusammengesetzt sind; die werden auf uns schießen. Aber die Pioniertruppen, die aus Industriearbeitern bestehen, marschieren mit uns gegen die anderen."

„Sie denken also an eine Revolution?"

„Die Pflicht eines jeden ist, da zu sein, wo er sein muß, und wir sind zu begeistert für unsere Sache, um feig zu sein."

Er sprach völlig ruhig, ohne auch nur die Stimme zu erheben.

„Wenn es zu einem Krieg käme", fuhr er fort, „würde unsere Partei sagen, den habe Deutschland auf dem Gewissen, und bei der ersten Gelegenheit zum Feinde übergehen. Außerdem, falls die Führer beschließen sollten, daß die Genossen nicht marschieren dürfen, würde es keiner tun. Die Regierung soll sich nur nicht auf die Reserve oder die Landwehr verlassen."

„Wenn nun aber die Polizei und die Armee, die Ihnen an Stärke überlegen sind, Sie zum Abmarsch zwingen würden?"

„Dann würden wir die Waffen zur Hand nehmen, aber um gegen sie selber zu kämpfen. Mir gilt es gleich, ob mich eine Kugel der Polizei oder die Kugel eines fremden Soldaten niederstreckt. Wenn ich sterben muß, sterbe ich wenigstens mit dem Bewußtsein, daß ich keine Leute getötet habe, die mir nichts zuleide taten."

Ich fragte ihn, wie er und seine Genossen über Privateigentum dächten.

„Darüber sind die Meinungen sehr geteilt", versetzte er. „Es ist durchaus ungerecht, daß der eine Millionen besitzt, mit denen er nicht weiß, was anfangen, und daß der andere nichts hat. Der Arbeiter muß genug Geld erhalten, um ein menschenwürdiges Dasein führen und emporkommen zu können. Aber ich glaube nicht daran, daß diese sozialdemokratische Ansicht siegen und das Privateigentum abgeschafft wird. Dem Großkapitalismus den Garaus zu machen, ist unmöglich. Was geschehen muß, ist, ihn zu vermindern und die Löhne der Arbeiter zu erhöhen. Die Ideen Karl Marx's sind gerecht, aber unausführbar. Die Kapitalisten haben so viel Macht, daß man sie nicht zugrunde richten kann. Wir möchten unabhängig vom Kapital sein, in dem Sinne, daß die Partei alle zum Leben notwendigen Gegenstände und Produkte kaufen und sie dann in den Konsumvereinen wieder an die Arbeiter verkaufen würde."

Um ihn noch mehr aus sich herausgehen zu lassen, fragte ich:

„Aber da doch die Sozialisten binnen einigen Jahren in der Majorität sein werden, warum sollten sie nicht den Geldzins aufheben? Der Staat könnte sich dann an die Bergwerke und die Eisenbahnen halten?"

Der Dachdecker schüttelte nachdenklich den Kopf und sagte mehrmals hintereinander:

„Nein, das geht nicht. Die Leute, die Geld haben, würden es im Ausland unterbringen."

„Sind es denn nicht die Arbeiter, die den ganzen Reichtum schaffen?" hetzte ich. „Sie würden nicht lange brauchen, jenes Geld zu erwerben."

„Nein", wiederholte er. „Daß solche Ideen je durchdringen werden, glaube ich nicht. Die sozialdemokratische Partei wird nie mehr als ein Teil der Menschheit sein, und alles, was ich verlange, ist die Verwirklichung des Programmes, von dem ich Ihnen vorhin sagte."

Er ließ sich in dieser Hinsicht nicht irre machen, und wir sprachen hierauf über die Arbeiter-Versicherungsgesetze, über die Alters- und Invaliditätsversicherung, über die sanitären Maßregeln in den Fabriken, über Herabsetzung der Arbeitsstunden in einzelnen staatlichen Betrieben und von der „väterlichen" Regierung der Hohenzollern:

„War es nicht der Einfluß des Monarchen, der diese Gesetze, von denen in Frankreich noch kaum die Rede ist, zustande

brachte?"

„Alles Gute, was geschaffen wurde, ist durch den Sozialismus geschaffen worden. Dem Kaiser ist mehr an seiner Krone als an den konservativen Grundsätzen gelegen, und nur aus Klugheit, aus Berechnung hat er sich einer Bewegung angeschlossen, von der er merkte, daß sie nicht mehr aufzuhalten sei."

„So wäre der Kaiser denn überflüssig?"

„Vollständig. Wir brauchen keinen Kaiser, der jährlich 20 Millionen aufzehrt, während der Präsident einer Republik zehnmal weniger kosten würde, einen Kaiser, dem das Volk höchst gleichgültig ist und dessen Sohn die Arbeiter Schurken schimpft. (Anspielung auf eine Rede des Kronprinzen, als die Sozialisten gegen Alfred Krupp und die Gewohnheiten, die man ihm nachsagte, vorgingen.) Was die Minister anbelangt, so taugen sie nicht mehr als er. Die wollen ebensowenig von uns wissen. Sie beschäftigen sich freilich mit Arbeiterfragen, aber sie versuchen vor allem, dem Sozialismus eine bestimmte Richtung zu geben und uns am Schreien zu hindern, indem sie uns von Zeit zu Zeit ein Stück Zucker in den Mund stecken.

Der preußische Ackerbauminister z. B. wollte nicht zugeben, daß eine Fleischteuerung vorhanden sei. Und wer hat die Folgen davon zu tragen?

Das Fleisch kostet seit den neuen Tarifen fast 50 Prozent mehr als vor einigen Jahren. Vor einem halben Jahr hat man das Brotgewicht herabgesetzt, so daß eine Arbeiterfamilie für das gleiche Geld wöchentlich 3,5 Pfund Brot weniger bekommt als früher."

„Sie besprechen wohl diese Fragen oft mit Ihren Genossen?"

„Den ganzen Tag, in allen Werkstätten und hinter dem Rükken der Meister sogar in den staatlichen Betrieben, spricht man davon. Wir auf unsern Dächern haben es natürlich bequemer, wir können uns ohne Scheu über alle diese Dinge unterhalten."

Er erzählte mir, daß er einmal im Monat einer Versammlung seiner Gewerkschaft und einer sozialdemokratischen Versammlung seines Wahlkreises beiwohne und daß die Polizei die Zusammenkünfte streng überwache:
„Die Wahlversammlungen müssen der Polizei stets gemeldet werden, und jedes Mitglied ist ihr bekannt. Die konservativen Parteien werden nicht so behandelt. Die läßt man hübsch in Ruhe. Wenn die eine politische Zusammenkunft abhalten, begnügt sich die Polizei damit, einen Schutzmann hinzuschicken. Wir bekommen einen Offizier und zwei Wachtmeister. Wenn der Redner ein Wort sagt, das diesen Herren nicht behagt, wird die Versammlung aufgelöst."
„Und von Ihren Arbeitgebern werden Sie nie belästigt?"
„Jetzt können sie es nicht mehr. Vor zehn Jahren noch, da waren sie uns über, aber das hat sich alles geändert, weil unsere Syndikate mächtig geworden sind."
„Was für Vorteile bringen Ihnen diese Syndikate?"
„Jeder, der einer solchen Genossenschaft angehört, zahlt monatlich einen Beitrag, der je nach den Orten wechselt. In Berlin, wo die Löhne höher sind, zahlen wir Dachdecker drei Mark, in den kleinen Städten nur 30 oder 40 Pfennig, obwohl sie die gleichen Rechte haben wie in den großen Städten. In Deutschland gibt es 20 000 Dachdecker – das macht eine nette Summe aus . . . Wir können uns also Streiks gestatten und den Aussperrungen der Arbeitgeber standhalten.
Aus der Gesamtsumme dieser Beiträge müssen die Angestellten bezahlt, unsere Gebäulichkeiten unterhalten, die Druckkosten für unsere Zeitung, die jedes Mitglied unentgeltlich

zugestellt bekommt, getragen werden. Wenn ein Unfall, ein Prozeß erfolgt, ist es immer die Genossenschaft, die die Auslagen bestreitet. – Sie gibt auch 100 Mark für die Begräbniskosten beim Tode eines Mitglieds, 50 Mark, wenn es die Frau ist, die stirbt. In Krankheitsfällen steuert sie wöchentlich 7 Mark zu dem Beitrag der staatlichen Kasse bei, und wenn die Krankheit lange dauert, übernimmt sie die Miete. Für das alles braucht man Geld. Deshalb werden auch alle Mittel versucht, um die Kasse zu füllen. Ich zum Beispiel gehe jeden Samstag in die sozialdemokratischen Restaurationen und verkaufe Klebemarken für unsere Versicherungsbüchelchen, was jedesmal 3 bis 4 Mark einbringt, die gleich anderen freiwilligen Sammlungen der Hauptkasse abgeliefert werden. Andere Genossen machen es wie ich."

„Sind alle Ihre Kameraden gezwungen, sich einer Genossenschaft anzuschließen?"

„Ja, denn wenn ein nichtorganisierter Arbeiter unter uns erscheint, sucht ihn der Vertrauensmann der Partei auf und fragt nach seinen Papieren. Ist er nicht ‚sauber‘, wird ihm bedeutet, binnen drei Tagen der Genossenschaft beizutreten."

„Und falls er sich weigert?"

„Dann verlangen wir vom Meister, daß er ihn entläßt, oder wir drohen mit Streik."

„Kann der Arbeiter nicht in eine Genossenschaft eintreten, die ihm am besten gefällt? In die Ihrige, die Hirsch-Dunckersche oder in die christliche?"

„Gewiß, aber wir sehen es natürlich lieber, wenn er in die unsrige eintritt. Irgendeinem Syndikat aber muß er angehören. Sonst wird er als ‚fauler Kunde‘ betrachtet und demgemäß behandelt. Früher standen wir mit den christlichen Gewerkschaften in gutem Einvernehmen. Aber seitdem sie in der Mehrheit sind, gehen sie schlecht mit den Unsrigen um, und deshalb wirken wir jetzt getrennt. Die christlichen Gewerkschaften arbeiten für gewisse Arbeitgeber und wir wieder für andere. Bei wichtigen Gelegenheiten, bei den großen Streiks zum Beispiel, verständigt man sich.

Das Virchow-Krankenhaus

Ein mustergültiges Spital. – Zweitausend Kranke. – Getrennte Pavillons. – Bäume, Blumen, Rasenplätze, Buschwerk. – Ordnung und Sauberkeit. – Die Krankenräume. – Praktische Einteilung. – Die Bäder. – Die Operationssäle. – Technische Vorzüge. – Die Laboratorien. – Die Verwaltung. – Die Maschinen. – Die Reichen lassen sich im Spital behandeln. – Was ein Chefarzt verdient. – Der Leichenaufzug. – Das Leichenschauhaus.

Als im vorigen Jahre der hygienische Kongreß in Berlin tagte, hatten die französischen Ärzte Gelegenheit, die dortigen Spitäler kennenzulernen, und der Eindruck scheint ein nachhaltiger gewesen zu sein.

Mir, der ich kurz zuvor den Anbau unseres Hôtel-Dieu besucht hatte, das man endlich niederzureißen gedenkt, prägte sich auf meiner Wanderung durch die Berliner Kliniken das Bild einer Vollkommenheit ein, die meinem Patriotismus eine tiefe Beschämung eintrug.

Etwas von dieser Beschämung möchte ich den Leuten mitteilen können, die die Verantwortung dafür tragen, den Beamten der Armenpflege, den Herren Gemeinderäten und nicht minder den Ministern unserer Republik.

Ich weiß wohl, was die Spitäler vor hundert Jahren noch waren, ich denke an die mit Malaria Behafteten, die man in die Betten von Typhuskranken legte, an die schmutzigen

Tücher, die zum Abwischen der Lanzetten und Skalpelle dienten, weiß wohl, daß es heute noch in Spanien Ärzte gibt, die rote Schürzen umlegen, damit sie einige Wochen lang im Gebrauch bleiben können.

Man wird mir auch einwenden, da in Berlin alles so neu sei, werde vordem nicht viel vorhanden gewesen sein. Und es gab allerdings eine Zeit, wo die Deutschen nach Paris kamen, um die Krankenhäuser zu bewundern. Das alles ist richtig. Immerhin halte ich es nicht für überflüssig zu wiederholen, daß diese Zeiten vorüber sind und daß die Stunde geschlagen hat, wo wir anfangen müssen nachzusehen, was die anderen seither getan haben, wenn wir unseren Platz im „Konzert der Zivilisation" behalten wollen.

So ziemlich alles, was in den Berliner Spitälern vorhanden ist, kann man in dem zuletzt errichteten, neben dem in Hamburg größten Krankenhause Deutschlands, das zweitausend Kranke aufzunehmen vermag, wiederfinden. Ich begnüge mich damit, dieses zu schildern.

Das Virchow-Krankenhaus liegt an einem der Ausgangspunkte der Stadt. Der Platz, den es einnimmt, war 1892 noch eine Sandwüste. Die Bauten wurden erst 1899 begonnen und dauerten sieben Jahre; die Kosten betrugen etwa 20 Millionen Mark, von denen 4 Millionen auf die innere Einrichtung entfallen. – Heute ist die vor 2,5 Jahren eröffnete Anstalt bereits von einem Viertel umschlossen, das Arbeiterhäuser, Mietskasernen und Straßenbahnlinien in Menge enthält.

Für das Krankenhaus, das eine Gesamtfläche von 27 Hektar bedeckt, wurde das von dem berühmten Gelehrten Virchow befürwortete Pavillonsystem gewählt. Oben vom Hauptgebäude aus gesehen, in dem sich die Verwaltung befindet und

Rudolf-Virchow-Krankenhaus, 1906

von wo aus der Blick die ganze Anlage beherrscht, konnte ich 62 Gebäude zählen, die zerstreut zwischen blumengeschmückten und von Bäumen eingerahmten Rasenplätzen liegen.

Durch das große Hauptportal gelangt man in einen weiten gepflasterten Hof, den wiederum Beete mit blühenden Pflanzen beleben und der rings von großen drei- oder vierstöckigen Gebäuden in einfachem, aber keineswegs nüchternem oder eintönigem Stil umgeben ist. Die von zahlreichen Fenstern mit kleinen, weiß eingefaßten Scheiben durchbrochenen Fassaden, die hellroten Ziegeldächer, das zarte Grün des wohlgepflegten Rasens, wo Geranien mit ihren leuchtenden Farben sich entfalten, lassen diesen Eingang wie den Hof eines herrschaftlichen Schlosses erscheinen. Derjenige Teil des Hauptgebäudes, der nach der Straße hinausgeht, ist von der Verwaltung belegt, in der Rückfront und dem rechten Flügel sind die Ärztewohnungen, im linken Flügel die Pflegerinnenschule und deren Wohnräume, gegenüber die geburtshilfliche und gynäkologische Abteilung untergebracht.

Was dahinter liegt, nimmt sich aus wie ein großer, in französischem Genre angelegter Park, in dem sich in regelmäßigen Abständen rotbedachte kleine Villen erheben. Mehr als einen halben Kilometer weit dehnt sich hier eine schnurgerade Allee, deren grüne Perspektive von dem Turm einer Kapelle begrenzt wird. Da und dort von Hortensiengruppen in bläulichen und rosigen Tönen unterbrochen, zieht sich zu beiden Seiten dieses langen grünsamtenen Bandes von Platanen und Kastanienbäumen ein schmaler, ebenfalls mit Bäumen und einer sehr niedrigen Hecke, die seine Linien hervorhebt, bepflanzter Kiesweg hin. Dicht daneben schließt sich je ein asphaltierter Damm an, der fast ebenso breit wie die Rasenflächen in der Mitte ist und der die Pavillons, auf der einen Seite die der Männer, auf der anderen die der Frauen, umsäumt. Es sind lauter weiße, nicht sehr hohe Bauten; Querstraßen, die die Hauptstraße durchschneiden und die gleichfalls asphaltiert und von sauber beschnittenen Böschungen eingefaßt sind, trennen sie voneinander.

Zementierte, hinter gestutztem Gebüsch verborgene Terrassen neben den Pavillons, die auf leicht abgeschrägtem Erdwall direkt von den Krankenzimmern aus erreichbar sind, gestatten den Rekonvaleszenten, sich bei schönem Wetter in der frischen Luft aufzuhalten. – Mit ihrer Freitreppe, deren paar Stufen zu der geschweiften Eingangstür führen, ihren nicht großen, aber vielen Fenstern mit kleinen Scheiben, von hellroten Geranien geschmückt, ihren weißen, von wildem Wein umrankten Mauern, ihrem roten Ziegeldache, machen sie, zwischen all dem Grün eingebettet, den Eindruck von einfachen, freundlichen Landhäusern.

Und diese Reinlichkeit, diese Ordnung! Nirgends ein Papier oder irgendwelche Abfälle. Am Fuß der Bäume sind hie und da Körbe und neben den weißlackierten Bänken Spucknäpfe, mit antiseptischem Wasser gefüllt, angebracht. Gärtnerburschen sind beständig damit beschäftigt, Blätter oder dürre Reiser aufzulesen, und der Asphalt der Wege ist so sauber, daß man meint, auf einem Linoleumläufer einherzuschreiten. Die Genesenden gehen unbehindert in den Anlagen spazieren, durchwegs mit blau und weiß gestreiften Anzügen, grauen Wollstrümpfen und schwarzen Ledersandalen bekleidet. Kinder, ebenso angezogen, versuchen, gleich verwundeten Vögelchen, von einer Rabatte zur anderen zu hüpfen. Auf den Bänken lesende oder strickende Frauen. Es ist das Bild eines friedlichen, behaglichen Phalansteriums, und ließe sich der Gedanke an die Leiden, die diese Mauern

bergen, verscheuchen, wahrlich, man könnte dem Zukunfts-
staat derartige Wohnstätten wünschen.

In der Gegend des Krankenpavillons wird ein strenges pro-
phylaktisches Isolierungssystem durchgeführt. Lieferanten,
Arbeiter, Wirtschaftspersonal werden möglichst ferngehalten.

Jenseits dieser Zone liegen in der gleichen parallelen Anordnung große, von Gartenanlagen umgebene Gebäude: das
Waschhaus, die Küche mit den Vorratsräumen, den Koch-
und Dampfkesseln, die Werkstätte, das Desinfektionshaus,
die Stallungen auf der einen Seite*, auf der anderen das
Röntgeninstitut, das Operationshaus, die Pavillons für an-
steckende Krankheiten und die für unruhige Kranke; am
Ende des Mittelganges befindet sich die pathologisch-anato-
mische Abteilung. Die Abteilungen der Haut- und Geschlechtskranken, eine für Männer und eine für Frauen und
Kinder, die einen größeren Raum als die anderen Abteilungen einnehmen, liegen ganz abseits.

Am Nordrande breitet sich eine Art englischer Park aus, mit
vielfach verschlungenen, von Trompetenbäumen, Eber-
eschen, Linden und Trauerweiden beschatteten Wegen, mit

---

* Außer den 30 riesigen Kochkesseln der Küche, den 26 Brat- und Kochöfen,
den Bains-Marie usw. enthält der Wirtschaftspavillon einen besonderen Raum
zum Putzen der Gemüse, Kartoffelschälmaschinen, einen Fischbehälter aus
Marmor, eine Fleischerei mit allem zur Wurstfabrikation erforderlichen Zubehör wie in den Fabriken Chicagos – Keller, Speisekammern mit Kühlvor-
richtungen, Pökel- und Räucherkammern, einen Raum für die Zubereitung
kohlensauren Wassers etc. – Das im Krankenhaus verwendete Wasser wird aus
drei Rohrbrunnen von 40 Metern Tiefe heraufgepumpt. Vermöge eines treff-
lichen Heiz- und Leitungssystems ist es möglich, stets, bei Tag und bei Nacht, in
der ganzen Anstalt warmes Wasser bis zu 70 Grad zu haben. Gar nicht zu reden
von dem Desinfektionswesen, das in der denkbar vollkommensten Weise gehandhabt wird, noch von den Wäscheeinrichtungen, wo täglich 9000 Wäsche-
stücke gewaschen und gebügelt werden.

bequemen Bänken vor den grünen Rasenplätzen, auf denen Amseln und Elstern hin und her hüpfen. Ein lauschiger, entzückender Zufluchtsort, wo die Kranken im Sommer bis sechs Uhr verweilen können. Von da schweift der Blick über die Jungfernheide. Hinter der Kapelle ist ein Spielplatz den Kindern vorbehalten.

Überall im Inneren dieser verschiedenen Abteilungen herrscht die gleiche ideale Sauberkeit, die gleiche tadellose Anordnung in den kleinsten Details. Sämtliche Pavillons, die der Geschlechtskranken ausgenommen, sind nach der gleichen Methode gebaut. Sie bestehen aus zwei großen Sälen mit je 25 Betten. Die Wände sind weiß, die Ecken abgerundet, um keine Staubfänger zu schaffen, und mit in Leimfarben aufgetragenen Blumengewinden, Blattwerk und Vögeln einfach dekoriert. Die Säle sind außerordentlich hell, die Sonne hat von der ersten Stunde an, bald von dieser, bald von jener Seite her, Zutritt. Lichtgelbe Vorhänge dämpfen ihre Strahlen, die elektrischen Lampen für den Abend sind zu Häupten der Betten befestigt, ohne die Kranken belästigen zu können. Diese Betten sind, wie die Stühle an ihrem Fußende, hellgrau gestrichen. Eine sinnreiche Vorrichtung mit Kautschukrollen, die jede Pflegerin eigenhändig an den Füßen der Lagerstätten anbringen kann, gestattet, diese laut- und mühelos auf die sonnige obenerwähnte Terrasse zu transportieren.
In der Mitte stehen kleine Blumentische mit Blattpflanzen und blühenden geruchlosen Gewächsen. Vermittelst einer vorzüglichen Ventilationsanlage sind die Zimmer gut zu lüften.
Die Luft, die man hier einatmet, wird von den Rasenflächen des Parkes gewonnen, durch eine Staubniederschlagskam-

mer getrieben, wo sie den Staub, den sie enthalten könnte, zurückläßt, dann durch einen Wattefilter gepreßt, der sie vollends von allen schädlichen Bestandteilen befreit, hierauf in der Dampfheizkammer erwärmt und von dort nach kunstvoller Dosierung in die verschiedenen Abteilungen gebracht.

Zwischen diesen beiden Krankensälen befindet sich eine Anzahl kleinerer Räume: der Aufnahmeraum für die Patienten, wo sie gleich nach ihrer Ankunft gebadet werden, wenn ihr Zustand es erlaubt, eine Apotheke, ein kleines Arbeitszimmer, zwei Zimmer mit je zwei Betten für Schwerkranke, eines mit nur einem Bett zur vollständigen Isolierung; ferner ein kleiner Operationssaal für Eingriffe, die einer Überführung nach der großen Klinik nicht bedürfen: untadelig mit seinen weißen Tischen und dem vernickelten Sterilisator; eine Küche, eine Wäschekammer, ein Zimmer zum Ausruhen für die Schwester vom Dienst, ein Eßsaal für solche Kranke, die anfangen aufzustehen, zwei Toiletten und endlich zwei Badekabinen mit vernickelten Wannen und kalter und warmer Dusche. Auch ein Metallgestell habe ich bemerkt, das es ermöglicht, den Kranken auf einer Art Lager aus beweglichen Gurten ins Bad zu bringen, und das man mit Hilfe von Flaschenzügen eintauchen oder hochziehen kann, ohne daß er selbst ein Glied zu rühren braucht.

So präsentieren sich die vierundzwanzig einzelnen Pavillons, die, wie bereits erwähnt, inmitten dieser freundlichen, gesunden Anlagen verteilt sind.

Neben diesen Abteilungen muß man die wundervolle Einrichtung der verschiedenen Verwaltungszweige und der den speziellen Zwecken dienenden Räumlichkeiten sehen.

Wenn in der geburtshilflichen Abteilung eine Entbindung bevorsteht, kann die Matratze der Kreißenden zusammengeklappt werden, für den Operateur eine wesentliche Erleichterung. Ein Kinderbettchen ist sehr geschickt mit Haken neben dem Bett der Mutter festgemacht. Hier ist alles weiß: die Betten, die Vorhänge, die Wandkacheln, der Plafond, die Badewannen, der Anzug der Pflegerinnen. Auch hier geruchlose Blumen, auch hier überall Sonne.

Die Schwangeren dürfen sechs Wochen vor ihrer Niederkunft eintreten und nach derselben mindestens vierzehn Tage dort verbleiben. In der Zwischenzeit verwendet man sie zu leichteren Arbeiten, bis ihre Stunde gekommen ist.

Unvergleichlich geradezu ist die hydrotherapeutische Abteilung. Es gibt Leute, die ihr, um zu kritisieren – und weshalb sollte nicht kritisiert werden –, vorwerfen, sie sei allzu elegant. Sie sind es gewöhnt, die Spitäler als Stätten des Elends zu betrachten, und möchten, daß es so bleibe. Ich teile diese Anschauung nicht.

In einem ersten, mit Bänken und Kleiderständern ausgestatteten, gleich am Eingang des Badehauses liegenden Raum ziehen sich die Kranken aus. Diesem Raum schließt sich eine Flucht fliesenbelegter Gelasse an. Sie münden alle in die Haupthalle, die ihr Licht von einer Glaskuppel empfängt. Massive Ruhebetten, einfach mit rotem Möbelplüsch bezogen, stehen hier herum. Drei Säle mit türkischen und russischen Dampf- und Heißluftbädern folgen: an den Wänden grüne Kacheln, in der Mitte ein tönerner Sitz von der nämlichen Farbe und rings umher weiße Holzbänke und Lehnstühle. Daneben der Saal für elektrische Bäder mit Apparaten zweckmäßigster Art, der Saal für die kohlensauren Bäder, der sehr geräumige Duschensaal mit einem aus glasierten Kacheln bestehenden Bassin mit laufendem klaren Wasser, sodann Röhren für laue, für heiße und für kalte oder für Dampfstrahlen, der Saal, wo die Rheumatiker in niedrigen Holzbehältern heiße Sandbäder nehmen. Zum Schluß eine Reihe kleinerer Kabinen mit weißen Kacheln und vernickelten Wannen. Das alles ist so sauber, so blitzblank, daß man sich fragt, ob diese Räume wirklich dem täglichen Gebrauche dienen. Aber gewiß, jeden Morgen von neun bis zwölf Uhr werden sie von den Kranken benutzt. Außer den gewöhnlichen Bädern und den zu Heilzwecken dienenden werden hier unter einer der Mittagssonne ausgesetzten Glashalle Sonnenbäder verabreicht. Um Kongestionen zu vermeiden, tragen die Kranken hierzu eine Mütze, in der kaltes Wasser zirkuliert.

Auch ein Röntgen- und ein Finsen-Institut ist vorhanden, wo die neuesten Erfindungen der beiden Gelehrten zur Anwendung kommen, und eine bakteriologische und eine vorzüglich eingerichtete medico-mechanische Abteilung in hell beleuchtetem Saale. Ich habe ähnliche in Mainz gesehen, wo Unbemittelte gratis behandelt werden. Etwa fünfzig Apparate geben den Patienten Gelegenheit zu den verschiedensten Körperübungen: Reiten, Laufen, Galoppieren, Rudern, Schwimmen, Radfahren, kurz, zu allen möglichen Bewegungen, um verrenkte Glieder zu kräftigen oder für solche, die deren Gebrauchsfähigkeit gänzlich verlernt haben.

Endlich müssen die beiden Operationssäle in dem im Zentrum gelegenen Bau als wahre Muster der Technik angeführt werden. Laboratorien, Verbands- und Vorbereitungsräume, wo die Kranken vermittelst äußerst sorgfältig gearbeiteter Apparate, die genau die erforderlichen Dosen an Äther oder Chloroform abgeben, narkotisiert werden, führen zu dem Operationssaal, dessen von oben bis unten mit weißen Kacheln bekleidete Wände leicht und rasch mit reichlichem Wasser abgespült werden können. Keine Ecken oder Winkel, noch Platten, wo sich Staub anzusammeln vermöchte. Die narkotischen und antiseptischen Mittel vewahrt man in kleinen, in die Wand eingelassenen Schränken. In Glaskästen, hinter denen es funkelt und gleißt wie in dem Schaufenster eines Juweliers, liegen zu Hunderten die chirurgischen Instrumente. Die Mitte des Saales nimmt der Operationstisch ein. Behälter mit destilliertem Wasser und mit Kochsalzlösung, unsichtbar innerhalb der Mauer befestigt, entleeren sich durch eine ganze Reihe von Hähnen, und man braucht nur die beweglichen Glasgefäße ein wenig zu kippen, um Alkohol und Sublimat, die sie enthalten, zum Fließen zu bringen. Eine ganze Seite des Saales wird von einem mächtigen gläsernen Ausbau eingenommen; durch die matten Scheiben dringt ein mildes, aber volles Licht, und ein praktischer Mechanismus läßt sie mit größter Leichtigkeit in ihrer ganzen Höhe öffnen. Über diesem, eine Rotunde bildenden Erker und seitlich an den Wänden sind elektrische Lampen angebracht, deren Licht durch Spiegel und Reflektoren noch vervielfältigt wird. Sie verbreiten abends eine solche Fülle von Licht, daß dringende Operationen auch nachts unter den gleichen Beleuchtungsverhältnissen wie bei Tage ausgeführt werden können.

Ich übergehe alle den Verwaltungsdienst betreffenden Einrichtungen, die ebenso vorzüglich organisiert sind wie die Krankenpavillons und die zu speziellen Zwecken bestimmten Abteilungen.

Es gibt hier mit allen Instrumenten trefflich ausgerüstete Laboratorien für histologische, bakteriologische und chemische Untersuchungen, eine elektrische Anlage, ein Desinfektionshaus, wo sämtliche Kleidungs- und Wäschstücke der Patienten gleich nach ihrer Aufnahme desinfiziert und gewissenhaft aufbewahrt werden, dann ein Verbrennungshaus, um sämtliche bei den Operationen und Obduktionen verwendeten Stoffe zu vernichten.

Weiter oben sprach ich von den Küchen, wo selbst die anspruchsvollsten Hygieniker keine Spur von Staub oder Schmutz zu entdecken vermöchten. Die Kochkessel glänzen wie ungeheure Schmuckgegenstände aus Nickel. Die Meierei ist nicht minder ein Muster an praktischer Organisation und Sauberkeit.

Die Energie, die für die Warmwasserheizung der ganzen Anstalt, für die Ventilation, die Maschinen, die Küche, die Aufzüge, die Eisfabrik, die täglich 2 200 Kilo Eis liefern kann, benötigt wird, stellt die Anstalt selbst her. Die elektrische Beleuchtung erfolgt gleichfalls durch eine eigene Akkumulatorenanlage, die 9 350 Lampen speist; 95 telephonische Sprechstellen verbinden die verschiedenen Abteilungen des Krankenhauses miteinander.

Für eine Stadt dieser Art bedarf es eines riesigen Personals. In Wirklichkeit können 2 000 Kranke untergebracht werden, zur Zeit befinden sich nur 1 200 darin. 95 Ärzte und Assistenten, denen 375 Wärter und Wärterinnen, worunter 230 Schwestern, zur Seite stehen, behandeln sie. Die Zahl der bei der Verwaltung, in den Bureaus, im technischen Dienst, in der Wirtschaft beschäftigen Angestellten beträgt 312. Ist das Spital erst einmal ganz gefüllt, wird es mehr als 3 000 Personen – die Einwohnerzahl eines ansehnlichen Bezirkshauptortes – in seinen Mauern beherbergen.

So viel Vollkommenheit muß auch eine Kehrseite haben: die Ärzte finden, daß die Säle, infolge der geringen Fensterhöhe, bei trübem Wetter zu düster seien.

Man klagt ferner, daß nicht alle Pavillons die gleiche Bauart besitzen. Diejenigen der Haut- und Geschlechtskranken zum Beispiel sollten sich, aus Schonung für das Gefühl der Patienten, die sich auf diese Weise abgesondert sehen, nicht von den anderen unterscheiden.

Der Mangel an gedeckten Korridoren oder Galerien zwischen den verschiedenen Pavillons macht den Transport der Kranken manchmal schwierig oder auch gefährlich. Andere Einzelheiten, wie die an sich vortreffliche, aber nicht genügende Trennung der unruhigen Kranken von den übrigen, können den Praktikern nicht entgehen. Sie sollten einzeln isoliert werden, denn wenn sie beieinander sind, regen sie sich auf und werden bösartiger.

Schließlich sei auch noch darauf aufmerksam gemacht, daß in den städtischen Spitälern Berlins kein Kranker unentgeltlich aufgenommen wird.*

Alle Patienten zahlen 2 Mark 50 Pfennig pro Tag. Einzelzimmer werden nicht besonders angerechnet, die Kranken werden nur dann in solche gebracht, wenn sie größerer Ruhe bedürfen. Für die Einheimischen entrichten die Gemeinden 2–3 Mark am Tag. Im allgemeinen sind die Arbeiter darauf bedacht, ihre Verpflegung zahlen zu können, um ihr Wahlrecht nicht zu verlieren, denn Unterstützte gehen dieses Rechtes verlustig. Aber die Krankenkassen, denen alle Lohnarbeiter angegliedert sind, erleichtern den Armen den Krankenhausaufenthalt.

Von den Dienstboten scheint man anzunehmen, daß sie die 2 Mark 50 Pfennig pro Tag leisten können. Ein Kindermädchen, das 25 Mark monatlich verdient, kann nicht unentgeltlich aufgenommen werden. In den ersten vier Wochen ist ihr Dienstherr verpflichtet, für sie zu zahlen, nach diesem Termin hat sie die Kosten aus eigener Tasche zu bestreiten.

---

* Die Charité gehört dem Staat.

Ein Assistenzarzt erzählte mir, daß ihm eines Tages eine Kranke, die er weinend getroffen und nach dem Grunde dieser Tränen gefragt habe, zur Antwort gab: „Ich habe heute früh die Meldung erhalten, daß die Armenverwaltung Beschlag auf meine Möbel gelegt habe, die nun verkauft werden, wenn ich meinen Aufenthalt hier nicht bezahlen kann."

Die Armenpflege ihres Heimatortes, von der man die Verpflegungskosten forderte, hatte diese Pfändung vornehmen lassen. Demnach schätzte man sie so ein, daß sie in der Lage sein müsse, für diese Kosten selbst aufzukommen.

Das klingt wenig demokratisch, und unsere heutige Lebensauffassung kann dergleichen kaum billigen. Aber dank dieses Regimes sind die Deutschen imstande, solche Krankenpaläste zu bauen und sie mit einem derartigen Aufwand von Ordnung und Komfort zu unterhalten, um den sie alle Länder Europas beneiden dürfen.

Es ist noch gar nicht lange her, daß man die Freigebigkeit des Charlottenburger Gemeinderates bewunderte, der in seinen Spitälern 2 400 Mark pro Bett aussetzte. – Heute kostet ein Bett 5 600–6 400 Mark.* – Die reichen Leute in Deutschland tragen denn auch keine Bedenken, sich in ein Krankenhaus in Behandlung zu geben. Die Abneigung, die man bei uns in Frankreich – und mit gutem Grund – noch immer gegen das Spital empfindet, hat hier gar keine Berechtigung. Bei Operationen zahlen die Reichen 12–15 Mark für Zimmer und Pflege. Der Chefarzt, der die Operation ausführt, nimmt den Hauptbetrag** ein, auf das Krankenhaus entfällt

---

* In der Charité kommt das Bett auf ungefähr 7 400 Mark zu stehen. In Paris gibt man pro Bett gegen 10 000 Francs (8 000 Mark) aus.

** Die berühmten Berliner Ärzte verstehen es, hohe Rechnungen zu stellen. Ich kenne einen Gynäkologen und Geburtshelfer, der auf 300 000 Mark im Jahr geschätzt wird, aber nach Aussage seiner Kollegen das Doppelte einnimmt.

nur eine geringe Summe für Benutzung des Operations-
saales.

Ich glaubte, mit meinem langen und ermüdenden Besuch zu
Ende zu sein. Aber das Leichenschauhaus, die Obduktions-
abteilung, die anatomische Anstalt mußten noch besichtigt
werden. Der Anblick von Toten und namentlich solcher un-
bekannter, verlassener Leichen, die man in den Spitälern wie
Abfallfleisch mit einer Gleichgültigkeit behandelt, die mich
stets verletzt und abstößt, flößt mir ein tiefes Grauen ein.
Deshalb ließ ich mich bei dem liebenswürdigen Leiter des
Virchow-Krankenhauses, Dr. Ohlmüller, der mir in seinem
zuvorkommenden Eifer alles zeigen wollte, auf nicht zu viel
Details ein. Inzwischen waren wir an einem großen Aufzug
angelangt, in dem er mich Platz nehmen ließ, wobei er erklärte: „Das ist der Aufzug für die Gestorbenen. Er dient
dazu, die Leichen in die Souterrains zu befördern, wo die
Autopsie vorgenommen wird."

Was für eine Marter er mir auferlegte, ahnte der treffliche
Mann natürlich nicht.

Glossen und Skizzen

Die Berliner Droschke als Marterinstrument. – Die Schwierigkeiten eines Aufzugs. – Sprachliche Abkürzungen. – Der Professor und sein „Herzchen". – Sitzverbot. – Die Bank und das Vorlegeschloß. – Eine Million Trinkgelder. – Für 100 000 Francs „Dankesehr". – Der angehende Konsul. – Woher die Liebe für Paris kommt. – Eine oldenburgische Schloßherrin. – Der Mangel an Eleganz. – Die Macht der Illusion. – Die Gemütlichkeit. – Das kleine Mädchen und der Passant. – Praktischer Sinn. – Telephonautomaten. – Die Form der Hüte. – Preußischer Gamaschendienst. – Geselligkeit. – Unästhetische Ansichtskarten. – Sentimentalitäten und Brutalitäten. – Das Sanatorium in Beelitz. – Arbeiterkassen mit einem Kapital von 100 Millionen. – Ein hydrotherapeutischer Pavillon für eine Million. – Widerspenstige Rekonvaleszenten. – Neurasthenische Proletarier.

Ich wüßte nicht, welche Marter sich mit der vergleichen ließe, nach dem Essen in einer Berliner Droschke fahren zu müssen. Ist es der Trott dieser abgestumpften Mähren, der einen dermaßen schüttelt? Ist es der Mangel an Gummirädern, ist es die Federung oder das Pflaster? – Ich glaube doch, es liegt an der Gangart, denn bei jedem Schritt des Tieres wird man von einer Seite auf die andere geschleudert, der Unterleib gleichsam einer sehr unsanften Massage ausgesetzt, kurz, man hat wirklich viel auszustehen. – Der Kutscher mit seinem alten Philosophenkopf und womöglich noch apathischer als sein Gaul, bildet sich ein, er fahre mehr als rasch genug, und man fühlt, daß man für eine Spanne Zeit sein und seiner ganzen Sippe grimmiger Feind wird.

Man muß sich durch die Automobile schadlos halten. Es gibt in Berlin eine ganze Anzahl von Automobildroschken mit elektrischem und mit Benzinbetrieb. Die elektrischen, die „Bedag", kosten, bei einer Grundtaxe von 80 Pfennig für die ersten 600 Meter, je 10 Pfennig – also etwas mehr als 2 Sous – für jede weiteren 300 Meter. Die Benzinmotoren lassen sich die ersten 600 Meter mit 70 Pfennig und die weiteren 300 Meter mit je 10 Pfennig bezahlen. Diese Preise verstehen sich für 1–2 Personen, für 3 oder 4 Personen steigt der Preis um ein Beträchtliches.

Die meisten dieser Autos mit Benzinbetrieb vollführen ein lächerliches Gerassel, stellen die Geruchsnerven auf eine harte Probe, rütteln außerordentlich stark und sind für Berlin mit seiner sonst so hervorragenden Sauberkeit sehr schlecht im Stande gehalten. Privatautos trifft man noch nicht sehr viele. Aber von Zeit zu Zeit kreuzen wir mit unserem Klapperkasten einen jener prächtigen Mercedeswagen mit ihrem sicheren, geräuschlosen Gang, in dem irgendeine königliche Prinzessin oder ein Krösus aus Berlin oder Charlottenburg sitzt.

Dann kommt einem der Rauch seines vorsintflutlichen Vehikels noch verpesteter vor, und so ist man nie zufrieden.

Auch in Privathäusern können im allgemeinen die Aufzüge nur von den Portiers bedient werden. Einer meiner Freunde, der kürzlich die Wohnung gewechselt hatte, fand in dem neuen Hause einen Aufzug vor. Um ihn in Bewegung zu setzen, bedurfte es jedoch eines Schlüssels, und dazu, diesen auszuliefern, verstand sich der Portier erst dann, als ein eigens herbeigerufener städtischer Angestellter den neuen Mieter in die Geheimnisse des Mechanismus eingeweiht hatte. Die Übungen dauerten eine halbe Stunde, und erst nachdem mein Freund die Probe geliefert hatte, daß er die Handhabung vollkommen erfaßt habe, wurde ihm der Schlüssel übergeben.

Die gesellschaftlichen Gebräuche weichen ein wenig von den unseren ab. So verlangt z. B. die Höflichkeit, daß man bei einer Dame, der man vorgestellt wurde, seine Karte abgibt. Aber eine solche Karte ist nicht nur eine einfache Artigkeit, sie bedeutet gleichzeitig: Ich wünsche in Ihrem Hause zu verkehren! Und nach diesen Präliminarien erhält man eine Einladung zu Tisch.

Stellt man Sie nun aber in einer Gesellschaft etwa zwanzig Damen vor, werden Sie kaum den Wunsch hegen, zwanzigmal eingeladen zu werden.

Also keine Karte abgeben?

Unmöglich, denn die Damen würden es übelnehmen.

Eine schwierige Frage.

Das Nachahmen amerikanischer Gewohnheiten macht sich nicht nur in der Form des wie eine abgenutzte Zahnbürste gestutzten Schnurrbartes bemerkbar, sondern auch in der Mode, die Wörter abzukürzen, die in Amerika bekanntlich sehr weit getrieben wird und in Deutschland sich täglich mehr verbreitet.

Die elektrischen Automobile heißen Bedag, was „Berliner Elektrische Droschken-Aktien-Gesellschaft" bedeuten soll; der Zoologische Garten „Zoo", die Berliner Zeitung „B. Z."

Zwei Personen verhandeln über ein Geschäft oder verabreden eine Zusammenkunft. Haben sie sich geeinigt, sagten sie früher: „Machen wir", was soviel heißt wie: „Abgemacht". Jetzt sagt man: „M. W." – Eine militärische, seemännische und koloniale Ausstellung führt den Namen „Deutsche Armee-, Marine- und Kolonialausstellung". Gehen wir in die „Damuka", sagen die Leute. Und so ist es mit allen möglichen Gesellschaften und Betrieben, die gar nicht alle aufgezählt werden könnten.

Bemerkenswert dabei ist, daß die Deutschen sich früher durchaus nicht über die Länge von Namen und Titeln aufhielten. Heute aber reißt die geschäftliche Unrast alles in ihrem Wirbel mit sich, jeder empfindet die Notwendigkeit, rasch zu gehen. Wer stecken bleibt, dem ist nicht zu helfen. Und der Snobismus trägt auch noch das Seinige hinzu. Wenn ein Berliner von der Riviera heimkehrt, sagt er nicht: „Ich komme von Monte Carlo." O nein, das dauert ihm viel zu lang, er macht das einfacher und sagt: „Ich komme von Monte".

Man kann einen deutschen Professor ganz ungeniert vor aller Welt zu seiner dicken Frau sagen hören: „Mein Herzchen".

Im Grunewald, einer Niederlassung reicher Berliner, einem schattigen, idyllischen, kühlen, für Spaziergänge wundervoll geeigneten Ort, sind da und dort Ruhebänke angebracht. Abends jedoch werden diese Bänke umgelegt und durch Vorlegeschlösser festgemacht. Keine Möglichkeit, sich hinzusetzen.

Soll man lachen über eine solche Bosheit oder sich entrüsten über diese geschäftige Phantasie?

In einem der größten, aber nicht gerade bestbesuchten Hotels in Berlin gibt es einen Portier, der noch keine vierzig Jahre alt und dabei schon Millionär ist. Eine Million Trinkgelder! Das bedeutet viele Hände, die in die Tasche gegriffen, und viele Hände, die sich ausgestreckt haben!

Man versicherte mir, daß der erste Kellner, derjenige nämlich, der alle die anderen unter sich hat, in einem großen Berliner Café dem Besitzer des Lokales jährlich 40 000–50 000 Mark zahle, um sich das Recht auf sämtliche Trinkgelder zu erwerben. Für den Lohn seiner Gehilfen hat er aufzukommen. Auch das repräsentiert eine nette Zahl von „Dankesehr".

Ein junger Franzose erscheint in dem französischen Konsulat B.s, einer großen deutschen Stadt, die ich nur mit Anfangsbuchstaben bezeichnen will, um die betreffenden Persönlichkeiten nicht zu deutlich zu machen.
Ein junger Vizekonsul, ungefähr in seinem Alter, hochelegant, das Einglas im Auge, mustert ihn von seinem Schreibtisch aus und sagt zu ihm:
„Drehen Sie sich um!"
Der andere, der glaubt, ihn falsch verstanden zu haben, rührt sich nicht:
„Was beliebt?"
„Sie sollen sich umdrehen."
Verdutzt leistet er der Aufforderung Folge.
„Gut; nun machen Sie mal ein paar Schritte."
Er tut auch das, in der Meinung, man wolle seine Identität auf ein besonderes Merkmal hin prüfen.
„Vortrefflich", erklärt unser junger Konsulatsvertreter. „Sie

sind gut angezogen."

Der junge Fremdling war selbstverständlich sehr erbaut über dieses ihm ausgestellte Zeugnis. Aber als er draußen war, konnte er nicht umhin, einige urwüchsige Bemerkungen über die Zukunft unserer konsularischen Vertretung zu machen.

Ich erwähnte früher schon die große Vorliebe der Deutschen für Vorspeisen und ihre Überzeugung, daß man diese Platten zu leeren habe, wie man seinen Suppenteller leert. Wenn sie in Schweden sind, wo man deren eine Menge aufzustellen pflegt, versehen sie sich so reichlich damit, daß sie – zu ihrem großen Leidwesen – kein Fleisch mehr zu essen vermögen. Aber was soll man machen. – Nicht viel anders ist es übrigens mit der ganzen Speisenfolge in Deutschland bestellt, und ich habe in den Hotels nicht oft Schüsseln mit irgendwelchen Überresten in die Küche tragen sehen.

In Berlin lernte ich auch das Sprichwort kennen, das meine Beobachtungen gerade in dieser Hinsicht vollauf bestätigt:
„Lieber den Magen verrenkt
Als dem Wirt was geschenkt."
Ein anderes Sprichwort derselben Art ist nicht weniger bezeichnend:
„Der Mensch ist, was er ißt."

Im Restaurant des Ausstellungsparkes gab mir der Oberkellner, als ich mich über einen Salat beschwerte, der in Wasser und Essig schwamm, sonst aber keine Zutaten enthielt, zur Antwort:
„Hier ißt man den Salat, wie man ihn bekommt."
Und dabei warf er einen verächtlichen Blick auf die Menge um uns her. 263

Und in der Tat, man befindet sich hier noch im Zustande des Sichernährens.

Ein weiterer Beleg dafür:

Einem meiner Freunde wurde bei B..., einem der ersten Restaurants, der Burgunder in Eis serviert.

Sie verlangen in einem Café alles, was man zum Schreiben braucht: einen Briefbogen = 5 Pfennig, einen Umschlag: macht wieder 5 Pfennig. Dazu aber bringt man Ihnen ein Glas Wasser mit allem Zubehör, sogar Limonade, und wer boshaft sein will, erneuert dies auch noch.

„Was macht Ihnen Paris so überaus sympathisch?" fragte ich einst einen Berliner.

„Ich liebe Paris um der Freiheit willen, die man dort atmet. Der Schutzmann ist kein Mensch, der mich hindert, zu tun was ich will, er hindert mich nur, etwas Ungehöriges zu tun. Hier habe ich alle Augenblicke zu gewärtigen, daß ein Schutzmann mich zwingt, nicht so zu handeln, wie ich es meine, sondern wie er es meint. Begreifen Sie, was für ein Unterschied darin liegt?"

Ein anderer gab mir zur Antwort: „Was mir an Paris behagt, das ist die lächelnde, anmutige Art, wie man einem die Banknoten aus der Tasche zu locken versteht. An keinem anderen Orte der Welt gibt man sein Geld so leichten Mutes aus wie in Paris. Das Wunderbare dabei ist eben das, daß es einem gar nicht einfällt, sich zu beklagen."

Ein Dritter setzte mir auseinander: „Ich liebe Paris, weil dort alles Geschmack hat und von einer sehr alten Kultur zeugt, die sich in allen Lebensäußerungen verrät."

Dieses Wort „Kultur" kehrt in dem Urteil ehrlicher Preußen immer wieder, wenn sie versuchen, den Unterschied zwischen unseren und ihren Sitten festzustellen.

Die Preußen mit ihrem ernsthaften Wesen, ihrem Pflichtgefühl, ihrer Gewissenhaftigkeit, ihrer stark entwickelten Religiosität möchten sich gerne amüsieren wie andere auch, aber sie haben nicht das Zeug dazu. Sie organisieren ihre Vergnügungen nach der gleichen Methode, nach dem gleichen Schema wie ihre Geschäfte. Die echte Ursprünglichkeit, der übersprudelnde, von Herzen kommende Frohsinn geht ihnen ab. Ihr kühles nordisches Blut braucht nicht erst bezwungen zu werden, um ruhig zu bleiben. Sind wir einmal ernst gestimmt, glauben wir schon, nicht mehr weit von Melancholie zu sein. Man höre junge Franzosen sich äußern, wenn sie sich an einem Orte befinden, wo es nicht laut hergeht: Hier schläft man ein vor Langeweile, sagen sie.

Wie oft konnte ich in Preußen junge Menschen, Studenten, Angestellte, Kaufleute oder Soldaten beobachten, die ganze Nachmittage oder Abende kein lauteres Wort hören ließen oder bei Zusammenkünften im Freien oder öffentlichen Bällen die Ruhe durch ein helles Lachen gestört hätten. Seht sie bei ihren Vereinsbällen, in Künstlergesellschaften – sogar bei der rebellischen Sezession –: Die jungen Mädchen könnten getrost allein dabei sein, ohne daß ein ungebührliches Wort sie erschreckte oder daß ein Haar ihnen gekrümmt würde. Es sei denn, daß ihre Tänzer zu stark pokuliert hätten, dann brüllen sie allerdings wie toll, und nichts auf der Welt, weder die Scham noch die Gegenwart anderer, vermögen sie in Schranken zu halten.

Ich befand mich einen Monat lang mit Arsène Alexandre zusammen in Berlin, der sich tagsüber in der Bibliothek aufhielt, wo er mit Übertragen der Hefte Beethovens beschäftigt war. Die Abende verbrachten wir gerne gemeinschaftlich, wobei wir dann unsere Erlebnisse und Gedanken mit ziemlicher Lebhaftigkeit austauschten. Mehrmals hielt ich mitten in einem Heiterkeitsausbruch inne, erstaunt, meine eigene Stimme zu hören, und noch erstaunter über die Verwunderung der Leute, die uns betrachteten. Und eines Tages machte sich dieses Erstaunen so deutlich bemerkbar, daß ich das Gefühl hatte, als seien wir zwei Kinder, die sich zufällig in eine Gesellschaft von lauter ernsthaften großen Leuten verirrt hätten. Wir lachten aber weiter, froh, daß wir lachen konnten.

„Wenn Preußen, Kaufleute oder dergleichen, sich zu irgendeiner festlichen Gelegenheit zusammentun", sagte mir einmal einer von ihnen, „unterhalten sie sich eine halbe Stunde lang von gleichgültigen Dingen. Nach einer Stunde spricht alles nur von Geschäften."

„Ich bin auch so einer", setzte er hinzu.

Mehr als einmal hörte ich von unseren Landsleuten die Bemerkung, daß in Deutschland alles aufs Äußere, auf die Fassade verwendet werde. Ich muß Einspruch gegen diese allzu leichtfertige Behauptung erheben. Der Ernst, das geistige Streben, die Arbeitslust, der Ordnungssinn, die Disziplin, das alles, was so tief im Blut der Rasse steckt, kann nicht nur an der Oberfläche haften. Aber was unzutreffend ist, solange man von den grundlegenden Eigenschaften des Charakters spricht, wird zur Wahrheit, sobald man die Schöpfungen des Luxus betrachtet. Da der Reichtum vor kurzem erst entstanden ist und man um jeden Preis und ohne abzuwarten blenden wollte, hat man allerdings mit der Fassade den Anfang gemacht. Mit dem Treppenhaus, das allen zugänglich ist, wurde fortgefahren, dann kam der Vorraum, den nur einzelne betreten, dann die Empfangsräume, der Salon, der Speisesaal, wo einige mehr eindringen, an die Reihe, endlich wird man sich auch mit dem Schlafzimmer, zu dem kein

Fremder Zutritt hat, beschäftigen. Wenn der Deutsche Sinn für den wahren Luxus besäße, hätte er, anstatt glänzen und verblüffen zu wollen, genau am anderen Ende angefangen. Und dann könnte man lange schon in guten Betten mit schönen Leintüchern, Kissen und Decken schlafen.

Wie kommt es, daß die Deutschen, die es so eilig haben, es anderen Völkern an Luxus gleichzutun, sich, selbst in reichen Kreisen, so wenig durch die fast allgemeine Uneleganz ihrer Frauen abgestoßen fühlen? Betrachten Sie den Unterschied zwischen Damen gleichen Ranges und gleicher Mittel in Frankreich und in Deutschland.

Eine Schloßherrin in Oldenburg, deren Gemahl soeben zwei Millionen ausgegeben hat, um seinem Schlosse zwei Flügel anzugliedern, erscheint in dieser stolzen Umrahmung geradezu wie eine Portiersfrau angezogen: in schäbiger, schlechtsitzender Waschbluse, kurzem, unschönem Rock, die Haare glatt zurückgestrichen und in ein Netz gesteckt. Die siebzehn- und achtzehnjährigen Töchter dieser Gräfin werden, frisch und hübsch wie immer in diesem Alter, nach dem Vorbild der Mutter in Kleider gesteckt, die ihre Jungfer zurechtschneidert. Der Vater bestellt sich kunstvoll ausgearbeitete Fassaden aus Stein oder aus rotem und blauem Granit, Marmortreppen, Beleuchtungskörper von verschwenderischer Pracht, nur an eines hat man nicht gedacht: die Toilette der Damen mit alledem in Einklang zu bringen!

Auch in den Läden, in den Modemagazinen, selbst bei Wertheim nicht, dem Louvre Berlins, legen die Verkäuferinnen irgendwelchen Wert auf ein gefälliges Äußeres, nicht einmal das schwarze Kleid und der weiße Kragen ihrer englischen Kolleginnen sind vertreten. Dabei ist die innere Ausstattung des Warenhauses pompös, die Säulen sind aus Marmor, die Galerien und Treppengeländer aus gleißenden Metallen, die

Kronleuchter funkeln und glitzern, und die Fassade trägt reichen Bildhauerschmuck.

Die Deutschen lieben die Natur.
Dabei erlebt man drollige Überraschungen. An der eleganten Front eines Restaurants „Unter den Linden" liest man: „Garten".
Man tritt ein, in der Erwartung, einen wirklichen Garten oder wenigstens Luft, Grün und Schatten zu finden:
Am Ende der geschlossenen Restaurationsräume liegt ein kleiner Hof, von den vier Mauern der anstoßenden Gebäude umgeben, so daß eine Art Brunnenschacht entsteht. Und hier nun hat man einen Bretterboden, einige Tische und Stühle aus rohem Holz angebracht und ringsherum ein halbes Dutzend Tännchen und Spindelbäume in Kübeln und ein efeuumranktes Gitter aufgestellt. Das ist die Oase.

Die Gemütlichkeit.
Sie läßt sich nicht definieren, und die nichtgermanischen Sprachen haben es längst aufgegeben, etwas Gleichbedeutendes dafür zu finden. Nur eine Reihe von Beispielen werden schließlich einen Begriff von ihr geben können.
Sobald die Leute ihren Wohnort verlassen haben, müssen sie an Verwandte und Bekannte Postkarten abschicken. Meistens werden möglichst drollige Motive gewählt, und man bemüht sich, möglichst viele Unterschriften zu erhalten. Es ist üblich, sogar Leute, die einzig der Zufall der Reise zusammenführte, um die Unterschrift zu bitten. Nun kann man sich die unsägliche Freude desjenigen vorstellen, der diese von allerlei fremden Namen vollgekritzelte Karte in Empfang nimmt.

268 Das ist die Gemütlichkeit.

Die Dienstboten, die Kinder des Portiers verschicken solche Postkarten an ihre Herrschaft.

Ich habe mit eigenen Augen gesehen, wie ein ehrbarer Familienvater, der eine Unterhaltung mit einer jungen Person, die gewöhnt war, sich ihre Gunst bezahlen zu lassen, anknüpfte, diese bat, eine für seine wackere Ehefrau bestimmte Karte mit zu unterschreiben. Sie tat es, und wahrhaftig, sie tat es gratis.

Ich ließ mich in ein Gespräch mit ihm ein und fragte ihn, weshalb er das tue, und sehe noch das treuherzige Lächeln, mit dem er erwiderte: „O, das ist gemütlich!"

In Preußen ist es den Zeitungen verboten, über Hinrichtungen, die innerhalb der Gefängnisse stattfinden, ausführliche Referate zu bringen.

Siehe dagegen unsere Gesetze über Pressefreiheit, unter deren Schutz manche Blätter zu wahren Handbüchern über Mord und Diebstahl geworden sind.

Eine Definition dessen, worin das Streben der verschiedenen Nationen besteht:

Der Spanier träumt von einer Tasse Schokolade und einer Zigarette für alle Tage seines Lebens.

Der Franzose will so bald wie möglich sein Dasein genießen und setzt sich ein Maximum seines Schaffens fest.

Der Deutsche hört nicht auf zu arbeiten und will immer noch höher hinaus, denn ihn langweilt das Nichtstun schon nach ein paar Wochen der Ruhe.

Der Amerikaner will mehr haben als sein Nachbar.

Der Engländer wartet auf die Erbschaft, die ihm zufallen soll, inzwischen arbeitet er ein wenig und treibt sehr viel Sport.

Einer meiner Landsleute, der schon lange in Deutschland ansässig war, sagte zu mir:

„Ich habe eine große Bewunderung für den deutschen Kaiser und für das deutsche Volk, aber die Deutschen in ihren einzelnen Persönlichkeiten liebe ich nicht."

Ein Gefühl, das, wie ich glaube, ziemlich alle Romanen teilen, die in Geschäften oder auf andern Gebieten mit den Deutschen zu konkurrieren haben.

Einige kleine Mädchen sind im Begriff, mit Bleistift die Mauer eines Hauses zu beschreiben. Irgendein Herr geht vorbei und klopft mit einem verweisenden Blick einer der kleinen Missetäterinnen auf die Finger. Verblüfft fährt die Kleine auf und reibt sich die Hand, denn der Biedermann hat derb zugeschlagen. Sie bleibt stehen, ohne etwas zu sagen, scheint sich zu besinnen, was sie verbrochen haben soll. Aber die Erkenntnis ihres Unrechts dämmert in ihr auf, sie geht davon und wirft noch einen ängstlichen Blick auf den, der sie geschlagen hat. Der sieht sich gleichfalls um, um zu erfahren, ob seine Lektion gefruchtet hat, und setzt dann seinen Weg fort.

Ein anderes Mal beobachtete ich etliche kleine Jungen, wie sie Mädchen ihres Alters, mit denen sie eben noch gespielt hatten, prügelten und zwar tüchtig prügelten. Die Mädchen sagten kein Wort, setzten sich nicht zur Wehr, erhoben kein Geschrei und machten nicht einmal Miene davonzulaufen. Und ihr matter, verwunderter Blick verriet keinerlei Entrüstung oder Zorn.

Der praktische Sinn.

Auf allen französischen Bahnhöfen sieht man große, in beträchtlicher Höhe aufgeklebte Zettel, die Fahrpläne vorstellen sollen. Irgend etwas davon abzulesen ist für einen gewöhnlichen Sterblichen unmöglich. Man kann also sagen, sie sind vollständig unbrauchbar.

Hier werden diese Zettel in einer für das Auge erreichbaren Höhe angebracht. Alle Züge, die die Station, auf der man sich befindet, berühren, sind mit Blaustift unterstrichen, und ein schmales Glasplättchen, das darüber liegt, zeigt einem sofort, wo man zu suchen hat.

Sämtliche Universitätsprofessoren Berlins haben Telephon im Hause.

Man findet hier eine ganze Anzahl automatischer Fernsprechzellen, die jedermann zur Verfügung stehen. Man nimmt das Hörrohr zur Hand, und ein Beamter gibt einem, ohne daß angeklingelt werden muß, Bescheid. Man nennt die gewünschte Nummer, und sobald die Verbindung hergestellt ist, genügt es, ein Zehnpfennigstück in den Spalt gleiten zu lassen, um eine 2–3 Minuten lange Unterredung führen zu können. Eine Sanduhr zeigt an, wann die Zeit abgelaufen ist; sobald dies der Fall ist, wird die Verbindung wieder auf automatischem Wege abgebrochen.

Wenn in der Straßenbahn oder überhaupt an einem öffentlichen Orte ein Original in wunderlichem Aufzuge oder komischer Gestalt erscheint, achtet kaum jemand darauf. Ein Betrunkener auf der Straße wird ohne Widerwillen angesehen. Zeigt sich aber eine elegante Frau – eine Seltenheit übrigens –, gleich fühlt man, wie der ganze Wagen, Männer wie Frauen, sich gegen sie verbündet. Das merkt man an den feindseligen Mienen, an dem verkniffenen Lächeln.

Fürst Bülow hatte mich in Norderney auf die merkwürdige Verschiedenheit der männlichen Kopfbedeckungen aufmerk-

271

sam gemacht. Eines Tages gestattete sich ein Berliner auf einem Spaziergang in der Friedrichstraße das ·Vergnügen, sie mit mir zusammen zu zählen. Bei der hundertsten machte er Halt.

„Was für ein Unterschied zu Paris", sagte er, „wo die neuen Moden so rasch Eingang finden, zu London vor allem, wo alle Engländer zur gleichen Zeit mit der gleichen neuen Hutmode auftauchen.

Und da heißt es noch, uns Deutschen fehle es an Persönlichkeit."

Ein junger bayrischer Arzt, der seit mehreren Jahren in Berlin wohnt und viel in der Welt herumgekommen war, äußerte in meiner Gegenwart seine Entrüstung über das preußische Gamaschentum. Er führte mir Städte wie Halle und Kiel an, wo er als Student die öffentlichen Bälle besucht hatte und wo, da die Säle nicht groß genug sind, als daß mehr als 100 Personen auf einmal bequem darin tanzen könnten, die Paare von 1 bis 50 und von 50 bis 100 numeriert werden. Derjenige, der die 10 Pfennige, die jeder Tanz kostet, einzuziehen hat, klatscht in die Hände und ruft die ersten 50 Paare auf, nach 5 Minuten klatscht er abermals, um die zweite Kategorie heranzulassen.

Wenn aber mein Mädel noch weitertanzen möchte, ist ihr das Recht dazu entzogen, selbst wenn noch Platz genug vorhanden wäre.

Die Deutschen sind geselliger Natur.

Donnerwetter, ja, das sind sie, man braucht nur die Augen aufzumachen, um sich davon überzeugen zu können:

In einer Gartenrestauration ist es jemand gelungen, einen

Tisch zu ergattern, wo er ruhig seine Mahlzeit einzunehmen

hofft. Andere Leute kommen heran, drei Personen zuerst, sie grüßen höflich und fragen, der Form halber, ob es gestattet sei, sich an seinem Tische niederzulassen. Er erwidert den Gruß und fühlt sich nunmehr verpflichtet, ihnen möglichst viel Platz zu schaffen, indem er Teller, Gläser, Schüsseln näher zu sich hinrückt. Sie ergreifen Besitz und lassen sich ihr Essen bringen. Aber siehe da, plötzlich entdecken sie gute Bekannte, rufen sie an, sie kommen und machen sich's ebenfalls bequem. Der erste Ansiedler hat auch diese mit artigem Lächeln begrüßt. Jetzt sind es bereits fünf Eindringlinge an seinem Tische, er weiß kaum mehr, wohin mit seinem Teller, seinen Platten, seiner Flasche. Die Fünf unterhalten sich eifrig, lachen und scherzen, und bald gibt keiner mehr acht auf ihn, sie stemmen die Ellbogen auf den Tisch, paffen ihm den Rauch ihrer Zigarren ins Gesicht, und bald sieht es aus, als sei er der Eindringling. Sein nächster Nachbar hält mit dem Vorderarm fast sein Brot fest, bringt es schließlich mit einer Serie sicher ganz unbewußter Bewegungen fertig, ihm den Rücken zuzudrehen und ihm buchstäblich den Ellbogen vor das Gesicht hinzupflanzen. Der Unglückliche, gezwungen, vom Tisch abzurücken und sein Gedeck auf dessen äußersten Rand zu stellen, sieht ein, daß er hier entschieden zu viel ist, macht, daß er mit dem Essen zu Ende kommt, steht auf, empfiehlt sich der ganzen Gesellschaft und geht davon, ohne ein Zeichen der Ungeduld.

Einem solch unglaublichen Schauspiel gegenüber, das sich an öffentlichen Orten tagtäglich wiederholt, hätte man die größte Lust, aufzustehen und der rücksichtslosen Bande energisch zu erklären, ob sie eigentlich glaube, allein auf der Welt zu sein und ob sie nun diesen Herrn endlich in Ruhe essen lassen wolle.

Ich habe jedoch bemerkt, daß die Leute bescheidener auftreten, sobald sie erkennen, daß man sich nichts gefallen läßt. Schon der entsprechende Gesichtsausdruck genügt manchmal, sie zu vertreiben. Und eines Tages verhalf mir ein wohlgezielter Puff dazu, endlich zum Schalter zu gelangen.
Ich übergebe diese Beobachtungen den Diplomaten.

Auf einem Gange durch die Straßen blieb ich vor einer Ansichtskartenauslage stehen, wobei mir die Derbheit, die Unflätigkeit der meisten Entwürfe auffiel. Kinder, die ihre Notdurft in die Stiefel von irgend jemand, der sich ihrer entledigt hat, oder an eine Mauer oder in einen Bierkrug verrichten, Kinder, die mit Pfeilen nach der Hinterfront eines Kameraden schießen, der in ebenerwähnter Weise beschäftigt ist. Scheußliche nackte Frauengestalten von unförmiger Dicke und eine Menge ähnlicher Kunstwerke, die zu beschreiben meine Feder sich sträubt.
Rabelais hätte keine größeren Derbheiten erfinden können.
Dicht daneben Liebespaare, die den Mond ansingen, Tiroler mit einfältigen Gesichtern, die ihrer Tirolerin Blumen anbieten, dann kommen Tauben und Vergißmeinnicht und Prinz Eitel mit seiner Gemahlin und die ganze kaiserliche Familie.

Und wir sollen die derben Realisten, die Gallier sonder Scham und Sitte sein? Und die Germanen wären die zartbesaiteten Gemüter?
„Sie sind es nicht mehr als andere", erklärte mir ein Einheimischer. „Wir sind kälter und der Frau gegenüber weniger leidenschaftlich und ungestüm, unsere Indolenz wird für Zartgefühl und unsere relative Temperamentlosigkeit für ehrerbietige Zurückhaltung angesehen. Zudem verstehen wir, die wir noch weniger kultiviert als die Franzosen und Eng-

länder sind, nicht so gut mit den Frauen umzugehen, Komplimente zu drechseln, die das Unverschämte der Forderung hinter zarter Rücksicht und Phrasen verbergen. Denn was sollen wir, wenn wir allein mit ihnen sind, sagen, außer daß der Himmel blau sei und dieses Vöglein schön singe? Über ein Buch, das sie sicher nicht gelesen haben – denn unsere Frauen lesen wenig –, oder über ihren Hut sich zu unterhalten, geht nicht an. Dann wird man eben ‚sentimental‘, das heißt, man verbringt die Zeit damit, ihnen die Hand zu küssen, bis sie gestatten, daß man sie auf die Backe und schließlich auf den Mund küßt.

Oder aber wir lassen, von einer starken Erregung beherrscht, jede Rücksicht fahren und stürzen brutal auf unser Opfer los. Ja, wenn unsere Leidenschaft geweckt ist, zeigen wir zu rasch, wo wir hinaus wollen. Ihr anderen stellt euch, als dächtet ihr nicht daran, so daß die deutsche Frau euch gegenüber noch kein Mißtrauen empfindet, wenn sie sich uns gegenüber schon zur Defensive einrichtet.“

„Aber Goethe…“

„Goethe war gar nicht so sehr empfindsam – er denkt sehr an die Wirklichkeit. Werther bekommt seine Lotte allerdings nicht, aber nur deshalb, weil er es nicht richtig angestellt hat. Und Gretchen ist ein dralles Mädel mit sehr gesunden Sinnen, das sich von einem Unbekannten Schmuck schenken und den Bruder töten läßt und um eines schönen, reichen Herren willen alle Leute an der Nase herumführt.“

„Ihre Lieder…“

„Unsere Lieder sind sentimental, weil es leichter ist, kleine, banale, keusche Sachen zu schreiben, und weil dies für die Erziehung der großen Masse gut ist. Glauben Sie mir, wir gelten seit Madame de Staël für gefühlvolle Schwärmer, weil wir noch keine guten Psychologen à la Flaubert und Sten-

275

dhal gehabt haben, die uns als das hingestellt hätten, was wir in Wahrheit sind: kalt, nüchtern, realistisch, sinnlich, denn unsere Kälte – das können Sie sich denken – weiß in punkto Sinnlichkeit trotz alledem recht gut Bescheid."

In Beelitz, zwei Stunden von Berlin entfernt, liegt mitten in einem Tannenwalde ein Genesungsheim*, das von der Kassenverwaltung der Kranken- und Unfallversicherung für Arbeiter und bekanntlich durch die persönlichen und obligatorischen Beiträge von Arbeitnehmern und Arbeitgebern errichtet wurde. Die Kasse des Berliner Distrikts, eine der reichsten in Deutschland, verfügt, wie man mir versichert, über ein Kapital von etwa 80 Millionen Mark. So konnte sie also, ohne sich zugrunde zu richten, dieses prachtvolle Sanatorium, das beinahe 20 Millionen Mark gekostet hat, gründen. Allein für den Badepavillon gab man nahezu eine Million aus. Ich erzählte Ihnen neulich von der hydrotherapeutischen Abteilung des Virchow-Krankenhauses als von einem Muster an Luxus und Bequemlichkeit. Aber diese hier ist noch luxuriöser und bequemer ausgestattet. Alles was z.B. die Kurorte für die Behandlung der Gicht erfunden haben, wurde hierher verbracht: die gewöhnlichen Bäder, die Dampf- und Heißluftbäder, die örtlich angewendeten Bäder für einen oder für beide Arme, für einen oder beide Füße, die schwedische Heilgymnastik, die kohlensauren und elektrischen Bäder, die Sandbäder, Salzbäder, die Bäder mit rotem oder weißem Licht, das alles hat hier Platz gefunden. Aus den Mooren der Lüneburger Heide ließ man Torferde für die Moorbäder kommen, die genau wie die in Marienbad verabreicht werden. Und was die Reinlichkeit anbelangt, darf sie es wohl mit den berühmtesten Badeorten aufnehmen.

---

* Neben diesem Genesungsheim existiert ein Sanatorium für tuberkulöse Arbeiter, das 1 000 Kranke aufnehmen kann.

Dabei darf nicht vergessen werden, daß all dies unentgeltlich und nur für solche Arbeiter bestimmt ist, die direkt aus dem Spital kommen. Sie bleiben 4–6, manchmal 8 Wochen dort. „Denn es ist eine verteufelte Geschichte, bis man sie wieder draußen hat", sagte man mir. Wenn sie Beelitz einmal gekostet haben, wollen sie nicht mehr an die Arbeit. Sie erklären, nervenschwach zu sein, und es ist sehr schwer, sie von ihrer Heilung zu überzeugen, wenn sie selbst nichts davon wissen wollen.

Das Leben, das sie dort führen, ist zweifellos dazu angetan, die 230 Männer und 100 Frauen, die man aufnimmt, zu fesseln.

Die Zimmer zu 2, zu 4 und zu 8 Betten sind sehr einfach, spiegelblanke Parkettböden, weißgetünchte Wände. Der gemeinsame Eßsaal mit gewachster Holztäfelung, hoch wie ein Kirchenschiff, mit seiner großen Orgel, seiner Rosette aus buntem Glas und besonders der ungeheure Park, dessen 100 Hektar aus dem Walde selbst entnommen sind, ermöglichen ihnen das Dasein eines klugen Rentiers, der sich den Abschluß seiner beruflichen Tätigkeit äußerst behaglich einzurichten wußte. Sie stehen auf, wann es ihnen beliebt, meistens zwischen 7 und 8 Uhr morgens, erhalten ihre 4–5 Mahlzeiten täglich, und um nicht allen das gleiche Essen zuzumuten, sind zwei verschiedene Menüs vorhanden, nach denen sich jeder die Speisen nach seinem Geschmacke aussuchen kann.

Jedes Bett kommt auf etwa 16 000 Mark zu stehen. Heutzutage kostet jeder Pensionär, den man aufnimmt, 8 Mark pro Tag, die selbstverständlich von der Versicherungskasse gezahlt werden.

Ich fragte, wie man die Auswahl unter den Kandidaten für Beelitz treffe, da das Heim nur 230 Plätze für Männer enthalte. Was wird dann aus den anderen Kranken, die aus den Spitälern Berlins entlassen werden?

Nicht alle haben Beelitz nötig, und ebensowenig nehmen alle einen Erholungsurlaub. Doch man hat eingesehen, daß Beelitz tatsächlich nicht mehr genügt, und es ist die Rede davon, andere ähnliche Orte zu gründen. Einstweilen sind die meisten, die sich aufnehmen lassen, Buchdrucker, Schuster und Schreiner, also Arbeiter, bei denen der Muskelverbrauch ein verhältnismäßig geringer ist und deren Geist infolgedessen mehr arbeiten kann. Sie liefern auch die größte Zahl der Neurastheniker. Aber im Grunde genommen werden zuerst die Sozialdemokraten berücksichtigt, die besser organisiert und einflußreicher sind und auch ihre Klagen am richtigen Orte anzubringen wissen.

Reinlichkeit und Hygiene

Allgemeine Reinlichkeit. – Die Vorschriften werden befolgt. – Gesunde Straßen. – Charlottenburg und die Gemeindeschweine. – Die 20 000 Straßenkehrer Berlins. – Eisenbahnen, Hotels, Bureaus, städtische Badeanstalten. – Der Lassarbund. – Jedem Deutschen sein Bad in der Woche. – Die Volksbäder in Hamburg, Berlin, Hannover, München usw. – Hundebäder. – Freibad, Sonnenbad. – Hygiene der Nahrungsmittel. – Überwachung der Milch. – Prophylaxis bei ansteckenden Krankheiten. – Wir haben nichts getan.

Das Streben nach Reinlichkeit, wie es in Deutschland überall zu Tage tritt, die musterhafte Ordnung in allen Dingen und das anständige Aussehen der Leute tragen ein gut Teil dazu bei, daß der Fremde einen so angenehmen Eindruck erhält. Und da diese Ordnung sich nicht nur auf die Außenseite erstreckt, da sie in allen öffentlichen Anstalten, in den Amtslokalen ebenso wie in den Privathäusern herrscht, wird ein Gefühl des Wohlbehagens und der Sicherheit hervorgerufen, das einen großen Reiz besitzt.

Man wandert durch saubere Straßen, deren Reinigung regelmäßig und mit Sorgfalt besorgt wird, bewegt sich unter lauter reinlich gekleideten Menschen, die, auch in den ärmeren Vierteln, sich schämen würden, ein Elend in Lumpen zur Schau zu stellen. In den Straßenbahnen, in den Eisenbahnzügen darf man sicher sein, daß niemand an einem vorbei auf den Boden spuckt, und man kann in die zweite oder die dritte Klasse einsteigen, ohne durch Schmutz in den Waggons oder durch zweifelhafte Berührungen belästigt zu werden. Man weiß, daß alle Vorsichtsmaßregeln getroffen wurden, um eventuelle Gefahren nach Möglichkeit einzuschränken, und hat die Beruhigung, daß jeder sich seiner Rechte und Pflichten bewußt ist und daß, wenn Konflikte entstehen, eine gerecht denkende Polizei zum Schutze bereit ist.

Diese allgemeine, Geist und Nerven so wohltuende Reinlichkeit ist dem wachsamen Auge der Regierenden wie auch der verständigen Unterordnung der Regierten zuzuschreiben.

Auf einer Tafel an der deutschen Grenze könnte angeschrieben werden:

„HIER WIRD DAS GESETZ BEFOLGT.“

Und darin besteht eine unleugbare Überlegenheit des deutschen Staates dem französischen Staate gegenüber, sei es nun, was die öffentliche Gesundheitspflege oder was gesetzliche Vorschriften überhaupt anbelangt.

Denn es ist wohl anzunehmen, daß heutzutage die allgemeinen Gesetze bei allen zivilisierten Völkern die gleichen sind.

Was sie voneinander unterscheidet, hängt vor allem davon ab, ob der Einzelne ihnen Gehorsam entgegenbringt.

Bei der Pariser Ausstellung im Jahre 1900 sprach ich mit einem der Leiter der deutschen hygienischen Abteilung über diese Dinge, und ich kann Ihnen einen Begriff davon geben, welche Wichtigkeit Staat und Behörden der Hygiene der Wohnungen, der Nahrungsmittel, einer zweckmäßigen Körperpflege und der Prophylaxis bei Infektionskrankheiten beilegen.

Man kann beinahe sagen, es gebe in den großen deutschen Städten keinen Staub. Im Sommer wird überall und unaufhörlich mit Wasser gesprengt, der Sprengwagen stellt seine Tätigkeit nur ein, um dem Besen Platz zu machen. Und da kein Staub vorhanden ist, gibt es auch keinen Schmutz. Sobald es regnet, ergießt sich ein ganzes Heer von Leuten mit Gummischabern bewaffnet über die Stadt, die das Wasser planmäßig zu den Abzugsrinnen und den Kanalöffnungen leiten. Hier in Berlin, wie in den anderen deutschen Städten, sieht man vom Morgen bis zum Abend städtische Arbeiter damit beschäftigt, unbeschadet des täglichen Kehrens, Papier und Unrat zusammenzuschaufeln.

Im Tiergarten hat man schon lange die jetzt auch in Paris eingeführten, selbsttätigen Sprengwagen. Eine riesige, mit Wasser gefüllte Tonne fährt mit einer Geschwindigkeit von 40 Kilometern in der Stunde in den breiten, nach Charlottenburg führenden Alleen umher und begießt mit einem einzigen mächtigen Strahl die ganze Breite der Straße. Beim Kreuzen mit den Straßenbahnen stellt der Führer den Mechanismus einen Augenblick ab, um die Plattformen nicht unter Wasser zu setzen. Dank dieses so einfachen Systems haben Spaziergänger und Reiter im Tiergarten nie über Staub zu klagen.

Ich habe noch Besseres gesehen. In anderen Städten, in Frankfurt z. B., sind Straßenbahnen mit Sprengvorrichtung vorhanden, die mit seitlichem Strahl die Straßen besprengen und dadurch die stete Säuberung erleichtern.

Überall in den öffentlichen Anlagen hat man Drahtkörbe aufgestellt, in die man das Papier einwirft, das niemals auf den Trottoirs oder auf dem Fahrdamm umherliegen darf. Wenn je ein Kind oder eine erwachsene Person dieser Vorschrift zuwiderhandelt und von einem Schutzmann dabei

Berliner Sprengwagen, 1905

betroffen wird, heißt es umkehren und aufheben, was man fallen ließ. Der Fall ist übrigens selten. So habe ich auch nie auf der Straße ausspucken sehen. Ich erinnere mich des entrüsteten Tones der Deutschen, die mir erzählten, daß sie es erlebt hätten, wie die Leute bei uns in den Straßenbahnen, den Omnibussen, in den Cafés und Bierlokalen unbekümmert auf den Boden spuckten. Und es ist richtig, bei uns wird jeder öffentliche Ort gewissermaßen als Stall betrachtet. Wollte sich hier einer erlauben, in einem geschlossenen Raum dergleichen zu tun, sicher würde sich jemand finden, der ihn an den Anstand erinnerte. In Düsseldorf las ich eine bürgermeisterliche Verwarnung, man möge die Straßenbahnbillets nicht auf die Erde werfen.

Im Berliner Tiergarten werden die Papiere täglich hinweggeschafft, nur im Grunewald, der eine Fläche von 5 000 Hektar umfaßt, läßt sich dies nicht durchführen, die Stadt vermag das Personal dafür nicht aufzubringen. Nun hat sich eine Anzahl Privatleute zusammengetan, die die Behörde unterstützen wollen. Etliche Gönner, die an Ordnungsmanie leiden – lassen wir sie ungeschoren –, haben sich an die Spitze dieses Unternehmens gestellt und Geld dafür gestiftet. Es ist der neueste Verein, der in Berlin gegründet wurde. Im Herbst machen die Kehrmaschinen tagaus, tagein die Runde in den von Bäumen eingefaßten Straßen, und die in der Zwischenzeit fallenden Blätter heben die Straßenkehrer auf. Die Säuberung der Trottoirs ist Sache der Hausbesitzer, die für Unfälle, die durch mangelhafte Ordnung auf den Fußsteigen entstanden sind, haftbar gemacht werden. Geht man an einem Hause vorüber und gleitet auf einer Orangenschale aus und bricht sich den Hals, so hat der betreffende Hausbesitzer dafür aufzukommen. Ebenso wenn im Winter bei Glatteis jemand ausgleitet, weil das Trottoir nicht mit Asche bestreut war, heißt es zahlen, zahlen, zahlen! Um sich vor solchen Unannehmlichkeiten zu schützen, übergibt der Hausbesitzer die Sorge für die Reinigung einer Gesellschaft, an die er monatlich 3 Mark entrichtet. Eine Tafel über der Haustür, auf der zu lesen ist: „Trottoir-Reinigung" enthebt ihn der eigenen Verantwortung. Zur Erleichterung der Arbeiten dieser Art sinnen die Behörden auf immer neue Mittel und führen immer neue Apparate ein, um den Unrat rascher zu beseitigen. Eine der letzten Neuerungen, deren sich Charlottenburg rühmen darf, besteht darin, daß jeder Hauseigentümer verpflichtet ist, drei große massive Bottiche bereitzuhalten, in den ersten haben die Mieter täglich Asche und Kehricht, in den zweiten Papiere und Schachteln, in den dritten die Küchenabfälle, Fleischreste, Knochen, Kartoffelschalen, Brotkrusten usw. zu werfen.

Wozu diese Umständlichkeit? Der sehr praktische Magistrat sagte sich eines Tages, daß es eine Torheit sei, so viele verwendbare Stoffe dem Wegebauamt zu überlassen. Und deshalb kaufte er Schweine und zieht jetzt Tausende dieser Tiere mit dem, was von den Tischen seiner Gemeindeglieder fällt, auf und erzielt damit einen nicht zu verachtenden Beitrag für seine Kasse. Wenn die Leute Kehricht unter die Küchenreste mengen, gilt es wieder Strafe zahlen – und gefackelt wird nicht! – Es gibt weder Gemeinderäte noch Abgeordnete, die es zustande brächten, daß man bei einer Gesetzesübertretung, sei es, was es sei, die Augen zudrückt. Übrigens würde es ihnen gar nicht einfallen, dergleichen nur zu verlangen. Die Stadt läßt diese Bottiche jeden Tag fortbringen. Aber der Hausbesitzer hat dem Wegebauamt 0,75 % des Mietzinses, den sein Haus einträgt, zu entrichten. Dieses System hat eine weitere Vervollkommnung erfahren: Der volle Eimer wird hinten auf den geschlossenen Wagen gestellt und eine Drehspille entleert die Gefäße ihres Inhalts, ohne daß außen auch nur ein Atom von Staub zum Vorschein käme. So werden die Abfälle zu den Rieselfeldern befördert, die auch die Abwässer aufzunehmen haben. Man stellt gegenwärtig Versuche an, diese Stoffe zu verbrennen. Durch Zusetzen anderer Chemikalien gelingt es, Pottasche, Phosphorsäure und Ammoniak voneinander zu trennen und als chemischen Dünger zu verwerten. Nicht nur in den großen Zentren kann diese Fürsorge der Verwaltung beobachtet werden.

Der Berliner Magistrat hat allerdings 18 000 bis 20 000 Arbeiter, Straßenkehrer, Gärtner usw. zu seiner Verfügung, von denen jeder einen Mindestlohn von 3 Mark 50 Pfennig täglich bei zehnstündiger Arbeitszeit erhält, ein Lohn, der alle drei Jahre um 25 Pfennig erhöht wird.* Aber auch eine Stadt mittlerer Größe, wie z. B. Mainz mit seinen 100 000 Einwohnern, gibt jährlich 560 000 Mark für Straßenreinigung aus. Ich denke an den Schmutz auf den Straßen unserer Provinzstädte, an die Haufen von Unrat, die auf den öffentlichen Verkehrsplätzen liegen und oft den ganzen Vormittag liegen bleiben, um dann mit Schaufel und Besen entfernt zu werden, und die dann noch die ganzen Trottoirs entlang ihre Spuren zurücklassen. Und das in Sommerfrischen, deren Bürgermeister stolz auf ihr Wegeamt sind . . . !**

---

* Es sind erst wenige Jahre her, seit die Gärtner mehr als 2 Mark 50 Pfennig erhalten. Heute beträgt, auf Betreiben der Sozialdemokratie, dieser Lohn das Doppelte.

** In Frankreich gehört die Straßenreinigung zu den untergeordneten und freiwilligen Ämtern, die die Behörde übernimmt oder an einen Unternehmer abgibt. Gewöhnlich werden ältere, unterstützungsbedürftige Leute dafür angestellt. In französischen Städten von größerer Bedeutung als Mainz sind die Ausgaben weit geringer. In Nantes (130 000 Einw.) macht die jährliche Ausgabe 156 000 Francs aus, in Reims (110 000 Einw.) 120 000 Francs, in Tours (35 000 Einw.) zweimal weniger, in Le Havre (132 000 Einw.) 339 000 Francs, in Roubaix (120 000 Einw.) 154 000 Francs.

Ach, wann werden wir anfangen, uns ein wenig in der Welt umzusehen!

Auch die großen Betriebe, Bahnverwaltungen und dergleichen lassen es sich angelegen sein, alles in gutem Zustande zu erhalten.

In den Bahnhöfen zwischen den Schienen kein Papier, keine Rückstände. Die Fußsteige sind mustergültig in Ordnung.

Hinten in Ostpreußen, auf einer Lokalbahn sah ich Wagen mit 2,5 Metern Höhe, der Boden war mit Linoleum belegt, die Metallbeschläge blitzten, kein Stäubchen war zu entdekken. In den Zügen ist eine Angestellte mit der Reinigung betraut, sie wischt die Sitze ab, bürstet die Kopfpolster, reibt die Scheiben sauber, wenn sie schmutzig geworden sind, sieht die Klosetts nach und hilft Damen, die einer Nadel, einer Bürste bedürfen, aus.

Die Hotels sind, vom Keller bis zu den Speichern, von beispielloser Sauberkeit. Der Besitzer des Hotels „Zu den vier Jahreszeiten" in Hamburg erzählte mir voller Stolz, daß er an seinen Wänden, auf seinen Böden, in seinen Korridoren, Toiletten, Badezimmern, Eiskellern für zwei Millionen Porzellankacheln habe.

„Es ist eine teure Geschichte", meinte er, „aber dafür ist mein Haus in gutem Zustande."

„Wenn ich in die Bureaus meiner Pariser Filiale komme", sagte mir ein Berliner Geschäftsmann, „schäme ich mich über den Schmutz auf den Böden, an den Wänden, an den Holzverkleidungen, kurz, über den Schmutz an allem."

Allerdings, man möge sehen, wie es dagegen in deutschen Schreibstuben, Amtsräumen, Banken usw. aussieht . . .

Um den Gesundheitszustand ihrer Stadt besorgt, überwacht
die Obrigkeit mit nicht geringerem Eifer die hygienischen

Verhältnisse der Wohnhäuser. Städte wie Frankfurt lassen es zu, daß man ein Stück Mittelalter, das im Herzen der Stadt stehen blieb, niederreißt, opfern auf diese Weise das Malerische dem stets wachsenden Bedürfnis nach gesunden, breiten Straßen, nach Luft und Licht zugänglichen Häusern.

Will man in Preußen ein Haus bauen, müssen, wie überall, die Pläne der Polizeibehörde vorgelegt werden. Die Leute klagen, die Architekten jammern über die Strenge der Forderungen.

Deshalb machen sich Grundeigentümer oft schon ein Jahr vorher daran, diese Verhandlungen einzuleiten. Und wenn die Maße nicht genau den Vorschriften entsprechen, wenn die Dienstbotenzimmer nicht die genügenden Kubikmeter Luft haben, werden die Pläne zurückgewiesen.

Jede Etage muß eine gewisse Höhe besitzen, die Gesamthöhe des Gebäudes darf nicht höher sein als die Straße breit ist, was die Zahl der Stockwerke vermindert, die Höfe sollen einen bestimmten Flächenraum einnehmen, der für die richtige Luftzirkulation und Luftmenge Gewähr leistet. Manche Terrains werden dadurch unverkäuflich, weil sie nicht groß genug sind, um die Baugesetze einzuhalten.

Die Polizei läßt es heutzutage selten mehr zu, daß die Untergeschosse zu Wohnungen benutzt werden, was in Berlin früher allgemeiner Brauch war.

Und wenn sie es erlaubt, verlangt sie das gesetzliche Minimum an Luftraum, eine bestimmte Deckenhöhe und mehrere Fenster.

In den Fabriken wird die Zahl der Bedürfnisanstalten genau kontrolliert, erscheint sie der Behörde nicht ausreichend, muß für weitere gesorgt werden. Und wenn der Betrieb im Gange ist, wird vom Inspektor auf peinliche Sauberkeit geachtet.

Ist das Reinlichkeitsbedürfnis der Deutschen ein größeres als das anderer Völker? Ich weiß es nicht. Immerhin hat man die Beobachtung gemacht, daß der Sinn für Sauberkeit zunimmt, je mehr man nach Norden kommt. Die südlichen Völker sind schmutzig, die Flamen haben eine wahre Sucht, zu putzen und zu scheuern. Doch waren in Deutschland strenge Gesetze vonnöten, um die sanitären Maßregeln praktisch durchzuführen, und wenn der Gebrauch der Bäder von Jahr zu Jahr allgemeiner wird, ist es in erster Linie den Bemühungen einer äußerst rührigen Gesellschaft zu danken. Dieser Bund, dessen Vorsitzender Professor Lassar*, Spezialarzt für Hautkrankheiten, ist, dehnt seine Wirksamkeit über ganz Deutschland aus. Er beruft Kongresse ein, gibt Broschüren heraus, entsendet seine Apostel von Stadt zu Stadt, wo sie die gute Lehre verkünden sollen, stellt den Gemeinden kostenlos Pläne her, bietet ihnen unentgeltlich seine Unterstützung an. In dem Ausschuß des Bundes sind Minister, Admirale, Gelehrte zu finden. Der Kaiser und der Kanzler nehmen tatkräftiges Interesse daran.

Der Bund umfaßt 1400 zahlende Mitglieder und hat es fertiggebracht, daß in fast allen deutschen Städten von einiger Bedeutung Badeanstalten eingerichtet werden mußten. In einem einzigen Jahre (1907) haben hundert Gemeinden Bäder gebaut, und die noch keine besitzen, schämen sich dessen. Der Präsident der Liga hofft, auch die kleinsten Orte des Reiches mit Badegelegenheiten ausgestattet zu sehen, wenn noch einige Jahre ins Land gegangen sind. Schon sind in manchen Marktflecken solche anzutreffen. Auf diese richtet die Agitation jetzt hauptsächlich ihr Augenmerk. Man baut keine Schulhäuser mehr, ohne Badekabinen für die Schüler

---

* Inzwischen verstorben.

unterzubringen. Die Ärzte machen die Erfahrung, daß auch die Eltern sich größerer Reinlichkeit befleißigen, seitdem ihre Kinder zu baden pflegen.

„Jedem Deutschen ein Bad in der Woche" lautet die Devise. Dank der Vermittlung dieser vor 8 Jahren gegründeten Gesellschaft muß jeder Soldat und jeder Matrose sich einmal in der Woche unter die Dusche begeben. Die Bahnverwaltungen, die industriellen Betriebe, alle größeren Unternehmungen sind nach Möglichkeit bestrebt, ihren Arbeitern ein wöchentliches Bad zu verschaffen. Mitglieder oder solche Personen, die sich besondere Verdienste um diese Schöpfung erwarben, werden mit silbernen Medaillen bedacht.

In den Vereinigten Staaten und in Schweden hat man ähnliche Organisationen ins Leben gerufen, und die Reinlichkeitsbewegung schreitet voran.

Daher existieren jetzt in vielen Städten des Deutschen Reiches Volksbäder, die von der Behörde errichtet wurden und mit Schwimmbassins, die laufendes Wasser haben oder täglich ein- bis zweimal frisch gefüllt werden, mit Zellen für kalte und warme Duschen und mit Wannenbädern versehen sind.

Die Volksbäder in Hamburg sind ganz vortrefflich ausgestattet. Für 15 Pfennig bekommt man eine Badehose, ein Handtuch, eine besondere Kleiderzelle und ein Schwimmbad. Ehe sie ins Wasser gehen, müssen die Leute sich die Füße gründlich waschen und kalt oder warm duschen, damit das Wasser, das übrigens alle 24 Stunden gewechselt wird, klar bleibt. Nicht weniger als 1 000 Bäder werden hier täglich verabreicht.

In einer anderen Abteilung erhält man für 40 Pfennig (erste Klasse) ein warmes Bad. Die Kabine ist mit einer Wanne aus

Marmor oder aus Fayence, mit kalter und warmer Dusche und zwei Handtüchern ausgerüstet. In der zweiten Klasse kostet das Bad 25 Pfennig, die Wannen sind die gleichen, nur die warme Dusche fehlt. Die Dusche allein, Seife und Handtuch mit inbegriffen, kostet 10 Pfennig.

Außerdem hat die Stadt an der Elbe und an zwei ihrer Nebenflüsse Volksbäder für Männer und Frauen geschaffen. Ihre Zahl nimmt zu, je größer die Stadt wird.

Wann werden wir es erleben, daß die französischen Städte an Volkshygiene denken?

Wenn die oberen Bürgerkreise selbst sich ans Baden gewöhnt haben werden.

In Berlin, in Hannover, in München sind die Badeanstalten pompös ausgestattet. Kleine Städte, wie Göttingen mit einer Einwohnerzahl von 35 000 Köpfen, sind nicht weniger gut versehen.

Ebensowenig lassen die Volksbäder in Hannover zu wünschen übrig: Ein großes, wunderbar sauberes Schwimmbassin, das bläulichgrüne Wasser ist klar wie das Wasser eines Sees. Kostet 10 Pfennig. Wer baden will, läßt das Geldstück in einen Automaten gleiten, der ihm eine Karte verabfolgt. Wie überall, so wird auch hier gründliches Abwaschen und Duschen verlangt, ehe man das allgemeine Bassin benützt. Die sauberen, bequemen Kabinen haben Pitchpine-Verkleidung und sind mit rosafarbenen Gardinen geschmückt. Bademeister erteilen Schwimmunterricht. Die Tiefe des Bassins steigt von 75 Zentimeter bis zu 3,25 Metern, so daß man nach Belieben untertauchen kann.

Die warmen Bäder sind in ganz mit Kacheln ausgelegten Zellen mit schönen blanken Wannen untergebracht. In der ersten Klasse kostet das Bad 60, in der zweiten Klasse 25 Pfennig. Die Bedienung ist freundlich und zuvorkommend.

In den Korridoren und auf den Marmor- oder Steintreppen ist kein Stäubchen zu sehen. Es ist wirklich das Muster einer Anstalt, wie ich sie besser noch nirgends angetroffen habe.

Doch auch an den Berliner Badeeinrichtungen ist nicht das geringste auszusetzen. Sie wurden nach dem gleichen Modell erbaut: Schwimmbassins von 46–60 Metern Länge, Duschen, Wannen, alles blitzend vor Sauberkeit. Ein einziges derartiges Etablissement gibt täglich 3 000 Bäder ab, die Duschen nicht mitgerechnet. Vor den hohen Festtagen steigt die Zahl auf 7 000. Für 10 Pfennig erhält jeder ein Bad, Seife und Handtuch. In manchen Anstalten werden demnach 1 Million Bäder, Abwaschungen und Duschen im Jahre genommen.

Die Schulkinder in Berlin und in anderen großen Städten erhalten Freikarten oder ermäßigte Preise.

In München hat ein Herr Müller der Stadt 2 Millionen zur Errichtung eines Volksbades vermacht. Die Behörde fügte diesem Vermächtnis noch 400 000 Mark bei, und nun ragt am Ende einer großen Baumallee an den Ufern der Isar ein Prachtbau empor. Man tritt in Räume ein, wo alles Marmor und helle Fayence ist. Die große, rechteckige Halle der Schwimmanstalt macht einen prachtvollen Eindruck. Von dem schönen Blau der Kacheln hebt sich das Wasser in herrlicher Klarheit ab, im Hintergrunde, in einer verzierten Nische, steht eine Bronzestatue, davor ein Sprungbrett, für den Kopfsprung bestimmt. Bogenlampen werfen ein bläuliches Licht in den Raum, auf Pfeilern treten monumentale Wandkandelaber hervor. An der Decke sieht man drei große vergitterte und vergoldete Öffnungen, aus welchen beständig ein sehr feiner Regen sprüht, um die Luft rein zu erhalten, sie gleichsam zu waschen und um das Wasser des Schwimmbeckens zu erfrischen. Rings um die ganze Halle zieht sich eine vergoldete Galerie. Etwa 100 Menschen, Männer, junge Burschen, auch Kinder, tummeln sich nach Herzenslust in der klaren Flut. Es ist verboten, anderswohin als in die Spucklöcher zu spucken, die an allen vier Ecken dicht über dem Wasserspiegel angebracht sind.

Jeder muß sich, ehe er sich in das Bassin begibt, in einer Rotunde, wo zwölf kupferne Duschen zu seiner Verfügung stehen, waschen, seifen und frottieren. Die Kinder haben ihren eigenen Ankleideraum. Tagsüber beträgt der Preis 40 Pfennig und geht abends auf 25 Pfennige herunter. Samstags, von 5 Uhr an, wird der Tarif für die Arbeiter auf 10 Pfennig herabgesetzt.

Außer dieser Schwimmanstalt sind warme Bäder vorhanden in schneeweißen Wannen mit kupfernen Hähnen. Außen an der Tür jeder Kabine ist ein bewegliches Zifferblatt eingelassen, auf dem der Aufseher die Zeit vermerkt, wann der Badende, der 30 bis 45 Minuten beanspruchen kann, die Zelle betreten hat. In den Nebengebäuden sind auch Dampf-, Heißluft-, sogar Fangobäder zu haben.

Auch die Hunde sind nicht vergessen worden, man sucht es ihnen ebenso behaglich zu machen wie den Menschen. Sie werden in einen Marmorzuber gebracht, je nach der Jahreszeit mit kaltem oder warmem Wasser übergossen, mit einer desinfizierenden Seife gewaschen, dann gebürstet und abgerieben und in nette, lauwarme Verschläge gebracht, wo sie vollends trocknen sollen. Auf dem Tische, auf den sie beim Frottieren hingelegt werden und der mit Ketten, Halsband und Ringen versehen ist, um sie festzuhalten, liegen sämtliche Toilettengegenstände, Kämme, Striegel und Bürsten, bereit. Auch geschoren werden sie hier, und die Klauen werden ihnen geschnitten. Das erste Mal widersetzen sich die Tiere diesen hygienischen Prozeduren, dann wird ihnen ein solides Halsband umgetan, das man an dem Strick einer an der Decke befindlichen Rolle befestigt. Haben sie den Boden unter den Füßen verloren, können sie nichts weiter mehr tun als bellen. Für die bösartigen ist der Maulkorb da.

Das Beste jedoch, was man in München sehen kann, nicht hinsichtlich der Ausstattung, sondern vom demokratischen Standpunkt aus, das sind die Freibäder.

Der Magistrat ließ das Wasser der Isar in ein 100 Meter langes, 20 Meter breites und 1,65 Meter tiefes Becken leiten, das man zwischen zwei Reihen Kastanienbäumen ausgegraben hat, und auf diesem Wege wurde mit wenig Kosten ein unentgeltliches Volksbad geschaffen. Das Wasser wechselt zweimal am Tage von selbst. Jedermann hat Zutritt. Die einen bringen ihre Wäsche selbst mit, andere ziehen vor, für einige Pfennige Badehose und Handtuch zu mieten. Die Leute ziehen sich unter Schutzdächern aus, die mit Bänken und Haken, an denen die Kleider in Reih und Glied hängen, ausgestattet sind. Hier nimmt im Sommer das Münchner Volk zu 3 000–4 000 Personen seine Bäder. Das Ganze hat nichts Prunkendes noch Luxuriöses an sich, es ist einfach und doch bequem. Ein Bademeister genügt, um die Ordnung aufrechtzuhalten.

Dieser klassischen Badegelegenheit hat die Stadt München, die dem Fortschritt dicht auf den Fersen folgt, Sonnenbäder beigefügt, unentgeltlich wie die anderen. Einen großen Platz, der von dem Schwimmbassin nur durch eine Bretterwand getrennt ist, hat man mit feinem Sande bestreut, auf den die Sonne ungehindert scheinen kann. Ein Arm sehr kalten Isarwassers fließt hindurch und dient für die Abwaschungen. Eine Duschvorrichtung im Freien, Turnapparate, Reck, Barren, Leitern usw. vervollständigen die Ausstattung. Die Behandlung besteht darin, sich nackt der glühenden Sonne auszusetzen, sich ins Wasser zu begeben und es verdunsten zu lassen oder sich in den heißen Sand zu legen, wieder zu duschen, und so immer wieder von vorne anzufangen. Ungefähr hundert Männer, Greise mit ehrwürdigem Bart oder junge Leute, unförmige Leiber oder abgezehrte Körper mit lahmen oder steifen Gliedern finden sich hier, Strohhüte auf dem Kopf, völlig nackt unter freiem Himmel zusammen, in frohem Glauben an die neue Heilmethode. Sie marschieren hin und her, springen, recken, biegen sich, oder legen sich bäuchlings oder rücklings in den Sand. Einige sehen rot, wie zerschunden aus, das sind die, die sich einen Sonnenbrand geholt haben, weil sie versäumten, sich zu netzen. Das Publikum besteht aus Arbeitern, Kaufleuten und Künstlern.

Etwas weiter entfernt folgen gleiche Bäder für die Frauen.

Ferner wird die Nahrungsmittelkontrolle in Deutschland vorzüglich gehandhabt.

In den Fleischerläden werden Sie keinen Schinken finden, der nicht vom Gesundheitsamt gestempelt ist, wo er mikroskopisch untersucht wurde.

Sie bringen ein Stück Zucker ins Laboratorium dieses Amtes, in kürzester Frist ist die Analyse gemacht. Und ist der Zucker als gefälscht befunden worden, wird der Verkäufer sofort gerichtlich belangt.

Wir beklagen uns, daß unsere Salate, unsere Rettiche, unser Grünzeug, das aus der Umgegend von Paris stammt, nicht einwandfrei sei. Warum haben wir nicht, wie Berlin, unsere Untersuchungsstation in unserem Jardin des Plantes, die sich mit dem Studium der Gemüse- und Obstkrankheiten befaßt? In Berlin wird nur Wasser aus artesischen Brunnen getrunken. Man hat eine große Anzahl solcher bohren lassen, von denen jeder 8 Millionen kostet.

Die Milchkontrolle funktioniert gleichfalls tadellos. Täglich werden von den Inspektoren Milchwagen angehalten, die Milch wird untersucht. Und erfüllt sie die vorgeschriebenen Bedingungen nicht, so wird sie einfach weggegossen und der Missetäter zu Protokoll genommen. Milchpanschereien kommen denn auch höchst selten mehr vor.

An anderer Stelle sprach ich schon von den Milchkartellen Berlins. Der Detailverkauf ist der besonderen Erwähnung wert. Die größte Molkerei in Berlin ist die der Firma Bolle, deren weißen Wagen man in allen Stadtvierteln begegnet. Sie bezieht allein schon 140 000 Liter täglich aus einer Umgegend von 100 Kilometern in der Runde, die in einer großen Fabrik, die ihre 2 000 Arbeiter beschäftigt, sterilisiert wird. Alle diese Milch wird in 250 plombierten Wagen in die Wohnungen verschickt, und diese Wagen sind so eingerichtet, daß die Milch entnommen werden kann, ohne daß es möglich wäre, irgend etwas in die Gefäße hineinzubringen. Die Frage der Milchfälschung scheint gelöst.

Leider läßt es sich nicht vermeiden, Vergleiche zwischen diesen hygienischen Maßnahmen und denen von Paris anzustellen. Und nach Paris zurückgekehrt, ist es ein Greuel, die von einer mehr oder weniger dicken Schmutzkruste bedeckten Milchbehälter zu betrachten, in denen die Händler mit aller Bequemlichkeit alle erdenklichen Mischkünste vornehmen können, an die Kannen zu denken, die stundenlang auf den Trottoirs vor den Türen der Milchgeschäfte stehen bleiben und allen Frechheiten der des Weges kommenden Hunde, dem Straßenstaub und Schmutz jeglicher Art ausgesetzt sind. Und zu bedenken, daß die von den Verkäufern selbst so zugerichtete Milch die einzige Nahrung der Kinder ist, die zu Zehntausenden an diesem Getränk zugrundegehen!

Staat und Städte lassen sich nicht daran genügen, der Hygiene im allgemeinen immer mehr Rechnung zu tragen und über die Beschaffenheit der Wohnungen und der Nahrungsmittel zu wachen, sondern sie schützen die Gesundheit des Volkes auch durch Sanitätsämter, die zu bestimmten Zeiten in Tätigkeit treten und dank der Sachkenntnis und Gewissenhaftigkeit derer, die mit diesen Pflichten betraut sind, vortreffliche Dienste leisten.

Sobald eine Erkrankung an Pocken, Diphtheritis, Typhus, Pest, Cholera durch den Arzt, der das nie unterläßt, dem Amte gemeldet wird, wird Befehl zur Desinfizierung gegeben; der zuständige Arzt begibt sich sofort in das infizierte Haus, überzeugt sich, was zur Prophylaxis getan werden kann, und trifft stehenden Fußes seine Vorkehrungen.

In den Schulen waltet eine ärztliche Aufsichtsbehörde ihres Amtes. Sämtliche Schulkinder werden von Zeit zu Zeit untersucht; und wenn ein auch nur geringfügiges Leiden oder die Anlage dazu entdeckt wird, widmet man diesem Schüler besondere Aufmerksamkeit und nimmt ihn in Behandlung. Schwerer Erkrankte schickt man an die See, in die Waldkolonien, in Sanatorien. Sechzig solcher Heilstätten hat das „Rote Kreuz" gegründet. Andere Vereine unterstützen sie, von einer Menge von Städten erhalten sie Subventionen.

Im Reiche gibt es im ganzen 25 Institute, die die Lymphe zum Impfen von Kindern und Erwachsenen selbst herstellen. Todesfälle infolge von Pocken kommen daher in Deutschland nicht mehr vor . . .

Ich unterhielt mich eines Abends mit einem Berliner Gelehrten, der mit einer Französin verheiratet ist und große Sympathie für Frankreich empfindet, somit der Parteilichkeit für sein Vaterland nicht beschuldigt werden kann. Im Gegenteil, muß ich sogar sagen, denn oft geht er zu streng mit seinen

Landsleuten ins Gericht. Überdies ist er Republikaner, fast Sozialist, und keineswegs für das monarchische Regiment Preußens eingenommen.

Nun hören Sie, was er mir sagte:

„Die Regierung hier tut wirklich, was in ihren Kräften steht, um die Wissenschaft und das Sanitätswesen zu fördern, und es läßt sich nicht leugnen, daß die Amtsgewalt in dieser Beziehung ihr Gutes hat. Nehmen wir z.B. an, es bräche eine Genickstarre in Schlesien aus, sofort erteilte die Regierung ihrem ‚Institut für Infektionskrankheiten‘, das Sie im Norden Berlins sehen, Weisung, Erkundigungen über die Epidemie einzuziehen, ihre Ursachen, Fortschritte, ihre Verhütung und Bekämpfung zu erforschen.“

„Haben wir in Frankreich nicht das Institut Pasteur, das sich solchen Untersuchungen widmet?“

„Wir besitzen solche Institute ebenfalls, unter anderen das von Koch, und außerdem eine ganze Reihe von Laboratorien, denen hervorragende Bakteriologen vorstehen. Aber der Staat hat noch mehr als das, er hat sein eigenes Institut mit einem Heer von Gelehrten, deren Aufgabe in der Sorge um die öffentliche Gesundheit liegt. Ihr Institut Pasteur hat seine ständigen Mitarbeiter, seine besonderen Leute dafür, ich glaube kaum, daß ihm morgen schon zwanzig Bakteriologen zur Verfügung stünden, die der Genickstarre zu Leibe gehen könnten. Hier kommt das vor. Ein Befehl wird gegeben, und eine Schar Sachverständiger richtet ihre Brillen auf die signalisierte Gefahr.

Noch eine andere, nicht weniger gewichtige Einrichtung ist vorhanden. Das ist der ‚Reichsgesundheitsrat‘. Hier ordnet die Regierung eines Tages an, man möge den Tee und den Kaffee z. B. zum Gegenstand seiner Studien machen, zu dem Zwecke, das Volk über die Vor- und Nachteile dieser Getränke aufzuklären, oder man erteilt den Auftrag, eine neue Erfindung zu prüfen, deren Wirkungen und Verwendungen zu eruieren; ein anderes Mal will der Minister die Syphilis studiert haben, so daß man sagen kann, die Heilung der Syphilis sei von Staats wegen erreicht worden."

Die Zunahme industrieller Niederlassungen an den Fluß- und Kanalufern bringt eine immer größere Verunreinigung des Wassers mit sich. Mainz sagt zu Frankfurt: „Behaltet doch eure Gifte im Main!" Und Mannheim und Ludwigshafen fahren fort, den Rhein zu vergiften. Die Regierung, die diesen gefährlichen Zuständen abhelfen wollte, ordnete Untersuchungen in der Elbe und im Rhein an, um zu wissen, welche schädlichen Stoffe sich im Wasser erhalten, welche schwächer werden und welche ganz in der Strömung verschwinden.

Bei einem Aufenthalt in Danzig hatte ich Gelegenheit zu sehen, welche Maßnahmen Preußen traf, um der Choleraepidemie, die 1905 durch die Weichselschiffer von Rußland her eingeschleppt wurde und ganz Deutschland zu befallen drohte, entgegenzutreten. Und ich wurde Zeuge, wie streng die Vorschriften lauteten und wie pünktlich sie durchgeführt wurden.

Die Seuche, von den Flissaken* aus der russischen Provinz Wolhynien, die mit ihren Holzflößen bis zur Weichselmündung fahren, hergebracht, tauchte am 15. August zuerst in Kulm, einer Stadt an diesem Flusse, auf. Im Oktober stand sie vor den Toren Berlins, in Oranienburg. Sie hatte also nur zwei Monate gebraucht, um das Netz der Kanäle und Flüsse, die Preußen und Brandenburg durchziehen, vollständig zu infizieren. Nachdem er die Weichsel und ihre

* Siehe „Von Hamburg bis zur polnischen Grenze".

Zuflüsse angesteckt hatte, überfiel der Bazillus, den Brandenburger Kanal durchwandernd, das Becken der Oder und ihrer Seitenadern, zog dann den Friedrich-Wilhelm-Kanal, der die Oder mit der Spree verbindet, den Finow- und Havelkanal – Bindestriche zwischen Oder und Elbe – und endlich diese letztere hinauf.

Die Holzflöße waren die Träger der Krankheit gewesen. Die Flissaken leben allerdings in den gesundheitswidrigsten Verhältnissen darauf, in engen Strohhütten, wo sich oft eine große Familie zusammendrängt. Das Flußwasser, ihr einziges Getränk, durch Fäkalien, die über Bord geworfen werden, verunreinigt, führte die Ansteckungskeime mit sich und erhöhte noch deren Wirkung. Es galt daher, mit aller Energie gegen die Verbreitung unter den Anwohnern vorzugehen.

Die preußische Regierung verlangte strenge Absperrung jedes Kranken, fünftägige Beobachtung verdächtiger Personen, oder, wenn der Kreisarzt es für nötig hielt, gleichfalls völliges Isolieren.

Es genügt nicht, Gesetze zu erlassen, sie müssen auch zur Anwendung kommen. Mit der Durchführung der die kleinsten Einzelheiten betreffenden Vorschriften, von denen ich oben nur einen Abriß gab, wurde zum Teil die Gesundheitspolizei der Binnenschiffahrt, zum Teil die Auswanderungspolizei betraut. Ständige Sanitätsposten mit weißen Flaggen und einem großgedruckten „Halt!" wurden an wichtigen Stellen des Flußverkehrs aufgestellt. Sie standen unter einem Chefarzt, dem Assistenten und Krankenwärter beigegeben waren und der Isolier- und Beobachtungsbaracken, ebenso alles notwendige Material zur Desinfizierung und zur bakteriologischen Untersuchung, zugestellt erhielt. Kähne fuhren unausgesetzt stromab- und stromaufwärts, um die auf der Fahrt befindlichen Flöße zu inspizieren.

Den Schiffern wurde die Benutzung von Trinkwasser vorge-
schrieben, man bezeichnete ihnen die Stellen, wo sie ihren
Vorrat erneuern konnten, man zwang sie, sich besonderer
Gefäße für die Fäkalstoffe zu bedienen und sie erst nach ge-
höriger Desinfektion in den Strom zu leeren. Jedes Floß, das
einen Cholerakranken bei sich hatte, mußte die gelbe Flagge
hissen usw. Ich kann hier nicht alle Verfügungen aufzählen,
die das Kaiserliche Gesundheitsamt an die Schiffer und die
Uferbewohner ergehen ließ: Verbot, die Kinder in der Nähe
des Wassers oder auf der Straße spielen zu lassen, Schließung
der Schulen, ärztliche Musterung der Wartesäle, Bahnhöfe,
Waggons, Hotels, Wirtshäuser, Trinklokale etc. Es wurde
nichts vergessen …

Weit entfernt, die Augen zu schließen wie die russische Regierung, die in amtlichen Berichten erklärte, die Schilderung
der angerichteten Verheerungen sei übertrieben, und sich
damit begnügte, durchaus unzureichende schwimmende La-
zarette zu stellen, zog die deutsche Regierung vor, ihre Nach-
forschungen, die sich oft als ganz überflüssig erwiesen, auf
eine große Zahl verdächtiger Fälle auszudehnen. So wurde
dem Übel Einhalt geboten und die Epidemie, die so großes
Unheil hätte anrichten können, auf 218 Fälle, wovon 88 töd-
lich verliefen, beschränkt.

Der Verdacht der Sanitätsbehörden fiel namentlich auf die
aus Rußland, Galizien und Polen Eingewanderten. Ein
Cholerafall in Hamburg, ein anderer in Elsaß-Lothringen
wurden durch Auswanderer dieser Provinzen eingeschleppt.
Man überwachte sie von nun an genauer an den Grenzsta-
tionen, die man in Ostpreußen, Schlesien, Sachsen und in
den Rheinlanden errichtet hatte. Diese Stationen, die fortwährend in Tätigkeit sind, untersuchen alle, die die Grenze
überschreiten. Wenn ihr Gesundheitszustand normal ist,

schickt man sie an die Zentralstelle in Ruhleben bei Berlin, wo eine neue Untersuchung stattfindet. Die Verdächtigen werden ins Spital geschickt, die anderen nach den Einschiffungshäfen, Hamburg und Bremen, dirigiert. Dort werden neue Vorsichtsmaßregeln getroffen. Ich habe sie angelegentlich der Auswanderer-Organisation in Hamburg ausführlich besprochen.* So werden die Gefahren, denen das Deutsche Reich durch die Nähe Rußlands, durch seine zentrale Lage und die zunehmende Auswanderung ausgesetzt ist, bedeutend abgeschwächt.

Was hat man bei uns getan, um uns vor den Epidemien zu bewahren, die von den Tausenden der Europäer, namentlich aber von den Tausenden der Orientalen, die Frankreich auf dem Wege nach Amerika berühren, drohen? Sie kommen im Herzen von Paris an, und die bunte Schar, die sich in dem Bahnhof St. Lazare niedergelassen hat, mischt sich unter die anderen Reisenden, ohne daß irgend etwas geschieht, um diese gefährlichen Kontakte zu verhüten. In den Auswandererhäfen haben sich die großen Schiffahrtsgesellschaften allerdings den Vorschriften, die die amerikanische Regierung ihnen auferlegt hat, unterworfen. Ihr Interesse zwang sie dazu, weil sie den nicht einwandfreien Auswanderern, die in Ellis-Island zurückgewiesen werden, die Rückreise zahlen müssen.**

Daran, uns selbst zu schützen, hat niemand gedacht.

---

* Siehe „Von Hamburg bis zur polnischen Grenze".
** Siehe „Von San Franzisco bis Kanada".

Offiziere und Soldaten

Abstammung der Offiziere. – Militärische Erziehung und allgemeine Bildung. – Adlige Korps. – Teure Regimenter. – 16 000 Mark Rente für einen Gardekürassier. – Ein Offiziersbudget. – Unbemittelte Offiziere. – Obligatorischer Luxus und kaiserlicher Befehl. – Glänzendes Auftreten, einfache Kost. – Schulden und Spiel. – Ansichten einiger Offiziere. – Die historische Entwicklung des preußischen Offizierskorps. – Schlichte Charaktere. – Gamaschendienst. – Kasernenbesuche. – Die Kasinos. – Kameradschaft. – Soldatenmißhandlungen. – Der Parademarsch. – Offiziere als Freimaurer. – Der Kaiser begünstigt das Freimaurertum. – Die militärfeindliche Bewegung in der Armee. – Die Sozialdemokraten die besten Soldaten. – Die militärfrommen Deutschen. – Das Zeitalter der Reserveoffiziere. – Oberst von Plüskow. – Eine Kritik der französischen Armee. – Wie die Offiziere über den Krieg denken. – Zwei verschiedene Tonarten. – Worin Ludwig XIV. und Bismarck gefehlt haben. – Aussprüche eines russischen Ministers über die Allianz mit Frankreich. – Die künftigen Heerführer. – Der Kaiser ein guter Regimentskommandeur und tüchtiger Seemann.

Ich habe nicht die Absicht, die deutsche Armee vom militärischen Standpunkte aus zu studieren, noch Vergleiche zwischen ihr und dem französischen Heere anzustellen. Dieses Studium, dem sich ohnehin andere oft genug gewidmet haben, würde technische Kenntnisse voraussetzen, die ich nicht besitze.*

Aber ich habe während drei Jahren die Kasernen besucht, habe Manövern, Übungen, Paraden beigewohnt und mich vor allem sehr viel mit militärischen Persönlichkeiten unterhalten. Und was ich hier zusammenstelle, sind Notizen, die ich mir von einem Tage zum anderen aufgeschrieben habe. Läßt sich die Erziehung der deutschen Offiziere mit derjenigen der französischen Offiziere vergleichen? Die französischen Offiziere, die ich in Deutschland traf, sind der Ansicht, daß die unsrigen – von Ausnahmen abgesehen – mehr allgemeine Bildung besäßen und in beruflicher Hinsicht so ziemlich auf gleicher Stufe stünden.

Es soll mich freuen, wenn dem so ist.

Ich selbst bin mir darüber vollständig klar geworden, daß die höheren Offiziere, besonders die des Generalstabs, hervorragende Persönlichkeiten sind. Auch hier spreche ich nicht von ihren militärischen Fähigkeiten, über die mir kein Urteil zusteht, sondern von ihrem Wert als Menschen, ihrem Ernst, ihrem sittlichen Empfinden, ihrer Energie und besonders von ihrem Pflichtbewußtsein. Soweit man Menschen vom Sehen, Zuhören und nach dem, was andere, die sie kennen, von ihnen halten, taxieren kann, habe ich den Eindruck gewonnen, Leuten von feinster Lebensart, gesunder, tüchtiger Gesinnung und – Charakteren gegenüberzustehen. Übrigens gilt es als Tatsache in Deutschland, daß die Armee zur Zeit die besten Elemente an sich zieht.

Sehen wir zuerst, woraus sie sich rekrutiert. Nachher wollen wir sehen, wie ihr Leben beschaffen ist, und vieles hören,

---

* Es existiert ein französisches Buch: „Die deutsche Armee", von zwei Offizieren, den Herren Martin und Pont, verfaßt, das sehr ausführlich und genau geschrieben ist.

Parade am Tempelhofer Feld, 1910

was sie über sich selbst, und einiges, was sie über andere zu sagen hat.

Die deutschen Offiziere können in drei Kategorien eingeteilt werden:
– in solche, die als Avantageure bei der Armee eingetreten sind,
– in solche, die aus den Kadettenanstalten hervorgingen,
– und in Reserveoffiziere. Diese nehmen eine Ausnahmestellung ein und dürften kaum in Betracht kommen.
Um direkt in das Heer eintreten zu können, muß man entweder das Zeugnis der Abiturientenprüfung vorweisen können oder das Fähnrichsexamen bestanden haben. Wer sich zum Fähnrichsexamen melden will, muß sieben Jahre lang Schüler eines Gymnasiums oder einer Lehranstalt mit obligatorischem Lateinunterricht gewesen sein.
Aus diesen Bestimmungen geht bereits hervor, daß gleich anfangs eine Sichtung vorgenommen wird: Man muß eine höhere Schule besucht haben und Lateinisch können. Beschränkten sich die Aufnahmebedingungen allein auf diese zwei Punkte, könnte man meinen, die Vorgesetzten hätten nur eine geistige Auslese im Sinne.
Nun muß aber der Bewerber noch eine andere Forderung erfüllen, die mit der Vorbildung oder der geistigen Begabung nichts mehr zu tun hat, er muß nämlich auch nachweisen können, daß seine Familie in der Lage ist, ihm einen monatlichen Zuschuß von 45 Mark, wenn es sich um die Fußtruppen, 75 Mark, wenn es sich um die Feldartillerie und 150 Mark, wenn es sich um die Kavallerie handelt, zu gewähren. Diese verhältnismäßig nicht übertriebenen Summen verfünf- und verzehnfachen sich manchmal, wie wir später sehen werden, wenn gewisse bevorzugte Regimenter in Frage

kommen. Wir stehen demnach vor einer zweiten Auswahl, die äußere Verhältnisse zum Gegenstande hat.

Aber das ist noch nicht alles.

Damit, daß man den eben erwähnten Ansprüchen, einer höheren Schulbildung und einer wohlhabenden Familie teilhaftig zu sein, genügt, ist noch nicht gesagt, daß der junge Mann nun nichts weiter zu tun habe, als in das Regiment, das er sich ausgesucht, einzutreten. Wir werden gleich auf diesen Punkt kommen.

Folgen wir ihm auf seinem Instanzenwege.

Hat er seine Maturitätsprüfung oder sein Fähnrichsexamen glücklich bestanden, hat der Oberst des gewählten Regiments ihn als Offiziersaspirant angenommen, hat seine Familie sich bereit erklärt, ihm den erforderlichen Zuschuß zu zahlen, so nimmt die Ausbildung zum Offizier ihren Anfang. Erst muß er ein halbes Jahr bei seinem Truppenteil dienen. Er ist vorläufig nichts weiter als gemeiner Soldat und schläft in den ersten vier Wochen mit den Leuten seiner Korporalschaft zusammen, wenn er nicht aus der Kadettenschule hervorgeht, in welchem Falle er gleich als Unteroffizier eintritt. Nach einem Vierteljahr wird er meistens zum überzähligen Korporal und einen Monat darauf zum Unteroffizier befördert. Entspricht er den an ihn gestellten Anforderungen, wird er zum Fahnenjunker ernannt. Dann schickt man ihn auf die Militärschule, wo er neun Monate zu bleiben hat und wo ihm die Anfangsgründe der militärischen Taktik, der Topographie, der Festungskunde, des allgemeinen Dienstes, des militärischen Strafrechts und der Verwaltung beigebracht werden. Man versucht, ihm soldatischen Geist, kameradschaftlichen Sinn, die Ehr- und Pflichtbegriffe seines Berufes einzuprägen, vor allem auf letzteres wird viel Gewicht gelegt.

Diesem Lehrgang schließt sich das Offiziersexamen an. Besteht es der junge Aspirant, so wird ihm die Befähigung zum Offizier zuerkannt, und er kehrt für einige Monate noch als Fähnrich in sein Regiment zurück. Aber er hat bereits das Recht, das Offiziersportepee zu tragen und wird vom Oberst seinen künftigen Kameraden vorgestellt. Man beobachtet ihn, und nach Ablauf der vorgeschriebenen Zeit erfolgt die Wahl zum Offizier. Wenn ein ernsterer Einwand vorliegt, wird die Wahl verschoben. Bisweilen will man ihn auch auf diese Weise für kleine Verstöße und Ungeschicklichkeiten bestrafen. Er kann einige dienstliche Nachlässigkeiten, Fehler in der Behandlung von Untergebenen begangen haben oder vor allem es an Pflichtbewußtsein und Verantwortlichkeitsgefühl haben fehlen lassen. Fällt die Abstimmung jedoch zu seinen Gunsten aus, so wird das Wahlergebnis dem Kaiser vorgelegt, der das Patent erteilt.

Geht der Aspirant aus der Selekta – sozusagen einer Eliteabteilung – der Kadettenanstalt hervor, wo er den gleichen Kursus wie der Militärschüler absolviert hat, so tritt er in das Regiment ein, ohne sich einer Wahl unterziehen zu müssen, und wird direkt vom Kaiser ernannt.

Endlich vom Regiment aufgenommen, beendet er seine Ausbildung. Diese Aufgabe übernimmt ein Hauptmann, den die Ältesten des Offizierskorps darin unterstützen. Denn es kommt oft vor, daß sein jugendliches Selbstbewußtsein sich verletzt glaubt, da heißt es, ihn zur Vernunft zu bringen; obwohl man sein Ehrgefühl in übertriebener Weise entwickelt, klärt man ihn über eine Menge Nuancen auf, gibt ihm „Direktiven".

Wenn es sich um adlige Offiziersaspiranten handelt, tritt der Bewerber meist in dasjenige Regiment ein, in dem schon sein Vater gedient hat, wo sein Name also bekannt ist, und gewöhnlich erfolgt die Aufnahme ohne weiteres. Selbstverständlich ist die Garde am gesuchtesten, man wohnt in der Hauptstadt und hat zahlreiche Gelegenheiten, in die Nähe des Kaisers und der hohen militärischen Würdenträger zu kommen; man sieht und hört dort mehr und kann sich leichter alle möglichen Kenntnisse aneignen.

Die ältesten Söhne der Adelsfamilien aus dem Osten, in denen ein Majorat besteht, treten gerne bei der Gardekavallerie ein, wo sie Söhne oder Verwandte kleiner Fürstenhäuser vorfinden. Die Söhne des Königs von Preußen haben alle im 1. Garderegiment zu Fuß gedient, das in Potsdam steht und dessen Offizierskorps aus lauter Adligen zusammengesetzt ist, deren Väter einst darin gestanden haben. Das ist alter Brauch.

Indem der König seinen Regimentern die Sorge, sich zu rekrutieren, überläßt, will er ihnen etwas Persönliches, ihre eigene Individualität wahren und zu ihrer Gleichartigkeit beitragen. Und im allgemeinen wird dieser Zweck erreicht, hauptsächlich was den Osten anbetrifft. Die Vorfahren haben an der Seite der Deutschordensritter gegen die Polen und Slawen gefochten, und sämtliche Junker, die der Tradition treu geblieben sind, dienen eine Zeitlang im Heere, wozu sie die kriegerischen Eigenschaften, die ihnen im Blute liegen, mitbringen. Wenn sie den Dienst quittieren, lassen sie sich zur Reserve versetzen.

In den reichen rheinländischen Provinzen dagegen, in Westfalen, einer katholischen Gegend, ist der militärische Geist nicht so rege wie im ärmeren Osten, wo die Sitten rauher geblieben sind. Dort trifft man neben Söhnen adliger Rittergutsbesitzer die Söhne angesehener, reicher Industrieller, die jedoch keinen Anteil an der Geschichte Preußens hatten. So

z. B. bei den siebenten Ulanen in Saarbrücken, über die man

sich beständig lustig macht, indem man sagt: „Für jeden seiner Leutnants rauchen zehn Fabrikschlote".

Man merkt es dem Korpsgeist ein wenig an, die Disziplin ist nicht so stramm, denn man muß auch dem rheinischen Charakter, der dem Elend und der allzu strengen Zucht schon lange entronnen ist, einiges zugute halten. Eine Wandlung macht sich unterdessen bemerkbar, das genaue Gegenteil, das man von dieser Mischung erwartete: Anstatt daß das Wesen der preußischen Offiziere die Kameraden im Westen beeinflußt, sind es die ersteren, die sich nach und nach von den Gewohnheiten der Rheinländer gewinnen lassen.

Durch den Umstand, daß die Offiziere gewissermaßen selbst für ihren Ersatz aufzukommen haben, wird im Heer eine Art Aristokratie geschaffen, die sehr enge Grenzen zieht und zwischen den einzelnen Truppenteilen etwas wie einen Wettbewerb auf dem Markt der Eitelkeiten und einen Snobismus züchtet, der mit den soldatischen Tugenden nicht mehr viel gemein hat. Das Regiment der Zietenhusaren in Rathenow bei Berlin besitzt eine außerordentliche Anziehungskraft infolge seiner Exklusivität und weil es im Rufe steht, die besten Reiter der Armee zu liefern. Die ersten Kürassiere in Breslau, wo sich der gesamte Adel Schlesiens zusammenfindet, die dritten Kürassiere in Königsberg, die den ostpreußischen aufnehmen, das erste und zweite Regiment der Königshusaren in Danzig, die sich der besonderen Gunst des Kaisers erfreuen, die zweiten Dragoner in Schwedt a. d. Oder, die dreizehnten Ulanen in Hannover, die Ulanen in Fürstenwalde, deren Chef der Prinz Albrecht war, gehören zu den umworbensten Kavallerieregimentern. Nicht weniger exklusiv zeigen sich gewisse Infanterieregimenter, so setzen sich die Offiziere des 73. Regiments in Hannover, des 55. in Detmold, des 2. in Stettin, das 7. Jägerregiments in Bückeburg aus dem Adel der dortigen Gegend zusammen und sind den Söhnen gewöhnlicher Bürger verschlossen. Der Kaiser hatte verlangt, daß einige Ausnahmen dieser Abgeschlossenheit gegenüber gemacht werden sollen. Diese Bevorzugten bezeichnet man etwas geringschätzig: „Konzession Schultze", was ungefähr dasselbe bedeutet wie unser: „C'est une concession faite aux Durand". Doch haben diese drei oder vier Ausnahmen, abgeschreckt durch ihre isolierte Stellung, das Feld wieder geräumt.

In den gemischten, aus Adligen und Bürgerlichen bestehenden Regimentern beklagen sich die letzteren manchmal über die Art, wie die adligen Kameraden mit ihnen verkehren. Nicht, daß der Ton gegenseitig nicht ein durchaus höflicher wäre, aber es läßt sich nicht verhüten, daß die Junker sich als andere Rasse und anderen Blutes fühlen.

Bei den Pioniertruppen und bei der Artillerie steht die persönliche Bildung im allgemeinen auf einem höheren Niveau als bei den anderen Waffengattungen. Der Nimbus aber verbleibt trotzdem den glänzenden und kostspieligen Regimentern. Der Kaiser, dem dergleichen Freude macht, hat alle Uniformen seiner Armee getragen, nur die des Trains noch nicht. Es verlautet, er wolle es tun, er habe davon gesprochen. Getan hat er es indessen nicht.

Bei den teureren Regimentern kann man sich mit dem monatlichen Zuschuß von 80 oder 160 Mark, die in der Infantrie und Kavallerie gefordert werden, nicht begnügen. Wie mir ein Offizier sagte, vermag ein Leutnant in diesen Eliteregimentern mit seinem Gehalt kaum seine Stiefel zu zahlen. Ein Offizier der Gardekürassiere in Berlin muß mindestens 16 000 Mark Einkünfte haben, wenn er seinen Platz neben den anderen behaupten will. Dann folgen die Gardehusaren, Gardeulanen und Gardedragoner mit ähnlichen Ansprüchen.

„Wo geht denn all das Geld hin?" fragte ich.

Hier annähernd das Budget der unvermeidlichen Ausgaben eines Offiziers:

Mittagessen zu 1,30 Mark	= 40 Mark monatlich	
Abendessen	40 "	"
Wohnung	40 "	"
Kleiderkassebeitrag	24 "	"
Bursche	6 "	"
	Summa 150 Mark monatlich	

Rechnet man nun noch die Wäsche, die verschiedenen Abzüge für die Offiziersbibliothek, für Kasinofestlichkeiten, für die Musik hinzu, was alles mindestens 36 Mark ausmacht, so kommen wir auf einen Betrag von 186 Mark, von dem sich kaum 1 Pfennig abziehen läßt.

Nun erhält ein erster Leutnant in Berlin ungefähr 212 Mark monatlich. Es bleiben ihm somit genau 26 Mark für Zigarren und dergleichen.

Vergessen Sie nicht, daß er bis jetzt, außer den 24 Mark obligatorischer Zahlung an die Kleiderkasse, nichts für seine Kleidung erübrigen konnte. Nun muß er doch Uniformen, muß Helm, Mütze, Handschuhe etc. haben, für die Paraden und Hofbälle ausgerüstet sein, denn die Offiziere in Berlin und Umgebung werden ins Schloß, zu den Rennen etc. eingeladen. Außerdem sind die Offiziere gezwungen, sehr gesellig zu leben, einer Menge Einladungen zu folgen, mit Kameraden, die kommen oder gehen oder sich vorübergehend in Berlin aufhalten, zu feiern. Sie sollen nur erster oder zweiter Klasse reisen; in Berlin haben sie beschlossen, keine Pferdedroschken mehr, statt dessen die Autobusse und Straßenbahnen zu benutzen. Sie dürfen nur in den guten, das heißt, den zur Zeit am besten besuchten Lokalen verkehren, gehen sie ins Theater, sei es allein oder mit ihren Frauen, sind sie genötigt, teurere Plätze zu nehmen; wenn sie Trinkgelder geben, müssen sie höher als die eines Zivilisten sein, wo bliebe auch sonst die Hierarchie?

Damit erhalten sie sich auch die Sympathie der Droschkenkutscher. Früher hatten sie das Recht, ins Café Bauer zu gehen, jetzt trinken sie ihren Tee im Kaiserhof oder Bristolhotel.

Dabei gibt es oft genug unbemittelte Offiziere, auch unter den Adligen, die sich solche Ausgaben nicht leisten können. Einer alten Tradition zufolge setzt der König von Preußen alljährlich eine gewisse Summe aus seiner Privatschatulle für Unterstützungen an Offiziere aus. Meistens werden die Söhne ehemaliger verdienter Offiziere damit bedacht.

Der Kaiser, der den Regimentskommandeuren mehrmals nahelegte, die Zuschüsse selbst in den ersten Regimentern sollten nicht mehr als 150 Mark monatlich betragen, hat zum mindesten achtmal mehr als seine Vorgänger in 50 Jahren die Uniformen ändern lassen. Er ahnt nicht, wie teuer diese seine Einfälle die Offiziere, denen er Einfachheit im Essen predigt, wahrscheinlich weil er selbst kein Feinschmecker ist, zu stehen kommen.

Man muß zugeben, daß der Staat sein Möglichstes für die Offiziere tut. Er hat die wohltätige Einrichtung des „Warenhauses für Heer und Marine" anerkannt, das nach dem Muster des englischen „Army and Navy"-Klubs gegründet wurde und sich bestrebt, seinen Mitgliedern alle Ausrüstungsgegenstände, Uniformen, Pferde, Speisen und Getränke, Konserven, Liköre, Zigarren zu sehr ermäßigten Preisen zu liefern. Die Hauptersparnis liegt in dem Umgehen aller Zwischenhändler. – Dadurch bringt man es fertig, Offiziersuniformen für eine drei- bis vierfach geringere Summe herzustellen. Auch der Kaiser bemüht sich, von den Uniformen abgesehen, redlich, seine Offiziere zu der früheren Einfachheit zurückzuführen. Er hat den Kommandeuren befohlen, das Menü für die Gesellschaften der verheirateten Offiziere, die offizielle Einladungen ergehen lassen müssen, zu regeln. Dieses Menü, von Wilhelm II. zusammengestellt, besteht aus einem Fischgericht, einer Vorspeise, einer süßen Platte und Nachtisch. Solche Einzelheiten ordnet der Monarch an, um wenig bemittelten Offizieren Demütigungen dem Aufwand reicher Kameraden gegenüber zu ersparen.

Wie bei uns verlangt auch hier der Staat, ehe er den Leutnants die Heiratsermächtigung erteilt, eine Rente von mindestens 2 400 Mark von seiten der Frau oder von seiten des Mannes den Nachweis eines dieser Summe entsprechenden Vermögens, in guten Staatspapieren angelegt. Für die Hauptleute lautet die Bedingung nur auf 1 600 Mark.

In militärischen Kreisen sieht jeder ein, daß es heutzutage für einen Kavallerieoffizier unmöglich ist, mit weniger als 4 000 Mark Zuschuß auszukommen.

Diese kostspielige Lebensweise bleibt nicht auf die Offiziere beschränkt, sie übt ihren Einfluß auch auf die Einjährig-Freiwilligen aus. In den Garderegimentern sind die Kosten für diese derart gestiegen, daß höchstens noch die Söhne reicher Finanziers und Industrieller dort eintreten können. Im Alexanderregiment zählte man im vorigen Jahr auf 17 Freiwillige 12 Söhne reicher jüdischer Familien.

Es ergibt sich von selbst, daß der Offizier bei einem solchen Verbrauch in Schulden gerät. Dann und wann liest man von Prozessen, die die Militärbehörden wegen Unterschlagungen

und Wuchergeschäften nach Spielverlusten anstrengen mußten. Die Spielleidenschaft wütet in der Tat wie eine Epidemie
in den Garnisonen, in den kleinen und den großen; in den
kleinen, weil es an Zerstreuungen anderer Art fehlt, in den
großen, weil die Anlässe, Geld auszugeben, sich häufen.
Wenn ein Offizier aus solchen Gründen Selbstmord begeht,
werden ihm auf kaiserlichen Befehl die militärischen Ehren
beim Begräbnis verweigert.

„Es ist wahr", gab mir ein Offizier zu, „daß die jungen Leutnants leicht Schulden machen. Sie teilen sich ihr Geld nicht
ein und verstehen nicht vorzusorgen. Aber geradezu allgemeine Regel ist es nicht. Und zudem haben sie einen Milde-
rungsgrund. Oft lassen sie sich zu Schulden hinreißen infolge der bequemen Zahlungsbedingungen, die ihnen die Lieferanten gewähren. Da macht z. B. ein Offizier bei seinem
Schneider oder seinem Wäschefabrikanten eine Bestellung
und verlangt ausdrücklich, daß die Rechnung beigelegt werden soll. Das Bestellte wird abgeliefert, aber ohne Faktur,
weil man auf diese Weise hofft, er werde eher wiederkommen
– und häufig genug stimmt diese Berechnung. Doch im allgemeinen zahlt der Offizier, was er schuldig ist. Jeden Monat
wird übrigens ein bestimmter Betrag seines Gehaltes zurück-
behalten, diese Summe erhält er im Dezember unangetastet
ausbezahlt, und er kann nun Rechnungen, die um diese Zeit
von allen Seiten einlaufen, damit begleichen. Er kann auch
im Laufe des Jahres einen Bon auf diesen Reservefonds ausstellen, wenn es sich um eine Schneiderrechnung oder dergleichen handelt.

Zum Glück für die deutsche Armee haben sich eine ganze
Anzahl ihrer Offiziere die Einfachheit bewahrt, die zur Zeit
der Friedriche üblich war. Und wenn Sie näher zuschauen,
können Sie oft genug einen alten Major in einem bescheide-

nen Restaurant, wo seine eleganten Kameraden nicht hinkommen, für 1 Mark zu Abend essen sehen, weil er eine zahlreiche Familie oder vielleicht einen Sohn auf der Militärschule hat, für den er sich's vom Munde abspart.

Eine der bekanntesten Erscheinungen der Armee ist jener jetzt nicht mehr aktive General von Haeseler, der mit großen Fähigkeiten größte Mäßigkeit und Einfachheit verbindet. (Man behauptet, er trinke nur Milch und habe immer keusch gelebt.) Als er nach Metz beordert wurde, sagte er beim Anblick der Vorhänge und Möbel im Arbeitszimmer seines Vorgängers: ‚Schaffen Sie mir das alles fort, ich bin hier, um zu arbeiten, und brauche nichts weiter als einen Tisch, einen Stuhl und viel Licht.‘ Nach seiner Pensionierung hat er sich auf sein Gut im Brandenburgischen zurückgezogen, wo er seine Zeit damit ausfüllt, den Dorfkindern eine bessere Erziehung beizubringen.

Neben jenen teuren Regimentern, wo trotzdem Geld allein nicht genügt, um Einlaß zu erhalten, und wo ein Milliardär vergeblich anklopfen würde, gibt es andere, womöglich noch unzugänglichere, wie das zweite Kürassierregiment Königin Luise, das aus Vertretern nur mittelmäßig begüterter Familien besteht. Dieses Offizierskorps beschränkt sich unter anderem nicht darauf, alles fernzuhalten, was nicht von Adel ist, es sucht auch seinen Bedarf nur durch Glieder der ältesten pommerschen Aristokratie zu decken. Es ist stolz auf seine Geschichte, auf seine 66 in der Schlacht bei Hohenfriedberg, zur Zeit der schlesischen Kriege Friedrichs des Großen, erbeuteten Fahnen, stolz auf sein ausschließlich ihm zuerkanntes Vorrecht, den berühmten, wie es heißt vom alten Fritz selbst komponierten Hohenfriedberger Marsch durch sein Musikkorps vor dem Kaiser spielen zu lassen.

Ähnlich verhält es sich mit dem ersten Garderegiment zu Fuß, von dem man sagen kann, daß es eher ein armes Regiment ist, denn es begnügt sich damit, die Kasinokosten auf das Doppelte anzusetzen. Aber die Söhne der Hohenzollern gehören ihm vom elften Jahre ab an, und seit seiner Gründung wird ihm der Offiziersbestand immer durch dieselben Familien geliefert.

Die Kadettenanstalt, wo die Söhne von Offizieren und Beamten erzogen werden, weigerte sich, den illegitimen Sohn des Königs Milan und der berühmten Christitsch, der doch den Namen des Vaters trägt, aufzunehmen. Wahrscheinlich ist dies der Grund, der ihn heute treibt, sich, um sein Brot zu verdienen, in den Berliner Tingeltangels als Wunderschütze zur Schau zu stellen.“

Dieses Abschließen, das deutlich zeigt, wie es in Deutschland mit dem demokratischen Geist bestellt ist, beruht nicht nur auf germanischem Dünkel. Es entspringt tieferen Ursachen als dem Kastenhochmut und gründet sich auf geschichtliche Tatsachen. Hören Sie, was mir ein Offizier, der über großes Wissen verfügt und der, obwohl bürgerlicher Herkunft, doch überzeugter Monarchist und konservativ gesinnt ist, darüber schreibt: „Um Anschauungen dieser Art, die in Frankreich fremd geworden sind, und um den preußischen Soldatengeist zu verstehen, muß man wissen, daß sich dieser Militäradel in unserem Norden nach den schweren Katastrophen des Dreißigjährigen Krieges herangebildet hat, in einem Lande, das zugrunde gerichtet war und dessen erste Sorge darin bestand, seine Wehrkräfte wieder herzustellen. Sein Begründer war Friedrich Wilhelm, der Große Kurfürst, der die Initiative ergriff und die befestigten Städte, die bisher dem Kaiser untertan waren, zwang, ihm den Eid zu leisten.

316 Indem er persönlich seine Offiziere unter dem Adel Preu-

ßens und Brandenburgs aussuchte, machte er aus möglichen Gegnern die treuesten und aufopferndsten Stützen der preußischen Monarchie. Die vollkommene Verschmelzung von Adel und Heer ließ in dieser bevorzugten Kaste eine tiefe Anhänglichkeit an seinen Chef, den Soldatenkönig, erstehen. Während der Regierung Friedrich Wilhelms, Friedrich I., Friedrich Wilhelm I. und Friedrich II., des ,Alten Fritz', schloß sie sich mit Leidenschaft ihrem königlichen Führer an. Das war jene Zeit, da man mit Stolz erklärte, erst ,fritzisch' und dann deutsch zu sein. Da sich der König als den ersten Soldaten seiner Armee betrachtete, entwickelte sich zwischen deren höchstem Vorgesetzten und seinen Untergebenen ein starkes Solidaritätsgefühl, das sich auf die gemeinsame Achtung vor der Disziplin, der Gewissenhaftigkeit, der Einfachheit der Sitten stützte. Der ärmste Krautjunker stand durch seine persönlichen Verdienste an Rang den Fürsten gleich. Unter den Offizieren bestand eine enge Gemeinschaft, die aus dem Korps eine große Familie machte, deren Band die Anhänglichkeit an die Hohenzollerndynastie bildete. Es erschien als etwas durchaus Natürliches, daß ein armer pensionierter Offizier auf den Gütern eines reichen Waffengefährten brüderliche Aufnahme fand. Es war auch ganz natürlich, daß der Leutnant der Gast seines Hauptmanns oder Obersts war. ,Einer für alle und alle für einen', so wollte es der König. Dieser spornte den Eifer dieser Anhänglichkeit noch an, indem er den Offizierskorps eine besondere Gerichtsbarkeit einräumte und sie zu den höchsten Stellungen des Landes berief.

So kamen diese erlesenen Korps zustande, deren kriegerischer Enthusiasmus und strenge Manneszucht einen großen Anteil an den Siegen Friedrich II. hatten. Nach und nach indessen und infolge ziemlich langer Friedenszeiten gewann ein gewisser Formalismus die Oberhand, man beschäftigte sich mit einer peinlichen und echt deutschen Sorgfalt viel zu viel mit seinen äußerlichen Details, und es bedurfte Jena, um die berufliche Verknöcherung dieser so berühmten Truppen zum Bewußtsein zu bringen. Nun dachte man daran, ihnen einen neuen Geist einzuflößen, verlieh den Korps größere Bewegungsfreiheit, ließ an Stelle der Offiziersernennungen durch den König die Wahl durch die eigenen Kameraden treten, wie es zum heutigen Tage geblieben ist und noch lange bleiben wird. Die Rolle des Königs beschränkte sich von nun an darauf, die Wahl zu bestätigen.

Da die numerische Stärke der Armee von Jahr zu Jahr zunahm, mußten die Cadres vermehrt werden. In Linienregimentern wurde eine größere Anzahl Bürgerlicher zugelassen. Auf diese Weise wurde dem alten Stamm ein neues Reis eingepfropft, das ihn belebte, verjüngte und kräftigte. Der aristokratische Geist, verbunden mit strenger Disziplin, blieb jedoch bestehen, ließ aber der persönlichen Kritik eine große Freiheit, ähnlich wie bei den Ritterorden.

Da das Offizierskorps die Leute nun wählte, die es für würdig hielt, in seine Reihen aufgenommen zu werden, übernahm es dem König gegenüber die Verantwortung für seine Glieder.

Ihrem Wesen nach ist die Führung also aristokratisch geblieben, was eine gewisse Gleichartigkeit und Geschlossenheit bedingt. Dieser Gleichartigkeit entspringt das Solidaritätsgefühl, das sich vor dem Feinde nie verleugnet und die im Kriegsfalle so verhängnisvollen Eifersüchteleien ausschließt. Was die regionale Rekrutierung der Offizierskorps anbetrifft, bildet sie leider nur noch eine Ausnahme. Diese Ausnahmen können Sie bei der Garde und bei manchen ostpreußischen Regimentern noch antreffen. Aber verhältnismäßig wenige

Infanterieregimenter erfreuen sich dieser Vorzüge. Diese wohltätige Tradition hat zum Schaden der Gleichartigkeit innerhalb der Korps durch die starken Grenzgarnisonen eine Einbuße erlitten. Die Truppenkörper an der Grenze, die oft nicht genügenden Ersatz fanden, waren manchmal gezwungen, die Söhne von kleineren Beamten, sogar von Handwerkern der Gegend aufzunehmen, die früher niemals eingestellt worden wären.

Daher setzen sich die Offizierskorps weit mehr als früher auch aus Angehörigen industrieller und kaufmännischer Kreise zusammen. So daß wir, wenn auch die armen Offiziere früherer Zeiten keineswegs ausgestorben sind, eine Menge junger reicher Leute haben, die eine viel üppigere Lebensweise aufnötigen und bei der der unbemittelte Kamerad nicht mittun kann – was zu denken gibt.

Nur äußerst selten trifft man unter deutschen Offizieren das, was man ‚Protzen‘ nennt; theatralisches Auftreten ist uns fremd, oder findet wenigstens keinen Anklang. Im allgemeinen, darf man wohl sagen, erfüllt der deutsche Offizier seine Pflicht in aller Schlichtheit. Von den Führern des großen Generalstabs spricht man kaum, und ein Mann wie Moltke bleibt der Typ des preußischen Offiziers. Aus dieser Zurückhaltung entspringt ein gewisses Selbstvertrauen. Was sich nicht allzusehr nach außen verausgabt, kommt der inneren Kraft zugute. Seitdem Friedrich Wilhelm I. seine Offiziere an eine freimütige Sprache ihm gegenüber gewöhnte, hat es nie an Männern gefehlt, die ihre Meinung offen zum Ausdruck bringen. Man übt gegenseitige Kritik, macht sich in den Offizierskorps oft lustig über sich selber, und es ist nicht selten, daß ein Vorgesetzter ein Wort mit anhört, das nicht für ihn bestimmt war, aber er wird seinen Untergebenen kaum jemals deswegen zur Rechenschaft ziehen. Ich versichere

Ihnen, daß der, der da glaubt, bei der deutschen Armee passiven Gehorsam zu finden, deren Geist nicht kennt. Der Gehorsam des deutschen Offiziers ist etwas Lebendiges, Durchdachtes, das eigener Initiative Spielraum läßt.

Einen Fehler will ich indessen nicht unerwähnt lassen. Ich deutete ihn bereits an, und er kann zu einer ernsten Gefahr für unser Heer werden. Das ist der übertriebene Ordnungssinn und die Pedanterie, ein krankhaftes Betonen äußerer Dinge, die nach dem Tode Friedrich des Großen Wichtigeres außer Acht ließ und uns schon in den Freiheitskriegen zum Verhängnis wurde."

Ich habe mich auch in Kasernen umgesehen, was nicht ohne Schwierigkeiten zu bewerkstelligen war. Der Bürgermeister von Mainz hatte beim General um die Erlaubnis für mich nachgesucht. Der General telegraphierte nach Berlin, da dem Kaiser allein die Ermächtigung zusteht. Die Antwort lautete verneinend. Nun stellte ich die Sache einfacher an und hatte mehr Erfolg.

Viel zu sehen war übrigens in den Kasernen nicht. Die meisten sind aus roten Backsteinen erbaut, und in den westfälischen und rheinischen, die ich besichtigte, fiel mir die Sauberkeit, die Ordnung auf, die in allen Räumen, vom Hofe an bis hinauf in die Mannschaftszimmer, herrschte. Die Bettsäcke sind statt mit Stroh mit Papierschnitzeln gefüllt, was gesünder sein und das Ungeziefer fernhalten soll. In der Küche kostete ich natürlich von den Rationen. Sie sind genießbar. In den Arbeitsräumen und in den Unteroffiziersstuben sind die Wände mit Ansichtskarten geschmückt: der Kaiser, die Kaiserin, die Prinzen und Prinzessinnen im trauten Verein mit der Otéro und Cléo de Mérode. Dann in Herz- und

Kranzform geordnet: Schießscheiben in rohen Holzrahmen

mit den Namen der besten Schützen. Die Vorratsmagazine für den Mobilmachungsfall befinden sich in denkbar bester Verfassung. Alles ist in einer Weise zurechtgelegt, die es ermöglicht, binnen weniger Minuten die Verteilung der Ausrüstungsgegenstände zu erledigen. Nichts fehlt. Der Magazinverwalter setzt einen krankhaften Ehrgeiz darein, daß alles klappt.

Mehr interessierte mich jedoch die Offiziersmesse, wo ich einige Male Tischgast war. Das Kasino – so wird die Offizierstafel genannt – liegt am Eingang der Kaserne, der Wache gegenüber. Ein kleiner Garten davor, ein größerer dahinter, Garderobe, Waschtoilette. In demjenigen, von dem ich hier spreche, sind zwei Speisesäle, ein großer und ein kleiner. In dem kleinen speisen die Offiziere gewöhnlich an einem langen Tische in T-Form. Der Hauptmann sitzt an dem Querstrich dieses T, die Leutnants an den beiden Seiten. Der große Saal dient bei Tanzfesten. Auf dem Büfett Andenken früherer Angehöriger des Regiments, Bowlen, Humpen, Gläser, mit Namen und Datum versehen, silberne Leuchter, Geschenk der Prinzessin Viktoria, der Schwester des Kaisers, die Chef des Regiments ist und deren Portrait in Helm und Uniform an der Wand hängt zwischen Schlachtenbildern, die Kämpfe, wie z. B. den Sturm bei Düppel, darstellen, wo sich das Regiment 1864 im Kriege gegen die Dänen hervortat. Auf dem Kamin die Büsten der drei deutschen Kaiser und Moltkes, an anderer Stelle ehemalige Kommandeure.

Als ich mit dem Hauptmann, der mich einführte, im Saale erschien, trat einer um den anderen der Offiziere auf uns zu, um sich selbst vorzustellen. Jeder nannte mir seinen Namen und verneigte sich höflich, die Absätze zusammenklappend. Alle hatten das gesunde, frische, fröhliche Aussehen, das man bei den meisten Militärs bemerken kann, aber nichts von jener affektierten Zugeknöpftheit, die sich manchmal so unangenehm fühlbar macht. Während der Mahlzeit tranken mir die meisten liebenswürdig zu. Mir fiel der artige, aber zwanglose Verkehr mit den Vorgesetzten auf.

„Auf dem Parkett sind wir alle gleich", erklärte mir der Hauptmann.

Und in der Tat, das war zu sehen.

Das kameradschaftliche Leben unter den Offizieren wird von jeher sehr gepflegt. Alle Unverheirateten, bis zum Hauptmann, sind verpflichtet, an der Kasinotafel zu essen, auch die Hauptleute nehmen ihre Mahlzeiten meistens dort ein. Der Preis des Gedecks wechselt zwischen 1 Mark 20 Pfennig und 1 Mark 75 Pfennig. Bei der Kavallerie, wo die Zahl der Offiziere kleiner ist, muß etwas mehr gerechnet werden.*

Über dienstliche Angelegenheiten darf bei Tische nicht gesprochen werden. Wer sich vergißt, zahlt Strafe.

Die Kasinoverwaltung liegt in den Händen einer Kommission, die aus einem Hauptmann und zwei Leutnants besteht. Der eine hat den Keller, der andere die Küche zu inspizieren, dem Ältesten fällt das Finanzwesen und die Aufsicht über sämtliche Lokalitäten zu.

Fast jeden Monat findet eine festliche Zusammenkunft, das sogenannte „Liebesmahl" statt, das oft bis in die Nacht hinein dauert. Man musiziert, singt, deklamiert und pokuliert. Im allgemeinen wählt man für solche Feste einen Gedenktag an irgendeine Schlacht oder einen hohen Besuch. Der Zweck besteht darin, die Bande zwischen den Offizieren enger zu knüpfen, Freunde, die sich entzweiten, wieder zu versöhnen,

---

* Der Effektivbestand bei der Infanterie beträgt 35 bis 50, bei der Kavallerie 12 bis 15 Offiziere.

oder die Beziehungen zwischen Vorgesetzten und Untergebenen freundschaftlicher zu gestalten. Hat ein Vorgesetzter sich zu einem allzu schroffen Wort einem Subalternen gegenüber hinreißen lassen, wird er bei dieser Gelegenheit als Erster sein Glas gegen den Gekränkten erheben. Ein anderer will seinem Chef, der vielleicht vermittelt hat, was hier die Pflicht des Höherstehenden ist, eine Huldigung darbringen. Dann wird eine Ordonnanz zu dem Betreffenden geschickt, um ihm leise zu sagen, daß diese oder jene Herren auf sein Wohl trinken möchten. Er blickt auf, greift nach seinem Glas, die anderen springen empor, stellen sich kerzengerade hin und leeren, die Augen auf den gerichtet, den sie zu ehren beabsichtigen, ihre Gläser.

Die Geburtstage werden ebenfalls festlich begangen. Der Älteste oder Jüngste der Tafelrunde läßt eine Rede los, das „Geburtstagskind" antwortet darauf. Eine mächtige Torte mit so viel brennenden Lichtern besteckt, wie der Held des Tages Jahre zählt, wird aufgetragen.

Diese Gebräuche schaffen auf die Dauer ein Verhältnis, das über die gewöhnliche Kameradschaft hinausgeht. Und sie erklären auch, weshalb Leuten von gleicher Abkunft und gleicher Erziehung daran liegt, unter sich zu bleiben.

In den reichen, westlichen Provinzen, wo die Menschen leichtlebiger, die Zerstreuungen zahlreicher sind und wo, wie gesagt, eine stärkere Mischung der Elemente stattgefunden hat, ist die Kameradschaft weniger eng als im Osten, wo die Offiziere sozusagen allein leben.

Wenn sie nicht im Kasino oder zu irgendeinem Essen eingeladen sind, treffen sich die Offiziere in den gerade von der Mode begünstigten Restaurants, in den Bars, den Bodegas mit weiblicher Bedienung. Es ist immerhin eine Unterhaltung.

Ich habe sie oft an solchen Orten, wo die eigene Neugier mich hinführte, beobachtet. Es sind meistens ruhige, ziemlich elegante Lokale, wo ihre Gegenwart den Ton angibt. Eines davon sehe ich deutlich vor mir: auf dem Boden rotes Linoleum, den Wänden entlang eine graugrün lackierte Täfelung, auf Regalen ringsherum Ziergläser, Zinnbecher, imitierte Delfter Töpfereien, dickbauchige Krüge, kleine Porzellangefäße mit Mistelzweigen und rotbebeerten Stechpalmen en miniature. In Manneshöhe dicke Goldknöpfe, zu Kleiderhaltern bestimmt, wo die Offiziere beim Eintreten ihre langen, grauen Umhänge mit dem roten Kragen und Säbel und Mütze aufzuhängen pflegen. Die kleinen weißgedeckten Tische trugen große, rote Blumen, Päonien oder gefüllten Mohn, die zwischen künstlichem Grün in Vasen steckten. An jenem Abend blieben etwa ein halbes Dutzend Offiziere, darunter einer in Zivil, eine Stunde beisammen und würfelten, wer die Zeche nachher zu bezahlen hätte. Einige Minuten, nachdem sie sich entfernt hatten, kam der in Zivil wieder zurück und setzte sich allein an den Tisch. Die holländische Kellnerin, von den Offizieren „Mäuschen" genannt, ging zu ihm hin, um ihm Gesellschaft zu leisten. Er ließ sie ihm gegenüber Platz nehmen und sprach fast eine Stunde lang auf sie ein. Was er sagte, verstand ich nicht, denn sie führten die Unterhaltung sehr leise und in sehr ernstem Ton. Eigentlich war er es, der sprach, sie begnügte sich damit, einsilbige Antworten zu geben. Es sah so aus, als nehme er sie ins Gebet, ruhig, aber sehr eindringlich, fast etwas pastorenhaft. Zum Schluß bot er ihr einen Malaga an. Und das ganze lange Gespräch hatte kaum ein Lächeln, sie hörte ihm nur zerstreut zu, an ihrem süßen Beerenwein nippend und dann und wann Blicke mit uns wechselnd. Sie war

ein prächtiges Geschöpf, mit üppigen, drallen Formen, rosigem Teint und großen dummen Augen. Holländerin von Geburt, war sie aus Rotterdam herübergekommen, um Trinkgelder zu verdienen, indem sie jungen Leuten den Kopf verdrehte. Bei einem jungen Studenten, mit dem sie verlobt zu sein vorgab, schien ihr das bereits gelungen zu sein. Was konnte er dieser Rubensgestalt, die sich nur mit Realem befaßte, wohl zu sagen haben? Daß er seine Zeit verlor, war zu sehen.

Über die Mißhandlungen im Heer will ich die folgenden Notizen sprechen lassen:

„Glauben Sie mir", wurde ich von einem in Köln stehenden Hauptmann belehrt, „fast alles, was darüber erzählt wird, ist falsch. Das Märchen lebt von der Vergangenheit. Die rohen Gewohnheiten früherer Zeit sind verschwunden, die Vorschriften sind in dieser Hinsicht so streng geworden, daß schon das als ernster Verstoß betrachtet wird, wenn man nur die Hand gegen den Soldaten aufhebt oder ihn am Arm packt. – Es ist nicht wahr, daß der Soldat seinen Vorgesetzten haßt."

Als ich ihn an den Fall jenes Rittmeisters, der von einem seiner Untergebenen erschossen wurde, erinnerte, sagte er:

„Das ist ein Ausnahmefall. Der Rittmeister war ein roher Patron, der von einem Regiment ins andere versetzt wurde und den man nur um der Verdienste seines Vaters willen in der Armee behielt. – Sonst ist der Hauptmann weit eher der Vater seiner Leute, ein strenger und wenig zugänglicher Vater meinetwegen, der Distanz halten muß, aber für seine Kinder sorgt.

Beispiel: Ein verheirateter Soldat (kommt allerdings selten vor, aber manchmal heiratet ein junger Mensch in der Meinung, dadurch vom Dienst frei zu werden) holt sich Rat bei mir. Soll er sich scheiden lassen oder nicht? – Ich muß ihn ausfragen wie ein Beichtiger. Ein anderer hat im Urlaub einen dummen Streich gemacht. Bei seiner Rückkehr kommt er und erstattet mir Bericht. Hat das Gericht mit der Sache zu tun, kann der Hauptmann, dank des Vertrauens seines Untergebenen, helfen, sie beizulegen – was auch ihm ein gutes Zeugnis ausstellt. Käme die Angelegenheit vor die Militärbehörde, ohne daß der Hauptmann um sie wüßte, würde der Oberst oder der General große Augen machen, und der Offizier würde auch etwas abbekommen.

Es muß also eine stete Fühlung zwischen dem Hauptmann und seiner Kompanie bestehen. Er muß seine 125 Soldaten persönlich kennen, muß über ihre Familienverhältnisse, ihren Wohnort orientiert sein. Er läßt sie von Zeit zu Zeit auf sein Bureau kommen, spricht mit ihnen, oder er benützt Schießübungen, Appelle und dergleichen Gelegenheiten, um sich nach ihren Privatsachen zu erkundigen. – Im Winter werden Unterrichtsstunden und Vorträge abgehalten.

Nach dem Einfluß, den der Hauptmann auf seine Leute ausübt, wird er selbst beurteilt. So wurden neulich drei Soldaten, die vor Gericht falsch geschworen hatten, wegen Meineids verurteilt. Ihr Hauptmann erhielt den Abschied. Ist das nicht dazu angetan, den Offizieren einen hohen Begriff von ihrer Verantwortlichkeit zu geben?

Die Gefahr ist der eben erst beförderte Unteroffizier, der seine junge Autorität manchmal mißbraucht oder seine Dienstbeflissenheit an den Tag legen möchte. Nach einiger Zeit läßt dieser Eifer ein wenig nach und die allzu straff gespannten Zügel gleichfalls. Die Härte und Brutalität der Rasse verschärfen den angeborenen Geist der Disziplin. Ich erinnere mich einer Interpellation im Reichstag über die rohe Behandlung der Soldaten in gewissen Regimentern. Der Interpellant wußte von haarsträubenden Geschichten zu berichten. Diese Härten gehen allerdings nie oder doch fast nie von Offizieren aus, aber es kommt vor, daß sie die Augen schließen, um nicht das Regiment in Unannehmlichkeiten zu bringen. Die Unteroffiziere, die lassen den Soldaten nichts durchgehen."

„Das ist genau wie bei den Pferden", sagte mal einer zu mir. „Man darf die Leute keine schlechten Gewohnheiten annehmen lassen."

Barbarische Strafen werden manchmal verordnet: Laufschritt, bis die Zunge zum Halse heraushängt, zur Winterszeit im Hemd Eis vom Hofe holen oder vor glühend heißem Ofen Übungen machen müssen, bis der Mann zusammenbricht.

Und das vielleicht nur, um ihm den Parademarsch beizubringen!

Deshalb gibt es denn auch solche, die zum Strick greifen oder desertieren.

Man demütigt sie oft durch rohe Bemerkungen:

Zu einem sagt der Unteroffizier: „Du bist ein Schwein! – Was bist Du?"

Und der Soldat muß antworten: „Ich bin ein Schwein."

Die Unteroffiziere halten einem auf all dies entgegen, daß ihre Vorgesetzten viel von ihnen verlangten und daß das Handwerk sehr schwierig sei. Die Befürchtung, keinen Gehorsam zu finden, bringt es manchmal mit sich, daß sie sich in ihren Leuten täuschen, sich auf einen Soldaten stürzen, den sie für renitent ansehen, während er nur schwerfällig im Denken ist. Das führt oft zu schlimmen Mißgriffen.

Trotzdem ist diese Brutalität nicht unvereinbar mit strenger Auffassung von Ehre und Pflicht. Ein Feldwebel des 20. Infanterieregiments in Bremen, der zu einer geringfügigen

Strafe verurteilt worden war, weil er in der Notwehr irgendeinem Individuum eine tödliche Verletzung beigebracht hatte, wollte seine Strafe nicht tragen, da er sie ungerecht fand. Er ging in die Kaserne, gab seinen Leuten Befehl, ihre Gewehre blind zu laden, schickte sie unter einem Vorwand auf kurze Zeit hinaus, die er dazu benützte, um die Ladung durch scharfe Patronen zu ersetzen. Als die Soldaten wieder zurückkehrten, stellte er sich in der Entfernung von einigen Metern vor sie hin, befahl ihnen, auf seine Brust zu zielen und kommandierte Feuer. Seine Vorgesetzten fanden einen Brief von ihm vor, worin er erklärte, er habe immer seine Pflicht getan und könne die Strafe, die er ungerecht finde, nicht auf sich nehmen.

Bekanntlich werden in Deutschland die Unteroffiziere sehr begünstigt. Von Anfang an sichert ihnen der Staat nach zwölfjähriger Dienstzeit eine Anstellung mit einem Gehalt von 1 800 bis 2 400 Mark zu, sei es in irgendeinem Verwaltungszweige des Reichs oder der Bundesstaaten oder in einem sonstigen Zivildienste, wobei die Regierung von den Behörden unterstützt wird. Nach achtzehn Jahren ist der Unteroffizier pensionsberechtigt. Daher ist dieses Amt bei den Kindern aus dem Volke sehr begehrt. Leicht gelangt man indessen nicht dazu. Außer daß man gewisse militärische Eigenschaften und vor allem eine natürliche Begabung zum Kommando, ein gesetztes Wesen und viel Pflichtgefühl besitzen muß, haben die Chefs der Truppenteile, ehe sie die Ernennungen vornehmen, in der Heimat der Bewerber genaue Erkundigungen über ihre Familien und ihren politischen Standpunkt einzuziehen. Besteht der leiseste Verdacht auf sozialistische oder anarchistische Gesinnung, so wird die Bewerbung abschlägig beschieden. Auch wenn er Atheist oder sogar nur unkirchlich ist, bleibt der Soldat von der Beförderung im Heere ausgeschlossen. Notorischer Atheismus ist auch den Offizieren, wie allen Staatsbeamten, untersagt.

Sie haben von dem berühmten Parademarsch, der auf Friedrich Wilhelm I. zurückgeht, sprechen hören. Er besteht darin, daß die Soldaten, anstatt mit halb gestrecktem, halb schlaffen Muskeln auszuschreiten, wie wir alle es tun, das Bein ruckweise von sich schnellen, den Oberkörper kerzengerade, die Arme dicht an den Leib halten, dann den Fuß mit vernehmlicher Kraft auf den Boden niederfallen lassen und so wie groteske Automaten in Reih und Glied marschieren müssen. Auf diese Weise bewegen sich die deutschen Soldaten beim Vorbeimarsch auf Paraden oder wenn sie in voller Ausrüstung einen Offizier auf der Straße kreuzen. Der Anblick wirkt geradezu peinlich. In dieser Stellung hat der Mann nichts Menschliches mehr an sich, er wird unbewußt zu seiner eigenen Karikatur. Man hat das Gefühl einer Herabwürdigung, die unseren modernen Freiheitsbegriffen widerstrebt. Diese Übung muß von einem rohen Despoten erfunden worden sein, der die Menschen als Maschinen ansah, die ihm zu Willen sein mußten. Die Deutschen können diese Empfindung nicht verstehen, aus der ich Offizieren gegenüber kein Hehl machte.
Doch sind die meisten der Ansicht, daß man diese demütigende und lächerliche Gymnastik abschaffen könnte, sie geben zu, daß sie heute keine Existenzberechtigung mehr hat, wo die Kampftaktik darin besteht, die Leute sich verteilen, verbergen, platt zu Boden legen und nicht mehr, wie früher, in geschlossener Linie auf den Feind losgehen zu lassen.
Aber die Tradition ist stark.

Viele der deutschen Offiziere sind Freimaurer und machen auch gar kein Geheimnis daraus. Im Gegenteil. Prinz Leopold von Preußen, der Meister vom Stuhl einer Berliner Loge ist, äußerte einst bei einer Versammlung seine Befriedigung, so viele Offiziere zugegen zu sehen, denn der Kaiser, sagte er, billige das Freimaurertum. Wie in Amerika treiben – was nicht unerwähnt bleiben darf – auch hier die Freimaurer keine Politik, sie ist ihnen sogar streng untersagt. Ihr Zweck ist Nächstenliebe, Gleichheit, Brüderlichkeit, sie wollen das Wesen des Christentums erhalten, indem sie es einer Läuterung unterziehen.

Ich wollte auch die Meinung der Offiziere über die Bemühungen der deutschen Sozialdemokratie, unter den Rekruten den militärischen Geist auszurotten, kennenlernen. Alle, die ich darüber befragte, hatten ein Lachen darauf.

„Obwohl die sozialdemokratische Presse", sagte mir der eine von ihnen, „alles aufbietet, uns in Mißkredit zu bringen, bleibt das Ansehen der Offiziere unversehrt bei den Soldaten, beim Volke und in den bürgerlichen Kreisen. Es ist für uns äußerst schmeichelhaft, daß sich diese Herren derart anstrengen, uns herabzusetzen, denn es beweist, daß die Revolutionäre in diesem Offizierkorps nichts weniger als zu verachtende Gegner sehen. Die kleinsten Verfehlungen werden von ihnen ans Licht gezerrt, aufgebauscht und auf die allgemeinen Zustände übertragen. Die Witzblätter machen sich über die Offiziere lustig, nicht weil ihre Menschlichkeiten stärker als die der anderen Klassen sind, sondern aus einem unbewußten Neid ihrem Prestige gegenüber. Die deutsche und, wie ich zugeben will, nicht sehr kleidsame Uniform liefert ihnen Stoff zu drolligen Karikaturen, über die wir selbst zuallererst lachen, und die satirische Presse dankt eigentlich uns ihre besten Erfolge. Diese erzielt sie hauptsächlich bei solchen, die nicht gedient und keine Ahnung von der Stellung des Offiziers seinen Leuten gegenüber haben.

Fragen Sie Männer aus dem Volke nach jenen, die während ihrer Dienstzeit ihre Vorgesetzten waren, und Sie werden sehen, mit welchem Stolz und mit welchem Vertrauen sie von ihnen sprechen. Sie werden die Erfahrung machen, daß, wenn der Offizier auch nicht immer beliebt ist, er sich doch immer Achtung und Autorität zu verschaffen wußte. Das in Friedenszeiten streng beobachtete Prinzip, den Abstand zwischen Offizieren und Soldaten einzuhalten, keine Freiheit, Gleichheit und Brüderlichkeit zwischen ihnen zu dulden, gewöhnt den Soldaten daran, die Überlegenheit des Offiziers selbstverständlich zu finden. Dadurch nimmt auch die Disziplin keinen Schaden, und man entzieht der Mühle der Kritik das Wasser, das sie treiben könnte. Und für den Kriegsfall schafft es zwischen Offizieren und Soldaten Beziehungen, wie sie zu ihrer beider Ruhm im letzten südafrikanischen Kriege bestanden haben. Man findet beim Offizier selten den Wunsch, populär zu werden. Sein Bestreben geht vor allem dahin, gerecht zu sein und sich Respekt zu verschaffen."

„Die Sozialisten sind die besten Soldaten", sagte mir einst ein anderer. „Wenn man ihnen einmal befehlen wird loszuschießen, werden sie schneller schießen als die übrigen. Man braucht nur an einem Tage zu dem Tempelhofer Feld hinauszugehen, wenn dort exerziert wird, um sich von der Begeisterung der Kinder und der Erwachsenen eine Vorstellung zu machen. Was ist das für ein Jubel, wenn die Eskadrons in geschlossenen Reihen vorüberziehen. Und wenn die Übung

zu Ende ist, wie stürmen die Leute hinten nach! Die Kinder
stellen ihre eigenen kleinen Regimenter mit Oberst, Stab,
Tambouren und Fahne zusammen. In der Kaserne sind es
die Sozialisten, die am meisten Disziplin haben."

„Das erklären die Sozialisten für Klugheit", erwiderte ich,
„sie wollen die Aufmerksamkeit ihrer Vorgesetzten nicht auf
sich lenken, um in Ruhe gelassen zu werden."

„Ach was! Eine Enquete, die ein junger protestantischer
Geistlicher, der einige Monate als einfacher Arbeiter in den
Fabriken arbeitete, angestellt hat, um die Arbeiter und deren
Gesinnung kennenzulernen, hat nachgewiesen, daß die Sozialisten unter ihnen ebensoviel Anhänglichkeit an die Armee zeigen wie die anderen und mit Freude an ihre Militärzeit zurückdenken, ohne Verbitterung von dem Kasernen-
leben sprechen und ebenso, wie das meistens zu gehen
pflegt, der Meinung sind, daß ihre Offiziere mehr als alle
anderen taugen. Auf der Straße strahlen ihre Gesichter, wenn
ihr Regiment mit Trommeln und Pfeifen an ihnen vorüber-
marschiert, und mit Stolz, daß jeder es hören kann, sagen
sie: ‚Das ist mein Regiment!' Sehen Sie nur, wie sie sich in
ihrer Uniform photographieren lassen, mit welcher Sorgfalt
sie ihr Kompagniebild aufbewahren und unter Glas und
Rahmen an die Wand hängen. Und endlich denken Sie
daran, daß es in Deutschland mehr als 25 000 Veteranen-
vereine gibt, die eine große und vorzüglich disziplinierte Gemeinschaft bilden."

Ich glaube, daß die Offiziere recht haben. Die soldatische
Erziehung beginnt schon beim Kinde, sobald es in die
Schule kommt, und setzt sich das ganze Leben fort. Die kriegerischen Standbilder und Denkmäler stoßen in den Städten
fast aufeinander, die Straßen und öffentlichen Plätze tragen
fast alle Namen von Schlachten, von Heerführern, von Herr-

schern, man führt die Schüler, Knaben und Mädchen, in die Siegesallee, um ihnen die Statuen der Hohenzollern und ihrer Generäle zu zeigen. Sonntags begegnet man im Berliner Zeughaus ganzen Trupps von Schulkindern mit ihren Lehrern, die ihnen erklären, woher die Geschütze und die Trophäen stammen, und es mutet sogar etwas traurig an, wenn die kleinen, blondzopfigen Dinger, das Körbchen mit dem Vesperbrot am Arm, bewundernd vor den Schlachtenbildern mit ihren Toten, ihren Verwundeten, ihrem Pulverdampf und den blanken Säbeln stehen.

Wenn in einer Fortbildungsschule ein Schüler aufgerufen wird, der gedient hat, erhebt er sich mit einem Ruck, klappt die Absätze zusammen, legt die Hände an die Hosennaht und gibt in dieser Positur Antwort.

Man sollte meinen, daß eine solche Erziehung, die im ganzen Reich gang und gäbe ist, von den Behörden unterstützt und überwacht wird, und zu der sich der natürliche Vaterlandssinn, der instinktive Haß aller Menschen gegen die Fremden gesellt, ein genügendes Gegengift gegen internationalistische Predigten enthält.

In den bürgerlichen Kreisen identifiziert sich die Liebe zum Heer mit der Anhänglichkeit an die Monarchie. Ihr höchster Ehrgeiz ist, wenn sie zu Reichtum gekommen sind, ihre Töchter an Offiziere zu verheiraten und ihre Söhne Reserveoffiziere werden zu sehen.

„Wir leben im Zeitalter der Reserveoffiziere", sagte Bebel eines Tages im Reichstag.

Und in der Tat, der Student, der seine Studien beendet hat und sich das Gesicht wie eine japanische Maske zurichten ließ, um mit diesen Schmissen das kindliche Gemüt der Backfische und der Gretchen zu rühren, ersehnt sich keine größere Ehre, als Reserveoffizier zu werden, weniger um des fraglichen Ruhmes willen, als solcher dem Vaterland zu dienen, als um bis zu seinem fünfundvierzigsten Lebensjahre einen Säbel und einen spitzen Helm tragen zu dürfen.

Die Glücklichen, die dieses Ziel erreichen, hoffen Verbindungen, die ihrer Eitelkeit schmeicheln, in dem Offizierkorps anzuknüpfen, und aus eben demselben Grunde unterwerfen sich die Kaufleute der Vorschrift, in ihren Läden nicht selbst zu bedienen. Denn „Handeln bedeutet Heruntersteigen".

„Die Armee ist die große Erzieherin", setzte mit ein Offizier auseinander. „Sehen Sie sich diese vierschrötigen pommerschen Kerle an! Ganz unmöglich, etwas mit ihnen anzufangen, wenn sie in die Kaserne kommen. Sie sind nicht vom Flecke zu bringen, nicht imstande, ihre Bewegungen zu koordinieren. Jetzt sind die Bären ‚geleckt', aus den Halbwilden, die sie waren, sind Menschen geworden; und wenn sie entlassen werden, bringen sie einige Manieren mit nach Haus.

Diese Burschen sind meist sehr scheu. Wir zwingen sie, uns ins Gesicht zu sehen, wenn sie mit uns sprechen, wenn sie uns zuhören oder wenn sie uns grüßen. Dadurch gewöhnen sie sich einen offenen Blick, eine gewisse, vielleicht erkünstelte Keckheit an, die aber ihre Kaltblütigkeit und ihr Selbstbewußtsein erhöht."

Als der Kaiser versuchen wollte, den Prinzen Joachim Albrecht, den Sohn des verstorbenen Regenten von Braunschweig, auf den rechten Weg zurückzubringen, versetzte er ihn in das erste Garde-Grenadierregiment, dessen Oberst, Herr von Plüskow, im Rufe großer Strenge steht. Genützt hat es allerdings nicht viel; der Prinz ging nachher zu den

Kaffern, man hielt ihn für geheilt, aber als er heimkehrte, heiratete er, allen Vorstellungen seiner Familie zum Trotz, die Frau, die er liebte.

Ich habe den berühmten Oberst von Plüskow einmal gese hen. Mir war gestattet worden, die Kaserne zu besichtigen, und er war es, der mich empfing: ein hochgewachsener Mann, der mindestens seine 1,95 Meter mißt, schlank und beweglich. Wie die meisten deutschen Offiziere sprach auch er geläufig Französisch und kam mir mit vollendeter Höflichkeit entgegen. Ich erinnere mich, daß er mir, auf der Suche nach einem Manne, der mit mir gehen sollte, bis ans Ende eines Korridors das Geleite gab.

In der Ferne entdeckte er einen, der in seinem Leinenanzug arglos seines Weges ging. Er rief ihn an, der andere hörte es nicht. Nun rief der Oberst lauter, umsonst, der Soldat pendelte ruhig weiter. Da sandte ihm Herr von Plüskow einen Schrei nach, wie ich ihn aus eines Menschen Brust noch nie vernommen hatte. Man hätte glauben können, zehn Männer hätten ihn à tempo ausgestoßen: Wütend, drohend, halb Gebrüll, halb Geheul, war der Ton gewesen und von einem zornigen Aufstampfen, einer grimmigen Miene begleitet. Jetzt fuhr der Soldat, wie elektrisiert, mit einem Ruck herum, der eine Arm schnellte herunter an die Seite, der andere hinauf an die Tuchmütze, und mit gewaltsam vorgedrängter Brust, weit aufgerissenen Augen, ganz verdonnert, machte er dreißig oder vierzig Meter weit von uns entfernt halt . . .

Ich werden diesen Schrei und dieses Bild nie vergessen.

In der Annahme, es könnte von Interesse sein, eine Kritik unserer Armee zu vernehmen, führte ich, da sich mir Gelegenheit dazu bot, eine solche von deutschen Offizieren, die ich zufällig traf oder auf meinen Forschungsreisen kennlernte, herbei. Zwei Generäle, die vor kurzem den Abschied genommen hatten, zwei Generalstabsoffiziere, ein ehemaliger Lehrer der Militärschule und etwa ein Dutzend Hauptleute und Leutnants, die meinen Weg in allen vier Enden des Reiches gekreuzt hatten, belehrten mich darüber, wie sich, im Durchschnitt berechnet, der Stand der deutschen Armee im Vergleich zu dem des französischen Heeres darstelle.

„Man glaubt in Frankreich an die Überlegenheit Ihrer Artillerie", sagte ein Generalstäbler zu mir. „Das ist ein Irrtum. Unsere leichte Artillerie ist besser und die andere ungefähr gleichwertig mit der Ihrigen, die weder auf Ackerboden noch auf den vom Regen aufgeweichten Wegen manövrieren kann. Sie sind noch immer bei Ihrem Einzellader, dem alten Lebelgewehr, wir haben dieses Modell längst gegen das Mausergewehr umgetauscht, das fünf Patronen auf einmal faßt, was es zu der schnellsten der bekannten Handfeuerwaffen macht. Seit einigen Jahren wird an einem Selbstlader mit zwölf Patronen gearbeitet. Das große Hindernis, auf das man dabei noch stößt, ist das Gewicht des Pulvers, das zu schwer ist und den Soldaten hindert, sich mit einer genügenden Zahl von Patronen zu versehen. Man sucht daher ein anderes, leichteres und zugleich stärkeres, das gestatten würde, die Frage eines gewissermaßen unbegrenzten, unausgesetzten Feuerns kurzerhand zu lösen. Und hinzu kommt noch, daß Ihr Lebelgewehr infolge seiner zu gekrümmten Flugbahn eine zu niedrige Rasanz hat, was seine Treffsicherheit beeinträchtigt."

„Wie urteilt man bei Ihnen über unsere Armee?" „O, wir finden, sie macht sehr gute Fortschritte seit einigen Jahren. Der französische Soldat ist begabter, geistig beweglicher als der unsrige, der langsamer begreift und schwerfälliger ist. In einer Kompanie können Sie zwanzig Leute finden, die keinen Parademarsch fertigbringen, sei es, weil sie ihrer Bewegungen nicht Herr, oder weil sie körperlich gehemmt sind. Man erklärt sich diese Gebrechen aus ihrer Fabriktätigkeit, die sehr bald eine Steifigkeit der Gelenke mit sich bringen soll. Die Leute aus Industriestädten haben viel größere Mühe, sich gerade zu halten, als die Bauernburschen, deren Glieder geschmeidiger geblieben sind. Der deutsche Soldat aber ist disziplinierter als der französische. Wenn bei Ihnen ein Befehl erlassen wird, heißt es: Warum? Der Deutsche fragt nicht. Er denkt wohl nach und sucht ihn zu begreifen, gelingt ihm das nicht, ergibt er sich darein, ganz einfach zu gehorchen."

„Ich kenne Ihre Armee gut und verfolge ihre Fortschritte seit zehn Jahren", sagte ein Offizier, der Lehrer an einer Kriegsschule gewesen war. „Es sind wirkliche Fortschritte. Ihre Infanterie ist vorzüglich, an Ordnung und Mannszucht fehlt es nicht, die Marschleistungen sind hervorragend. Nur zu wenig geschossen wird, jedenfalls viel weniger als bei uns. Ihre Kavallerie zeigt viel Eifer. Aber, weiß der Teufel, es ist keine Symmetrie, keine Einheitlichkeit da.
Ihre Artillerie ist gut. Ihre Geschütze haben früher mehr getaugt als die unsrigen, jetzt haben wir Sie eingeholt. Aber geschossen wird auch da zu wenig, aus Sparsamkeit, vermute ich.
Ihre Taktik weicht von der unsrigen ab. In Frankreich ist sie theoretischer, umständlicher, was bei einem Lande, wo der praktische Sinn, Präzision, Knappheit vorherrschen, auf den ersten Blick verwunderlich erscheint. Vielleicht kommt es daher, daß die Franzosen, von Natur selbständiger, eher zum Individualisieren geneigt, der Regeln und Theorien mehr

bedürfen, während wir, die wir mehr ‚Appell‘ haben und passiver sind, zu eigenem Handeln angespornt werden sollen. Bei unseren Übungen und Manövern geben wir einem Bataillon z. B. die Grundidee nur im allgemeinen skizziert und zwingen es dadurch, nötigenfalls Modifikationen vorzunehmen. Daran liegt es, daß unsere Manöver der Wirklichkeit näher kommen als die Ihrigen.

Und was die Beförderung anbelangt, haben wir vielleicht das vor Ihnen voraus, daß der Große Generalstab eine strenge Ausscheidung aller unfähigen oder auch nur mittelmäßigen Elemente, vom Hauptmann an, vornimmt. Bei Ihnen bleibt man im Dienst, bis man die erforderliche Pension erreicht hat. Hier dagegen werden alle, die zur Führung eines Regimentes nicht geeignet erscheinen, unerbittlich verabschiedet. Haben sie Grundbesitz, werden sie Landwirte, wenn nicht, suchen sie anderswo, bei einer Verwaltung oder in einem kaufmännischen Betrieb, unterzukommen.

Es gibt allerdings auch Fälle, wo das Gegenteil stattfindet, wo Offiziere, die mit dem Tempo ihres Avancements nicht zufrieden und zu tatkräftig sind, um an dem Garnisonleben Genüge zu finden, sich auf die geschäftliche Tätigkeit werfen und manchmal glänzende Erfolge aufzuweisen haben.

Der Kaiser ist durchaus für Verjüngung des Truppenkörpers. Nach seinem Regierungsantritt wollte er keine Regimentskommandeure, die über Vierzig zählten. Er mußte diesen Gedanken bald aufgeben, und ein 55jähriger General kann sich einer raschen Beförderung rühmen. ‚Greise‘, die im Kriegsfalle Kraftlosigkeit und Altersschwäche darstellen würden, findet man allerdings auch in den höchsten Stellen nicht.

Noch etwas anderes: In Deutschland sind die Generalstabsoffiziere und die Ordonnanzoffiziere nicht ein und dasselbe, wie bei Ihnen. Die ersteren können in den Großen Generalstab berufen werden, ihr Ressort ist die Strategie, die letzteren haben sich mit der Disposition, den Vorbereitungen des äußeren Dienstes, der Dienstreisen der Generäle usw. zu befassen.

Wir machen Ihnen z. B. auch einen Vorwurf daraus, daß Sie in Ihrem Offizierskorps Leute aufnehmen, die von der Pike auf gedient haben, denen es also am nötigen Bildungsgrad fehlt. Jedenfalls besteht zwischen ihnen und den anderen kein richtiger Zusammenhang und keine Gleichartigkeit. Die Gleichheit ist schön in der Theorie, aber ein Mann von niedriger Herkunft oder einer, der nicht standesgemäß verheiratet ist, kann der Mannschaft gegenüber nicht die gleiche Autorität besitzen wie ein Adliger oder ein Gebildeter, der von Kind auf ans Befehlen gewöhnt war. Das kommt uns so selbstverständlich vor, daß der Sohn eines Unteroffiziers nicht auf die Militärschule kommen und nicht Offizier werden kann."

Diese Art, Intelligenz, Disziplin, Tapferkeit, Autorität und feudalen Sinn zu verwirren, war mir unfaßlich. Ich hätte unzählige berühmte Beispiele aus unserer Geschichte anführen können, aber ich sagte mir: wozu?

So nahm das Gespräch seinen Fortgang, und ich fragte: „Die Ausbildung Ihrer Kadetten, die sich gewisser Vergünstigungen in der Armee erfreuen, soll einiges zu wünschen übrig lassen?"

„Ihre allgemeine Bildung ist in der Tat ungenügend; mit zehn Jahren treten sie in das Kadettenkorps ein, machen ungefähr den gleichen Studiengang durch wie die Schüler eines Realgymnasiums, nur daß sehr viel Wert auf Militärgeschichte gelegt wird. Ihre berufliche Ausbildung ist gut, aber die anderen Kenntnisse sind mittelmäßig."

Ich fragte auch, wie sich die Offiziere dem Gedanken an einen Krieg gegenüberstellten. Einer der hervorragendsten Hauptleute vom Großen Generalstab erteilte mir die Antwort darauf:

„Glauben Sie ja nicht, daß die Armee kriegerisch gesinnt ist und lieber heute als morgen über die Vogesen marschieren möchte. Gewiß gibt es bei uns, wie überall, solche, die nur an die Hiebe denken, die sie austeilen würden, nicht auch an die, die sie bekommen könnten. Aber im allgemeinen ist die Stimmung der Offiziere friedlich. Jeder ist sich der Greuel bewußt, die der nächste Krieg hervorrufen müßte. Artillerieoffiziere haben beobachtet, daß im russisch-japanischen Feldzug bis auf zwei Gemeine die ganze Mannschaft und alle Offiziere einer Batterie zum Opfer fielen ... Waldersee war für den Krieg. Seitdem aber ist mir von der viel berufenen ‚Kriegspartei‘ nichts mehr bekannt. Es kann trotzdem sein, daß der Krieg binnen kurzem ausbricht (obwohl ich nicht daran glaube), und dann wird man es erleben, daß unsere Begeisterung und Zuversicht nicht minder groß sind, als sie es von jeher waren, denn wir glauben an unsere Überlegenheit. Und Sie wissen, daß Selbstvertrauen schon den halben Sieg bedeutet. Ich habe es meinen Schülern immer und immer wieder gesagt: ‚Es gibt zwei unfehlbare Mittel, um im Kriege wie im sozialen Kampf zu siegen, nämlich: Wissen, was man will, aber es gut wissen und siegen wollen‘.

Die in Deutschland, und zwar nicht in der Armee, sondern in allen Kreisen verbreitete Idee ist, daß die Franzosen nur auf eine Gelegenheit warten, uns den Handschuh hinzuwerfen. Und die offiziöse Presse benutzt das, um zu neuen Rüstungen anzutreiben, Aber warum, wiederhole ich, sollten wir uns schlagen? Wozu? Ich verstehe den Krieg der Unkultur gegen die Zivilisation und umgekehrt, aber daß zwei Kulturvölker daran denken, sich zu vernichten ...

Warum sehen Sie nur immer auf Elsaß-Lothringen? Wo doch so viele Fragen zu einer Entente vorhanden wären? Was war das für ein Fehler von Ludwig XIV., uns beim Westfälischen Frieden das Elsaß wegzunehmen! Und wie übel war Bismarck beraten, als er Lothringen forderte! Moltke hielt leider diese Annexion im Hinblick auf den künftigen Frieden für notwendig. Bismarck, der den Mißgriff bald einsah, dachte an koloniale Entschädigungen. Nun hat Delcassé die unsägliche Torheit begangen, Deutschland vor aller Welt demütigen zu wollen, indem er über uns wegzusehen dachte. Wäre er nicht so sehr von seiner eigenen Person eingenommen gewesen, so hätte er sich sagen müssen, daß sich ein Volk von 60 Millionen nicht so ohne weiteres schlecht behandeln lasse! Ein anderer Fehler, der auf unser Konto geht, war, daß wir nach Delcassés Abgang nicht zu Frankreich sagten: ‚Da augenblicklich niemand dreinzureden hat, lassen Sie uns unsere kleinen Angelegenheiten ordnen.‘ Wie oft wird das im Kasino gesagt!"

„Rußland wird nie etwas für Frankreich tun", äußerte General B... mir gegenüber. „Ein russischer Minister, mit dem ich vor einigen Jahren von St. Petersburg ab zusammen reiste, sagte zur mir: ‚Auf die französische Allianz pfeifen wir...! Sie wurde nur deshalb geschlossen, um in Europa den Status quo aufrechtzuhalten, was einer Allianz mit Deutschland gleichkam, da wir wußten, daß Deutschland vor allem auf diesen Status quo Wert legte. Aber wir brauchten das französische Geld für unsere Rüstungen, unsere transsibirischen und transkaukasischen Eisenbahnen...'"

„Warum geben Sie denn all Ihr Gold den Russen? Sind Sie sicher, ob die Duma die Schulden des Zaren anerkennen wird? Wir haben Rußland ebenfalls Geld geliehen, aber wir haben die baltischen Provinzen zum Pfand . . . Aber Sie, was haben Sie für Bürgschaften? Und was wird England Ihnen nutzen? Gar nichts! Sie holen ihm nur die Kastanien aus dem Feuer . . .“

„Wie es scheint, haben auch Sie nicht allzuviel Vertrauen zu Ihren Verbündeten?“

„Nun, wenigstens sind fast alle preußischen Offiziere der Meinung, daß nach einer ersten Niederlage Österreich, ebenso Bayern und Sachsen uns den Rücken drehen würden . . .“

Die nachstehende Erklärung ist auf eine andere Tonart gestimmt. Ich habe sie aus dem Munde eines ehemaligen Offiziers, der noch äußerst rege Beziehungen zu der Armee unterhält und den seine jetzige Stellung nach allen Teilen des Deutschen Reiches bringt, wo er überall wieder frühere Kameraden trifft:

„Wenn man sich den gegenwärtigen Stand der Dinge besieht“, sagte er, „unterliegt es keinem Zweifel, daß die deutschen Offizierskorps alle Erwartungen, die man in sie setzt, erfüllen würden und Niederlagen zu ertragen wüßten, ohne sich entmutigen zu lassen. In ihrer Gesamtheit sind sie vorzüglich, sehr intelligent, kühn und wagelustig, begierig, den gerechten Kampf zu kämpfen.

Der deutsche Offizier will sich zwar nicht aus reinem Vergnügen schlagen, aber ein Krieg würde ihm willkommen sein. Wer zur Zeit der Marokkokrise Gelegenheit hatte, in Offizierskreisen zu verkehren, der hätte Zeuge sein können,
mit welcher fiebernden Ungeduld und Empörung sie die

Langmut ihrer Regierung mitansahen. Nicht daß sie über die Stärke des möglichen Gegners gering dächten, sondern weil man überzeugt ist, daß die deutsche Armee heute auf der Höhe ihrer Kraft steht."

Ich wollte auch die Namen der obersten Heerführer wissen, die in Deutschland den besten militärischen Ruf besitzen. Diejenigen, die für kommende Ereignisse zuerst in Betracht kämen, denen man das größte Vertrauen entgegenbringen würde, sind: Graf von Schlieffen, der Nachfolger Waldersees; General von der Goltz, der Kommandeur des 1. Armeekorps in Königsberg; Bock von Polach, der kommandierende General des 14. Armeekorps in Karlsruhe, der früher die Garde in Berlin befehligte; der kommandierende General des 3. Armeekorps in Berlin, von Bülow, und Bissing, kommandierender General des 7. Armeekorps in Münster.

Von diesen hätte wohl General von der Goltz, als der beliebteste, die größte Anwartschaft auf die Würde eines Generalissimus. Er ist von hoher Statur, trägt eine Brille und ist ein gelehrter Herr, der sich auch mit Literatur beschäftigt, aber da er einen sehr festen Charakter besitzt, liebt ihn der Kaiser nicht sehr, so wenig wie den General von Haeseler, von dem bereits die Rede war.

„Aber sollte nicht der Kaiser den Oberbefehl über die Truppen übernehmen wollen?" fragte ich. „Besitzt er nicht große militärische Fähigkeiten?"

Ich werde denjenigen nicht nennen, der mir zur Antwort gab:

„Er soll ein guter Regimentskommandeur sein, ein scharfes Auge und gute Zucht haben, er würde mit seinem seemännischem Sinn und technischen Verständnis auch einen sehr guten Schiffskapitän abgeben, aber hoffen wir, daß er nicht der erste Feldherr sein will."

343

Der Antisemitismus

Sein Charakter, seine Formen

Verschiedene Arten von Juden. – Kein offener Kampf. – Moralisches Ghetto. – Ausschluß vom Heer, von der Diplomatie, von höheren Richter- und Beamtenstellungen. – Antisemitismus der Studenten, der kleinen Ladenbesitzer, der Kleinbauern. – Sturm auf die Salons. – Die Geadelten. – Melancholie der Dame von Stand. – Der Aristokrat in Handschuhen. – Die Familien Friedländer, Schwabach, Mendelssohn, Güßfeldt, Richter, Leyden etc. – Der Antisemit Chamberlain. – Absurde Theorie. – Jesus griechischer Abkunft. – Ausnahmen vom Antisemitismus. – Wilhelm II. Philosemit. – Drei Wege, das kaiserliche Herz zu gewinnen. – Altes Gestein, alte Gemälde, Luftschiffersport. – Die Sozialisten.

„Wer ‚Israël devant les Nations‘ von Anatole Leroy-Beaulieu gelesen hat, kann kaum mehr länger Antisemit sein. Im Gegenteil, mit jeder Seite dieses prächtigen Buches wächst die Bewunderung, die Hochachtung für dieses tüchtige, begabte und lebenszähe Volk der Hebräer. Mit immer regerem Interesse folgt man den Wandlungen seiner tragischen Geschichte und fühlt Mitleid mit seinem Geschick. Indes verhilft dieses Werk auch zu besserem Verständnis dem Antisemitismus gegenüber. Es legt zugleich die einstige Hoheit und Größe der jüdischen Rasse dar und die heutigen Fehler, die aus ihrer Vermischung, den Verfolgungen, die sie zu dulden hatte, und aus ihrer wirtschaftlichen Lage entstanden sind. So daß man zugleich bedauern muß, daß es nicht mehr jener heldenmütigen großen Juden gibt, an denen die Vergangenheit Israels so reich ist und daß an ihre Stelle so viele ‚kleine‘ Juden mit ihrer Eitelkeit und Zudringlichkeit getreten sind, mit den vielen, im Laufe der Zeiten erworbenen unangenehmen Eigenschaften. Ich für meinen Teil bringe den Nachkommen alter jüdischer Familien, die kultivierter, liebenswürdiger, intelligenter und urteilsfähiger sind als wir, große Sympathie entgegen und habe solche in Frankreich, England, auch in Deutschland, vor allem aber in Rußland kennengelernt. Sie scheinen, wie zugegeben werden muß, nicht die geringste Verwandtschaft mit jenen ungehobelten, habgierigen, geschmack- und taktlosen Mestizen zu haben, die die Antipathie und die Geringschätzung, unter welcher die ganze Rasse zu leiden hat, manchmal begreiflich und entschuldbar machen.

In Deutschland besitzt der Antisemitismus nicht den Charakter des offenen, gesetzlichen Kampfes, der ihm in Rußland innewohnt, Gesetze gegen die Juden gibt es hier nicht, aber er ist darum doch vorhanden, nur hüllt sich die Feindseligkeit in passivere Formen. An Stelle des aufgehobenen Ghettos sind moralische Schranken getreten, heimliche allerdings, und das ist immerhin ein Fortschritt. Diese Feindseligkeit äußert sich verschieden, je nach dem Wesen derer, die sie bekunden, und nach der Kategorie der Juden, der sie gilt. Sehen wir zu, wie sie sich in dem sozialen Leben Deutschlands dokumentiert:
Die Juden können nicht den Offiziersrang erwerben, nicht einmal zu der Stellung eines Unteroffiziers des aktiven Heeres zugelassen werden. Kein Regimentskommandeur würde

wagen, einen Juden zum Korporal zu ernennen, denn er könnte sich nicht die genügende Autorität verschaffen. Ausnahmen kommen hier keine vor, dagegen steht ihnen in Bayern die Reserve offen, in Nürnberg zum Beispiel, wo sie sich, allen Hindernissen zum Trotz, vermöge ihres Geldes durchsetzen.*

Das Gesetz hat mit dieser Ausschließung nichts zu tun: „Vor dem Gesetze sind alle deutschen Bürger gleich", so lautet ein Paragraph der Verfassung. Aber die Tradition verlangt, daß das Offizierkorps über die Aufnahme der Bewerber abstimmt. Und unter dieser Vorschrift haben die Juden schwer zu leiden. Sie versuchen, diese Benachteiligung dadurch auszugleichen, daß sie Freiwillige werden und während ihrer Dienstzeit einen prahlerischen Luxus zur Schau stellen, der durch die an anderer Stelle besprochenen Verhältnisse unterstützt wird. Weit entfernt, diesem Stande, der sie über die Achsel ansieht, den Rücken zu kehren, werfen die preußischen Juden sich nun auf gewisse Truppenteile, wo ihrem Eintritt weniger Hindernisse entgegenstehen: auf das einzige Reservekorps, wo sie toleriert sind, den Fuhrpark, der nicht gerade den besten Ruf genießt und wo nicht die Offiziere, sondern die Regierung den Ersatz bestimmt. Da gesetzlich eine Beförderung zum Offizier nicht verhindert werden kann, ist es nicht möglich, sie prinzipiell zurückzuweisen. Manche können also, nachdem sie eine Prüfung abgelegt und bei der Kavallerie gedient haben, beim Train zum Offizier avancieren. Aber da man dort keine Adligen findet und der Kaiser die Absicht, auch die Trainuniform zu tragen,

---

* Als Beispiel wurde mir der Fall eines Sohnes des bekannten jüdischen Bankiers Bleichröder, der mit Bismarck befreundet war, angeführt; er ließ seinen Sohn zum preußischen Reserveoffizier ernennen, dieser schied jedoch nach einiger Zeit wieder aus, da er zu wenig Entgegenkommen fand.

noch nicht zur Tat werden ließ, ist ihnen an der Eroberung dieser Epauletten nicht viel gelegen.

Die Juden sind von der diplomatischen Karriere ausgeschlossen. Im Auswärtigen Amt weiß man von zwei jüdischen Legationssekretären, die das Reich von Bayern übernommen hat, zu erzählen. Aber sobald sie befördert zu werden wünschten, wurde ihnen bedeutet, daß sie sich vorher taufen lassen müßten ... Der eine ließ sich dazu bereit finden und avancierte, der andere lehnte ab und mußte bald darauf den Abschied nehmen.

Sie sind von der Regierung ausgeschlossen. Man trifft weder jüdische Oberpräsidenten noch jüdische Landräte. Kaum, daß ein Bürgermeister zu finden ist. Nicht einmal jüdische Briefträger gibt es. Man kann also ruhig sagen, daß die Verwaltung keinen Juden in den Beamtenstand aufnimmt. Weder im Marine-, noch im Ackerbau-, noch – so unglaublich es klingt – im Finanz- oder im Handelsressort! – Da nach einer bestimmten Zeit im Justizfach die Notare unter den Anwälten ausgesucht werden und man den Juden nicht verbieten kann, sich als Anwälte niederzulassen, sind viele von ihnen Notare geworden. Ihre Zahl mehrt sich selbst derart, daß das Justizministerium sich eines Tages entschloß, keine Rücksicht mehr auf die Rangliste zu nehmen, sondern den Christen den Vorzug zu geben. Vom Landtag darüber interpelliert gab es zur Antwort, daß das Notariatsfach so sehr mit Juden überfüllt sei, daß die deutsche Nationalität nur noch ein Minimum des proportionalen Verhältnisses ausmache. Und da es viele Deutsche gibt, die nicht gerne mit den Kindern Israels zu tun haben, mußte man wohl oder übel auch deutsche Notare anstellen.

Beim Zivilgericht sind Juden zu finden, nicht aber beim Kriminalgericht. Man fängt sogar an, beim Zuchtpolizeigericht einige Schwierigkeiten zu machen. Jedenfalls steigen Juden nicht zu den obersten Stellungen empor, es sei denn, daß sie sich taufen lassen.

Man führt zwar zwei Ausnahmen von dieser Regel an, einen Herrn Sommer, der Mitschüler des Kaisers im Gymnasium von Kassel war und den dessen Vater, Friedrich II., der seine liberalen Anschauungen betätigen wollte, an den Hof einlud. Dieser übrigens höchst angesehene Mann wurde zum Oberappellationsgerichtsrat befördert. Die zweite Ausnahme betrifft einen Herrn Mosse, der die gleiche Stellung in Königsberg* bekleidete, Verfasser vorzüglicher juristischer Schriften und Rechtslehrer ist, dessen Vorlesungen sehr besucht sind. Er soll der Bruder des Besitzers des Berliner Tageblattes sein, eines enorm reichen Mannes von großem Einfluß.

Anderer Ausnahmen in dem juristischen Ressort kann sich Israel nicht rühmen.

Schon auf den höheren Schulen und auf der Universität schließen die künftigen Offiziere, Richter und Beamten die „Semiten" von ihren Korps und Burschenschaften aus. An vielen Orten haben sie sogar unter den Verfolgungen ihrer Studiengenossen zu leiden. In Würzburg und wohl auch anderswo haben sie ihre eigenen Verbindungen, wo das Duell Vorschrift ist.

Diese Abneigung erstreckt sich bis in die ländlichen Bezirke hinein, wo die Hofbesitzer allerdings oft genug den unerbittlichen jüdischen Wuchergesetzen zum Opfer fallen. Sie borgen den Bauern Geld zu hohem Zinsfuß, verstehen es vortrefflich, die Zinsen zum Kapital zu schlagen, und wenn die Stunde gekommen ist, ziehen sie den Strick zu und bringen

---

* In Königsberg ist der Antisemitismus sehr gemildert. Die Juden behaupten, der Geist Kants schwebe über der Stadt und veredle sie.

den Unglücklichen um Hof und Haus. Jede Woche spielen Prozesse dieser Art in Gegenden der kleinen Grundeigentümer. Der Jude, der sich nach allen Richtungen zu decken wußte, trägt fast immer den Sieg davon. Daher ein Haß, der sich auf die Allgemeinheit übertragen hat.

Aber die aristokratischen preußischen Salons sind es, die der Jude am hartnäckigsten und eifrigsten bestürmt und wo man dem amüsanten Schauspiel beiwohnen kann, wie allgemach eine Schranke um die andere fällt dem großen, sieghaften Reichtum der Juden gegenüber. Aber so ganz von selbst versteht sich das noch nicht.

Es erregte sogar einiges Ärgernis in der Berliner Gesellschaft, als der Kaiser auf einen Schub drei jüdische Familien in den Adelsstand erhob, die man jetzt von Schwabach, von Friedländer, von Caro nennt.

„Weshalb diese Aufregung?" fragte ich diejenigen, die sich über diese Erhebung entrüsteten. „Sollten die Deutschen nicht etwas zu viel Wert darauf legen, sich adlig nennen zu dürfen? Ob ein armer, an der Bibel, am Talmud und an moderner Philosophie gebildeter Rabbi nicht adliger ist als ein adliges Herrchen in zweierlei Tuch, das seine Schulden nicht zahlt und bereit ist, bei Hofe als Bedienter zu fungieren?"

Jedenfalls denken diese ehemaligen Wucherer und Kohlenhändler nicht so, da sie aller Charakterlosigkeiten fähig sind, um ein „von" vor ihren lächerlichen Namen setzen zu dürfen. Und kaum ist diese Sehnsucht gestillt, lassen sie auf allen ihren Koffern, auf aller ihrer Wäsche das Adelszeichen anbringen!

„Betrachten Sie ihren Snobismus und sehen Sie, wie sie im gesellschaftlichen Leben auftreten. Die Frauen, die ihren Salon halten, richten sich stets so ein, zwei oder drei Offiziere um sich zu haben, die alles, Kotillon, Orchester besorgen, dabei der Frau des Hauses die Cour schneiden und gleichzeitig einen Überschlag machen über die Höhe der Mitgift, die sie jeweils tanzen lassen".*

Hören Sie meine alte Potsdamer Dame, der ich so manchen Wink und so manche feine Bemerkung über die Berliner Gesellschaft verdanke, darüber sprechen:

„Gewiß, es läßt sich nicht leugnen, daß etwa ein Dutzend jüdischer Familien durch ihr Vermögen in diesen Kreisen ihren Einzug gehalten hat. London läßt sie eher herankommen, dort zählt man ungefähr vierzig Juden, die die Pforten zu sprengen wußten, in Paris noch mehr. In Hamburg und in Bremen richten sie mit Geld allein nichts aus, in Aachen ebenfalls nicht.

Hier meint man, sich entschuldigen zu müssen, wenn man in jüdischen Häusern verkehrt. Es ist himmelstraurig – heißt es, wenn man unter sich ist –, ein schlimmes Zeichen der Zeit. Aber sie alle haben am 24. Dezember ihren Weihnachtsbaum. Herr Schwabach hat sich sogar eine sehr deutsche Frau, ein blondes Gretchen, genommen. Kann man einer Landsmännin mit solch reinem Blut gram darob sein?**
Man muß auch bedenken, daß sie über ein Toilettenbudget von 70 000 Mark verfügt. Und wie soll man sich Leuten, die sich so um einen bemühen, auf die Dauer entziehen? Man seufzt und – geht wieder hin!"

Solche Niederlagen werden bisweilen durch Impertinenzen wettgemacht. Eines der angesehensten Zentrumsmitglieder des Reichstages, Graf O..., selbst mit irdischen Gütern reich

---

* Die Offiziere dürfen nur getaufte Jüdinnen heiraten.

** Es ist Tatsache, daß die Juden gegenwärtig Blondinen, blasse aristokratische Frauen, haben wollen.

gesegnet, ein liebenswürdiger, geistvoller, formgewandter Mann, mit einer sehr eleganten Frau verheiratet, die trotz ihrer zwölf Kinder noch schön und gefeiert ist, verkehrt in einigen jüdischen Salons. Aber wenn Sie ihn beobachten, werden Sie sehen, daß er seine Handschuhe den ganzen Abend anbehält – er will wohl jeder unreinen Berührung aus dem Wege gehen. Vielleicht zwingt ihn meine Indiskretion, von nun an die Handschuhe auszuziehen.

Und so werden nach und nach die letzten antisemitischen Vorurteile schwinden.

Von den jüdischen Familien, die eingeladen werden und mehr als genug Gäste natürlich im eigenen Hause sehen, müssen die jüngst Geadelten genannt werden, die Friedländer, die Schwabach, die Hardy, die Mendelssohn, Leyden, Richter, Güßfeldt. Herr Friedländer ist ein sehr reicher und äußerst geschickter Bankier, den der Kaiser in finanziellen Angelegenheiten um Rat befragt und der seine gesellschaftliche Laufbahn durch die Jagdpartien im großen Stil auf seinen fürstlichen Besitzungen in Brandenburg eröffnet hat. Die schlesischen Gutsherren gehen zu ihm, die Diplomaten ebenfalls, einige hohe Damen sollen sich noch sträuben, so z. B. die Frau des Oberhofmarschalls. Auch Herr von Posadowski hat sich noch nicht herbeigelassen. Aber man zitiert die Widerspenstigen . . .

Der Salon Frau Schwabachs oder wie man jetzt sagen muß, von Schwabach, wurde durch eine Freundin, die Baronin Lebbien, geschaffen, die wiederum eine Freundin des bekannten Herrn von Holstein war, des Schatten Bismarcks, der vor wenigen Monaten erst gestorben ist.

Auch Herr von Mendelssohn, ein Nachkomme des Musikers, ist einer der Bankiers, denen der Kaiser Gehör schenkt, seine Gattin gilt als liebenswürdige, kluge Hausfrau, ihr Salon lanciert die Vorkämpfer der musikalischen Welt und die Sezessionisten unter den Malern. Die Kunst findet dort eine behagliche, anregende Heimstätte. Ich rede von dem Einfluß, den er besitzt, nicht von seiner künstlerischen Bedeutung, die mir entgeht. Erwähnt werden müssen ferner: Frau Professor Güßfeldt, deren Gatte, Alpinist und Geograph, zu den Freunden des Kaisers zählt, den er zuweilen auf seinen Reisen begleitet; Frau Richter, die Tochter Meyerbeers, Frau eines Malers, sehr klug, sehr gewandt, sehr liebenswürdig und allgemein verehrt, Frau von Leyden, die Gattin des bekannten Arztes, der Kaiser, Zaren und Sultane in verzweifelten Fällen behandelt und dessen Haus vielbesucht ist.

Die Provinz leistet im allgemeinen größeren Widerstand als die Hauptstadt, was die Aufnahme von Juden anbetrifft. Selbst in Frankfurt sind den Juden die meisten Kreise verschlossen. Nun gründen sie ihr eigenes Kasino, wo sie, ohne nachtragend zu sein, die Christen einladen, die in sehr unlogischem Widerspruch ihre Söhne hingehen lassen, weil die Abende dort sehr unterhaltend sind und die Gesellschaft sehr elegant ist; die jungen Katholiken und Protestanten tanzen mit den jungen, dunkeläugigen, geschmeidigen Töchtern Israels und amüsieren sich weit besser als in den väterlichen Kreisen.

Sobald sie zu einem gewissen Reichtum gelangt sind, wollen die Juden aus ihrem Milieu, aus dem moralischen Ghetto, in das die Vorurteile sie bannen, heraus. Kaum daß ein aristokratisches Seebad aufkommt, gleich laufen sie hin. Nach einiger Zeit haben sie die Oberhand, und die Aristokraten wandern nach einem unbekannteren Orte. So war es mit Heringsdorf, dem letzten Bade, wo sich dieses Kommen und Gehen vollzog. Ein Seebad allerdings gibt es, wo die Juden keinen Einlaß finden, das ist Borkum, eine kleine Insel in Ostfriesland.

„In Borkum", sagte mir meine Berichterstatterin, „gelingt es noch, sie sich vom Halse zu halten, und man setzt sich mit um so mehr Eifer zur Wehr, als es das letzte billige Seebad ist, das übrigblieb. Läßt man die Juden erst hinein, dann ist's vorbei mit der guten Zeit . . . So hat man alles aufgeboten, sie zu vertreiben, als sie erschienen. Es gibt ein Lied, das ‚Borkum-Lied', das man auf der Straße, am Strande, in den Hotels zu singen pflegte. Eine ganze Menge Geistlicher beteiligten sich an dem Lärm. Schließlich räumten sie das Feld."

„Ja, das ist richtig", erwidern die Juden daraufhin, „aber jetzt, wo sie sehen, daß die Strandgäste nur aus ein paar armen Schluckern von Junkern, aus Beamten und Ladenschwengeln bestehen, möchten die Hoteliers uns wieder anlocken. Aber wir kommen nicht wieder."

Es versteht sich von selbst, daß die deutschen Politiker versuchten, alle diese feindlichen Elemente zu vereinigen und die Seele einer politischen Partei daraus zu machen.

Bismarck war es, der in Deutschland die antisemitische Bewegung ins Leben rief, um die soziale Bewegung von ihrem Wege abzubringen. In einer seiner Reden nannte er die Juden eine untergeordnete Rasse. Heute hat Chamberlain, der Freund Wagners, ein allgemein bekannter Schriftsteller, Kämpe des wissenschaftlichen Antisemitismus, dieses Paradoxon wieder aufgegriffen. Er behauptet unter anderem, als Entgegnung auf das sehr logische Argument über die Abstammung Christi, daß dieser gar kein Jude gewesen sei, eine griechische Mutter habe ihn geboren. Er beschuldigt übrigens die christliche Religion, Deutschland hebräisiert zu haben, und preist, mehr und mehr vom Christentum abgehend, die alten germanischen Götter, bei welchen er ein höheres Ideal als in der Bibel und im Evangelium entdecken will. Natürlich predigt die Chamberlain-Schule die Gallophobie und den Pangermanismus.

Aber nach einem Erfolg, der eine andere Zukunft versprach, verlor die antisemitische Partei zwölf Sitze im Reichstag und sank von sechzehn Abgeordneten auf vier herunter. Heute sehen alle intelligenten Deutschen ein, daß der Antisemitismus als politische Partei ein Unsinn ist. Das Programm gewisser Abgeordneter, die außer anderen Torheiten Ausweisung der Juden nach Palästina verlangen, entlockt vernünftigen Leuten ein Lächeln. Wollte man den Juden den offenen Krieg erklären, sagen sie mit Recht, würden neun Zehntel des Berliner Vermögens mit ihnen gehen.

So weit sind wir noch nicht, und der persönliche Einfluß Wilhelm II. hat sehr viel, wenn nicht alles, mit diesem Umschwung der Meinungen zu tun. Man glaubte, der Kaiser werde unter der Einwirkung des Pastors Stöcker antisemitischer sein als seine Vorfahren. Gerade das Gegenteil geschah. Er läßt eines Tages eine gewisse Anzahl von Exemplaren des Chamberlainschen Werkes kommen (eines kostet 20 Mark) und verteilt sie an seine Umgebung, freut sich der Folgerungen des Polemikers und des Überwiegens der germanischen Rassen, die die Zivilisation der Hindus geschaffen haben, und erörtert sie eine Zeitlang. Das hindert ihn aber nicht, Herrn Ballin, den Direktor der Hamburg-Amerika-Linie, Herrn Rathenau, den Begründer der berühmten Allgemeinen Elektricitäts-Gesellschaft, den Bankier Schwabach und James Simmons ins kaiserliche Schloß zu ziehen und Herrn Dernburg, Jude durch seinen Vater, der ihn taufen ließ, zum Kolonialminister zu ernennen. Er ist der erste

Hohenzoller, der zu einem „Juden" gegangen ist. Wilhelm II. hat sich tatsächlich eines Tages bei James Simmons, dessen kleines Palais sich im Tiergarten erhebt, zu Gaste geladen. Ein anderes Mal lud er fünf jüdische Kapitalisten, die beiden Rathenau, Friedländer, Schwabach und Simmons, zur Abendtafel ins Schloß, um mit ihnen über Aeronautik zu sprechen und sie um große Subventionen anzupumpen.

Der alte Wilhelm hätte sich niemals auf solche Vertraulichkeiten Juden gegenüber eingelassen, wenn nicht mit seinem alten Freunde Kohn, seinem Vermögensverwalter, den er seinen „lieben Juden" nannte, gleich dem Hofmarschall im 18. Jahrhundert, der die Bankiers in seinen Briefen mit „lieber Jude" anredete. Für die reichen, nicht adligen Juden, und hier handelt es sich hauptsächlich um Juden, gibt es drei Wege, sich die Gunst des Kaisers zu erwerben.

Die Juden kennen ihn ausgezeichnet. Da ist in erster Linie die „Deutsche Orientgesellschaft". Die Liebhaberei Wilhelm II. für archäologische Altertümer ist in der Tat groß und aufrichtig. Der Sultan Abdul-Hamid begünstigte diese Leidenschaft sehr. Dank seiner Freigebigkeit sind die deutschen Museen mit Schätzen griechischer und assyrischer Architektur angefüllt. Man sieht herrliche Stücke in Berlin, Türen, Bogen, Mauern, die „der Feige der Feigen" geschickt hat. Herr Bode, der Generaldirektor der preußischen Museen, hatte die gute Idee, jene deutsche „Orientgesellschaft" zu gründen, die der Kaiser protegiert und fördert. Sie läßt Ausgrabungen in Kleinasien, in Mesopotamien, in Assyrien ausführen; die reichen Bankiers, die ehrgeizigen Kapitalisten beeilten sich, ihr beizutreten. Der schlaue Direktor leitet die Ankäufe der wohlwollenden Geber, gibt Winke bezüglich der Geschenke und kitzelt die Eitelkeiten mit den Pfauenfedern, die er ihnen ausreißt.

Der zweite Weg ist der „Kaiser Friedrich-Museumsverein",
den Wilhelm II. bereichern will. Neunzig Prozent der Mitglieder sind Juden. Sie zahlen einen jährlichen Beitrag von
100–200 Mark, und wenn sie sich bemerkbar machen wollen, wird ihnen gerne gestattet, ein Gemälde oder eine Galerie zu stiften. Diesem letzteren Verfahren huldigte Herr
James Simmons, als er dem Museum einen ganzen Saal de-
dizierte.

Und der dritte Weg endlich, der sich darbietet, ist die Luft-
schiffahrt und seit einiger Zeit auch der Automobilklub. Der
Kaiser interessiert sich sehr für diese Sportarten, und ein Erfolg, eine Erfindung, eine Anregung auf diesen Gebieten lenken die Aufmerksamkeit des Monarchen gleichfalls auf sich.
Und dann würden im Kriegsfalle die Automobilisten dem
Heer angegliedert und Uniform erhalten. Das ist zwar nicht
ganz Garde, aber etwas Annäherndes.

Außer dem Kaiser und denjenigen, die ihm gefallen wollen,
gibt es, am entgegengesetzten Ende der gesellschaftlichen
Stufenleiter, andere, die sich äußerst liberal zeigen. Das sind
die Sozialisten. Ihre Zeitungen, die mit dem Kapital oft
schlimm umgehen, greifen die Juden selten an. Einige behaupten, das komme daher, weil die Partei von ihnen unterstützt werde und weil die Juden sich des Sozialismus oft als
Gegengewicht gegen die feindselige Haltung der Aristokratie
bedienten. Der Sozialismus und der jüdische Kapitalismus
arbeiteten demnach gemeinsam an ein und demselben
Werke.

Wie dem auch sei, ich habe nie einen deutschen Arbeiter
über seinen jüdischen Arbeitgeber klagen hören. Er aner-
kennt und schätzt im Gegenteil dessen redliche Bemühungen, seine Interessen mit denen seiner Arbeiter zu vereinigen.

356

Seine Gründe

Ethnologische, politische und volkswirtschaftliche Ursachen. –
Brutale Anschauungen eines kaiserlichen Kammerherrn. – Kör-
perlicher Widerwille. – Moralische Unstimmigkeiten. – Entwur-
zelte Orientalen. – Geistige Antipathien. – Das Autoritätsgefühl
des Deutschen. – Der kritische und rebellische Geist des Juden. –
Der Deutsche ist konservativ, der Jude liberal und sozialistisch. –
Geldgier. – Mißachtung der Handarbeit und des Ackerbaus. Ihre
Geschicklichkeit, aus der Arbeit anderer Nutzen zu ziehen. –
Mangel an Takt. – Snobismus. – Servilität. – Zynismus. – Klas-
sifikation der Juden. – Freche Juden. – Furchtsame Juden. – Ab-
trünnige. – Juden, die stolz auf ihr Judentum sind.

Welches sind denn die Gründe des Antisemitismus in
Deutschland? Der deutsche Antisemitismus schöpft seine
Nahrung aus den Beschuldigungen, die die Christen seit
Jahrhunderten gegen die Juden erheben. Der ethnologische
Antisemitismus nährt sich hier wie überall aus dem Rasse-
vorurteil, aus der Grundverschiedenheit ihrer Charakter-
und Geistesanlagen, die die Zeit zwischen Germanen und
Semiten nicht abzuschwächen vermochte.
Der politische Antisemit lebt von dem Konflikt zwischen
dem deutschen Chauvinismus und dem jüdischen Interna-
tionalismus, zwischen preußischem Konservatismus und den

sehr liberalen oder sozialistischen Anschauungen der Israeliten.

Und endlich der wirtschaftliche Antisemitismus, der sich in dem Kampf des Kapitalismus der preußischen Agrarier gegen das Kapital der jüdischen Industriellen, in dem Wettbewerb des christlichen und israelitischen Kapitalismus äußert, der sich durch die industrielle und kommerzielle Entwicklung Deutschlands jeden Tag noch steigert, und schließlich in den zahlreichen Rivalitäten innerhalb der Interessen und der Machtsphäre, die das Prestige des Geldes zeitigt.

Wir werden diesen allgemeinen Anklagen hier nicht in ihren Einzelheiten nachspüren. Wir haben sie bereits durch die Aufzählung der wissenschaftlichen Antisemiten kennengelernt. Ich gedenke somit, den gelehrten deutschen Theoretikern in ihren dogmatischen Erörterungen, deren Charakter ich oben schon angedeutet habe, nicht zu folgen, sondern mich damit zu begnügen, die offenen oder geheimen, die eingestandenen und die verhüllten Antipathien durch Aufzeichnungen, die ich im Laufe von Gesprächen und durch eigene Beobachtungen gesammelt habe, zu illustrieren.

„Erstens stinken sie", sagte höchst unverblümt ein kaiserlicher Kammerherr zu mir, „ihre Haut ist dunkel und fettig, sie stoßen mich physisch ab. Moralisch sind sie noch widerlicher, wenigstens für uns Germanen."

„Ist es nicht eher ihre Religion, die sie Ihnen so unsympathisch macht?"

„Durchaus nicht. Sie geben sie so leichter Dinge auf, ihre Religion, wenn es nötig ist! Deshalb werden sie nicht weniger widerwärtig, im Gegenteil! Sehen Sie sich die gemischten Ehen von Adligen an, die ihr Wappen mit jüdischem Gold auffrischen wollen. Solche Ehen können sich nicht so rasch verstehen, es brechen Zwistigkeiten aus, die Unverträglichkeit der Elemente macht sich bemerkbar. Dem Juden und der Jüdin fehlt es an Takt, sie denken nur daran, ihre Eitelkeit zu befriedigen, zu glänzen, Einfluß zu gewinnen und damit großzutun. Erst beugen sie sich zu tief und dann wollen sie wieder zu hoch hinaus. Es sind hochmütige, verprügelte, entwurzelte Orientalen, die das Gefühl für ihre wahre Natur und ihre eigentliche Bestimmung verloren haben und nun unter uns umherirren."

Der sehr intelligente Sohn eines getauften Juden sagte zu mir:

„Zwischen Israeliten und Germanen existiert eine geistige Antipathie, die viel unausrottbarer ist als die, die in Frankreich zwischen den beiden Rassen je bestehen könnte. Die Juden besitzen den Zerstörungssinn. Sehr kritisch veranlagt, sind sie unfähig, etwas Großes, Dauerndes aufzubauen. So war es mit Karl Marx, so war es mit Heinrich Heine, der sein ganzes Leben lang die Deutschen als Jude, der er war, kritisierte, ohne sie je zu verstehen. Alle heutigen deutschen Juden halten sich für verpflichtet, freisinnig zu sein. Mir graut vor diesem unfruchtbaren Liberalismus, der ewig abspricht und selbst nichts fertig bringt. Mir sind die Konservativen und die Antisemiten lieber. Die haben doch wenigstens ein Programm. In der deutschen Gesellschaft muß man heutzutage Konservativer oder Sozialist sein."

Diese Klage über den jüdischen Zerstörungsgeist habe ich oft wiederholen hören. Die Zeitschriften, die Lustspiele, die Operetten, die Witzblätter, alles, was etwas herabsetzen, kritisieren, bespötteln, niederreißen muß, ist ihre Domäne, ist ihre Bestimmung in Kunst und Literatur. Sie sind die Ungezügelten, Zersetzenden.

359

Der Preuße hat einen Abscheu vor diesem revolutionären Geist, den er als verhängnisvoll für die Entwicklung der germanischen Rasse und deren Größe ansieht. Als überzeugter Monarchist, voller Achtung für Ordnung und Disziplin, als aufgeklärter Konservativer oder blinder Reaktionär, ist ihm diese frondierende Sekte ein Greuel.

Und zu guter Letzt werfen die gläubigen Katholiken und Protestanten dem Juden den unmoralischen Charakter vor: „Er ist schamlos", sagen sie.

Einen schweren Vorwurf machen die Preußen den Juden aus ihrer Geldgier. In der Geschäftswelt beschuldigt man sie auffallenderweise, sich niemals auf dauerhafte Geschäfte einlassen zu wollen, wenn nicht ein sofortiger Gewinn herausspringt.

Der Gedanke an ein Unternehmen, das für eine mehr oder weniger ferne Zukunft wirkt, ist ihnen unfaßlich. Sie sehen aus wie herumziehende Händler, die sich um nichts weiter kümmern, als um ohne Verzug die goldene Ernte einheimsen zu können. Engherzige Realisten ohne weiten Horizont, nehmen sie keinen Anteil an den großen, nationalen Fragen. „Haben Sie je einen Juden gesehen, der sein Gut selbst bewirtschaftet, der an dieser stetigen Arbeit, die den wahren Reichtum eines Landes ausmacht, Interesse hätte? Nein, für den Juden hat Landbesitz nur Interesse als Spekulationsobjekt; den geduldigen Fleiß, den er uns auferlegt, verachtet er." So sagte ein schlesischer Gutsbesitzer zu mir, ein leidenschaftlicher Landwirt, dem die Geringschätzung der Juden für ländliche Tätigkeit unentschuldbar vorkam. „Ich weiß wohl", setzte er hinzu, „welche Antwort sie darauf in Bereitschaft haben: ‚der Ackerbau sei ihnen jahrhundertelang verboten gewesen'. Aber dieses Verbot ist längst aufgehoben.

Und zudem: hat man dort, wo er erlaubt war, mehr ackerbautreibende Juden gesehen? Mit Gewalt mußte man diese elenden Juden, die in Rußland am Hungertuch nagten, nach Palästina und Argentinien schleppen, um die jüdischen Ackerbaukolonien zu bevölkern! Und wie wenig ist noch auf diesem unsicheren Wege, den die großen Juden mit Millionen angelegt haben, erreicht worden? Nein, nein, Geld wollen sie verdienen, Geschäfte wollen sie machen, das heißt, bestehlen wollen sie jemand."

Von den Vertretern der freien Berufe wurde die gleiche Klage geführt:

„Sie überschwemmen alle freien Berufe", sagte ein früherer Offizier. „Die, die sich dem Handwerk widmen, sind zu zählen. Ist bei der Presse nichts mehr zu machen, werden sie Rechtsanwälte, Ärzte, Bankiers, Agenten."

„In Deutschland werden Privatinstitute für uneigennützige Studienzwecke und zur Förderung der Wissenschaft gegründet", erzählte mir ein Gelehrter. „Wir machen das mit unserem eigenen Gelde. Die jüdischen Ärzte – es sind zehnfache Millionäre darunter – halten sich diesen Unternehmungen, die ein allgemeines Interesse verfolgen, fern. Sie laufen lieber ihrer Praxis nach, die Reichen so gut wie die anderen. Die Frau eines jüdischen Arztes, der sehr gesucht ist, beklagte sich einmal bei mir über die Überbürdung ihres Mannes. Er könne seiner enormen Praxis kaum mehr nachkommen.

‚Aber', bemerkte ich, ‚Ihr Mann hat doch mehrere Assistenten? Weshalb tritt er nicht ihnen etwas von diesem Übermaß ab?'

‚Das kann man doch nicht tun', gab sie mir zur Antwort.

Warum aber reißen sich die Juden derart um die freien Berufe? Sie denken vielleicht, es geschehe aus geistigem Drang, um dem Verstand, dessen sie sich mit Recht rühmen, Verwendung zu geben? Mitnichten. Diejenigen, die der Handel nicht lockt, wofür man ja auch seine Fähigkeiten und Arbeitskraft braucht, suchen die Mitgift. Denn in Deutschland ist ein Heiratsgut nicht allgemeiner Brauch, außer bei den Juden und bei sehr reichen Familien. Die meisten Ehen werden durch Vermittlung geschlossen; man trifft sich alsdann bei einer Abendgesellschaft, einem Diner, an einem Badeorte – wie bei uns auch – und heiratet sich, ohne sich näher zu kennen.

Man rechnet, daß

ein praktischer Arzt auf eine Mitgift von	50 000 Mark
ein Spezialist auf	100 000 Mark
ein Privatdozent auf	150 000 Mark
ein außerordentlicher Professor auf	200 000 Mark

Anspruch machen kann.

So ungefähr ist der Marktpreis. Um eine Mitgift von 200 000 Mark zu ergattern, versucht der junge Arzt, sich die akademische Laufbahn zu eröffnen. Zu diesem Zweck schreibt er einige Abhandlungen. Aber es sind Arbeiten, die selten ernst zu nehmen sind. Die jüdischen wissenschaftlichen Zeitschriften sorgen für die Reklame, meistens veröffentlichen sie nur Rezensionen jüdischer Arbeiten.*

Die Juden sind geizig. Wenn sie die Tasche aufknöpfen, geschieht es aus Großtuerei. Ich kenne sehr reiche Juden, die nie anders als auf amtliche Postkarten schreiben, um die Ausgabe für Papier und Umschlag zu sparen, und die die

---

* Daß die Juden in einer Gesellschaft, die sie als Fremde ansieht, sich zusammentun, ist selbstverständlich. Deshalb entschließt man sich nur schwer, einen Juden zum Titularprofessor einer Universität zu machen, wenn es sich um die medizinische Fakultät handelt. Denn kaum ernannt, würde er einen ganzen Stab nach sich ziehen. Alle seine Assistenten wären Juden, es entstünde gewissermaßen eine Isolierzelle in dem Universitätskörper. Daher muß ein Jude sich taufen lassen, wenn er ordentlicher Professor werden will.

Pakete, die sie abschicken, nie genügend frankieren. Man merkt, daß für sie das Geld die Hauptsache im Leben ist."

„Wie für viele von uns auch", warf ich ein.

„Nein, für sie ist das Geld nicht nur ein Mittel, sich die Annehmlichkeiten des Lebens zu verschaffen, denn sie scheinen sich manches versagen zu können, wenn es nötig ist. Für den Juden bedeutet Geld die Macht, herrschen und glänzen zu können.

Das Berechnende, das er in alle seine Handlungen hineinträgt, ist für den freigebigen Germanen unerträglich. Sein Rechengenie nimmt ihn völlig gefangen und demoralisiert ihn. Einen Dienst erweist er nur, wenn er ein direktes oder ein indirektes Interesse für jetzt oder später darin sieht. Er fragt sich immer: Was wird es mir nutzen, wenn ich es tue? Die kleinste Gefälligkeit wird er hervorheben, die kleinste Aufmerksamkeit, die er Ihnen erweist, herausstreichen und Mittel und Wege finden, immer daran zu erinnern, was er für Sie getan hat. Man kann sagen, Uneigennützigkeit in höherem Sinne, edles, rein menschliches Solidaritätsgefühl kennt der Jude nicht. Er gibt Almosen, oft große sogar, aber es muß an die große Glocke geschlagen werden. Verschweigt er dann und wann seinen Namen, kann man annehmen, daß wieder eine geheime Berechnung dahintersteckt. Mit einem Wort, es ist unmöglich, sich einen uneigennützigen Juden vorzustellen."

„Es ist nicht allein ihre Geldleidenschaft, die sie so unsympathisch macht", sagte mir ein Professor der Universität von Halle, „sondern auch ihr Mangel an Takt. Die Mehrzahl der Juden bei uns, die sich den freien Berufen zuwenden, haben sich erst seit einer oder zwei Generationen hier niedergelassen. Ihr Großvater war vielleicht Hausierer in Polen. Und die haben eine Art, sich vorzudrängen, die direkt abstoßend wirkt. Der Vorwurf der Anmaßung, der Rücksichtslosigkeit, den man den Berlinern im allgemeinen macht, sollte hauptsächlich an sie gerichtet werden. Die alten, gebildeten Juden dagegen, wie die in Frankfurt, die sich bereits assimiliert, zum Teil mit germanischem Blut verschmolzen haben, sind die eigentlichen Antisemiten, ohne sichtbares Verwandtschaftsband mit diesen Emporkömmlingen von gestern".

„Lassen Sie sich einige Beispiele über ihren Mangel an Takt und Anstandsgefühl der übrigen Menschheit gegenüber erzählen", fuhr mein Berichterstatter fort und trug mir lachend die folgenden kleinen Anekdoten vor:

„Wir, meine Frau und ich, sind von einem jüdischen Kollegen zum Essen eingeladen. Zur bestimmten Stunde gehen wir hin.

‚Es ist so schön heute abend', sagte seine Frau zu uns, ‚daß wir beschlossen haben, mit unserem Schwager im Zoologischen Garten, anstatt hier zwischen den vier Wänden zu essen.'

‚Gut, gehen wir in den Zoo.'

Wir essen im Zoo, und jeder zahlte seinen Teil, obwohl wir ja eigentlich bei ihnen eingeladen gewesen waren.

Ein anderes Mal wurden wir unter den gleichen Umständen mit einer ihnen befreundeten Dame geladen. Am Schluß der Mahlzeit beglichen sie ihre und ihrer Bekannten Rechnung, nicht aber die unsrige.

Es kommt aber noch besser: Eines Tages sah ich in einem Restaurant zwei jüdische Brüder, die gemeinsam eine Flasche Mineralwasser zu 50 Pfennig geleert hatten, und jeder wollte seinen Teil, also 25 Pfennige, zahlen.

Eine andere Taktlosigkeit: Die jüdischen Frauen haben eine große Vorliebe für die Toilette. Die deutschen Frauen werfen ihnen das vor, sie sehen fast einen Makel darin, und die wallenden Federn und auffallenden Bänder der Damen tragen mehr zum Antisemitismus bei als sämtliche Theorien Chamberlains.

Im geselligen Verkehr besteht ihr größter Fehler wieder in ihrem Mangel an Takt. Der Jude übertreibt immer, will immer etwas vorstellen. Man wirft ihm vor, ein Fremdling zu sein und Fremdling zu bleiben. Das ist so ungerecht wie möglich. Im Gegenteil, in seinem Bestreben, sich den Nationen, unter denen er lebt, anzupassen, will er in Paris mehr Pariser sein als die Pariser, noch witziger, noch oberflächlicher, noch mehr Schwadroneur. In Deutschland markiert er den Preußen. Man sieht solche, die das große Wort führen, barsch, hochfahrend, schneidig, gleich dem bewunderten Typus der Rasse auftreten. Eine höchst ungeschickte Nachahmung indessen, die ihnen durchaus nicht liegt. Es fällt ihnen viel weniger schwer, den Leichtsinnigen, Skeptischen oder den Pornographen zu spielen, wenn diese drei Eigenschaften zufällig an der Tagesordnung sind.

Dieses stete Bedürfnis, seinen Ursprung vergessen zu machen und sich der jeweiligen Umgebung einzufügen, treibt den Juden zu seinem maßlosen Snobismus. Bei Premieren stellen sie sich so zahlreich ein, daß sie in ihrer Hast, allen zuvorzukommen, die anderen verdrängen. Sie sind immer hinter den ‚premiers cris‘ her; sobald ein Musiker zu gefallen scheint, stürzen sie sich auf ihn, machen ihm aufs Geratewohl einen Ruhm zurecht, um, je nachdem, wenn die Aufwallung vorüber ist, ihren Götzen vom Piedestal wieder herunterzureißen und ihn anzuspucken.

Das sind jene Juden, die sich an die Spitze der neuen Malerei stellten, die die Sezessionen herausforderten. Nicht etwa, daß sie Kunstliebhaber wären oder Sinn für das Große und Schöne besäßen. Ihr Geschmack ist immer gewöhnlich und

365

platt. Wie sollte er anders sein bei diesen kleinen Seelen? Sie sagen mir, die Bibel sei kein mittelmäßiges Werk, und vor der Zerstörung Sions seien die Israeliten ein kriegerisches Volk gewesen. Sei es drum, aber wenn man zwei Jahrtausende hindurch Fußtritte hingenommen hat, ohne zu mucken, lächelnd womöglich, ist man für weitere zwei Jahrtausende heruntergekommen. Über die wiedererlangte Vornehmheit des Israeliten wollen wir dann im Jahre 4000 sprechen. Einstweilen ist die angebliche geistige Regsamkeit nichts anderes als aufgeregtes Getue und der Drang, immer in den vordersten Reihen gesehen zu werden. Das ist nichts als eine Reaktion des vorhergehenden Zustandes. Da sie so viele Jahrhunderte nicht mitreden durften und man sie am nationalen Leben nicht teilnehmen ließ, wollen sie sich heute, in der wiedergewonnen Freiheit, dafür entschädigen, sich in alles mischen, sich überall zeigen, wie reichgewordene Neger, die nichts Eiligeres zu tun haben, als ihren Reichtum zur Schau zu stellen und zu mißbrauchen. Die Ähnlichkeit ist wirklich auffallend.

Ich habe einen Juden gesehen – er ist erst kürzlich geadelt worden und der reichste der Berliner Juden –, der sofort auf allen seinen Koffern das ‚von‘ ausgeschrieben anbringen ließ. Das einzige Zeichen seiner Vornehmheit. Dieser selbe ‚vornehme‘ Herr kommt mit 100 oder 200 Krawatten, eleganten Schlafröcken von Paris zurück und trommelt seine sämtlichen Dienstboten zusammen, um ihnen den ‚Staat‘ zu zeigen. Ist das nicht Bambuda, der eben geerbt hat und in Seidenhut, weißem Kragen und mit der Uhrkette in seinen Rancho zurückkommt, um die Neger, seine Brüder, zu verblüffen? Wie soll man vor solchen Leuten Achtung haben können, trotz ihrer zehn Millionen und ihrer schlesischen Jagden?"

Daß der Antisemitismus vor allem eine Rassenfrage ist, beweist das Unzusammenhängende, oft das gänzlich Widersprechende der in ein und demselben Milieu gegen die Juden erhobenen Klagen. Die einen werden Ihnen zum Beispiel sagen, der Jude sei durch seine Genußsucht, sein lautes Gebaren, seine Sucht zu blenden, unausstehlich, andere wieder behaupten, die Juden seien zu nüchtern, keine Trinker und ihren Frauen treuer als die deutschen Ehemänner.

Selbst ihre Vorzüge kehren sich gegen sie. So die Frühreife ihrer Kinder:

„Diese Frühreife ist eine beunruhigende, unangenehme Erscheinung", wird mir gesagt. Es liegt etwas Widernatürliches, Anormales darin. Wenn die Kinder heranwachsen, macht ihre Entwicklung sozusagen plötzlich halt, und ihr Verstand verschanzt sich bald genug hinter die speziellen Eigenschaften der Rasse: die Schlauheit, den praktischen Blick.

Auch ihr Familiensinn muß herhalten. Sie sind „Schlappiers", die jungen Deutschen wollen bald Männer scheinen, sie prahlen mit ihrer Unabhängigkeit den Eltern gegenüber, die sich alle möglichen Opfer auferlegen, um sie großzuziehen, sie schämen sich beinahe einzugestehen, wenn sie an Vater oder Mutter geschrieben haben.

Bleiben sie Juden, schilt man sie Fremde, bekehren sie sich, schilt man sie feig. Nun wählt! Ihr guter Wille, sich der deutschen Rasse anzupassen, stößt denn auch manchmal auf merkwürdige Schwierigkeiten: Ein Vater hat Söhne und Töchter. Wenn er die Knaben taufen läßt, wird ihnen das Leben leichter gemacht, stehen ihnen fast alle Berufe offen. Aber bei den Töchtern? Weiß man denn je, wen sie heiraten werden? Es kommt vor, daß eine Tochter, die zum Christentum übergetreten ist und infolgedessen lauter christliche

Freundinnen hat, einen Juden heiratet, der seine religiösen Pflichten erfüllt. Ein Kind geht aus dieser Ehe hervor, was wird nun aus ihm? Ein Jude oder ein Christ? Das wird von seinem Geschlecht abhängen, ist's eine Tochter, läßt man sie Jüdin bleiben, ist's ein Sohn, soll er getauft werden . . .

Sie sind feig. Manche verhehlen sich das nicht.

„Ich möchte", sagte eine Mutter zu einem ostpreußischen Adligen, „Sie würden mir einen guten Fechtmeister nennen für meinen Sohn. Er ist so feig!"

„Ich würde mir schon das Leben nehmen", sagte eine jüdische Dame, „aber ich kann nicht. Das jüdische Blut spricht zu laut in mir."

Diese Offenheit, dieser Zynismus eigentlich, den man uns als einen Beweis moralischen Mutes achten lehrt, muß bei der germanischen Heuchelei großes Ärgernis erregen.

Vom wirtschaftlichen und politischen Standpunkt aus teilt man in Deutschland die Juden in vier Kategorien:

In arme Juden, die kleinere Zahl, die man in Hamburg, in Berlin und vor allem in Posen findet.

In mittlere Juden, die kleinen Ladenbesitzer, die am unausstehlichsten sind, da sie alle jüdischen Laster besitzen und ungebildet sind.

In die sehr reichen, internationalen Juden.

In die zu patriotischen Juden, die zu viel Eifer an den Tag legen und sagen: „Wir Deutschen", ohne das Lächerliche dieses Benehmens zu empfinden.

Vom psychologischen Standpunkt aus hat sie ein Deutscher einst mir gegenüber so klassifiziert:

„Es gibt", sagte er, „den Juden, der alles wagt und dem Israel seinen schlechten Ruf auf der ganzen Welt verdankt. Frech, verlogen, unredlich, zudringlich, selbstzufrieden, kennt er

keine Scheu, setzt seine ganze Eitelkeit daran emporzukom-
men, mit welchen Mitteln, kümmert ihn wenig. Fußtritte, an
den Ohren gepackt, angespuckt, stehen gelassen zu werden,
das alles reizt ihn nur, statt ihn zu entmutigen. Eigenschaften, die, im Guten angewendet, vortrefflich genannt werden
müßten, bei diesen Plattfüßlern aber eine unverbesserliche,
organische Gemeinheit verraten."

Diesem Juden steht die große Menge der ängstlichen Juden
gegenüber, des Juden, der sich vor seinem eigenen Schatten
fürchtet, der Angst hat, eine Meinung zu äußern, zu wider-
sprechen, sich bloßzustellen, nur einen Wunsch kennt, nicht
zu mißfallen, der sich einbildet, je mehr er sich in den Schatten stelle, um so mehr Sympathie erwecke er, ein Hasenfuß,
der beim Rascheln der Blätter zusammenfährt, nur daran
denkt, sich zu demütigen, und einstweilen nichts Besseres
verdient, als gedemütigt zu werden. Diese Sorte findet sich
vor allem in einer dritten Kategorie von Juden, der minder-
wertigsten, in dem Renegaten, der von den Juden selbst
mehr noch als von den Christen verachtet wird – was nicht
wenig besagen will. In der tiefen Verachtung, die sie bei jeder
Gelegenheit gegen diese Abtrünnigen zum Ausdruck bringen,
legen die Juden einen wirklichen Mut an den Tag, denn meistens sind es die reichsten und mächtigsten der Rasse, die
sich so weit erniedrigen.*

Doch neben diesen Renegaten gibt es den Juden, der stolz
auf seine Abstammung ist. Seines eigentlichen und seines re-
lativen Wertes bewußt, in der Geschichte seines Stammes
und berühmter Stammesgenossen bewandert, hebt er stolz
das Haupt vor den germanischen Barbaren, die nur die
Kraft und die numerische Überlegenheit ihm voraus haben.
Er fühlt sich den Besten unter ihnen ebenbürtig, oft noch er-
haben über jene, die ihn zu demütigen gedenken, und bietet

alle Kräfte auf, sich zu erheben; im Gefühl seines Stolzes und seiner Würde ist er bestrebt, tugendhaft und anständig zu bleiben in dem Lebenskampf.

Dieser Typus ist selten, er verdient volle Hochachtung, Sympathie und Bewunderung.

---

* Ihre einstigen Glaubensgenossen spielen ihnen tausend Streiche, machen sich lustig über sie.

Ein jüdischer Kommerzienrat wurde getauft und geadelt. Er wurde Baron, und da er sich seiner alten Dienerschaft entledigen mußte, ließ er durch ein Zeitungsinserat wissen, daß er einen neuen Kammerdiener suche. Sein bisheriger wollte sich rächen. Eines Tages meldet er seinem Herrn: „Hier ist ein neuer Kammerdiener, der sich vorstellen möchte.“

„Lassen Sie ihn eintreten.“

Ein Neger mit platter Nase, vorstehenden Augen und krausem Haar tritt ein.

„Was ist das? – Wie können Sie wagen? – – Sie sind ja Neger!“

„Nein, nein.“

„Aber Sie sind doch Schwarzer?“

„Nein, nein.“

„Nun, was dann?“

„Ich bin Christ, seit gestern getauft.“

Von den eben zum Christentum übergetretenen Juden sagt man: „Gott verzeiht es ihnen, die Welt vergißt es, aber die Nase bleibt.“

Der verstorbene Herr von Vilmorin, ein großer Getreidehändler, pflegte von bekehrten Juden zu sagen: „Man weiß nie, ob sie Protestanten oder Katholiken sind.“

Wie die Juden darüber denken

Widersprüche. – Diejenigen, die den Antisemitismus leugnen. – Diejenigen, die ihn billigen. – Die, die sich verteidigen. – Urteutonen und Urchristen. – Noch einmal Chamberlain. – Das Ansehen der Bibel erschüttert. – Professor Delitzsch, Hofassyriologe. – Der „sinnige" Babylonier. – Sardanapal rehabilitiert. – Unser Geld und unsere Solidarität werden mißbilligt. – Jüdische Freigebigkeit. – Der Kaufmann und der Zehnte. – Judenverfolgungen in Rußland und an der deutschen Grenze. – Der amerikanische Jude setzt sich durch. – Historischer Abriß über die antisemitische Gesetzgebung in Preußen im 16., 17. und 18. Jahrhundert. – Ausnahmegesetze. – Bedeutung des jüdischen Einflusses in Deutschland. – Juden haben das deutsche Finanzwesen geschaffen und Industrie und Handel entwickelt. – Hamburg, Frankfurt, Berlin. – Wenn alle 700 000 deutschen Juden auswandern würden ... – Sozialisten und Freisinnige. – Ihr Einfluß auf Kunst und Literatur. – Ansicht Mommsens und Stanleys.

Wie stehen diese verschiedenen Kategorien den Antisemiten gegenüber?

Bei den reichen Juden habe ich eine Erscheinung festgestellt, die in Deutschland so ziemlich allgemein sein dürfte. Sie geben die Existenz des Antisemitismus nicht gerne zu. Wenigstens versuchen sie stets, seine Bedeutung abzuschwächen.

Darin liegt eine kluge Berechnung und zugleich eine gewisse Unempfindlichkeit. Die einen sagen sich, daß sie dadurch, daß sie den Antisemitismus überhaupt leugnen, sich gleichzeitig der Notwendigkeit entheben, sich über ihn zu beklagen, ihn bekämpfen zu müssen, was ihn nur verschärfen würde. Zu schweigen und sich unwissend zu stellen, erscheint ihnen die beste Taktik. Andere empfinden tatsächlich nichts von der Verachtung, die die echten rotblonden Germanen mit den großen blauen Augen ihrem Mangel an „Ehrgefühl", wie sie es nennen, und an körperlichem Mut, ihrer Geschmeidigkeit gegenüber entgegenbringen. Solange sich diese Antipathie nicht sehr deutlich oder zu absichtlich kundgibt, spüren sie sie nicht oder leiden wenigstens nicht darunter oder sie nehmen sie hin und entschuldigen sie, gleich Leuten, die gezwungen sind, in einer feindlichen Umgebung zu leben und sich ins Unvermeidliche zu fügen.

Andere wiederum leugnen den Antisemitismus aus persönlicher Eitelkeit. Die reichen, vielvermögenden Juden wollen es nicht zugeben, daß sie in ihrem Adoptivvaterlande über die Achsel angesehen, überhaupt in irgendeiner Weise geringer gewertet werden sollen. Sie rühmen sich ihrer Beziehungen in hohen, christlichen Kreisen, der bevorzugten Stellung, die einige von ihnen bei Hofe, bei der Regierung einnehmen, und wenn man den Ausschluß vom Heere erwähnt, erklären sie das, ohne Bitterkeit, aus der Macht der aristokratischen Vorurteile. Es gab selbst solche, die mir versicherten, daß die wirklichen Grandseigneurs nicht antisemitisch seien; nach ihrer Ansicht wären dies nur die Junker, die kein Geld besäßen, die Kleinbürger, die Bauern und die Handwerker, bei denen wirtschaftliche Eifersucht zugrunde läge. Die geschickteren, intelligenteren Juden brächten es weiter als sie und drängten sich manchmal zu sehr vor, das sei alles.

Mehr als das, in einigen jüdischen Salons hörte ich sogar die Behauptung aufstellen, daß die Deutschen recht daran täten, den Israeliten die Beförderung im Heer zu wehren, da sie das Heer „vergiften" würden, wie der Sprecher sich ausdrückte. Durch ihre Intelligenz würden sie rasch zu hohen Stellungen kommen. Und die Tugenden des deutschen Soldaten: Mäßigkeit, Selbstlosigkeit, Selbstverleugnung seien antijüdische Eigenschaften. Die Armee gibt, wie der geistliche Stand, dem Deutschen die Möglichkeit, arm bleiben zu können, ohne sich dadurch etwas zu vergeben. Unsere jungen Leute würden diese aufopfernde Lebensweise, für deren Notwendigkeit sie kein Verständnis haben, niemals auf sich nehmen können. Können Sie sich die jungen reichen Juden ohne Automobil, ohne Pferde denken? Übrigens haben wir Beispiele zur Hand. Manche Offiziere haben getaufte Jüdinnen geheiratet. Waren sie erstmal in ihrer Provinzgarnison, litt die junge Frau unter den engen, kleinlichen Gewohnheiten im Offizierskorps. Keine Möglichkeit, auch nur den vierten Teil ihrer Renten zu verbrauchen. Sie mußte sich Zwang antun in ihrer neuen Lebensweise und legte den anderen Zwang auf. Ich kenne einige deutsche Israeliten, die alle Sympathie verdienen und deren Verhalten den Antisemiten gegenüber sehr verschieden von dem oben erwähnten ist.

Hören Sie, wie ihre Verteidigung lautet:

„Wir geben uns keine Mühe mehr, uns zu verteidigen, da wir überzeugt sind, daß die Zeit allein einem Volke, dem man nicht nur seine Fehler, sondern auch seine Vorzüge zum Vorwurf macht, Gerechtigkeit widerfahren lassen wird.

Wir haben die Antisemiten, die es aus Rasse sind, gegen uns, die Urteutonen, die sich in gutem Glauben einbilden, direkt von Hermann dem Cherusker, abzustammen, der ihnen zugleich Beweis und Inbegriff des ‚Edelmenschen' ist. Viele dieser Urteutonen kennen ihre Abstammung kaum vom Großvater her und lassen sich auch durch die Tatsache nicht von ihrer Idee abbringen, daß die Hauptstadt des Deutschen Reiches sich neben Dobrilugk, mitten zwischen ehemaligen slawischen Kolonien befand. Sie wissen gar nicht, was Rasse ist, so wenig wie ihre Gelehrten. Sie haben kaum mehr Recht, sich als rasserein hinzustellen, als die Hunde in Pera, und haben sich den Gedanken einer germanischen Rasse zurechtgemacht, deren letzte Spuren, wenn sie jemals existiert haben, sich nur außerhalb des Deutschen Reiches, in Frankreich sogar, befinden können, das, wie die Sage erzählt, von den Germanen erobert wurde. Jedenfalls gehören diese Antisemiten der einstigen slawischen Kolonien nicht dazu.

Neben diesen Urteutonen stehen die Urchristen, die sich ebenso damit brüsten, durch Hermann den Cherusker im Heidentum zu wurzeln, und sich zur Lehre Jesu, des Juden seinem Blute nach, zu bekennen. Aus dieser letzten Schwierigkeit haben sie sich befreit, indem sie Jesus und seine Jünger zu Ariern stempeln. Bekanntlich sind Arier und Germanen Vettern. Ihretwegen wahrscheinlich wurde dieser Verwandtschaftsgrad geschaffen. Chamberlain, der Angelsachse, der diesen Unsinn erfand, ist ein Freund des Kaisers. Blieb also diesen rabiaten Christen nur noch die Autorität der Bibel, die den Israeliten ein unbequemes Prestige verleiht. Wenn die gesamte Christenheit sich sammeln, trösten, erbauen will, liest sie die jüdischen Bücher, sagt sie jüdische Gebete her. Eine unfaßliche Verirrung: Wider diesen an Trost, an frommer Beschaulichkeit so reichen Quell kehrt sich der Haß der christlichen Antisemiten, ein Haß, den die christliche Religion, nach dem Beispiel des jüdischen Glaubens, ihnen verbietet.

374

Nun hat Professor Delitzsch, der Assyriologe des Hofes, es unternommen, die Autorität und den Nimbus der Bibel zu zerstören. Er erfand die Fabel des ‚sinnigen‘ Babylons. Für ihn wie für seine Schüler waren nunmehr die rohen blutdürstigen Babylonier ein sanftes, edles Volk und seine ungeschlachten Götzen höchst erhabene Symbole, denen die Juden das Beste für ihre Bibel entlehnten. Aber was wurde aus der Legende von Nebukadnezar und Sardanapal? Man machte ein pompöses Ballett daraus, wo Sardanapal sich in einen Heldenfürsten wandelt, würdig, beinahe in der Ahnengalerie einer deutschen prinzlichen Familie reinsten Wassers zu figurieren.

Die Antisemiten aus religiösen Gründen begnügen sich damit, den Semiten die heilige Taufe empfangen zu sehen, obwohl sie sehr gut wissen, daß dieser Akt nicht die Annahme eines neuen Glaubens bedeutet, sondern einfach die Verleugnung des alten. Sie wissen auch, daß der Apostat nur ein schlechter Jude ist, der Typus desjenigen, den man mit Recht einen ‚schmutzigen Juden‘ nennt, feig, kriecherisch, gemein im Denken und Fühlen. Aber man muß wohl annehmen, daß der Stolz dieser Apostel und ihre Selbsterkenntnis sich sagen, daß das, was von einem schlechten Juden übrig bleibt, immer noch genügt, einen guten Christen daraus zu machen.

Die wahre Ursache des Antisemitismus hier, wie überall, ist die Eifersucht. Man zürnt uns, weil wir reich sind. Es stellt sich heraus, daß unser älterer, geübterer Geist, der beweglicher ist als der der Völker, unter denen wir leben, uns eine gewisse Überlegenheit auf geschäftlichem Gebiete gibt. Aber können wir uns dümmer machen als wir sind? Manche werden reich, andere bleiben unterwegs liegen. Aber da wir eine Minderheit bilden, beachtet man uns. Hat einer von uns

Glück, wo andere Fiasko machten, verzeiht man uns das nicht, man entrüstet sich über die angewandten Mittel etc. In Wirklichkeit besteht unser Verbrechen nur darin, daß wir Erfolg hatten.

Und die anderen Klagen, die man, außer dem, was sie an unserer Rasse und Religion auszusetzen haben, gegen uns vorbringt, was für eine Berechtigung haben sie im Grunde genommen?

Nachdem man uns Jahrhunderte hindurch von Land zu Land gehetzt hat, klagt man uns an, Internationalisten zu sein.

Nachdem man uns so und so oft all unser Hab und Gut genommen hat, nennt man unsere Dankbarkeit für die etwas länger dauernde Gastfreundschaft, die uns endlich gewährt wurde, Geschäftspatriotismus. Denn, so sagen sie, wirklich Wurzel gefaßt hat die jüdische Geldaristokratie nirgends, sie wandert von einer Hemisphäre zur anderen, wohin ihr Interesse sie ruft. Als ob nicht alle Bankiers auf der ganzen Welt dasselbe täten! Als wenn die Repräsentanten fürstlicher Familien sich lange besännen, ihr Vaterland für immer zu verlassen, um das neue, das sich ihrem Ehrgeiz oder ihrem Interesse darbietet, anzunehmen. Was man bei gekrönten Häuptern, deren einziger Beweggrund Herrschsucht ist, billigt, macht man den Juden zum Vorwurf, die der Haß jahrhundertelang umherirren ließ und die infolgedessen ihrem Geburtslande noch keine besondere Anhänglichkeit entgegenzubringen brauchten ...

Ein weiteres Verbrechen: Wir fühlen uns solidarisch. Man verfolgte uns, man mordete uns, man verbrannte uns, ließ uns kaum das nackte Leben – und so schlossen wir uns gezwungenermaßen fest zusammen ... Und dabei soll Freigebigkeit gegen die Unseren wieder nichts als eitle

Prahlerei sein . . . Da mache sich nun einer einen Vers daraus!

Mir fällt der verstorbene Großrabbiner Tektin in Breslau ein, der, als er eines Tages seine Herde Gefangener weidete, auf einen verstockten Sünder stieß, einen rohen Kerl, der, unzugänglich für jede Mahnung, ihm ins Gesicht schleuderte: ‚Ach, gehen Sie, Herr Rabbi, Sie predigen ja nur um Geld!‘ Worauf der freundliche Mann zur Antwort gab: ‚Kann sein, mein Freund, daß ich für Geld predige, aber Du stiehlst für Geld. Gott wird richten.‘

Außerdem könnte ich den Herren Antisemiten entgegenhalten, daß sie keine Ahnung davon haben, was die Juden Gutes tun, und daß sie kein Recht besitzen, sie der Ruhmsucht und der Eitelkeit zu bezichtigen. Das deutsche Volk hat, in einer schönen Aufwallung, acht Millionen für den Grafen Zeppelin gesammelt. Ich weiß nicht, wie viel die Spenden der Juden dabei betrugen, ich weiß nur, daß Juden unter den freigebigsten figurierten. Geben wir zu, daß sie aus eitlem Wettbewerb handelten. Aber, wenn 62 Millionen Deutsche sich anstrengen mußten, um ein einziges Mal acht Millionen zusammenzubringen, wie erklären sich die Antisemiten, daß die ‚Jewish Colonisation Association‘ und die ‚Alliance Israélite Universelle‘ vier- oder fünfmal in aller Stille diese gleiche Summe aufgebracht haben, ohne einen Dank für den Geber, ohne daß man nur den Namen dessen, der gab, weiß?

Man wirft uns Geiz vor. Wir sündigen eher durch das Gegenteil. Die Beispiele für Geldgier, die man anführt, haben mit der Rasse nichts zu tun, das sind persönliche Fälle, und ich behaupte, der Jude ist von Natur eher freigebig. Wenn er mit Vorliebe Juden unterstützt, ist es deswegen, weil diese in erster Linie einer Solidarität in diesem Sinne bedürfen. Es gibt nirgends mehr Elend als bei den polnischen Juden, um nur diese zu nennen. Tausende, Zehntausende von Familienvätern stehen morgens auf, ohne zu wissen, ob ihre Kinder an diesem Tage etwas zu essen bekommen werden. Nun befiehlt die Religion dem Juden, ein Zehntel seines Einkommens den Armen zu schenken, und alle Strenggläubigen befolgen dieses Gebot, ohne es von den Dächern herabzuschreien und ohne öffentliche Subskriptionen zu veranstalten. Sie geben keineswegs aus Prahlerei, sondern um sich den Geboten Gottes zu unterwerfen.

Ich kenne einen Bankier in Königsberg, der in seinen Büchern ein besonderes Wohltätigkeitskonto führt, es auf den zehnten Teil seiner Einnahmen erhebt und genau wie seine anderen Posten kreditiert. Die Zinsen häufen sich, wenn die Reserven nicht alle aufgebraucht werden. Ich habe das ganz zufällig erfahren, denn diese Gaben sind durchaus anonym, viele seiner Umgebung ahnen nichts von diesen Wohltaten. Sein Sohn lebt nach den gleichen Grundsätzen. Bei seiner kürzlich erfolgten Verheiratung erhielt er ein Heiratsgut von 300 000 Mark. Es war dies ein Geschenk seines Vaters. Er beschloß, den zehnten Teil davon für mildtätige Zwecke zu verwenden, und fragte seinen Schwiegervater um Rat, der diesen Entschluß billigte und ihm vorschlug, die Freude dieser Schenkung mit ihm teilen zu wollen. Zusammen gaben sie 48 000 Mark für wohltätige Spenden aus. Solche Fälle sind bei den Juden gar nicht selten.

Man wirft uns Fehler vor, die ich nicht abstreite, die aber das Ergebnis all der Verfolgungen sind: außerordentliches Mißtrauen, zu große Unterwürfigkeit und Geldleidenschaft . . . Doch soll man bedenken, daß den Juden nur das Erlaubte erlaubt und alles übrige verboten ist. Bei den Christen ist das

Gegenteil der Fall, außer einigen Freiheitsbeschränkungen

wird ihnen alles gestattet. Wie sollen wir dem Geld keine
Bedeutung beilegen? Wir, denen von Kind an vorgehalten
wird, daß alles in unserem Leben sich um Geld dreht?
Sehen Sie, was sich in Rußland, z. B. in Kovno, meiner Ge-
burtsstadt, abspielt, wo die Aufnahme eines Schülers in den
Gymnasien bis zu 3 000 Mark kostet, die man diebischen
Beamten zahlen muß. Nur etwa fünf Prozent jüdischer Zöglinge werden auf diesen Schulen zugelassen, die Stadt Kovno
ist aber zu drei Teilen jüdisch. Um aufgenommen zu werden,
müssen die Kinder ein Examen bestehen. Nun sind viele intelligente darunter, die zugelassen werden könnten, doch es
ist dann der meistbietende Jude, der sein Kind unterbringt.
Die Angebote liegen bei 3 000 Mark und höher. Das ist nicht
alles. Bei jedem Klassenwechsel müssen die Eltern wieder in
die Tasche greifen, sonst stellen die Lehrer beim Examen so
verzwickte Fragen, daß die Schüler unfehlbar durchfallen,
auch wenn sie das ganze Jahr gut mitgekommen sind. Den
Kindern ist dieser schmähliche Handel und dieses Verauk-
tionieren, das sich bei hundert anderen Gelegenheiten im sozialen Leben wiederholt, wohlbekannt. Wie sollten sie dem
Geld keine große Wichtigkeit beilegen?
Ihr werft uns vor, nur an das zu denken. Diese Sorge ist nicht
ausschließlich jüdisch. Wir sind in dem Fall eines jeden
Kaufmanns, dem viel Geld durch die Hände geht. Was sollen wir auch anderes anfangen, als Handel zu treiben? In
Deutschland ist jeder Jude, der den Handel verachtet, ein
Dummkopf. Die Armee verschließt ihm die Offiziersstellen,
die Zahl der Notare ist sehr beschränkt, ein Mann von dem
Wissen und der unbestrittenen Autorität eines Mosse, eines
Juristen ersten Ranges, der nach Japan berufen wurde, um
als Professor an der Universität Tokio die Verfassung zu be-
arbeiten, konnte in Deutschland den Rang eines Oberappel-

lationsgerichtsrats nicht übersteigen. Er wäre wie gemacht gewesen zum Kammerpräsidenten. Als er seine Professur antrat, nahm er seinen Abschied. Das war doch ein Mann von Bedeutung und von tadellosem Charakter.

Vor zwei Jahren wurde der Kriegsminister von einem getauften jüdischen Abgeordneten über die Ausschließung der Israeliten vom Avancement in der Armee interpelliert. Der Minister spielte eine klägliche Rolle. Erst behauptete er, daß ihm nichts dergleichen bekannt sei. Die Regierung habe zudem bei der Verwendung von Offizieren in den Regimentern nicht dreinzureden. Er erinnerte daran, daß die Wahl der Kameraden über die Aufnahme eines Offiziers entscheide, dann sprach er von dem allmächtigen Einfluß dieser Abstimmung, die den Juden wenig günstig sei. Damit hatte es sein Bewenden, und wir warten heute noch auf den ersten jüdischen Leutnant.

Ist das nicht eine mehr als armselige Politik? Wäre es nicht das Beste, der jüdischen Rasse ein vollständiges Verschmelzen mit der anderen zu gestatten? Man soll es doch versuchen, und ich stehe Ihnen dafür, daß in fünfzig Jahren die Unterschiede verschwunden sein werden. Wer ist denn wahrhaft Christ bei Ihnen? Gibt es bei Ihnen mehr Humanität, mehr Nächstenliebe, kurz, mehr edle Eigenschaften als bei uns? Wo ist diese Einheitlichkeit der Rasse, die Ihr so sehr bewahren möchtet? Wo ist die Einheitlichkeit der französischen, wo die der deutschen Rasse? Gebt den Juden volle Gleichberechtigung, hört auf, eine unterdrückte Minderheit aus ihnen zu machen, laßt sie in der Mehrheit eins werden, sie werden viel rascher darin untertauchen als bei diesem Verfolgungssystem. Ihr Assimilationsvermögen gestattet ihnen, sich die Fehler und die Tugenden der Nationen, die sie aufnehmen, schneller anzueignen. Die Vorwürfe, die Ihr uns deutschen Juden macht, könnt Ihr von uns über die russischen hören. Die finden ihre deutschen Glaubensgenossen schwerfällig, dumm und engherzig. Der deutsche Jude hält den russischen für schlau und verschlagen, wie es alle mißhandelten, geknechteten Menschen sind.

In Deutschland, dem Lande, das um vieles liberaler als das russische Reich ist, verfolgt die preußische Regierung unter der Flagge des Antipolentums den russischen Juden, den man als Polen betrachtet, mit seinem Hasse. In Berlin ist ihm die Polizei, kaum daß er ankommt, auf den Fersen. Nimmt er sich ein möbliertes Zimmer, ist sie gleich zur Stelle:

,Zu welchem Zweck sind Sie hergekommen?'

,Ich will hier Kaufmann werden.'

,Dazu haben Sie nicht das Recht, machen Sie, daß Sie fortkommen.'

,Ich will hier studieren.'

Dann erteilt man ihm nach einer langen Reihe von Formalitäten die Erlaubnis, sich für zwei oder drei Monate niederzulassen, nach Ablauf dieser Zeit fangen dieselben Schwierigkeiten wieder an. Zur Zeit der revolutionären Unruhen erlaubte man ihnen kaum diesen zwei- oder dreimonatigen Aufenthalt in Preußen. Und wohlgemerkt, den orthodoxen Russen, der sich dorthin flüchtete, ließ man in Ruhe. Der russische Jude wird als Pole angesehen, aber der polnische Katholik ist russischer Bürger und wird nie ausgewiesen. Wir aber werden an der ganzen Grenze buchstäblich gejagt.

Eine solche Ungerechtigkeit ist unverständlich, man mag sie betrachten, wie man wolle. Die polnischen Katholiken sind deutschfeindlich, wie alle Polen. Welches Mittel hätte der Preuße, die Polen zu bekämpfen? Die Juden der Provinz Posen dagegen sind deren Gegner, die Juden an der polnischen

Grenze unterstützen, hieße das nicht, gegen die polnische Opposition kämpfen? Aber Preußen will den Teufel nicht mit Beelzebub austreiben . . .

Da sich in Königsberg fast der ganze Getreide- und Holzhandel in den Händen der Juden befindet, zieht man dort etwas gelindere Saiten auf. Aber trotzdem, welchen Schikanen, welchen Scherereien sind auch sie ausgesetzt! Wenn die Syndikatskammer für einen russischen Juden einen Niederlassungsschein über die Dauer seines Aufenthalts verlangt, erhält sie ihn erst nach endlosen Kämpfen und nur, wenn absolut nachgewiesen werden kann, daß dieser Jude im Geschäft unentbehrlich ist. Aber er wird nur geduldet. Die Erlaubnis kann jeden Augenblick wieder zurückgezogen werden. Jedes Jahr muß er die Legitimation erneuern lassen. Und um ihm seine unsichere Stellung recht fühlbar zu machen, muß der Junggeselle sich schriftlich verpflichten, nicht zu heiraten, denn man fürchtet die Gründung neuer Familien. Einer von ihnen tat es dennoch, er heiratete eine deutsche Jüdin und wurde unverzüglich ausgewiesen. Dem deutschen Juden ist es verboten, nach Rußland zu gehen. Nach den Handelsverträgen darf einzig der immatrikulierte Jude, nämlich derjenige, der laut amtlicher Liste aus kaufmännischen Gründen dort zu tun hat, einen Aufenthalt von höchstens zehn Monaten, keinen Tag länger, in Rußland nehmen. Jüdische Privatleute haben dieses Recht nicht. Ein jüdischer Professor aus Berlin, der zu einem Kranken gerufen wird, darf die Grenze nicht ohne eine besondere Ermächtigung überschreiten. Wenn ein Jude einen kranken Angehörigen besuchen will, muß er ein Gesuch an das Auswärtige Amt richten, mit genauer Angabe seines Reiseziels und der ungefähren Dauer seines Aufenthaltes. Antwortet er z. B., daß er nach Moskau zu gehen und vier Wochen dort zu bleiben wünsche, kann er gewärtigen, daß ihm bedeutet wird, zehn Tage genügten vollauf, und die Legitimation sei nur für Moskau gültig, ein Aufenthalt in Petersburg z. B. sei vollständig ausgeschlossen. Und so geht es weiter . . .

Die gleichen Schwierigkeiten werden übrigens auch dem französischen Juden gemacht. Nur die Juden der Vereinigten Staaten haben sich von diesen drückenden Maßregeln befreit. ‚Wir nehmen jeden bei uns auf‘, sagen sie, ‚und jeder amerikanische Bürger muß auch in allen Ländern der Welt Zulaß haben.‘

Aber was bedeuten alle diese Plackereien im Vergleich zu jenen, die wir in früheren Jahrhunderten zu erdulden hatten! Man muß sich das in einem Überblick über die antisemitische Gesetzgebung in Preußen vergegenwärtigen, um zu verstehen, wie alle diese gegen uns gerichteten Ausnahmebestimmungen uns das geistige Gepräge, das man uns heute zum Vorwurf macht, gegeben haben.“

Ich will sie in Kürze vorführen, ohne bis ins Mittelalter zurückzugehen, wo der Jude an allen Orten der Welt mißhandelt und verfolgt wurde. Beschränken wir uns auf die moderne zeitgenössische Periode.

Es war im Jahre 1573, infolge des Prozesses, den man gegen den Münzmeister Lippoldt angestrengt hatte, ein Prozeß, der typisch ist und noch ganz ans Mittelalter gemahnt, daß die Juden für immer aus dem Kurfürstentum Brandenburg vertrieben wurden. Man gestattete ihnen nur einen vorübergehenden Aufenthalt während der Messen und nur zu Handelszwecken. Als 1648 das Kurfürstentum um Halberstadt und Minden vermehrt wurde, die es im Westfälischen Frieden erwarb, gerieten wieder neue Juden in die Abhängigkeit vom Kurfürsten. Schon 1641 war die Frage über Wiederzulassung der Juden von der Berliner Behörde erörtert worden. Einige Juden, wie Israel Aaron und Elias Gompertz, hatten sogar besondere Vergünstigungen erhalten zum Lohn für hervorragende Dienste, die sie dem Kurfürsten geleistet hatten. Als die Juden 1670 aus Wien fortgewiesen wurden, nahm der Große Kurfürst etwa fünfzig wohlhabende Juden in seine Staaten auf, und am 21. Mai des folgenden Jahres gestattete ein „Zulassungsedikt" den Juden, wieder nach Brandenburg und in das Herzogtum Preußen zurückzukehren. Sie durften sich dort Häuser kaufen und in offenen Läden und auf den Jahrmärkten Handel treiben. Aber Handelsgesellschaften zu bilden, Wucher, gutes Geld aus dem Lande zu geben und schlechtes einzuführen oder sich mit Hehlerei zu befassen, war ihnen untersagt. Für diese „Privilegien" mußten sie jährlich eine „Steuer der ansässigen Fremden", acht Taler pro Familie, und bei jeder Verheiratung einen Goldgulden zahlen. Von dem „Leibzoll" auf Reisen innerhalb des Kurfürstentums waren sie befreit. Dieses Privilegium hielt 20 Jahre an.

Am 20. März 1714 erließ Friedrich Wilhelm eine neue Verordnung. Eine bestimmte Anzahl drückender, im Laufe der Zeit eingeführter Bedingungen fiel gegen Zahlung einer großen Summe weg. 1730 revidiert, blieb dieses neueste „Privileg" trotz aller Bemühungen der Juden, dessen Durchführung zu verschieben, bis 1750 in Kraft.

In diesem Jahre kam das „Allgemeine Judenprivileg" Friedrichs des Großen heraus, das in seinen wesentlichsten Punkten bis 1812 Geltung behielt. Wiederum, aber umsonst, kämpften die Juden mit Erbitterung gegen diese Maßregeln, sie erreichten nur, daß das Gesetz einstweilen nicht zur Veröffentlichung kam, aber die Gesetzbücher von 1786 erwähnen alle diese Einschränkungen noch.

Rechtlich war ihre Stellung die, daß der Staat sie nicht als Bürger, sondern als „Schützlinge" betrachtete. Für diesen sogenannten Schutz, für das Recht der Niederlassung nämlich, hatten sie eine ziemlich hohe Fremdenabgabe zu entrichten. Diese Abgabe begriff nicht nur die einmalige Zahlung einer gewissen Summe in sich, sondern auch eine fortlaufende Steuer.

Die Zahl der mit einem Geleitbrief versehenen, oder wie es im Amtsstil hieß, der „geleiteten" Juden, war beschränkt, und zu wiederholten Malen erfolgte auf königliche Erlasse eine teilweise Ausweisung der Juden aus preußischen Landen.

Andererseits bewilligte man ihnen neue Vergünstigungen, wenn der Staat Geld brauchte. Die Juden, die sich verpflichteten, zwei bis vier Soldaten in einem der Regimenter zu unterhalten, wurden mit Schutzbriefen ausgestattet, solche wurden ihnen auch gegen bestimmte Summen für Rekrutierungszwecke ausgestellt. Als das bedürftige Preußen sich in besonders bedrängter Lage befand, wurde eine „Judensteuer" eingeführt, die natürlich eine beträchtliche Höhe erreichte. So zahlten die Juden für Friedrich den Großen ein Bett aus Perlmutter und andere sehr kostbare Möbel. Bei Gelegenheit einer Eheschließung oder einer Geburt und in unzähligen ähnlichen Fällen mußten sie ebenfalls ihr Scherflein entrichten.

Die Juden aber, die kein Schutzpatent besaßen, waren einfach vogelfrei. Der Geleitbrief konnte nur gegen hohen Preis erstanden werden. Auch mußte der betreffende Jude reich sein, wenn der Staat ihm Interesse entgegenbringen sollte, arme Juden mußten sich irgendeiner List bedienen, wenn sie sich einige Zeit in Preußen aufhalten wollten. Manche gaben sich für Diener eines „geleiteten" Glaubensgenossen aus. Die fremden Juden bedurften für den kürzesten Aufenthalt, den sie ihrer Geschäfte wegen nicht vermeiden konnten, einer Legitimation.

Auch in ihre religiösen Angelegenheiten mischte sich die Regierung ein. Schon 1703 wurde, nach einer Untersuchung, ein Gesetz veröffentlicht, das anordnete, daß das Gebet des Alenon, das Verwünschungen gegen die Christen enthalten sollte, in den Synagogen nur mit lauter Stimme hergesagt werden dürfte unter Weglassung der inkriminierten Stellen. Christliche Aufpasser wohnten den religiösen Zeremonien bei, um die jüdische Gemeinde zur Befolgung dieser Vorschrift zu zwingen. Und natürlich mußte sie diese selbst bezahlen. In Königsberg hielt sich diese lästige Aufsicht am längsten, bis zum Jahre 1778.

Das „Allgemeine Judenprivileg" vom Jahre 1750 teilte die Juden in zwei Kategorien: in gewöhnliche und außergewöhnliche Schützlinge. Die ersteren standen im Genuß einer erblichen Konzession, außerdem gestattete man ihnen unter gewissen Vorbedingungen – bei einem großen Vermögen zum Beispiel –, ein Kind zu versorgen, das heißt, ihm ein Schutzpatent zu sichern. Die außergewöhnlichen Protegés hatten nur ein persönliches Privileg auf Lebenszeit.

Die ausländischen Juden erhielten das Recht der Niederlassung nur, wenn sie ein Vermögen von 10 000 Reichstalern ins Land brachten.

Jeder gewöhnliche oder außergewöhnliche Schützling, der einen Sohn oder eine Tochter zu verheiraten wünschte, mußte sich nach einem Schwiegersohn oder einer Schwiegertochter mit eigenem Vermögen umsehen. Ein Ausländer durfte nur dann in die Familie eines geleiteten Juden einheiraten, wenn er auf ein schönes Erbe rechnen konnte und von der Regierung den Ehekonsens erhielt.

Man erklärte ferner die gesamte jüdische Bevölkerung Preußens für solidarisch bei Zahlung der Abgaben und die Gemeinden verantwortlich für die Vergehen, für Diebstähle, Bankrott und andere als Betrug angesehene Handlungen. Die Zulassung zu den freien Berufen und selbst gewisse Handels- und Gewerbezweige waren ihnen untersagt. Es war ihnen verboten, Gold oder Silber zu schmelzen, in Berlin mit fabrizierten Woll- und Manufakturwaren, mit Ochsen- oder Pferdehäuten, rohem oder gefärbtem Leder oder mit verarbeitetem Tabak zu handeln etc.

Die fremden Juden, die nicht mit der Post oder im eigenen Wagen ankamen, konnten nur durch bestimmte Tore in die Städte gelangen, in Berlin durch das Hallesche und das Prenzlauer Tor. Die jüdische Gemeinde wurde sogar gezwungen, ein Asyl außerhalb der Stadt für fremde jüdische Bettler zu errichten.

Als die preußische Regierung die königliche Porzellanmanufaktur in Berlin gegründet hatte, zwang sie die Juden in bestimmten Fällen, bei Erteilung eines Schutzbriefes zum Beispiel, für 500 Taler Porzellan zu kaufen. Diese mußten es, oft mit Verlust, im Ausland verkaufen.

Aber die demütigende Mißachtung der Regierung äußerte sich besonders in der Art und Weise, wie man die Juden zu schwören zwang. Hatte ein Jude einen gerichtlichen Eid zu leisten, mußte er es in der Synagoge, mit dem Chorrock bekleidet, eine Thorarolle um den Arm, in Gegenwart von mindestens zehn Juden tun, nachdem er die Ermahnungen des Rabbiners angehört hatte. Dann sprach er die Eidesformel, die fast bis zum Ekel von Flüchen wimmelte. In besonders wichtigen Fällen zwang man ihn, sich in den Totengewändern auf einen Sarg zu setzen, die nackte Klinge eines Fleischermessers in der Hand.

So stand es um die preußische Gesetzgebung den Juden gegenüber zu der Zeit, da Moses Mendelssohn einen so großen Einfluß auf das geistige Leben ausübte und man in Markus Hertz und Salomon Maimon die begeistertsten und hervorragendsten Jünger Kants erkannte. Nach und nach trat jedoch eine Milderung dieser Härten ein, wenn schon die beständigen Kriege immer wieder einen Stillstand in diese friedlichen Anläufe brachten. Sie verhinderten unter Friedrich Wilhelm II. die Revision des „Judenprivilegs".

Indes verbesserte sich die Lage der Juden am Ende des 18. Jahrhunderts wieder. So verschwand die „Solidar-Bürgschaft", die die Juden für Vergehen eines Stammesgenossen verantwortlich machte, auch der Zwangskauf von Porzellan wurde abgeschafft, ebenso die Kopfsteuer, wenigstens für die Juden des Binnenlandes. Großkaufleute in Berlin und Königsberg erhielten sogenannte „Allgemein-Privilegien", die ihnen die gleichen Rechte wie den christlichen Kaufleuten verliehen, nämlich die Möglichkeit für sich und ihre Kinder, sich in ganz Preußen niederzulassen, ferner Gewerbefreiheit, die Berechtigung, Grundbesitz zu erwerben, von den Richtern auf gleicher Stufe mit den Christen behandelt und bei Vorladungen nicht mehr mit „Jude", sondern als „Kaufmann" angeredet zu werden. Die Familie Itzig erhielt sogar das Naturalisationsrecht.

Die den Juden in den neuen Territorien Breslau, im südlichen Preußen und in Neu-Ostpreußen zugestandenen Vergünstigungen waren gleichfalls in etwas liberalerem Geiste gehalten.

Eine entschiedene Wandlung zum Besseren ging nach der Niederlage Preußens vor sich. Ein Gemeindeerlaß verlieh den Juden die Bürgerrechte sowie das Wahlrecht und die

Wahlfähigkeit.

Anno 1812 wurden David Friedländer in Berlin und sein Neffe Samuel Wulff in Königsberg zu Stadträten ernannt. Polizeirat Brandt, der an dem Gemeindeerlaß mitgearbeitet hatte, vermittelte eine noch wichtigere Reform, die im März 1812 Gesetzeskraft erhielt. Das um jene Zeit veröffentlichte Edikt bewilligte den Juden den Titel „Preußischer Bürger". Sie hörten somit auf, beschützte Fremde zu sein, mußten bestimmte Familiennamen annehmen und ihre Bücher und Schriften in deutscher Sprache abfassen. Ihre Zulassung zu den Ämtern war noch immer beschränkt, indessen konnten sie Lehrer werden und in den Städten eine amtliche Tätigkeit ausüben.

Zur Zeit der Heiligen Allianz wurde dieses liberale Edikt nicht mehr in seinem ganzen Umfange respektiert. Man verweigerte den Juden den Zutritt zu gewissen Berufen. Sie konnten weder Feldmesser noch Apotheker, noch Bürgermeister, Militärärzte und Stadt- oder Kreisärzte werden. Man verbot ihnen, für ihre Kinder christliche Vornamen zu wählen.

In der Provinz Posen war am 1. Juni 1833 ein Gesetz veröffentlicht worden, das den seit 1815 ansässigen Juden die Naturalisierung erlaubte, unter gewissem Vorbehalt. Diejenigen Juden, die Wert auf Naturalisation legten, mußten größeren Grundbesitz, den sie selbst bebauten, oder ein Besitztum in der Stadt haben oder einem angesehenen Geschäft vorstehen. Oder sie mußten wohl auch eine wissenschaftliche oder künstlerische Bedeutung besitzen oder ein schuldenfreies Haus im Werte von mindestens 2 000 Talern oder endlich ein Vermögen von 5 000 Talern ihr eigen nennen. Wenn sie sich durch irgendeine großherzige Tat den Dank des Staates verdient hatten, erhielten sie, als eine Ausnahme, das Heimatrecht. Nur als Staatsbeamte, als Regierungsräte,

389

als Landtagsmitglieder zu fungieren blieb ihnen streng verwehrt. Man erlaubte ihnen nicht, ohne eine ministerielle Autorisation in andere Provinzen überzusiedeln. Allen anderen in Posen wohnenden Juden wurden die „Toleranzatteste" genommen, ihre Rechte empfindlich eingeschränkt. Vom Militärdienst ausgeschlossen, mußten sie eine Rekrutensteuer zahlen. Doch war ihnen erlaubt, sich freiwillig anwerben zu lassen, um von dieser Abgabe befreit zu werden.

Endlich, am 23. Juli 1847, wurde sämtlichen Juden das volle Bürgerrecht eingeräumt, aber sie waren nur zu solchen Stellungen zugelassen, die eine richterliche, polizeiliche oder exekutive Tätigkeit ausschlossen. Eine Reihe demütigender Zusätze wurde von dem vereinigten Landtag abgelehnt. Dieses neue Gesetz milderte zwar die Verordnung von 1833, ließ es aber in seinen Grundzügen bestehen. Die Ereignisse des Jahres 1848 beseitigten sie bald darauf. Die preußische Verfassung hob alle Unterschiede bei den Rechten und Pflichten der Bürger auf. Ein Antrag, der auf Änderung gewisser Paragraphen hinzielte, wurde sogar von der reaktionären Kammer 1856 verworfen. 1856 wurde der jüdische Eid abgeschafft, und mit ihm verschwand die letzte Spur des Mittelalters.

Trotzdem brauchte Deutschland volle hundert Jahre mehr als Frankreich, um die gänzliche Emanzipation der Juden durchzusetzen. Die französischen Juden sind also ihren deutschen Brüdern um ein ganzes Jahrhundert voraus.

Welche Bedeutung hat der jüdische Einfluß in Deutschland? Herr Drumont würde ihn einen tyrannischen nennen. Man kann jedenfalls ohne Übertreibung sagen, daß er sehr groß ist.

Der Jude, ein tüchtiger Rechner, mit zähem Willen und klarem, weitblickendem Verstande ausgestattet, bemächtigte sich mit diesen wertvollen Eigenschaften des Handels- und Finanzwesens. Er war es im Grunde, der Deutschlands Finanzwesen schuf, indem er die Banken vermehrte, die Entwicklung der Geschäfte sicherte und indem er die großen Geldinstitute zu Teilhabern der Industrie und des Handels machte.

Durch den Einfluß der Juden in Fürth wurde die erste deutsche Bahnlinie zwischen Nürnberg und Fürth gegründet. Heute haben sie den Export Frankens vollständig in ihrer Hand. In Hamburg sind sie die unbestrittenen Herren des Ausfuhrhandels. Herr Ballin, der Direktor der großartigen Hamburg-Amerika-Linie, genießt das Vertrauen des Kaisers. In Frankfurt, in Berlin haben sie die Kontrolle über die großen Banken und bilden dadurch die Majorität in den finanziellen Fragen des Reiches. Und da infolge des in Deutschland üblichen Kommanditärsystems die Industrie mehr oder weniger von den Banken abhängt, kann man sagen, daß die Israeliten, außer ihrer finanziellen Betätigung, einen großen Teil zu der wirtschaftlichen Lage beitragen. Sie sind demnach berechtigt, stolz auf das Gedeihen Deutschlands zu sein.

Wenn die 700 000 deutschen Juden mit einem Schlage den deutschen Boden verließen, ihren geschäftlichen Wagemut, ihre Meisterschaft und ihre Kapitalien mit sich fortnähmen, müßte man für Deutschlands Finanzen fürchten.

Auf politischem Gebiet zeigt sich der Einfluß der Juden nicht durch die Quantität, wohl aber durch die Qualität. Der marxistische Sozialismus (Karl Marx war Jude) wird von Juden geleitet. Singer ist Präsident des sozialdemokratischen Ausschusses; die Hauptführer, Bebel ausgenommen, sind

Juden; Stadthagen, Heine, Bernstein. Die freisinnige Partei ist hauptsächlich aus Juden zusammengesetzt. Die Presse ist zum größten Teil in ihren Händen.

Auch in Kunst und Literatur macht sich jüdischer Einfluß sehr bemerkbar. Er beruht auf ihrer kritischen Begabung. Sie haben in der Tat mehr Verstand als Gefühl und Gemüt. Ihr Denken ist klarer, präziser als das der Deutschen, eines rascheren Urteils fähig und verleiht ihnen ein Übergewicht, das zu bewahren sie ihren ganzen Ehrgeiz dreinsetzen. Die Klippe dieser Eigenschaft, schnell zu erfassen, umgehen sie nicht immer, sie stürzen vielleicht mit zu großer Leidenschaft auf jede neue Richtung los. Ihre Gegner schmieden sich eine Waffe daraus.

„Der jüdische Geschmack treibt sie mit wahrem Ungestüm zu allem Neuen hin", sagte ein moderner Psychiater zu mir. „Sie dürfen darin nicht etwa fortschrittlichen Sinn erblicken, um den sie eher zu beneiden wären. Sie sind oberflächlich und ungeduldig. Das ist alles. Und ihr schlechter Geschmack ist ein Mangel an Selbstbewußtsein, der sie wahllos auf das neueste in die Augen fallende Gemälde, auf einen Schlager, auf den frechsten Roman, die Frauen auf die auffallendsten Hüte, die schreiendsten Farben losstürmen läßt."

„Mag sein, daß wir uns manchmal täuschen", erwidern die Juden daraufhin. „Aber immer täuschen wir uns nicht. Wenn auch Gerhart Hauptmann kein Jude ist, so verdankt er doch seinen Ruhm den Juden, die sich für seine Werke begeisterten. Kann unsere geistige Beweglichkeit dem Schwerfälligen, Ernsten des germanischen Geistes nicht von Nutzen sein? Ob unsere Vorliebe für lebhafte Farben, die mit dem Sinn für frohes Genießen zusammenhängt, nicht schließlich auf die Schwerblütigkeit und Gründlichkeit des Deutschen abfärbt? Und ihm dadurch mehr Lust am Leben, mehr

Freude an dessen mannigfachen Genüssen gibt, die er bis jetzt zum großen Schaden seiner harmonischen Entwicklung vernachlässigt?"

Mommsen sagt: „Berlin verdankt den Refugiés, die nach Brandenburg auswanderten, und den Juden sehr viel, ich weiß nicht, was Berlin ohne sie wäre."

Und ich denke an das, was Stanley mir eines Tages zugestand: „Wenn Ihr in Frankreich von Euren Juden nichts mehr wissen wollt, schickt sie nach England, sie sollen uns willkommen sein."

Die Tanzschule im Grunewald

Eine unerwartete Kunststätte. – Isadora Duncans Tanzschule. –
Der auffallende Mangel an Grazie beim italienischen Ballett. –
Die Auferstehung der Antike. – Tanagra. – Das Heim der jugend-
lichen Tänzerinnen. – Ihre Erziehung. – Die Kaiserin und die
Schülerinnen Isadora Duncans. – Der Tanz darf nicht aussterben.

Der Tanz ist auch hier geblieben, was er überall ist: unbedeu-
tend. Das ewige abgeschmackte, ungraziöse italienische Ballett langweilt die Deutschen noch immer, wie es ganz Europa langweilt, denn Amerika, Indien, das Morgenland, sie
alle haben glücklicherweise andere Tänze. Die Amerikanerinnen haben selbst einen natürlichen, lebendigen Tanz erfunden, der früher oder später das trostlose Ballett entthro-
nen wird, wenn Deutschland ihnen nicht zuvorkommen
sollte. . . .

Denn es gibt, außer seiner Sauberkeit und seinen schmucken
neuen Häusern, noch etwas in Berlin, das ich ihm, um Paris
willen, neide, nämlich die Tanzschule im Grunewald.

Was ist denn mit dieser Schule?

Ich erörterte eines Tages mit einem bekannten deutschen
Professor die Gründe, warum Preußen keine eigentliche
Kunst besitze:

„Preußen hat die Soldatenherrschaft geschaffen", sagte ich,

„und der Ordnungssinn und die Disziplin des Preußen ließen es zu oder, wie man sagen kann, brachten es fertig, alles zum Gedeihen zu bringen, was durch Organisationsgenie zu gedeihen vermag, aber Ihnen fehlen heute – und werden Ihnen noch lange fehlen – die Eigenschaften, die die Kunst und den Künstler ausmachen: die Phantasie, der Geschmack, die Grazie und Ungezwungenheit."

„Wenn eine Nation irgendein notwendiges Produkt nicht besitzt, so importiert sie es. Wir werden also Künstler importieren. Sie nehmen uns unsere Musiker und machen unsere Musik nach, wir werden uns Ihre Bildhauer und Maler zum Muster nehmen, werden Schneiderinnen, Madame Paquins einführen. Wir haben bereits etwas, wovon Sie nirgends auf der Welt ein gleiches oder auch nur ähnliches finden werden, nämlich die Tanzschule Isadora Duncans."

Die Tänzerin war mir unbekannt. Ihren Namen hatte ich, als sie nach Paris kam, allerdings auf den Anschlagzetteln gelesen, aber es nicht für nötig gehalten, sie tanzen zu sehen. Es war mir wohl gesagt worden: „Was sie macht, ist eigenartig und läßt sich mit nichts vergleichen."

Schumann tanzen? Das mochte ein echter barbarischer Yankeegeschmack sein. Ich stellte mir eine Art lebender Bilder, diese plastischen Stellungen, die so schrecklich anzusehen sind, darunter vor. Und als man mir dann von der Begeisterung Rodins, Carrières, Saint-Marceaux' für die Fremde erzählte, sagte ich mir doch allmählich, daß ich mich getäuscht haben müsse, und nahm mir vor, ein anderes Mal die Gelegenheit, Isadora Duncan zu sehen, nicht vorübergehen zu lassen.

Und nun läßt mich der Zufall eines Morgens, in aller Frühe, auf dem Schlesischen Bahnhof einer Dame begegnen, einer seltsamen Erscheinung, in dunkle Gewänder von zierlichem Faltenwurf gehüllt, den Kopf mit einem Stück Filz bedeckt, der mit einem Schleier über den Ohren festgebunden war. Ich bemerkte, daß ihre Füße nackt in Sandalen steckten. Sie stieg aus dem Frankfurter Zug und suchte nach einem Wagen. Das Gesicht war das einer hübschen jungen Frau mit feinen Zügen und träumerischem, sanftem Ausdruck. Ich hörte sie mit dem Schutzmann sprechen, ihre Stimme war zart und einschmeichelnd. Sie sah aus wie eine junge Schwester von Miß Booth, der bewunderungswürdigen Gründerin der Heilsarmee.

Später erfuhr ich, daß es Isadora Duncan gewesen war.

Am nächsten Tag kündigten Anschlagzettel ihre Vorstellungen an.

Ich ging eines Abends hin, dann ein zweites und ein drittes Mal. Vom ersten Augenblicke an war ich gefangen, sie hatte mir die Schönheit der Bewegung offenbart. Durch sie wußte ich nunmehr, daß ein erhobener Arm, Beine, die nach dem Rhythmus einer schönen Musik Tunikafalten bewegen, daß eine Hand, die sich nach einer unsichtbaren Blume ausstreckt, ein Hals, der sich vornüber neigt, ebenso schön erscheinen, ebenso ergreifen können wie die edelste Symphonie. Zwei Stunden vergingen, und meine Augen wurden nicht müde, sie zu betrachten, noch mein Geist, dem ihren auf der Suche nach schönen Gesten, reinen Linien zu folgen. Als ich ihr zusah, dachte ich an die Ballettänzerinnen unserer Opern. Dank ihr begriff ich nun, was diese armen Geschöpfe tun wollen, wenn sie das Bein, den Fuß hochheben, wenn sie die Arme zum Korb runden. Gewiß, um die Basreliefs Griechenlands nachzuahmen, um unsere Augen mit der Anmut jener Gebärden zu laben, quälen sie sich derart ab, zappeln, drehen sie sich wie Kreisel, recken sie sich auf der Spitze ihrer großen Zehe wie Drahtpuppen, wie bewegliche Automaten in die Höhe . . .

396

Isadora Duncan im Kreise ihrer Schülerinnen.

Jetzt, wo ich Isadora Duncan gleich einer entfesselten Panathenäerin, anmutig, sicher, abwechslungsvoll, sich hin und her bewegen sehe, kommen mir die niedlichen Balletteusen von Mailand, Paris, St. Petersburg und Berlin wie Vorturner der Militärturnanstalt in Joinville vor, die sich im Gazeröckchen zu orientalischen Tänzerinnen ausbilden möchten.

Bajadere und Tanagrenserin, züchtige Jungfrau und rasende Bacchantin, was eigentlich tanzt sie? Wo hat sie dieses Schreiten, dieses Behende, dieses Leichtbeschwingte eines gefallenen Engels her, der auf klingender Flugbahn wieder zum Himmel emporstrebt? Wo dieses Wiegen der sich ihres Daseins bewußten Blume? Welche Kinetik hat sie gelehrt, ihrem ganzen Körper die wunderbaren Linien lebender Statuen zu geben, keinen Muskel ohne unvergleichliche Eleganz zu rühren, keine Verschiebung ohne diesen unfaßbaren Takt zu regeln?

Einzig ihr Genius ließ dieses Wunder erstehen. Mag sie ihr Leben lange damit verbracht haben, die Gebärden griechischer Bildwerke, japanischer Stiche, der in ägyptische Pylonen eingeritzten Figuren zu zerlegen – die Nachahmung allein würde nicht genügen, diese Mannigfaltigkeit zu erzeugen, die sie in einem einzigen Tanz vor den entzückten Blicken ins Leben ruft.

Bald nachdem ich Isadora Duncan hatte tanzen sehen, führte mich der Zufall in die Berliner Museen, und plötzlich verstand ich, was diese Basreliefs der Antike an anmutsvollem edlen Leben bergen. Diese steinernen Glieder, diese starren Draperien sind die wunderbar festgehaltenen Sekunden schöner menschlicher Bewegungen, deren Geheimnis tot für uns war.

So ging nach Rom, nach Athen die Kunst des Tanzes allmählich verloren. Oder wenigstens hatte sie sich verkehrt
fortgepflanzt, wie es zu gehen pflegt, wenn feine, köstliche,
vollendete Sachen von Barbaren oder Kindern nachgemacht
werden.

Was wir, so wenig glaublich es klingt, heute auf allen Bühnen
Europas sehen, sind Tänze griechischer Skulpturen! Um
Tanagrafiguren darzustellen, heben unsere Ballettratten ihre
Arme, zu Ringen geformt, über den Kopf, werfen sie, wie
von stählernen Federn geschnellt, ihre Beine empor, trippeln
sie mit hurtigen kleinen Entenschritten dahin.

Aber glücklicherweise tanzt Isadora Duncan zum gleichen
Zweck. Sie allein hat in unserer Zeit erfaßt, wie die Töchter
der Hellenen sich bewegten, wie sie Blumengewinde mit
Amphoren trugen; und das ist's, was sie mit tausend anderen
anmutigen Dingen bei den Klängen unserer heutigen Musik
auferstehen läßt.

Das ist's, was sie zur Freude der Menschen, zur Freude der
Kunst wieder ins Leben zurückrufen will.

Und das ist's, weshalb sie mit ihrem Gelde, mit einer
Leidenschaft, die jetzt ihr Lebenszweck geworden ist, eine
Schule gegründet hat, wo sie 20 Kinder, deutsche, holländische, russische, französische, skandinavische, unentgeltlich
aufnimmt, beherbergt, kleidet und unterrichtet.

Mitten im Grunewald, eine halbe Stunde von Berlin entfernt, hat sie eine große Villa mit Garten gemietet, Schlaf-
säle, Speisesäle, einen Tanz- und Turnsaal und einen hydrotherapeutischen Saal eingerichtet, und jeden Tag machen die
Kinder nach schwedischer Methode ihre Übungen, um die
Glieder geschmeidig werden zu lassen, um laufen, gehen zu
lernen mit der vollen Bewegungsfreiheit der griechischen
Kinder, wie man sie auf den Basreliefs, die übrigblieben, 399

sieht. Musik begleitet diese rhythmische Gymnastik, denn der Zweck, den man erreichen will, ist, daß die künftige Tänzerin den Rhythmus fühlt, lebt, ihn mit der gleichen Selbstverständlichkeit, mit der sie atmet, wiedergibt.

Den ganzen Tag, die Lern- und Übungsstunden ausgenommen, spielen die Kinder im Walde, der sich um die Villa ausbreitet. Barfuß tummeln sie sich dort umher, winden Blumenkränze, die sie zu Tanzmotiven verwenden, indem sie den Rhythmus dazu singen. Mit einer Art griechischer kurzer loser Tunika bekleidet, mit nackten Beinen, offenen Haaren unter weicher Mütze sind es wirklich kleine Engel, denn die meisten sind hübsch, engelhaft hübsch. Die Kaiserin bemerkte sie eines Tages auf einer ihrer Ausfahrten, ließ halten, um sie zu bewundern und sich nach ihnen zu erkundigen. Doch als sie hörte, daß es die Zöglinge der Tänzerin mit den nackten Beinen seien, fuhr sie davon, ohne mehr wissen zu wollen.

Ich habe sie eines Abends bei Isadora Duncan tanzen sehen, blau, rosa und weiß gekleidet, und ich glaube, kein menschlicher Anblick hat mich derart gepackt. Dieses Bild von Reinheit, Unschuld, Unbefangenheit, mit Schönheit und Grazie gepaart, löst in alten Sündern Gefühle aus, die ich, um sie richtig zu bezeichnen, göttliche nennen möchte.

Diese weichen, zierlichen Kinderkörper, die langen, losen, lockigen Haare, die Ärmchen, die sich bei den Klängen einer sanften Musik im Takt mit den nackten Beinchen und Füßchen bewegen, die entzückende Anmut jeder kleinsten Bewegung, von jener entlehnten, ungeschickten Starrheit, die schlecht verstandene Übungen unseren kleinen Balletteusen geben, völlig frei, und namentlich ihre Augen, die sanften, klaren, zärtlichen Augen der Kinder des Nordens, versetzten

mich in einen Zustand frommer Extase, der mir fremd war.
Da sie sehr hoch, wie Bälle, auf dem dunklen Teppich hüpften, machten mir die kleinen Mädchen den Eindruck kleiner
Engel. Ich las eine unendliche Güte aus ihrer unendlichen
Sanftmut, und ihr liebliches Lächeln erinnerte mich an die
Heiligenbilder, die meiner Jugend teuer gewesen waren. Da
die Musik das ihre dazu beitrug, hatte ich die Illusion eines
religiösen Wunders, einer Art improvisierten Mariä Reinigung. Ich badete mich gleichsam in all dieser Reinheit und
Makellosigkeit, und eine wonnige, nie gekannte Empfindung
beschlich mich.

Ich sprach es Miß Isadora Duncan aus, welch zwiefaches
Glück ich ihr an diesem Abend danke und wie sehr ich für
Frankreich die Auferstehung solcher Kunst ersehne.

Aber sie gab mir die Antwort darauf:

„In Berlin, in Deutschland hatte ich stets den größten und
dauerndsten Erfolg. Deutschland möchte ich den Dank, den
ich ihm schuldig bin, erweisen. In zwanzig oder fünfundzwanzig Jahren werden meine Ideen den Sieg errungen haben, aber bis dahin heißt es kämpfen."

Und diese kleine energische Person kämpft mit heldenmüti-
ger Ausdauer. Sie hat ihr ganzes Vermögen darangesetzt, um
ihre Schule aufzubauen, die sie mit dem Ertrag ihres Fleißes
unterhält. Es hat sich bereits ein Komitee von hervorragenden Professoren und Leuten aus der Gesellschaft gebildet,
um ihr zu helfen, ihr Schönheitswerk weiterzuführen, aber
die finanzielle Unterstützung, derer es bedürfte, hat sich
noch nicht gefunden. Ihre Schule kostet sie 60 000 Mark,
und die gezeichneten Subventionen betragen erst 2 000
Mark.

Der Widerstand rührt von den offiziellen Balletteusen und
deren „Kavalieren" her.

Früher oder später muß der preußische Staat doch wohl Kenntnis von der Existenz dieser Schöpfung nehmen, die nicht ihresgleichen auf der Welt hat, und sie seinem prächtigen Konservatorium einverleiben. An diesem Tage wird man nicht mehr sagen können, daß Preußen keine Künstler hervorzubringen vermöge. Sie reibt sich in diesem Kampfe auf, denn sie steht mit der eigentlichen Leiterin der Schule im Grunewald, mit ihrer Schwester Elisabeth, fast allein mit ihrem Glauben da. Klug und gewandt, zu ihrer Schwester wie zu einer Gottheit aufschauend, hat diese ihr Leben ihrem Dienst geweiht. Wenn Miß Isadora Europa durchtanzt auf der Suche nach den notwendigen Kapitalien, die ihrer Schule Bestand sichern sollen, setzt Miß Elisabeth ihr Werk fort. „Der Tanz darf nicht aussterben", wiederholt sie immer wieder mit sanfter Energie.

Doch ewig kann dieses Leben der Aufopferung nicht dauern. Ihr Traum ist, es werde ein Kongreß von Bildhauern und Musikern bei dem Gedanken, ihren Plan scheitern zu sehen, sich regen und sich entschließen, ihm zu weiterem Leben zu verhelfen. Wünschen wir von Herzen, daß dieser Traum in Erfüllung gehe.

Zu dieser Ausgabe

Die Übersetzung von Nina Knoblich wurde anhand der
französischen Originalausgabe: „Jules Huret: En Allemagne,
Berlin, vingt-sixième mille, Bibliothèque Charpentier,
Paris: Fasquelle 1911" nochmals durchgesehen.

Wir danken folgenden Archiven für
ihre freundliche Unterstützung und
die Genehmigung zum Druck der Fotos:

Agentur für Bilder zur Zeitgeschichte, Berlin:
Seite 282

Berlinische Galerie, Photographische Sammlung:
Umschlag und Seite 25

Bildarchiv der BVG:
Seite 216

Bildarchiv Preussischer Kulturbesitz:
Seiten 90, 100, 133, 178, 192, 397

Märkisches Museum Berlin:
Seiten 21, 37, 53, 60, 70, 111, 185, 304

Rudolf-Virchow-Klinikum:
Seite 245

Privatbesitz:
Seite 140